莫 欣 ◎ 主 编

回望赭山

安徽师范大学历史系
一九七八级回忆录

安徽师范大学出版社
ANHUI NORMAL UNIVERCITY PRESS
· 芜湖 ·

图书在版编目(CIP)数据

回望赭山:安徽师范大学历史系一九七八级回忆录/莫欣主编. — 芜湖:安徽师范大学出版社,2022.7

ISBN 978-7-5676-5638-3

Ⅰ.①回… Ⅱ.①莫… Ⅲ.①安徽师范大学—校友—回忆录 Ⅳ.①G649.285.4

中国版本图书馆CIP数据核字(2022)第091508号

回望赭山:安徽师范大学历史系一九七八级回忆录 莫欣◎主编

HUI WANG ZHESHAN ANHUI SHIFAN DAXUE LISHI XI YIJIUQIBA JI HUIYI LU

责任编辑:孙新文　　　　　责任校对:翟自成
装帧设计:王晴晴　冯君君　责任印制:桑国磊
出版发行:安徽师范大学出版社
　　　　芜湖市北京东路1号安徽师范大学赭山校区　　邮政编码:241000
网　　址:http://www.ahnupress.com
发 行 部:0553-3883578　5910327　5910310(传真)
印　　刷:江苏凤凰数码印务有限公司
版　　次:2022年7月第1版
印　　次:2022年7月第1次印刷
规　　格:700 mm × 1000 mm　1/16
印　　张:31.5　　　　插　　页:4
字　　数:509千字
书　　号:ISBN 978-7-5676-5638-3
定　　价:128.00元

凡发现图书有质量问题,请与我社联系(联系电话:0553-5910315)

安徽师范大学历史系一九七八级毕业合影

第五排（左起）：

王 任 俞 施 班 卫 赵 沈 李 宫 汪 黄 汪 王 莫 宋 杨 常 黄 颜 高 吴 瞿 张 吴 韩 王 傅 赵 吴
旭 欣 凤 　 　 金 建 沛 为 占 卫 幸 幼 　 刚 志 　 忠 玉 　 厚 小 　 敬 圣 元 晓
东 平 鸣 捷 玮 颂 辉 华 明 端 禄 三 福 生 欣 刚 明 斌 超 强 岱 雷 良 平 凡 东 宝 根 明 正

第四排（左起）：

陈 程 牛 冯 盛 沈 王 杨 白 张 夏 钮 胡 吕 吴 王 李 姜 于 任 汤 张 何 王 方 葛 陈 汪
锡 光 志 伟 益 国 先 辅 石 新 仕 昕 功 爱 忠 晓 绪 保 志 书 晓 　 玉 　 亚 立 文 一
宝 华 强 华 武 余 吉 仑 羽 华 伦 华 篆 民 琪 波 文 民 斌 智 华 健 杰 昶 光 云 誉 江

第三排（左起）：

王 孙 曹 蔡 嵇 刘 贾 高 王 朱 贺 李 金 管 周 陈 李 张 高 冯 王 张 胡 王 吴 施 贺
　 国 钟 绍 成 　 炳 道 俊 沛 宿 修 成 天 　 良 晋 皖 岳 有 彩 跃 晓 效 广 建 兆
跃 强 声 宜 中 哲 清 友 祥 铭 芜 松 龙 文 涛 周 陵 生 仑 生 法 进 鸿 光 安 华 田

第二排（左起）：

董 徐 董 宋 杨 谢 须 张 周 汪 袁 沈 姜 叶 柳 陈 胡 沙 吕 叶 杨 光 檀 陈 杨 陶 王 万 刘
光 　 长 佩 邦 　 力 少 家 宏 起 家 全 盂 仲 正 澂 流 敬 钟 新 仁 香 怀 国 　 自 绳
琨 飞 生 华 兴 青 求 叔 骅 玉 河 仕 三 明 文 飞 咸 辉 芳 文 生 洪 元 荃 宜 秀 敏 楠 海
老 老
师 师

第一排（左起）：

胡 郭 刘 张 刘 王 花
　 良 继 香 咏 建 小
青 美 红 华 红 岚 惠

安徽师范大学历史系一九七八级毕业十周年合影（芜湖）

安徽师范大学历史系一九七八级毕业十五周年合影（合肥）

安徽师范大学历史系一九七八级毕业二十周年合影（芜湖）

安徽师范大学历史系一九七八级毕业二十五周年合影（上海）

安徽师范大学历史系一九七八级毕业三十周年合影（深圳）

安徽师范大学历史系一九七八级毕业三十五周年合影（黄山）

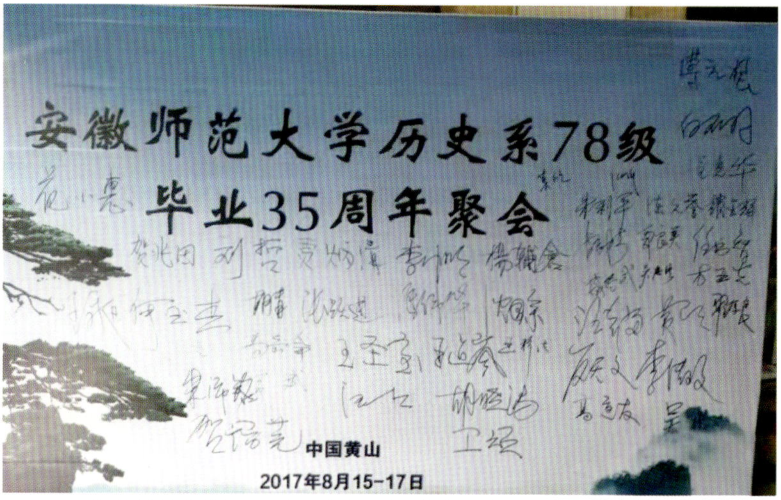

安徽师范大学历史系一九七八级毕业三十五周年聚会题名墙

安徽师范大学历史系一九七八级党支部合影

安徽师范大学历史系一九七八级一班班委、团支部合影（1982年）

安徽师范大学历史系一九七八级二班团支部合影（1982年）

安徽师范大学赭山史学社成立合影（1980）

安徽师范大学历史系一九七八级女生合影
（自左至右，后排：刘继红、胡青、花小惠、郭良美；
前排：张香华、王建岚、刘咏红）

《回望赭山：安徽师范大学历史系 一九七八级回忆录》编委会

序

王世华

欣闻我院一九七八级同学将在毕业四十周年之际出版一部文集，回忆当年在安徽师范大学历史系求学的难忘岁月，这真是一件大好事。当事人写当时事，其史料价值、重要意义自然不言而喻。

近日，年级代表也是我的挚友汪一江教授嘱我作序，我虽不文，可辞而不获，又义不容辞，只得勉力为之。

我是一名工农兵学员，1970年10月进校，1973年初毕业。在校期间，我每天上午上课，下午政治学习、参加运动，满打满算在校只学习一年。毕业后我沾了工农兵学员的光，阴错阳差，竟留校当了教师。自知是墙头芦苇，我只得咬定青山，努力恶补。"时挑野菜和根煮，旋斫生柴带叶烧"，就是我当时教师生涯窘境的写照。正因为如此，我对一九七七、一九七八级的同学能够接受完整的本科教育，就满怀由衷地羡慕乃至充满敬意。

一九七七、一九七八级是我国历史上很特殊的一个群体。我国在经历高校停招十余年之后，于1977年12月第一次恢复高考招生。这次招生由于是国家仓促做出的决定，不少人还未回过神来，根本来不及准备，所以在仅隔半年之后，1978年7月国家又进行了第二次招生。这就是一九七七、一九七八级的来历。由于两届时隔很短，故社会上往往将他们视为一个整体。两次招生，基本上将长期滞留社会、求学无门的中学毕业生中的精英分子囊括进了高校。

他们的特殊还表现在同学之间年龄相差悬殊。由于高校十余年停招，一旦开招，就出现了父子同校、母女同班、师生同堂的现象。这也是前所未闻。像我院一九七八级，90人中老三届就有20人，已是堂堂而立之岁

了，但最小的同学却刚及舞象之年。还有少数同学已是两三个孩子的父亲了。这个班上也有两对过去的师生，如今竟成了同学，成了一段求学佳话。

这个特殊的群体，在开明睿智的年轻辅导员陈锡宝老师的带领下，迅速形成一个温暖的大家庭，一开始就表现出特殊的风貌，给我留下了极深的印象：

这个群体的求知欲特别强。他们中的不少人在文化沙漠中滞留了十余年，如今突然来到了文化绿洲，其兴奋程度可想而知。所以他们一踏进高校，就像久旱的禾苗喜逢甘露一样，拼命吮吸着知识的乳汁。尽管自己年龄已大，多年未进教室，困难肯定不少，但他们以一种"竹密何妨流水过，山高岂碍野云飞"的决心，十分珍惜这来之不易的机会，如饥似渴，夜以继日地努力学习。尤其令我羡慕甚至嫉妒的是，幸运之神似乎特别眷顾一九七八级，一大批著名的老师在此时陆续返回本系。群贤毕至，人才荟萃，可谓我系的鼎盛辉煌时期。饱经磨难的老学者走上讲坛，重操旧业，迸发出前所未有的热情，所以一九七八级得以聆听如光仁洪、陈正飞、胡澱咸、陈怀荃、万绳楠、苏诚鉴、张海鹏、王廷元、夏子贤、黄绮文、宋佩华等一批老师的宏论，一睹风采，如沐春风，真是幸运之至！一九七八级的同学不同于以后各届由高中直接考上大学的学生，他们大多经过长期的社会历练以及生活磨难，丰富了他们对社会的认识，见识也大大提高，使他们在学习中更善于发现问题，更能够思考问题，所得到的收获自然大不一样。这也为他们毕业后在新的岗位上做出辉煌的成绩奠定了基础。在本书中不少同学深情回忆，老师们的治学态度、为人风范甚至言谈举止，影响了他们的一生。

这个群体和老师们的感情最深。他们这代人受到中国传统文化的影响很大，师道尊严盛行。他们非常尊重老师，由衷感谢老师们的谆谆教诲，指点迷津，为他们开启了知识大门，引导他们走进了学术殿堂。他们利用一切机会，尽可能多地接触老师，甚至到老师家登门拜访，请教问题。从他们写的回忆录中，我们可以看到他们以一种"程门立雪"般的虔诚，与老师倾心交谈、虚心问道，我们可以强烈感受到他们与老师的深厚情谊。多年以后，据我系老师们的回忆，也都一致认为一九七七、一九七八两届学生与老师的关系最亲。这种可贵的师生情谊，在今天的本科生中已经是难得一见了。

这个群体毕业后的成就最突出。我国的一九七七、一九七八两届学生毕业后在各条战线上的贡献，早就得到社会公认。我院也一样。尽管他们毕业后各奔东西，但无论是从政为官，或是在高校、中学任教，以及在企事业单位工作，都表现出良好的素养：为官良正，为师佼佼，治学闻名，任职皆好。从本书中可以看到，其中很多人都成为所在单位的骨干和栋梁。他们虽然没有做出轰轰烈烈、惊天动地的事迹，也没有出现叱咤风云、驰名全国的英雄，他们的事迹看似很平凡，但平凡中彰显出伟大，无数的平凡才构成了祖国的脊梁。完全可以说，一九七八级在各条战线都写下了无愧时代、无愧人民的篇章。这绝不是偶然的，这与他们良好的基本素质和扎实的本科教育是分不开的。

斗转星移。倏忽间，这群当初风华正茂的青年，今天已成了爷爷奶奶了。回首往事，他们应该充满自豪，因为他们没有虚度这几十年，当祖国母亲从灾难中爬起，百伤待疗、万废待兴之时，他们贡献了自己的青春和力量，参与了祖国的现代化建设，疗伤兴废，功不可没。谁也不能否认，他们是祖国的功臣，也是我们历史学院的骄傲。

"莫叹春已远，浅夏更芬芳。"如今他们大多已退休了，我衷心祝愿奋斗了大半生的一九七八级全体同学在退休之后含饴自甘，弄孙为乐，恬适自娱，颐养天年，度过一个幸福多彩的后半生。

最后，我要感谢一九七八级同学撰写了这样一本难得的回忆录，我相信我院的师生捧读之后，一定会勾起无限的回忆。此书作为弟子对老师的最好纪念，是献给老师们的一瓣心香。已逝老师们的在天之灵，看到此书，也定会粲然一笑的。我希望后来的毕业生能以一九七八级为榜样，也能把你们在院学习期间最感人、最难忘的事情写出来，让大家分享。作为历史专业的学生，更应有这种历史意识和历史责任。让我们大家共同来撰写、来丰富我们历史学院的发展史。

目　录

　　第一编　高考之路

第二编　同窗之情

第三编　教泽长昭

第四编　校园时光

第五编　多彩人生

田望赭山

安徽师范大学历史系一九七八级回忆录

第一编 回望荔山

高考之路

花小惠上山下乡知识青年光荣证

盛益武在高考前

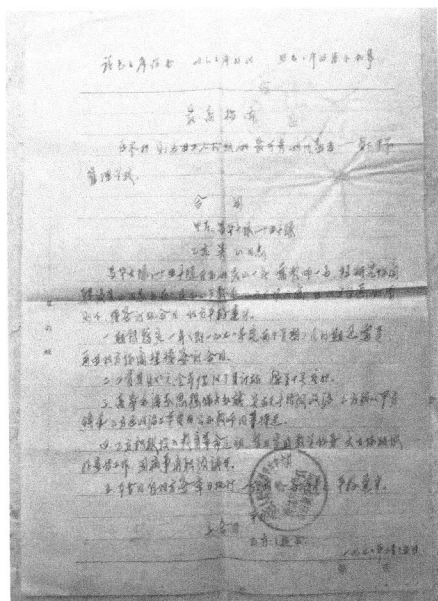

高考前吴正与生产队签订的民办教师合同

高考之前赵金辉与友人的合影

于志斌高考前与友人在一起（1978年）

高考前杨辅仓在乡村小学担任民办教师

王建岚出席广德县知青先进代表会议合影

贾炳清在高考前

王旭东在复习迎考

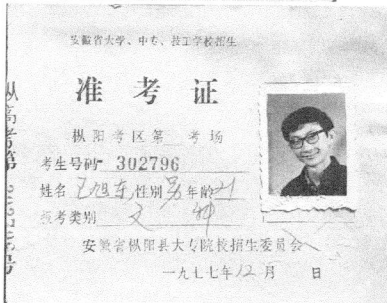

王旭东参加1977年高考的准考证

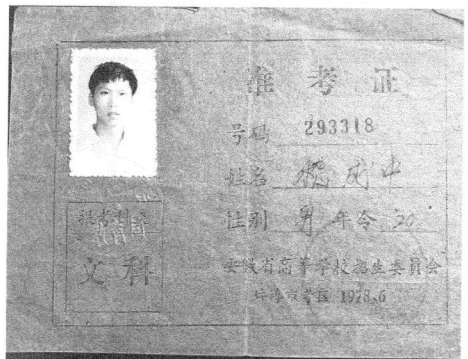

嵇成中参加1978年高考的准考证

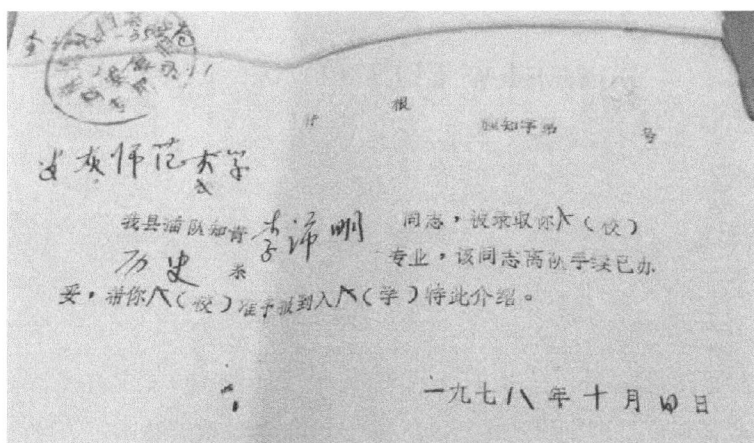

李沛明的入学报到介绍信

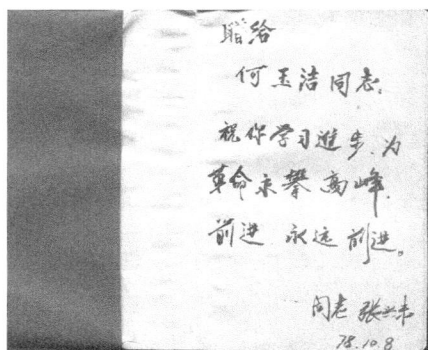

何玉杰上学前收到的好友赠品

张新华的上大学纪念照

四年时光足以照亮你的人生

——大学毕业四十年记

曹钟声

作家柳青说过："人生的道路漫长，但紧要处常常只有几步，特别是当人年轻的时候。"回望来路，1978年至1982年就读安徽师范大学历史系的四年时光，无疑是自己人生心灵旅途中最为重要的一程。这期间的经历与收获、蜕变与成长，成为我后来工作和生活的重要基石。四年时光虽短，但它足以照亮我的人生。

2018年夏天，我与几位同学相约，重回母校旧地，共忆往昔峥嵘岁月，我戏称此次活动为：纪念我们入读安徽师范大学与国家改革开放四十年民间纪念活动。探寻自己听过课的教室，重走荷花池旁的石板小路，魂萦旧梦，让人不禁感慨，时光荏苒，物是人非。

一、开往春天的列车

1978，如果在编年史上只写下两个字，那就是"转折"。那是一个从万木萧疏的凛冬到万物复苏的春天的转折。时代的诡谲风云，掀翻了无数人命运的浪花。

1960年7月，我出生在皖北小城灵璧的一个普通人家。我的家乡常常以灵璧石和霸王别姬的故事而为人知。我的中小学时期与那十年动荡基本重叠，我常自嘲，我生于忧患，长于动乱。1976年10月，我刚跨入高二的时候，中共中央粉碎了"四人帮"。1977年，就在我准备步我哥哥姐姐的后尘，再走上山下乡必由之路的时候，高考制度恢复了，我的人生命运也由此而变。

高考突如其来，在我家里，父亲母亲并没有当作多大的事。考试的那几天，我的父亲依然还在外地工作着，我的母亲依然按时上下班，给我的待遇就是多吃了几个鸡蛋。可以说我是在一个轻轻松松而又糊里糊涂的状态下完成了一生中最为重要的考试。"放榜"的时间到了，我考了全县文科第三名的成绩，我所在的班级只考上了我一个人。我的班主任胡老师（《舌尖上的中国》总导演陈晓卿的母亲）顶着炎炎烈日找到我家，在我家门口等了很长时间，就是为了把分数条亲自递到我的手上，就是为了分享那一份难得的喜悦。多少年来，每当我想到这个情景，想到胡老师的爱，心中都倍觉温暖。

至于我为什么填报安徽师范大学历史系，一是因为那个时候可报考的学校和专业实在是少之又少，二是因为我的历史和地理都考到了92分的高分，历史老师对我的影响又最大。那时的我当然不知道司马迁说过：历史可以"究天人之际，通古今之变"。也不知道马克思说过："我们只知道一门唯一的科学——历史学。"假如时光可以重来，我可能依然会选择学习历史，因为我深深地体会到历史可以比其他任何学科更能开阔人们的胸襟和视野，可以说是历史学习成就了今日之我。

上大学前的曹钟声

1978年10月，江淮大地秋色正浓，一辆绿皮火车将一个青涩懵懂的少年拉向了未知的世界。一片片村庄一闪而过，一座座城市迎面而来。火车过蚌埠不久在明光站短暂停车，我正好尿急，不知是我当时不知道火车上有厕所，还是"尿令智昏"，我冲到了正对车门的土砖厕所去解决问题。去

也匆匆，回也匆匆，当我的一只脚刚踏上车厢的刹那间，火车启动了，我庆幸自己没有被列车落下。其实从更大的角度看，我更应该庆幸自己赶上了开往春天的时代列车。

时至今日，我们在回望评价改革开放的时候都应该扪心自问：假如没有改革开放，我们的命运又会怎样？其实也用不着去想象，除了上山下乡的必由之路之外，能够给我的路一定会很少、很窄。如果没有改革开放，如果没有高考制度的恢复，后来的我会是煤矿井下、建筑工地的一名工人？抑或是吆喝着"酒干倘卖无"的一名商贩？能赶上一个好时代，能在当年只有不到7%的高考录取率（这是就全国而言，就安徽来说，录取率还要更低一些）中脱颖而出，是多么幸运的事情。而自己最宝贵的青春年华，又正值中国当代史上的黄金十年（1978—1988），夫复何求！

二、人生因蜕变而壮丽

安徽师范大学所在的江城芜湖，历史上以全国四大米市之一而闻名，当代史上喧嚣一时的"傻子瓜子"风波则是我大学毕业后的事了。母校依赭山，傍镜湖。湖光山色、江帆塔影的江城与我家乡淮北平原的辽阔粗犷有着不一样的秀丽雅致，动静相宜的校园，意气风发的莘莘学子，都给了我十足的新鲜感。

荒芜土地上开出中国乃至世界教育史上空前的奇葩，就是新三届学生间年龄差距过大。以我所在的历史系一九七八级为例，全年级90人平均年龄接近25岁，年龄最大与最小的相差有十多岁。90人中，包括我在内的十个应届生，自然成了其中的少年派，十个"小矮人"。低龄化意味着幼稚化、边缘化，这自然对我们的自信心多少有些影响，去年我到南京与当年同样是应届生的方亚光同学的交流中，他对此也是感受颇深。

当然，事物也有它积极的一面。我们这些老大哥老大姐同学，在上大学以前实际上已经上过了一所高尔基式的社会大学。我们从他们丰富的人生阅历中学到了很多在学校和书本上学不到的知识。特别是他们大多来自社会的底层，了解了更多的人间疾苦和世间真相，怀疑精神和批判意识早已渗透到他们的骨髓之中，而这些恰恰是我们这些刚出中学校门的新生代所不具备的，事实上也正是他们促进了我后来的觉醒与成长。

有人曾说："不会再有哪一届学生像一九七七、一九七八级那样，年龄跨度极大，而且普遍具有底层生存经历。不会再有哪一届学生像一九七七、一九七八级那样，亲眼看到翻天覆地的社会转变，并痛入骨髓地反思过那些曾经深信不疑的所谓神圣教条。不会再有哪一届学生像一九七七、一九七八级那样，以近乎自虐的方式来读书学习……这就注定了一九七七、一九七八级要出人才。"

那个时候每晚临睡前，不像现在有手机可刷，大家常常是躺在床上，天南地北、风花雪月地闲聊着，我戏称之为"卧龙夜谈"。它成了我接受人生社会教育的最佳课堂。

当然，每天晚上寝室里的卧龙夜谈于我也不尽是润物无声的春夜喜雨，也有足以让我心灵撕裂疼痛的狂风暴雨。入学前关于真理标准问题的大讨论以及入学不久的中共十一届三中全会，都表明当时的中国正进入一个思想解放、风云激荡的大时代。一个个大学校园正是一个个承接"天露"的大托盘，一代学子得其浩然正气而成长。然而和那些"先知先觉"的同学们相比，那时候的我仍然处在蒙昧无知而不自知之中。

所以，每每听到同学在卧龙夜谈中非议谁谁，否定什么什么的时候，我都是那么地难以接受，认为是对自己偶像的玷污，是对自己信仰的践踏。我又因为自己势单力薄，不能与他们抗争，陷入深深的孤独痛苦之中。最为严重的时候，每天的晚自习后我都不愿回到寝室，常常会在夜幕下操场上徘徊很久，就是为了逃避那种"精神伤害"。

多少年以后我对丘吉尔的一句话深以为然："不要绝望！人们在漫长黑夜中被迷惑甚至被冻结的灵魂，会被不知来自何处的火花点亮，而忽然觉醒。"正是从那些漫漫长夜孤独徘徊中，我开始了自己的心灵觉醒之路，开始了犹如凤凰涅槃、浴火重生般的蜕变新生。

历史的吊诡之处是，我虽说不上大彻大悟，但自觉今天的我在很多观点上比当年那些同学走得更远，因而成为他们眼中的激进分子。他们是我最初的思想启蒙老师，就是到了今天，我还在与先吉、晓波、一江、成中等同学的交流中汲取他们智慧的力量。

三、我的非典型学习之路

我到深圳后的一位老校长说我是非典型的中学历史老师。其实，我的非典型之路也是始于大学时期，我是一个缺乏志向的人，学习上有很大的随意性和开放性。

四年时光，看电影成了我最为清晰的记忆之一。看电影几乎是那个时代人们文化生活的代名词，我们每一个人都能说出自己看电影的故事。我自己在小学时期，有过因为插队抢购《卖花姑娘》的电影票，被维持秩序的民兵抓住关了几个小时黑屋的经历。我刚上大学的20世纪70年代末到80年代初，正好赶上了一个文化艺术的崭新春天，那时候刚刚对外开放，引进了大量的欧美和日本电影，好电影令人应接不暇。我和同学曾经创下了一天之内，上课之余看了四场电影的纪录，电影院俨然成了我的第二课堂。感谢同寝室的汤晓华、赵金辉同学，是他们教会了我怎样看电影。在那以前我看电影仅仅停留在好看不好看的初级阶段，是他们在每一次看电影后对电影的历史背景、人物塑造、艺术手法等栩栩如生、深入细致地分析讲解，让我懂得了，原来电影还可以这么看，这么看才是真的好看。我对他们的膜拜是从他们对电影的精彩点评开始的，从那时候我就成了汤粉、金粉。

汤晓华同学当年到图书馆填写借书单，误把《我的上半生》写成了《我的上半身》。从那以后我就习惯称他为"我的上半身朋友"。一字之误当然掩盖不住他的才华横溢，他先是从卖陶盆瓦罐的营业员转身为大学生，后来又从教师转身为铜陵市委宣传部副部长，也算是人尽其才，实至名归。多年以后，我还在为自己写的一些书评、时评、影评得到他们的赞赏和转发而高兴。他们于我，好比《天堂电影院》里用电影影响了主人公多多一生的放映师艾福特。

有段时间我对学习语文情有独钟。这还要从我高考时语文考试的"大意失荆州"说起。我似乎自带文科学习的禀赋，在提前完成答题、提前交卷的情况下，我的历史、地理都考了92分，政治也考了85分。至于数学，我考试时几乎做对了所有的代数题，同时又几乎"放弃"了所有的几何题，考了差不多50分，也在情理之中。而我自以为得意的语文不仅失了前蹄，

安徽师范大学历史系一九七八级回忆录

而且绊了后腿，结果只考了50多分，成了我心中永远的遗憾。到了大学时我都还心有不甘，那个时候，一部《现代汉语词典》，一部《古汉语常用字字典》成了我的枕边书，我休息调节的必读书目。一分耕耘，一分收获，后来我参加了学校组织的语文基础知识竞赛，在几百人中我考了第七名的成绩，这是我在大学获得的唯一的奖项，也算弥补了我的遗憾吧。

如果说大学四年有什么遗憾的话，那就是我读的书太少，特别是历史专业的书籍看得太少，以致到了退休后的今天还在"还账"。前几天我在看《纲鉴易知录》时想，60岁的人看16岁应该读的历史入门书，说明我不是看书太多，而是看书太晚了。出现这样的情况，一是因为那个时候我能看到的书实在太少；二是我天性好动，缺乏看书的耐心，没有能在中学时候就养成爱读书的好习惯。中学时候我能看的除了课本就是报纸，中间也看过几本诸如《金光大道》那样的小说，也曾迷恋过私下传阅的《第二次握手》之类的手抄本。高考后等待分数的日子里我在看《悲惨世界》时，才第一次被文学作品的魅力迷醉震撼。

四、爱情友情情情暖心

是时候讲我和良美同学的故事了，这是我四年大学时光中最为华美的篇章。

那是大学三年级的时候，一向默默无闻的我竟然成了班级新闻的主角，我和班上的郭良美同学谈恋爱了。祝福者有之，惊讶者有之。毕业之日，我和良美最后成了历史系一九七八级90人中牵手走出校门的唯一一对，成了多年来同学们都绕不开的话题。

这是一个她用青春赌明天，我用真情换此生的平凡故事。

90名同学中的七位女生被大家戏称为七仙女，已有家室或名花有主的又占了几位。我和良美都属于应届生，入学以后的前两年，我和她没有什么交往，在我眼中，她是一位端庄娴淑的女孩，带有几分神秘感和距离感。那时我对爱情如同对未来一样都是茫然一片。

"长恨春归无觅处，不觉转入此中来。"大二那年的春天，学校安排我们去南京进行教学实习。冥冥之中似有天意，在去南京的火车上，我和良美碰巧坐在了一起，在并不算长的旅途中，我们有了第一次比较深入地交

谈。我们谈到了各自的往事，也谈到了各自的兴趣爱好，当时的交谈对良美来说可能是即兴为之，但是，对我来说就是神秘感、距离感打破后向亲和力、亲切感的转变。一缕春风吹皱了一池春水，芳菲妩媚、莺飞草长的江南，在开往春天的火车上，爱情的种子在我心里萌芽了。

在那以后的日子里，我对良美的感情潜生暗长愈发地清晰强烈，切实体验到了少年维特之烦恼。"一步实际行动胜过一打纲领"，马克思的名言成了我的行动指南。在毕业前一年我鼓起勇气，尽自己最大的才情给她写了一封感动着自己也感动了她的求爱信。信中我表达了对她真诚的赞美爱慕，并且许下了我能够想到的关于爱情的种种美好的诺言。后来良美坦言，正是这封信中的美好诺言唤起了她对爱情和未来的憧憬，打动了她的心扉，接受了我的爱意。从此，校园内外，花前月下，又多了一对同学恋人的身影。

钟声磬韵透青霄，良辰美景不问天。恋爱中的时光很快，转眼到了毕业分配的时间，有多少校园爱情的小船说翻就翻，劳燕从此分飞。而我们的爱情经受住了考验，良美毅然选择离家人弃合肥和我一起共赴淮南，此情亦深，此意亦切。从此我真正地感受到了她在我心中的分量，由此，我也立下一个誓言：一生一世，不负岁月不负卿！

在后来的日子里，因为聚多离少，我几乎没有再给良美写过什么书信。直到2015年，在她退休之际，我才给她写了一封颇带当年求爱信风格的文字。我在信中写道："最后一课的一个转身，过去30多年的教学经历都将成为过去的记忆。纵然有三十功名尘与土的唏嘘感叹，也难掩八千里路云和月的风光无限。转身之际，你感谢的人太多，其实你最应该感谢的是自己。30多年的岁月里，你对家人，对学生，都做到了最好的自己。只有我知道你刚从中学转入大学（淮南联大），承担着陌生课题时面对的挑战有多大，只有我知道你在福田中学连续三年担任高三毕业班教学时压力有多重，也只有我最清楚青灯照壁书桌案头，你以怎样的坚韧与认真赢得了掌声和笑容。我见证了学校科组为你举行的退休仪式上那泪水飞洒、心潮澎湃的动人画面。有记忆便是永恒，有想念便是幸福，想兹念兹，人生足矣。关上了一扇门，打开了一扇窗，移步换景续写新篇章。没有了课堂铃声，没有了教案试卷，你可以放声高歌抒胸臆，你可以轻歌曼舞竞自由，你可以烟花三月下扬州，你可以金秋十月看九寨，你就是自己的世界。至于我，这些年欠你的太多，我能做到的就是和岁月一起对你温柔相待，从能学会给你做可口的饭菜，多给你拍好看的照片做起，一起面对生活中的甘苦悲欢，一起读诗看书，一起去远方看世界。我能想到最浪漫的事情，就是和你一起慢慢变老。"

眼下我在写这篇大学毕业四十年回忆文章的时候，正值四月，我们俩的很多故事也都发生在最美四月天。这里我借林徽因的诗句送给你："你是一树一树的花开，是燕在梁间呢喃。你是爱，是暖，是希望，你是人间的四月天！"

大学毕业三十五年聚会时曹钟声夫妇与辅导员陈老师合影

毕业后这些年，我与同学们也时有联系和相聚。而每一次的相聚又会增添新的记忆，新的惊喜，小到你被抖出过往的一件糗事，大到足以改变你的人生轨迹。

1994年我取得了中学高级教师资格，良美在1997年也评上了大学副教授职称，本来以为就这样岁月静好下去，但是在1997年毕业十五周年合肥的那次聚会上，听了稽成中同学对深圳的诱人描述，我和良美便萌发了南下深圳的念头。1998年春天，我们两人都顺利地通过了深圳市福田区教师招聘考试。一次相聚，一个转身，我们成了新深圳人，人生由此改变。这些年，我每每感谢生活中还有深圳的时候，也总会在心里对老同学说一声：

谢谢！这些年，我常常称成中同学是属于仰望星空的人，我常常为他在教育理论和实践中取得的非凡成就而骄傲。退休前，我在学校举办了一次读书报告会。我的读书报告和成中同学的精彩点评珠联璧合，相得益彰，赢得了喝彩。一位熟知我们关系的老师对我说：真羡慕你们两个老同学都那么优秀。我自知与成中同学相差甚远，但是我想，作为同学知己，我们都会为自己是安徽师范大学历史系一九七八级的一员而感到自豪和骄傲。

天行有常而人生无常。岁月如流，留下了欢乐也留下了悲伤。走着走着人老了，走着走着人少了。这些年先后有好几位同学不幸离我们远去。在这里我都不忍心一一说出他们的名字。每个名字的背后都有一张大家难以忘记的音容笑貌，都有一段大家难以忘怀的记忆往事。我不会忘记和同是应届生的广安同学结下的友谊。时至今日，每当想到毕业后他在白湖农场任教期间的艰辛，以及后来溘然而逝的情景，我都心有戚戚。我也没有忘记到六安参加省中学历史知识竞赛视察时受到过王俊祥同学的热情款待。

说到黄忠超同学，我总是把他和红与黑相联系。黑的是他的肤色，红的是他火热的心。我对全系大部分同学来自何方只能说出一个大概，唯独记住了他来自固镇县下边一个鲜为人知的小镇湖沟，他戏称那是又一个红太阳升起的地方。固镇与我的家乡相邻，我把他视为天然老乡。他身上自带的淮北（淮河以北）人的那种粗犷豪爽性格，又平添了我对他的亲切感。我和他同学之缘外又多了一份老乡之谊，兄弟之情。他对我格外关心，我对他格外信任。当年我对良美同学爱意萌发的时候，第一个就是向他透露求助的。他不仅给了我鼓励支持，而且把他的追女秘诀传授给我，我的那份求爱信也经过了他的润色遮瑕，他可谓是为成我之美尽心尽力。

2011年下半年，为了回报四年大学时光的厚爱，同学们准备在深圳举办毕业三十周年聚会。我们都期待着同学们欢聚鹏城，共叙友情。然而，这一年的十月却传来了忠超同学因病去世的噩耗。欢聚的时刻如期而至，只是再也看不到他那熟悉的身影，再也听不到他那爽朗的笑声。"昔人已乘黄鹤去，此地空余黄鹤楼。"聚会期间大家抚摸着他在病中为我们每位同学刻制的印章，睹物思人，物是人非。大家感念着后会有期言犹在耳，人却重壤永幽隔，无不唏嘘伤感。忠超同学驾鹤西行逾十载，"十年生死两茫茫，不思量，自难忘！"

四十年光阴太匆匆，就连当年的少年派今天也到了退休之际。翻看同学们的纪念文章，追溯记忆，叙事言情，或清晰或模糊，一点一滴都会嵌入心扉。今天，喜欢回忆的我们，像极了作家菲茨杰拉德笔下逆流而上，不断倒退进入到过去的盖茨比。而过去的一切抑或成了普希金诗中那美好的回忆。记忆是我们共同的印记，回忆是我们献给毕业四十年的最好礼物。

我的高考记忆

常　斌

1978年那年我22岁，春天的油菜花满开时，我决定参加当年的文科高考。那时，我在和县建筑公司做工程预算兼施工，工地就在芜湖的工业干道。工地的不远处是大片的油菜花地，午休时我带上书钻进地里，一人偷偷地读起来。四处的油菜花香气扑鼻，我全身心地感受着春天的到来。时代在开始悄悄地改变，"文革"终于过去了。

对门邻居家姊妹五人都是"文革"前的大学生，我们都十分羡慕，父母也一直想把我们送进大学。姐姐和哥哥上中学时都考进了芜湖一中，那时的芜湖一中是芜湖市重点中学，周围邻居也都对我们另眼相看。正当哥哥姐姐努力读书想迈向大学时，"文革"开始了，使他们那一代青年的梦想化为了泡影。记得姐姐在农村插队时，因政审不过一直不能上调，更不要说被推荐上大学了。招生的见到姐姐作文后提出可以作为教育好的子女名额来推荐，姐姐拒绝这种方式而最终一直待在农村，与大学无缘。那时，父母在干校，哥姐在农村插队，我一人在芜湖上中学，看不见前途，对未来十分渺茫。

现在，终于恢复高考了，所有的青年都可以不问家庭出身，通过考试决定自己的未来，大家都兴奋无比。单位里有十多个青年一起报名，有老三届大我八岁的，也有比我小的，有坐办公室的，也有天天在工地上的。人人都只想着一件事，那就是通过考试改变自身的命运。

从报考到考试只有几个月的时间，要在临近考试前用几个月的时间补齐过去的缺课实在不是件容易的事。1966年我才上小学四年级，虽然平时也读书，但从未有过系统的学习。更何况当时的中学不开历史、地理课。

好在那时大家年轻，数日熬夜不在话下。没有教科书，大家按照报上发布的考试大纲分头找资料进行交换。一起报考的一位老兄，其父是大学教授，他的资料最多，我们总是围着他借资料，听他讲历史，由他领着我们按大纲内容逐项理清背牢；还有一位老兄的哥哥是"文革"前的社科院的研究生，在当地自然有名，于是大家以他为中心选读语文范文，猜着当年的作文题目；有时大家也讨论时政，小范围地各抒己见。

临近考试了，单位革委会副主任对我下了通知，说考上了送你上大学，考不上就安心地和我一起去淮北工地。我嘴上答应着，心里却想：这是决定人生的关键时刻了。于是，我更加拼命不分昼夜地做考前最后的冲刺。

怎么下的考场我已经记不清楚了，只记得后悔题没答好。考后自己默默地回到工地卖命地工作，最怕别人问考试情况。我内心忐忑不安，静静地等待成绩公布。

终于，一通电话从和县打来，我得知自己已过高考分数线，暗自欢喜地向工地请了假，步行到四褐山坐上过江的木船返回和县（西梁山）。江水滔滔，不会游泳的我坐在摇摇晃晃的船头，没有丝毫的害怕，满心想着未来。

安徽师范大学录取的通知来了，父母特别高兴。没有上大学的姐姐在我入学的第一周产下了一个女儿，起名"欣"，以表达"文革"结束和我考上大学时全家喜悦的心情。

如今我已是"奔七"的人了，每当想起那年的高考，还总是难以忘怀。是那场高考改变了我的人生道路，我先是完成我安徽师范大学四年的学业，后去东京留学，之后又自办了企业。从那以后自己的人生自己把握。我享受着时代发展的红利，同时努力工作，回馈社会。

我上大学

陈文誉

　　1968年12月，我作为一名芜湖一中一九六六届高中毕业生于泾县西阳公社插队落户。还算幸运的是，我于1970年12月就被招至泾县西阳中学任教（我在当地属第二批招）。当时的西阳中学位于金溪大队的一座祠堂里，当地人称"七上八下"之地。上指距溪头大队所在地的溪头都有七里地，溪头历史上曾是繁华之地，被称为"都"。下指距西阳公社所在地有八里之遥。中学周围只有几户人家，买菜、购物十分不便，消息也十分闭塞，鲜有人来访。我在这里生活了七年又十个月，只是在1974年去芜湖中学教师进修学校培训英语一年，1975年初回西阳中学后，就一直以教英语为主了。

　　1977年恢复高考的消息传到我那里时，离开考日期已经很近了。除了时间紧、教学任务重之外，我最大的困难是几乎没有一点资料可复习。当时回芜湖十分不易，先要去溪头或西阳搭乘去泾县城里的班车，车费是0.7元或0.8元，要命的是当时一天只有一班车（后来改为一天两班），常常人满为患，挤不上车。到县城买到芜湖的车票费用是2.5元，也常是不能买到很快就走的车票。记得是1969年冬天春节前的一天，天已降雪，插队于泾县苏红公社山窝里的刘人云和征钧同学突然来到我插队的生产队，他俩怕大雪封山后，汽车不通，无法回家，便匆忙于上午出来找到我，邀我一道回家。当时雪越下越大，我仓促收拾行李后，三人便浅一脚深一脚地向县城赶去。当时三人都带了些冬笋、花生米之类的土产，刘人云更是用小扁担挑了行李，吃了不少苦头。从溪头到城里，约有70里路，直到天黑，三人才走到城里，于第二天才回到了芜湖。多年以后，我遇到已是鼎鼎大名的刘人云，谈起此事，他仍是心有余悸，不堪回首。这次艰辛的回城之旅给我的印象深刻，轻易不敢如此回芜了。

另外，这次要想回芜找资料怕是凶多吉少，一是家中的图书资料由于种种原因已几无所有；二是临时找人借用希望也十分渺茫。好在任教时，我开始几年教的是语文、物理（当时叫工业基础知识），还教过政治、社会之类的课，其中有些内容与考试多少能扯得上边吧。只有地理，我几乎是一无所知。好在同校的一位女知青巫一毛在我校任代课教师，她父亲是新中国成立初期从美国回来的巫宁坤教授（曾求学于西南联大，与李政道等人是同学，在美国时，巫曾劝李与他一同回国效力，被李拒绝）。巫教授此时已被平反，状况有所改善。她消息灵通些，有一份地理复习资料，我趁她不用之时，借过来看看，算是解了燃眉之急。

1977年高考，我全凭自己的平时知识积累（俗称"底子厚"），当时其他各科皆无资料，地理虽说有份资料可以死记硬背一下，在那次考试中，地理的分数仍最低。那年高考，文科只考语文、数学、政治、史地四门。成绩公开后，我的总分为279分，名列泾县第一。但后来却因故未被录取。

1978年春，我又很快紧锣密鼓地开始迎战我的第二次高考。此时，图书市场上各科复习资料也多了起来。我拜托在芜的好友，尽可能地搜集当时一切能找到的各科复习资料邮寄给我。我在乡下中学教书之余，抓紧一切时间复习迎考。当时的西阳中学只供应米饭和开水，不供应菜肴（买菜要去七八里地远的溪头和西阳露水集市）。为了节省时间，我常以豆腐乳佐餐。就这样夜以继日地苦干，我终于在1978年7月20日再次进入高考考场。

等高考成绩下来，我多次听人说起我是泾县文科考生中的第一名。但具体情况并不知晓，因为我难得去一次泾县城里。后来，我接到了芜湖市好友征钧同学的来信，说他去地区教育局（当时在芜湖市）给我查了一下分数，总分超过了四百分，是芜湖地区第一名（文科）。

在那段时间里，我似乎有处处受礼遇的感觉了，也收到了许多赞许的目光，自己多多少少有点自得吧。到了安徽师范大学历史系后，系里有老师告诉我，我的总分在系里是第三名，历史成绩在系里是第一名（我的历史成绩超过了九十分），这也让我清醒些。以后的学习生活使我渐渐明白，分数高并不能说明你有多聪明，多有才华，只能说明你的基础知识扎实些

而已。例如文中提到的好友征钧同学高考总分只有334分，录取于安徽师范大学外语系俄语专业（其俄语成绩65.5分，位居芜湖市第二名），后成为安徽师范大学外语系党委书记，曾作为芜湖市经贸代表团的翻译出使俄国，还翻译了七八本俄文书籍，贡献远在我之上。

就这样，我终于于1978年10月进入了安徽师范大学的校门，成为了一名大学生。

断断续续的求学之路

程光华

我出生在皖东来安县的农村。

因日寇侵华,我父亲十几岁时便随我祖母的堂弟辗转于皖西大别山,作为流亡学生在国统区艰难求学。后考上私立焦作工学院,又因解放战争的进行而辍学。父亲在县城中学教过数学、物理、化学等课程。百万雄师过江后,父亲考取同济大学。我出生时,父亲还在读书。有了姐姐和我后,母亲仍毅然考上肥东师范学校,后成为乡村教师。

1959年底,我家迁入上海市。我插班进入徐汇区东安二村小学一年级。二、三年级时我的成绩赶上来了,并当选为班级学习委员。1964年我随父亲单位整体搬迁至徐州市。次年我考上徐州一中尖子班,应试作文被誊抄公开展示。1969年底,我和姐姐都要去农村插队。父母认为要干一辈子,不如回老家,七十岁的祖母也甘愿陪我们去农村。返乡实际比正常插队的知青更苦,如没有为期一年的口粮和生活费补贴等。这逼迫我迅速转化为普通社员,靠劳动挣工分。

1973年时父亲听到要考试招生的传闻。我提前进入复习迎考状态,倾全力攻克初中数学,初二、初三的知识全靠自学。因姐弟同在插队,我被推荐参加考试。结果数学我考了70多分,得到南京大学数学系招生老师的关注,但因未查到我父母的政审材料而作罢。幸亏父亲单位连忙派人送来材料,我被扫尾录取在醉翁亭边的滁县师范学校。学制二年,我的语文尚好,体育成绩最突出。第二年我被滁县地区教育局抽调参加普及教育工作,被分至定远县一组,我们到过该县大部分的乡村学校,检查督促并巩固提高适龄儿童的入学率。1975年我从滁县师范学校毕业,在来安县教育局继

续做普及教育工作，后到公社中学任教。

1977年恢复高考的消息迅速传来，我报名了，又是一番艰难的复习和应考。公布的初选名单中有我，可能主要因我是公办教师，未被录取。

1978年高考通知又接踵而至。这次将采用全国统一试卷，还取消了很多报考的限制，但规定工作不满五年的不能带薪读书。我又立即报名了。学校领导冷着面孔对我说："已有铁饭碗了，不能像有些民办教师那样影响到本职工作！"还把学校卖饭菜票的任务也推给了我。我的复习迎考主要在夜间，电灯停了，煤油灯下还继续努力。

历史考试时较顺手，周恩来的主要事迹，我列举了二十多项。我对语文成绩也有自信，自估80分左右，结果考了78.5分。按规定公办教师必须考师范，可连续计算工龄和教龄，我遵守了，故有幸成为安徽师范大学历史系一九七八级90名同学之一，终于圆了我的大学梦。

历史系在安徽师范大学各系中师资力量最强，正副教授等所占比例最高。同学们生动描述诸位恩师的文章，激起了我许多记忆。我与同宿舍的同学更是四年朝夕相处。其中吴正、赵晓明、贺兆田比我年长，排我之后的是贾炳清、高岳仑、常斌、傅元根；还有令人感伤已逝的黄忠超和姜保民。走读生吴凡后来也加入了我们这个集体。

辅导员陈老师安排我为二班团支部副书记。往事如烟，记得某周日，历史系团委董老师指示我组织团员帮学校装运垃圾，这样的脏累活怎好命令谁去谁不去？但同宿舍团员姜保民、黄忠超、常斌、傅元根立刻响应。他们还主动招呼邻宿舍的好几位支部委员和团员同去，大家齐心协力，虽然灰头土脸，却毫无怨言……

毕业后，我在淮北市岱河矿中学任教，1990年调到南京市省教院附中（南京二十九中），始终未离开过高中历史教师的岗位。我自以为苦劳是有的，如未请过病事假。

2013年退休后，我即参加金陵老年大学的书法学习，从楷书、行书到草书，现在还在坚持。我还参加声乐学习，以求自娱自乐。

我的高考岁月

高道友

1972年底我高中毕业就回乡了，只有城里的知识青年到农村去才算插队，我们家在农村的就叫回乡。回到家里就是一个劳动力，我全身心地和所有的农村人一样干着当时生产队里的所有的农活：耕、种、锄、收、挖沟、挖河、抬土、抬粪、割草、喂牛。我比其他同龄的农村人干得更多，因为兄妹八个（20世纪60年代有一个病死了），在剩下的七兄妹里我是老大，其他的都还小，那时家里人多必须挣工分，没有工分就分不到口粮。至今我的日记本里还夹着一块皮，我自己身上的皮，有五分硬币那么大，是挖河时，被太阳晒得背上起了很多大水泡，干了以后，我就把它揭下来夹到日记本里。就这样一年、两年、三年、四年、五年，天天起早贪黑，没完没了。

1977年大概是8月份的某一天，我正在干活时，听说要恢复高考。我不知是真是假，半信半疑，因为既没有行政传达，也没有文件通知。我只好四处打听，当确定这是个真实的消息时，离报名也没几天了。报名以后，我还是不相信会完全凭成绩录取。但名既然报了，那就试一下，玩玩也好啊。

不过又有问题来了：一是原来学的书没了，就是有也是内容很少，因为我们是"文革"第一届招的中学生，教材是宿县地区组织老师临时编的。二是我上的中学是一个"戴帽子"中学，而且是戴了两次帽子。现在很多人听不懂，就是小学上边办个初中班，小学老师加上调来的两三个老师，初中就开起来了，初中两年多又加上个帽子，高中我又在原来的地方上。三是在这样的学校，我没有学到完整系统的知识，对如何答题不清楚，有

的老师概念都能讲错（我们毕业后这里的高中就被取消办学资格了）。四是我没有资料，没有人引导，每天还是要干活。就这样我的第一次高考，稀里糊涂地败下阵来。但由此我看到了两点：一是题目都不太难，主要是我不知如何答题，没受过系统专业训练。二是真的可以凭考试成绩录取了。

考完后，我就赶紧回家干活，我是家里的主要劳动力。我们村西边的引河，把水从新汴河引到小汴河，从秋冬挖到春天，完全靠人工挖抬。父母都不识字，他们最大的期望就是我能娶妻生子，传宗接代。对于我怎么复习，是否继续考，他们既不过问，也不给一点复习的时间。我自己也在这种情况下陷入了矛盾之中。一方面想考上大学，另一方面看着家里人口这么多，也没法停下干活去复习，所以我只能白天挖河抬土，夜里找一些相关的书看看。每天睡上三四个小时吧。几个月过去了，转眼到了春天，我是越来越急。一天父亲进城回来要我再考，他说进城见到你的同学了，他们说你要不考，你们班就没人能考了。这是他头一次关心我的学习，可是挖河还没有结束，我依然要白天抬土，晚上看书。大概是1978年的农历三月底，挖河任务完成。我放松地进城去转转，正好遇到了我高中时的语文老师石老师，他问我："准备高考了吗?"我说："挖河刚结束，没复习，考的人多，竞争激烈，恐怕很难，还没决定。"他说："激烈没关系，只要你是第一，录取的人数再少，也是你。"接着他又说："我走过几个学校，没遇到像你这么基础好的学生了。"

于是，我回家赶紧安排复习，找到熟悉的老师，到泗县中学插班复习了两个多月。泗县中学的老师对我的辅导认真细致，给了我很大帮助，我一直心存感激。

可就在考试那几天，我的身体出问题了。可能是生活条件太差，加上连续的白天黑夜复习，我感染了痢疾，考试时肚子疼得受不了，有时中间要上厕所，那时学校的厕所都在墙边上，离教室有100多米，三个监考老师派一个跟着我。前两天勉强撑了过去，最后一天上午考语文，天气又闷又热，考着考着我眼睛就模糊了，监考老师递给我湿毛巾，擦了擦，我清醒一下，继续做题，可能是身体基础好吧，没有昏倒。

考试结束，我觉得很不理想，赶紧回家干活，没想到，分数出来了，还超过分数线几十分。一天早晨，我正在吃早饭，一个插队在我们村的朋友拿着录取通知书找到我，他把通知书朝我面前一放说："叫你今早吃不好饭！"我看了一眼，继续吃饭，内心凄怆，神情木然。我已经24岁了，春天终于来了，可是我已经变成了笨拙木讷的农夫。大自然以千年、万年、亿年来计，而人的生命，却只是这么短短的几十年。"不知江月待何人，但见长江送流水。"

挑灯夜战迎高考

管天文

　　1977年底，恢复高考的消息传来时，我正在芜湖市第十六中学当高中政治课老师，并已当了两年的班主任。学校所在的裕溪口地处江北，远离市区。那时我自己的学历也就是一名高中毕业生，高中生教高中生，并任班主任，以今天的视角看近乎荒诞，但在当年远郊中学师资严重匮乏的情境下，只能"赶鸭子上架"了。

　　恢复高考对于我们这批被"文革"中断了学业的年轻人来说，不啻"久旱的禾苗逢甘霖"。可复习迎考要花费大量的时间和精力，而我刚接手高一（3）班的班主任，一团乱麻还未理出头绪。如何处理好班主任工作和复习迎考的关系，成为我的两难。当时，高一（3）班是高一年级八个班中最差的一个班，"刺儿头"多，许多老师避之不及。因为我年轻，又是政治课教师，加之上一届带的高二（5）班也颇有心得，校领导就把这个班交给了我，我也不知深浅地接了下来。没想到一进入"实战状态"，情况远比我想象的要复杂得多。吵嘴、打架、谈恋爱、逃学等现象时有发生，我像一个消防队员那样，哪里有火往哪里灭，还常常"按下葫芦浮起瓢"。那段时间，我从早上七点半学生到校一直忙到下午五点放学，有时处理学生纠纷到晚上六七点钟才能吃上晚饭。

　　面对这样的窘境，复习迎考只能靠挑灯夜战了。同时，考文科还是考理科也成为我的两难选择。就我1972年高中毕业考民办教师的成绩而言，数理化成绩好于文科成绩。这得益于在芜湖九中高中学习时，有几位清华、北师大的老五届高才生"屈就"在该校教数学、物理、化学，他们渊博的学识和举重若轻的传道授业解惑艺术，让我们受益匪浅。若按常规"出牌"，我应该义无反顾地报理科，可一想到理科复习将要应对的茫茫题海（这可是需要大量时间啊），思想上兀自败下阵来。相对于理科而言，文科复习题量不会太大，加上我当时教的是政治课，且从小就对地理比较感兴趣，知识点掌握了不少，剩下的数学、历史和语文，"临时抱佛脚"都还有七八分的自信。如此左顾右盼、思前想后、反反复复、踌躇再三，最终做出报考文科的决定。

决心既定，我赶紧把尘封已久的高中语文、数学等书本翻出来。白天给学生上课，处理班主任工作，晚上我挤出时间在灯下争分夺秒地复习。有时我刚把书拿出来想要复习，脑海里又"回放"起白天班上发生的一些闹心事：学生间的纠纷怎样解决，明天先找谁谈话？话题从哪里切入？如此翻来覆去，直到想好谈话内容，才回到复习的状态中。晚上复习最容易出现的情况就是，白天当班主任时用了大量的精力做学生的思想工作，组织开展集体活动，特别是学校经常安排学工、学农，需要带着学生到工厂、农村去劳动。如此弄得精疲力尽，待到灯下看书复习时，刚看一会上下眼皮就"打架"了，只能用凉水抹抹眼睛，实在坚持不住了，就趴在桌上眯一会儿再继续学。

晚上的复习时间也不是每天都能保证的。我们青年教师住的是学校集体宿舍，晚上时不时有家长登门来"告状"。作为全年级倒数的班级，调皮学生多，麻烦制造者也不少。为了及时与家长沟通，争取家长配合学校一起做好学生的工作，班主任只能利用晚上时间去家访（因白天家长要上班）。离校远的家庭一去一回一两个小时就过去了，回到宿舍时已是晚上九点多钟，还要备第二天的新课，当天的复习就泡汤了。因此，所谓的挑灯夜战也只是"三天打鱼，两天晒网"。但我每每看到家访取得成效，学习成绩差的学生有了转变时，损失复习时间的惆怅也就被成就感所取代了。

经过一段时间的磨合，高一（3）班在我和班委会的共同努力下，各方面都逐步走上正轨。任课老师反映，课堂纪律大有好转，学生大都能安心听课，课间吵嘴、打架的现象明显减少，参加学工、学农活动也能得到所在工厂、公社的好评了。在学校运动会上更是一举取得了高一年级总分第二的好成绩。班级综合排名由高一年级倒数第一进入了全年级八个班的前三。当然，挑灯夜战的付出也还算没有白费，当年高考，我以352分的成绩顺利考入了安徽师范大学历史系，人生的转折从这里开启。

那年那月那谷场

何玉杰

人生是一段长长的旅程，在这段旅程中，能成为一个有故事的人自然开心，能成为传奇的人又何等幸运。岁月的时光沉淀了我们成长的记忆，也记录了那风云激荡的时代。蓦然回首，时光的镜头渐次拉开。

1975年初春，我从一所农村中学即全椒县古河中学毕业，时年17岁，可谓风华正茂，却又青涩依然，属于那种见到漂亮女孩就脸红的人。那时的高中学制两年，春季毕业，没有高考，我也不知道什么叫作高考。毕业后去干什么呢？书都念完了，不就应该回家嘛，这是一个农村孩子的自然思维。根据那时的政策，户口是有城镇户口和农村户口之分的，孩子的户口只能跟母亲走。我父亲是一名农村初中教师，吃"计划粮"，而母亲是农民。因此，高中毕业后，我只能回到乡下当农民。说得好听一点，叫"回乡知青"，说得直接一点，就是服从命运的安排，自然"世袭"为一个农民。

于是，在这广阔天地里，我和农民们一起战天斗地，春天插秧，夏日耕耘，秋天收割，冬季修河，每天仿佛都有干不完的农活，睡不完的瞌睡，但生活却总是过得捉襟见肘，家中房屋破旧，时常油米不继。自幼喜爱文学和绘画的我渴望能有机会从事自己喜欢的工作，但贫困就像一只巨大的铁拳将我们全家人紧紧地抵在墙角，动弹不得。贫穷也是一种力量，有人呼天抢地，痛不欲生，有人只能像温水煮青蛙般地承受到日渐麻木。

"我们都身处阴沟，但仍有人仰望星空。"尽管频繁的田间劳作让人疲于应付，但我的内心深处依然充满着对美好事物的向往和追求：我要广博的知识，也要浩瀚的月光。后来，因为一个偶然的机缘，我认识了安徽大学中文系的一位叫张耀辉的老师，当时他三十来岁，是从人民教育出版社下放来安徽的，我们建立了"革命"友谊。我，一个蛰居乡下的穷小子将与他的通信看作是无比荣幸、无比骄傲的事情。在我心中，他就是星辰。

1977年9月中旬的一天，我接到了他的一封信。他在信中告诉我，国家即将恢复高考制度，可以通过参加高考的途径到大学读书。看了来信后，我又惊又喜，却又将信将疑（因为没有得到官方消息），但还是把这个消息告诉了父亲。父亲听后说，那是为贫下中农子女准备的，我们家成分高，没有资格参加，你就别想了。顿了顿，父亲又神情黯然地说道："你就抛弃幻想，准备做一辈子'泥腿子'吧。"父亲的这句话像一盆冷水迅速浇灭了我刚刚燃起的一丝热望。此刻，我只能自哀自弃了。

在接下来的冬季挑塘和积粪的日子里，我披着星光，和小伙伴及姑娘们挑着担子在田间地头穿梭奔波，以哨声为铃声，以谷场为操场，以山岗水库为桑间濮上，过着粗犷的日子。和我年龄差不多的姑娘们大都读书甚少，但她们心地善良，乐观向上，笑容明净，像阳光一样给人以温暖。就这样，不知不觉到了10月21日这一天，公社的大喇叭中终于传出恢复高考的消息，并且是"自愿报考，统一考试，择优录取"。于是，我主动报了名。

一个多月后，我来到考场。考场设在县城的一个中学之内。第一天上午考语文，很快地我做完了知识题，一看作文题是"世上无难事，只要肯登攀"，我感觉很容易，心想：一定要好好写，争取得个高分。于是，我铺开草稿纸，列提纲，打草稿，反复斟酌。写好后，往试卷上抄写。谁知还未抄到一半，考试结束的铃声响了，监考老师立马来收试卷。没有办法，我只好怯怯地问监考老师："写在草稿纸上的作文也算吧？"老师回答说："谁叫你写在草稿纸上的？不算！"这一句话真如五雷轰顶，几乎宣判了我一门课程考试的死刑，对我后面几门考试的影响可想而知。

匆匆考完后，从县城回到家中。父亲问起情况，我只好如实交代。父亲听后大为恼火，认为不该打草稿，没有时间观念。我自己的心情本来就不好受，被父亲这么一责备，心情更加难受。一气之下，丢下纸条，离家出走，但没有告诉家人是去哪里。那时，奶奶已经得了白内障，双目失明，但因为家里孩子多，经济十分拮据，没钱医治，全家人只能眼睁睁地看着

奶奶受着失明的折磨，一筹莫展。为了减轻家庭负担，奶奶从不肯歇息，整天在家里摸索着做家务活。当她听说大孙子突然出走后，十分担心，怕有意外，责令父亲向我的同学、熟人打探我的消息，同时，自己一个人哆哆嗦嗦摸索着走了一里多路，来到邻村的姑姑家找我，一边流着泪，一边呼唤着我的乳名。但一无所获，悲痛欲绝。其实，那天我是去了邻县一个叫苏家湾的地方（属于今巢湖市）。独自在外流浪了三天之后，我回到家中，焦急等待、万般无奈的家人那种欢欣之情，自可想见。我始料不及的是，自己的一次轻率行为，竟给自己的亲人带来了那么多的焦虑与悲伤，真是后悔不已。

转眼，第二年的高考报名又开始了。由于艺术类提前考，我就先报了浙江美术学院（现在的中国美术学院）。当时艺术类的准考证是由招生学校发的。需要报考者先邮寄自己的两到三件习作到学校招生办，经学校审查后，符合其要求者发给准考证。所幸我得到了准考证。考试地点安排在滁州师范专科学校（现为滁州学院）进行。上午考的是素描。现场坐着一个青年，画的是真人头像。画完了，我感觉不错，暗自得意。下午考色彩。考试铃声响后，别人开始画了，我问监考老师为什么还不发给颜料。老师回答说，颜料都是考生自己带，考场不发任何颜料。我顿时傻眼了。原来，自己第一次参加美术高考，没有任何这方面的临场经历，也没有同其他认识的考生交流，只是自己一厢情愿地认为，为了防止考试作弊，考场应该只准考生带橡皮、铅笔、画笔、直尺、圆规这些简单的工具，颜料则由考场统一分发，收取费用。但事实完全不是这样的。无奈之下，我只好默默地退出考场。我预感到自己又要折戟沉沙了。"静言思之，躬自悼矣。"

进入美术院校的大门被关闭了，剩下的唯一希望只有7月份的高考。一次，我无意间读到了莎士比亚在《暴风雨》中的几句话："在灰暗的日子中，不要让冷酷的命运窃喜；命运既然来凌辱我们，我们就应该用处之泰然的态度予以报复。明智的人决不坐下来为失败而哀号，他们一定乐观地寻找办法来加以挽救。"正是受到这句话的鼓舞，我准备全神贯注地投入到文科课程的复习之中。但是，父亲不同意我报考大学，认为我不要心太大了，只要能考上中专，哪怕是上技校也非常不错。理由是，大学招生人数少，文科生更少，农村教育条件差，学生成绩普遍赶不上城市的孩子。所以，大学主要是城里的孩子们考的，农村的孩子只适合考中专、技校。只要考上了，一样有计划粮吃、有铁饭碗端，何必舍易求难呢？可是不知道为什么，那时我执意要考大学。父亲生气地问："你认为你能考上大学吗？"我心里没底，沉默以对。父亲更加恼火，认为我不听话，白白地浪费时间、浪费工分是小事，到头来，考不上会让人笑话。但是，我仍是固执己见。父亲没有办法，最后只好不再过问。

我暗下决心，一定要认真复习，争取当年考上。那个时候，许多已经从学校毕业的高中生，包括我的许多同学都已高调地回到母校或他校补习了。他们跟班听课、做试卷、接受辅导，身上常常背着沉甸甸的书包，胳膊夹着白花花的试卷。而我呢，哪个学校也没去，每日待在家里，只依靠父亲弄到的一套不完整的省编教材进行复习。我感到自己的数学基础较差，可能成为最大的拦路虎。于是，我集中精力复习数学，这几乎占去了我一半以上的复习时间。

大约在5月中旬的一天上午，一位也在复习迎考的陈姓同学从邻近的公社到我家来看我。高中时，他在班上的语文、数学成绩都非常出色，我们的关系也非常要好。他问："现在复习怎么样了？"我说："数学还不行，进步不大。"他说："我来出两题给你做做看。"我说："好的，我试试。"于是他出了两道数学题。我做了半天，结果一题也没做出来。他笑着说："看来，你今年的希望是不大了。"一句话顿时让我心里凉了半截，我只好尴尬地笑了笑。

1978年7月20日，由教育部统一命题的高考终于如期而至。参加这次考试的考生人数达610万人，考生彼此之间的年龄相差很大，录取率只有不到7%。这情形真的有点像千军万马过独木桥。

高考的前一天，我们这些回乡知识青年都从乡下提前乘车去了县城。在考试中，我对语文最满意，感觉作文很简单，文言文也不难。我记得所有词语填空题只有"盘桓"一词没填对，其余都填对了。我花了最多时间的数学还是考得不好，最后一题折腾了好一会儿，也不会做。此外，还有一些做错的，以及胡乱写的。如历史试卷中的"官渡之战"、地理试卷中的"信风"等概念，在我的记忆中都是空白，因为在我的印象中，就是没复习到过。后来还是我急中生智，忽然想到《三国演义》中仿佛有一个描写官

渡之战的段落。于是，我不管对否，一股脑儿地答上。当时，一位邻村的许姓同学和我同在一个考场，每次考完，他都习惯性地与我对照试题的答案，结果我俩的答案有很多不同，我心里直打鼓，自认为自己错得多，感到希望又渺茫了。

不久，我接到通知，已经过了初选，需填报志愿学校。于是我将自己的考试情况向张老师作了汇报，请他指导我填报志愿。我想进中文系，但他建议我填报安徽师范大学历史系。一则安徽大学当时还没有历史系，二则中国人向来讲"文史不分家"。学历史要大量阅读和研究古代文献，故历史学得好的人通常中文也会好。更何况，历史学具有内在的完整性和逻辑性，不经过系统的专业学习和训练是学不好的，而中文则不一定。于是，我就依张老师的意见填报了志愿。

此后，生活重归原样。我一边劳动，一边若有若无地等待着高考的讯息。9月初的一天上午，我和一个小伙伴在谷场上用推板翻晒稻谷，约莫11点的时候，从远处的池塘边传来一个中年妇女的声音："玉杰考上了！"但不知怎的，我当时的心情一点也不激动，非常非常地淡定，似乎一切尽在掌握之中，又似乎消息与我毫不沾边。如同没听到似的，我继续埋头晒着稻谷。那位小伙伴凑近点说："人家说你考上了，还不快回去看看？"我轻声答道："不知道是真是假呢，等放工后再去看也不迟。"说毕，我抬头看了看天空，又看了看四周。此时，阳光灿烂，万里无云；炊烟袅袅，鸡鸣喈喈；微风吹来，拂面摇襟。真是美好的一天！

上大学前后（左：与发小在一起，前排左一为作者；
右：与家人在一起，后排左一为作者）

英国诗人沃尔考特说，每条狗都有得意的日子。回到家后，我果然看到了一封印有"安徽师范大学"字样的土黄色封皮的挂号信，我知道我真的机会来了。我擦了擦头上的汗，一屁股坐到板凳上，长长地舒了一口气。可怜的奶奶听到我被录取的消息后，喃喃自语："我一辈子没抹平的心给我的大孙子一下子抹平了。"说罢，她揉着浑浊的双眼，老泪纵横。晚上，一向不苟言笑的父亲表现出少有的兴奋，伴着白炽灯的光，他一边抽着烟，一边和我谈话。他说，做梦没有想到我们家还真出了第一个大学生，并且还是高校招生考试制度恢复后全公社第一个、也是唯一一个文科大学生。

此后，我考上大学的消息不胫而走，传遍十里八乡，成为乡亲们津津乐道的话题。第二年，我二弟也乘着高考制度恢复的春风，进入了师范学校，后来又考上了南开大学的硕士研究生。

恩格斯说："没有哪一次巨大的历史灾难，不是以历史的进步为补偿的。"高考制度的恢复所改变的，不仅仅是我这样一个极为普通人的命运，而是成千上万人的命运。更宏观地来看，高考制度的恢复也扭转了整个国家的命运。可以说，没有当年高考制度的恢复，就不会有今天祖国这样繁荣昌盛的局面。

光阴荏苒，转眼四十年。今天我写下这些略带怀旧性的文字，非关忆苦，亦非自矜，而是深深地感怀于迈克尔·伍德在为萨义德《开端：意图与方法》写导读时所说的那句话："我们由衷感怀的或许不是旧时代有多么美好，而是好时代总是如白驹过隙！"同时，我也想用自己的经历与良知证明：无论你是多么平凡，只要有谷底开花、海底望月的勇气，并抱有耐心和坚韧，或迟或早，世界终会向你敞开美丽的怀抱！

平淡苦涩的高考记忆

贺宿芜

1978年的高考，在新中国历史上有多么重要，毋庸赘言。在我个人的记忆里就如一只青苹果，苦涩之余略有点甜。

记得2020年7月9日，芜湖日报社专刊部打电话给我，说《大江晚报》准备发一个专栏，庆祝改革开放后恢复的全国首次高考。重点采访两个一九七七级、一九七八级考生，他们经过研究，定了两人：张双柱（曾任芜湖市人事考试院院长）和我。我一听懵了，慌忙拒绝，再三强调高考已过去四十多年，许多事情都忘得差不多了，再加上个人生活平凡，实在谈不出什么吸引人眼球的东西。谁知对方不依不饶，坚持要采访，并说计划已报批了，我只好答应。

第二天下午，来了个美女记者田琦，我是兴奋之余显得有点局促。采访进行了约三个小时，面对田记者的诸多提问，平时还算口齿伶俐的我常常无言以对。比如高考前有些什么人生理想和规划，对上哪些大学有没有憧憬，等等。

我告诉田记者，我出生在一个普通家庭，母亲是大字不识的纺织女工，父亲是小学文化的职员干部。在我未上大学之前，从未接触过可以称为知识分子的人。所以没有参加高考前，我的理想就是到国营工厂去做一名电工或钳工，这就是够体面的技术工种啦！上大学，那是难以企及的奢望。

敢于报名参加高考，真正的动力完全源自为了摆脱农村那年复一年日复一日的田间劳作。每天那近十二个小时的枯燥乏味的出工令人身心疲惫。本来1975年高中毕业时，我已和一个要好的同学报名去建新农场（铜陵对面的普济圩农场），后来我父亲单位轻工业局争取到一个郊区名额，我被临时改派到了郊区。此次改派，赢来了不少同学羡慕的眼光，当然也有说风凉话挖苦的。当我兴致勃勃地来到郊区西江公社棠桥大队时，才知道坏事可以变成好事，好事处理不好也是坏事。上调可能没什么指望了，原因是当时的郊区因为离城市近，离家近，汇集了大批芜湖市及部属省属干部子女知青。

当我感觉上调招工无望，准备在农村混个五六年时，1977年恢复高考给我带来了希望和一线曙光。

参加高考就可以改变面朝黄土背朝天的命运，就可以提前回城，我的短期奋斗目标即刻明确。开始我还白天出工劳动，晚上才看书复习。后来我发觉自己底子太差，时间不够，又特别劳累，索性卷起铺盖，回家苦读。从1978年春节到7月参加考试，我恶补了5个多月。期间大队领导和生产队曾两次派人劝我回队参加生产劳动，我已是昏了头，根本不予理睬，大有不考上誓不罢休的破釜沉舟的味道。

其实，冷静下来我也有些心虚，高考一结束，我当即回生产队参加"双抢"，表现积极，以求得农友乡亲的谅解。为了修补和生产队的关系，我动用芜湖亲友的力量，到强力帆布厂为生产队借来两块盖稻谷的大帆布，解决了下暴雨时淋湿稻谷的难题，缓和了因长时间缺勤和队长比较紧张的关系，也赢得了乡亲们的好评与赞许。

在拿到安徽师范大学历史系的录取通知书后，我那隐匿在心里的丝丝不安终于平息，有一种如释重负的感觉。我买了些糖果和香烟，邀请一位中学同学骑着自行车，很顺利地去生产队、大队、公社办好户口粮油组织关系，装载着行李回到了芜湖的家里。没有刁难，没有延误，见到队领导和乡亲都是递上一把糖果、几根香烟，听到的都是些祝贺的客气话。就这样结束了我的两年多的知青生涯。

听完我的叙述，田记者无奈地苦笑起来，她不无遗憾地说："太平淡无奇了，那么富有传奇色彩的高考，对你来说就是择业就业考试，动力就是不想在农村当农民急于回城市生活。我明天的稿子怎么写噢！"我急忙解释说："我讲的都是实际情况，当时一个二十岁的插队知青，书读得很少，文化水平低，也只能如此！至于四十多年后看当年的恢复高考给国家和个人带来的巨大变化，那又另当别论了！"

采访结束后，临告别时，我有点负疚，一再向田记者致歉："太俗太普通了，不发也没关系。"田记者笑着应答："我觉得还是蛮真实的！"第二天还真见报了。

《大江晚报》上的采访文章（2020年7月10日）

我的二次半高考

胡　青

1966年，那是个至今让人无法绕开的年代，那是中国人心中永远抹不去的痛，千百万人从此改变了命运轨道。

尽管在此之前，已有了种种迹象，但对于我们这些单纯的毫无社会经历的学生而言，一切仍然是那样平静。此时的我作为高三毕业生，也正处于紧张备考之中。4月份我拿到了人生中第一张准考证，参加了北京广播学院（今中国传媒大学）播音系的提前考试，并顺利通过了初试、复试，静等6月份的文化课考试。突然"文化大革命"开始了，高考被取消了。虽说高考重新恢复后，我终于登上了大学殿堂，但为了这一天我足足等了十二年。至今我仍保存着那张北京广播学院的准考证，犹记着那场夭折了的完成了一半的高考。

1977年我参加了人生的第一次完整的高考。那年我爱人因超龄一岁，不允许报考，我报名了，但有点无所谓，毕竟我已是公办教师。当年我虽然过了录取分数线，但终未被录取。后来听徽州师专的老师说，当年看到我的档案，一看我已经是公办教师，而爱人还在插队，所以没录取。

1978年，我迎来了人生第二次完整的高考。这一年中央规定，只要是老三届，不论年龄多少都可报考，我们夫妻两人都报了名。这次认真准备了，我们深知这是我们的最后一次机会了，能否改变命运，完成大学之梦，全靠自己的努力了，所以上课之余，积极备考。发榜之日，县城张榜公布了名单，我们夫妇两人双双上榜，一时间在县城传为佳话，都知道上庄村有一对夫妻同时考上了大学。

我是幸运儿，赶上了大学的末班车，圆了儿时的大学梦，成了校园中

的"老年人"。但我的同龄人绝大部分由于岁月流逝,家庭羁绊,当机遇来临之际却无法或无力抓住,从此无缘于大学校园,留下了终身的遗憾。

由于我考前已是教师,所以就认为只能报安徽师范大学,而安徽师范大学能供文科生报的只有语文、政教、历史三系,地理虽然文科生也考,但地理系则与文科生无缘,否则我最大的可能是报地理系。由于不愿意将来给学生改作文,又不愿意在课堂上给学生讲政治,于是选择了自认为还是比较靠谱的历史。就这样我进了安徽师范大学历史系,成为90人中的一员。

报到的那一天在教室排队,老师问我前面一位同学的姓名,同学回答说:钮昕华,我当时还是第一次听说有人姓钮,心里还嘀咕是不是满族?没想到这是我遇到的第一个同系同学。

历史系一九七八级一共只有七位女生,来自全省各地,秉性各异。大刘性格开朗,思想前卫,她能歌善舞,是系里的知名人士,人又漂亮,是不少男生的梦中情人。遗憾的是大刘入校时已经有了男朋友,而他们的爱情又坚贞不渝,这让不少想入非非的男生知难而退。很多时候,熄灯之后,一群八卦室友就逼着大刘讲她和王立宪的恋爱故事。

小刘个子高挑,舞蹈跳得极好,我记得她好像是含山人,每次寒假回来,她都会带来含山特产花生酥糖,我之前从未吃过这么好吃的糖,至今都情有独钟。爱跳舞的小刘却在风华正茂之际突然病倒,至今我都想不明白是为什么?我和小郭一直想去看她,但始终未能如愿,期待明年。

大张自毕业后,我只见过她一次。一想到大张,我眼前便映现出一个留着短发,胖乎乎圆圆脸,永远面带微笑神态憨憨的姑娘。至今我都觉得有一件事对不住她。记不清是大几的事情了,一天晚上,大家像往常一样洗漱完毕上床睡觉,半夜突然听到大张在呻吟,说肚子疼,我们的第一反应是阑尾炎,于是七手八脚地将大张送到医院。手术很快完成,大夫将割下的盲肠拿出来让我们看,看到盘中的盲肠,我们顿时笑得直不起腰来,第一感觉是大张白挨了一刀,因为盲肠看起来正常,没有发炎。一直到现在我都深感内疚,如果我们都冷静一点,别那么火急火燎,一副不赶紧手术就要穿孔的表情,大张或许就不会失去阑尾这一重要器官。对不起了,大张。

建岚、小惠、良美年龄比我们四个小，同系不同班。我们七个虽然年龄相差较大，但在一起度过了愉快的四年，留下了许多难以忘怀的记忆。我曾记得当那位英俊潇洒的海军战士手捧鲜花，敲开宿舍门的那一瞬间，平时不苟言笑的建岚脸上洋溢出的幸福；我曾记得当大家打开良美从合肥辛苦背来的一罐臭豆腐乳，争着品尝美味时，突闻走廊里有人大喊"怎么这么臭啊"，我们忙不迭关门的囧态。

　　我曾记得我们遇到心仪的电影必不能错过，晚自习后，结伴而行，兴奋激动。散场回到学校，校门已然紧闭，于是大家互相帮助翻越墙头，那时师大围墙还没建好，大张发现了一个洞，于是我们又改钻洞。没课时，大家聚在宿舍，哼唱校园歌曲，主唱歌手是郭良美。女生爱臭美，在刘继红带领下，买布自己动手做连衣裙，裁剪缝纫，纯手工制作，足足美了一阵。良美一不小心，转角遇到爱，当爱情到来之时，大家一起帮她分析，出谋献策，促成我们系这一届唯一的一对同学恋，钟声要记得谢谢我们哦。这些都时时在我耳边回响。

扼住命运的咽喉

黄卫三

贝多芬曾经说"我要扼住命运的咽喉"，1978年的高考，对我来说就是我整个一生命运的咽喉。我是1974年高中毕业，1975年3月成为一名农村插队知青。

记得1975年3月10日这天，玉和生产队的队长拉着板车到公社接我们，一床被褥一个柳条箱便是我的全部家当。在村口，农村学校的小学生们在老师的带领下，敲着锣鼓，夹道欢迎我们。我们住的公房在一座小山坡上，厕所是我们去后与农民兄弟一起垒土墙、盖茅草、一口大缸两块板建起来的。知青生活有多么苦，实在是一言道不尽，两行辛酸泪。单说伙食方面，冬天是腌菜为主，夏天是山芋为主，至于"神仙汤"（酱油汤）更是四季保留在菜谱，一次我在河里捉到一条五寸长的泥鳅，用菜油煎煎竟烧了一锅汤，算是开荤了。傍晚我常常坐在山坡上，看着夕阳下连绵起伏的山峦，炊烟袅袅的村落，心里想着这苦日子何时才是一个头，可能要一辈子就生活在这里了。

天无绝人之路，1977年10月我终于等来了高考制度的恢复，我根据自己数理化及英语特差的现状，决定报考文科。没有备考资料，没有教师辅导，我找来几本当年的高中课本，在新华书店买了几本地理知识小册子，白天干农活，夜晚在煤油灯下看书，当年年底，我终于迈入了决定自己人生命运的考场。考场是在我就读过的小学的教室。具体考试过程已经记不清了，我反正是从头至尾奋笔疾书，只有一件事情印象深刻，该考场先后有两位考生，在考试后半小时就以熬不住要抽烟为理由，离开考场弃考。

冬去春来，转眼到了1978年，录取工作开始了，然而我人生的春天却没有到来，随着一个个同学收到录取通知书，我的希望走向破灭。是技不如人抑或别的原因，我无从知晓，直到若干年后，一位任职县政府保密局长的同学告诉我，当年太平县因政审不过关，被刷掉12人，我名列其中。

这次高考失败回到插队的小山村，我真正是陷入了绝望。原插队小组，一位同学被南京化工学院录取，两位年龄比我长的同学先后招工招干，偌大的公房仅剩下孤零零的一个我。白天干活倒感觉不大，一到夜晚，山岗上、孤屋间，一盏青灯，形影相吊，悲凉与绝望油然升上心头。我的人生真正是走到了一个谷底，好在我的心理调节能力是不错的，每当我遇到困境的时候，我总是想到最坏的结果也不过尔尔。我当时的想法是：一个人的出身不由选择，我如果出生在一个农民家庭，就得一辈子种田，但我现在出生在一个银行职员家庭，招生或招工虽晚一些，但毕竟还有出头的那一天，每念及于此，我又感到我是幸运的。有希望也就有了奔头，再苦、再累、再孤寂也要顽强地生活下去。

半年后，1978年高考又开始了，我得再次扼住改变自己人生命运的咽喉。1978年我开始任村小学代课教师，白天要上课，只能夜晚挑灯苦读，等放暑假后，我回到家中开始全日制复习，此时距离高考还有整整12天的时间。好在此时我手边拥有了一本姨爹寄来的芜湖十二中等几所学校编写的复习资料，它对我高考成功起了至关重要的作用。由此我想到在交通、信息不发达的当时，拥有学习资源的不对称，对城乡学子命运的影响真是难以估量。

1978年的高考是在一个酷热的夏季进行，考场仍旧是母校的小学教室，低矮的平房，没有电扇、更奢谈空调。几场考试我都是从埋头答题开始到抬头交卷结束，挥汗如雨，笔走龙蛇，没有时间拭汗，没有时间环顾，唯有为命运而战。春华秋实，又到了收获的季节，这次我能有收获吗？我在忐忑不安中期待着。

在等待通知的时日里，我是坐立不安，随着熟识的同学纷纷收到录取通知，我更是惶惶不可终日，打电话去教育局、居委会、公社皆无消息。想起1977年的遭遇，一声长叹后我再次陷入绝望，甚至想到厨房无一根柴草、地里无一棵蔬菜，回插队的农村我该如何生存下去。看着躺在床上唉声叹气的我，家人反复劝说我去生产大队看看，我骑着一辆借来的凤凰牌

自行车，怀揣最后一丝希望，沿着河畔的板车道骑往生产大队。大队邮件收发是在供销合作社，当我迈进位于大石桥头的供销社时，一位初中同学（招工在这家供销社当营业员）立刻朗声道：黄卫三，你的大学录取通知书到了。接过一个牛皮信封，我扫了一眼"安徽师范大学"六个"郭体"校名，幸福就这样突然从天而降，我有些懵，也显得很平静，仿佛一切都是自然的、心安理得的、水到渠成的。我掏出了裤兜里仅有的五角钱，买了50颗糖果，散发给店员和在场的老乡们，不管是认识的还是不认识的，见者有糖，让大家分享我的快乐。在回家的路上，我抑制不住内心的激动，狂蹬着自行车，像一阵轻风、像一羽小鸟般快乐地驰骋，自行车数次冲入路旁的草丛。

　　一个人一旦心头的大山被移除，郁积于心的阴霾被驱散，一缕和煦的阳光便会洒满心田。高考制度的恢复，唯才是举，我抓住了这一机遇，就扼住了自己命运的咽喉。机遇从来都是为有备者准备的，无论身处何种困境，只要爱读书、爱学习、勤思考、不放弃，希望就永远存在，命运之神总有眷顾你的那一天。

小学毕业考上安师大

贾炳清

小学毕业后，我未能继续升学，在建筑公司做小工，从一天挣8角钱干起。我打过井，修过路，更多的是建房子，每天都很累。最累的是扛水泥，一袋水泥100斤，扛在肩上，我感到水泥随时都可能把我压倒在地上。不过随着年龄的增长和我对建筑技术的钻研，我也能渐渐适应，工资也从每天8角增加到9角、1元、1.2元、1.5元，后来，我可以和几个要好的工友在外面承包一些小的工程单做，生活也渐渐好了起来。我小时候就有读书的习惯，这时我更加努力地想办法挤出空余时间能多读点书，而且还和一部分喜欢读书的年轻人交上了朋友。我认识了在涡阳一中负责图书室的韦国荣老师，他帮我找了很多不容易在外面找到的书，像《战后日本经济》《战后西德经济》，雨果的小说《九三年》等。

中断了11年之久的高考终于在1977年12月如期举行。

看到许多书友被录取，我也想报名试一试，我带上户口本，参加了1978年的高考报名，报名费是人民币0.5元。报名后我很快就领到了准考证，一个月后参加高考。当我考完地理，走出考点，听到考生们议论纷纷，因为有一道20分的地理题，是讲南半球城市布宜诺斯艾利斯的气候的，几乎所有的考生连题都看不懂，而更糟的是，许多送考的老师也不太懂。而我估计，我可以考到90分以上。

1978年高考，是恢复高考后第一次全国统一出题考试，共考5门课，每门100分，安徽文科的本科录取线是300分，我考了340多分，被录取到安徽师范大学。

在我收到安徽师范大学录取通知书之际，原阜阳人民法院就其20年前

对我父亲判刑一事下达了裁定，人民法院裁定书上明确表示，撤销原判，宣布无罪。父亲的老领导唐肇华校长，这时已就任刚组建的安徽师范大学阜阳分校的第一任校长（现在的阜阳师范大学），捎信让父亲到分校工作，涡阳教育局抢先一步，给父亲办好了工作手续，并通知他即刻上班。父亲考虑到自己快到退休之年，不想再次离乡，于是就留在了涡阳工作。

父亲的晚年是幸福的，他和母亲均享受离休待遇，他也看到了儿女成才，享受了孙子孙女绕行膝下的天伦之乐。

韦国荣老师1978年后出任涡阳一中副校长，涡阳县人大常委会副主任。

我的许多书友分别在1977、1978、1979年的高考中考上大学，他们以后大多成了各行各业的骨干。

登上开往春天的列车

刘　哲

　　每当我听到《春天的故事》的旋律，就会想起自己四十多年前高考的经历，那何尝不是一次向往春天，希望登上开往春天的列车的故事。

　　我出生于20世纪60年代初，成长于"文革"的艰难岁月。1967年，我进入小学时，"红小兵"已经取代了"少先队"，我们这些"蒙童"不仅要识文断字，学习加减，还要背诵"语录"，紧跟形势。使我印象深刻的是，每个班都要成立毛泽东思想宣传队。由于我会背诵多首毛泽东诗词，又在街头常看"忠字舞"表演，能够熟练回答斜出弓步、垂指地面、紧握双拳、挥拳跺脚、向下怒视等舞步的"要旨"并模仿。老师当即让我加入了宣传队。

　　整个小学时代，我们没有补习课，没有课外作业，没有参考试卷，甚至没有任何"升学压力"，只是要求大家下午放学后成立"课外学习小组"。但我们常常借此之名，释放天性，跑到与机关大院一墙之隔的包河去。那时候这里还不是公园，几乎无人管理，包公祠已被毁坏，只有三座年久失修的桥，其中一座是桥面破烂的木桥。但这里佳木葱茏，垂柳婆娑，杂草丛生，水波荡漾，各种植物竞相野蛮生长，更像是一片远离市井的荒郊野村，比鲁迅笔下的"百草园"大多了，是孩子们理想中的"乐园"。我们在这里钓鱼虾、捉蜻蜓、捞沙虫、捕麻雀、找蟋蟀等，尽情玩耍，毫无约束，乐而忘返，度过了许多本应学习的宝贵时光。

　　小学毕业时，我通过简单考试，进入原来就读小学里开设的初中，被称为"戴帽子初中"。当时，我们做学生，不是学习琴棋书画，而是学工、学农、学军，差不多每年都有几次这样的安排。记得我们去过合肥市不少

工厂"学工"：拖拉机厂、精密铸造厂、面粉厂、印刷厂等等。其中在安徽新华印刷厂我印象最深，当时在车间的一个角落，我无意中找到了一本因为报废就没有装订的连环画《在人间》。虽然其残缺并被弄脏，但我还是津津有味地读了起来，并被主人公阿廖沙（原型就是作者高尔基本人）经历学徒工、搬运工、守夜工、面包工、佣人等底层生活，而渴望读书的情节深深触动。他说："晚上大家都把蜡烛拿到寝室去了，我没有钱买蜡烛，就自己动手制作灯。我把蜡盘上的蜡油都搜集起来，装在一只沙丁鱼罐里，加上一点长明灯的油，再用棉线做成灯芯，这样就完成了。有了灯，我就可以沉浸在读书的喜悦之中了。"读了这些真实、纯朴的语句，使我感受到没有经历多少学校教育的主人公那么酷爱学习，书本让他明白了许多真理，我现在比他好多了，还留在课堂进行学习，以后不管是去农村，还是去工厂，书本都是有用的。

到了初三，家长们对"戴帽子初中"的教学意见很大，我们整个年级被转入合肥九中学习。这时学校已开设了"农业基础知识课"（简称"农基"），以培养学生的基本劳动技能，让其懂得"一饭一粥，当思来之不易"。农基课与传统意义上的自然课和生物课倒不算完全对立，农基老师把如何浸种、播种、栽培、培管的知识教给大家，让我们知道了不少农业方面的知识。大家都觉得这是为以后当"新型农民"作准备，便开始考虑自己的"前途与命运"了。

也是从这时起，我便开始寻找并阅读各种各样的书，但是在那个"书荒"的年代，找一本好书十分不易。我首先找到父亲，虽然他有海军第一航空学校（后改为海军航空兵学院）地勤专业的学历，但酷爱读书藏书，从家庭开支里节衣缩食，买了一些好书，藏于单位的仪器仓库里。我发现其中有不少是文史方面的书，历史类就有范文澜修订的《中国通史》、郭沫若主编的《中国史稿》、翦伯赞主编的《中国史纲要》、吴于廑主编的《世界通史》、中国科学院文学所主编的《中国文学史》、中华书局出版的《史记》等。后来我发现还有吴晗主编的通俗历史读物《中国历史小丛书》（已被撕去封面）、第一版的《十万个为什么》，都非常有意思，从此开启了我系统读书的兴趣。有一次，我实在没有书看了，甚至还找到一本上海人民出版社1974年出版的《虹南作战史》，虽然内容枯燥，味同嚼蜡，难以卒读，但我还是看完了。父亲看到我喜欢读书了，悄悄做了两件事：一是买来《中华人民共和国地图》《世界地图》《中国历史纪年表》挂在墙上，以增强读书过程中的时空因素；二是到省图书馆续办中断了几年的借书证，以扩大读书范围。

1975年一开年，发生了一件引人注目的大事，就是邓小平进入了中央领导核心，开始整顿教育领域，抵制"知识无用论"等观点，许多学校出现了老师认真上课、学生认真读书的新景象。这时我已上了高中，虽然语文水平大大提高，不再担心写作文了，但由于理化"欠债"太多，基础不牢，属于勉强维持。我只能将希望放在数学上了，好在我的班主任老师郭之尔是一位为人严谨、工作认真、精通数学的名师，我认真听课，认真做题，到了高中毕业时几何方面的成绩已大大提高。

我们这届高中生在1977年毕业，是恢复高考后的第一届高中毕业生。当恢复高考的希望在遥远的天边升起时，许多同学一夜之间忽然都成了高玉宝——"我要上学"的念头是如此强烈。学校为了组织好"首届应届生"参加"文革"后的首次高考，没有把毕业生遣散回家，而是说今后有考试、参军、插队和找工作几条路，愿意留下来参加集体复习的，学校欢迎，不愿意参加考试的，学校马上发毕业证。大多数同学都珍惜机会，自愿留下复习迎考。1977年高考，有570万人报名，对于应届生限制特别严，由于还没有文理分班，学校通知从全校9个班级里选拔5人参加文科高考，经过严格考试，我入选其中。临近报名了，教育局突然通知：只能选拔1人参加，我在"意料之中"落选了，但这丝毫没有影响我的情绪。

1978年的春天催人奋进。这一年"全国科学大会"召开，预示着"科学的春天"到来了。春季一开学，学校就进行了文理分班，当许多同学还在两相抉择时，我毫不犹豫地选择了文科班。但要在短短的几个月时间里，捡拾起丢弃数年没有学好的知识，完成高考冲刺，实现大学梦，大家感觉比登天还难。特别是听说要与毕业超过十年的初高中毕业生同台竞争，"千军万马过独木桥"时，大家更是觉得压力比山还大。好在学校深知"首届应届生"底子差、欠账多，组织了全校各科最好的教师，甚至把已经退休的名师也请来了。

我深知自己应考的知识结构还不完备，还有一些致命的"短板"。在语

文方面，虽然作文水平在班里名列前茅，开始还以为可以凭此一搏，但到4月22日，《人民日报》发表了《搞好复习，迎接一九七八年高考》的短评，我才知道还要考语文基础知识，感觉自己"欠债"太多；在数学方面，几何题目不在话下，但代数、函数方面还是稀里糊涂；政史地方面属于死记硬背，但要将知识点以专题的形式分类细化，各个击破，需要花费大量的时间。按照父亲的建议，我制订了一个周密的复习计划，争取实现复习的最高效率。尽管1978年的夏天酷热难当，但我还是把双脚泡在冷水里连续挑灯夜战，全身心攻坚克难，直到高考结束时我瘦得体重只有90斤。在课堂上，除了语文课的谈深迎老师不断鼓励我之外，历史课的杜老师和地理课的王中干老师，都以深厚的学识、生动的讲述给我留下难忘的印象，都使我坚定了要登上这人生里"开往春天的列车"的信念。

1978年的高考时间安排在7月20至22日，我如期来到合肥三中考点参加考试。第一天政治和历史考试顺风顺水，我感到没有什么难度。尤其是历史有一道问答题："扼要列举周恩来同志在我国民主革命各个时期的主要革命活动"，平时虽然没有复习过，但我凭借对历史课本的熟稔和通过课外知识的补充，很快就答出来了，后来历史成绩近90分。第二天上午考数学，开始一看是文理科同卷，心里有点紧张，但很快就从我的强项几何题开始下笔，当我把一道14分的平面几何拿下后，剩下的几何题就不在话下了。但代数、函数方面却颇费脑筋，也不知对错如何？我出了考场想，反正该得的也得了，听天由命吧！结果后来数学成绩56分，比我预料得要好。下午考的地理是我喜欢的科目，除了"信风"一题没有复习到，其他都做出来了，结果地理成绩也比较理想，没有拖后腿。第三天上午考语文，我信心满满地来到考场，一打开试卷，没想到作文是一道缩写题《速度问题是一个政治问题》（缩写成500—600字）。这似乎和所有考生开了一个玩笑，1977年高考两个作文题选一，而1978年高考，只是缩写。缩写我平时根本没有练习过，思路一下就被打乱了，头上也冒汗了……当我用超过一半的时间完成作文题后，所剩时间已经不多。虽然后来听说当年许多语文老师参加语文高考也没有得高分，但我觉得在这次大考中还是栽了一个大跟头，至今感到难以忘记。

高考之后填志愿是一件"难心事"，我虽然喜欢中文专业，但语文成绩拖了后腿。这时父亲开导我说：历史专业比中文有优势。一是"文革"期间不少"笔杆子"因文得祸；二是历史学科厚重实在，而且文史不分家；三是安徽师范大学的历史专业好（当时安大还没有此专业），有万绳楠等名师。我在填完志愿后，就到了三河镇。当时我家邻居桂哥招工在镇上电影院做放映员，正好遇到《刘三姐》上映的佳期，电影院里人山人海，一票难求，我在放映室里天天听着黄婉秋优美的歌声，度过了快乐的一周。回来后不久，班主任谈老师亲自登门报喜了，当我看到他手举一张安徽师范大学录取通知书时，就知道这趟"开往春天的列车"，从眼前驶过时，我没有错过！

求学读书
——我的上大学之路

任书智

一

如果说，我能报考大学是好的时代给与我机遇。那么，我能考上大学就必须要有一定的知识储备和学科基础，这与我在十年动乱期间，没有放弃求学读书，并将学到的知识在有限的社会生活中加以实践运用有着极大的关系。

记得1978年夏，我把安徽师范大学录取通知书交到母亲手上时，母亲反复看了几遍后，含着泪对父亲说："唉，咱们家这俩双子（我和我哥是双胞胎，我哥于1977年考上了合肥工业大学），从小到大读书学习真不容易，这书智的求学读书过程更是磕磕绊绊的。"母亲说的"求学读书"一词，我印象非常深刻。因为，我求学读书的历程，有扭曲的时代带给我"求学读书"的屈辱与心酸、困惑与茫然，亦有在动荡的社会里我自己"求学读书"的努力与希冀、收获与喜悦。

二

我在十年动乱时期求学读书收获较大的第一个阶段，应该是从1966年10月至1968年9月的近两年时间。

1966年初夏，我在合肥师范学校附属小学就读五年级（师范附小是五年学制），临近毕业。

六月份学校接上级通知，我们这一届由五年制改为六年制，推迟一年毕业。暑假后的9月1日开学上课，我们毕业年级到校上课的学生仅有一半，师范附小的许多教师也已经不被允许去上课了。父母亲听到我们描述的情况，给我俩定下了规矩：学校里只要有老师上课，你俩就必须坚持上学。工宣队入驻学校后，从厂办学校抽了一些老师过来上课。但是社会上的混乱，校园内的无序，陆陆续续又有更多的同学不来上课。国庆节后，我们毕业年级每个班仅有几个同学来上课，学校无奈，合并为一个不到30人的班。半个月后，学校宣布停课。至此，我的小学生涯正式结束。

这一时期，我俩的求学读书主要是通过自主学习来实现的，记忆犹新的有两件事。

一是卖报纸。我俩先后去合肥师范学院和合肥工业大学卖过报纸。每天，我俩领来几百份报纸沿着合肥市路人较多的长江路和淮河路叫卖，几个月的辛苦卖报，竟然成为我俩自主学习的一种重要的平台。

卖报要会吆喝（宣传）。因此，我俩需要搞清楚四个版面上有哪些要闻，理出要闻里突出的人和事；摘出突出的人有哪些精彩的或"丑恶"的言论和闪光的事迹或"卑劣"的行径；记下突出的事——发生过的或即将发生的事的时间地点及主要参与人，这些事产生的或即将产生的轰动效应和影响；等等。要搞清楚上述问题，必须通览报纸的全部内容，报纸也就因此成为我学习的课本。然后梳理出重点或热点内容，这使我学习的过程中学会提炼重要节点。再从中寻觅或归纳出能渲染文采能鼓动人心的词句，作为卖报吆喝的卖点，这就是我学习知识的运用了。

每天我俩都要留一份报纸带回家，像复习功课一样把报纸上好看的文章认真阅读欣赏，了解文章的行文结构是如何起承转合的，对精彩的词句反复默念，记忆背诵。这些带着兴趣有针对性地自主学习，对我的知识积累和应用能力的提高有着很大的帮助。在以后的工作中，喜欢订报看报也成了我一辈子的好习惯。

二是到废品站淘旧书。母亲工作单位的隔壁有一个废品收购站，一个偶然的机会，我俩看见废品站里有成捆的旧书，凑近再看，有不少是我俩能阅读的文史类书籍，哥俩激动不已。我俩赶紧找到母亲，央求母亲去隔壁废品站商量，买几捆旧书回来，这样我俩就有书看了。我俩的这个提议立刻得到母亲的赞同，母亲和废品站的叔叔阿姨也熟悉，经协商同意，按废纸价加价1分钱卖给我们（当时废纸好像是每斤2分钱，那时5分钱能买

一个鸡蛋）。母亲下班回家告诉了父亲，父亲听过母亲的讲述，说："这是好事啊。过去人常说就是砸锅卖铁也要供孩子读书，现在多花点钱买旧书也划算，就当给孩子们交学费了，行！就这么办！孩子们不出去瞎晃悠学坏，能在家看书，咱们也放心了。"

近两年里淘来了多少旧书，我俩没有具体统计过，只能粗略估计，连部分文学杂志在内，至少淘到了一百五六十本书。

有书读是令人兴奋和喜悦的，毛泽东曾说过："饭可以一日不吃，觉可以一日不睡，书不可以一日不读。"我深以为然。有时候我俩读书几乎是废寝忘食、通宵达旦的地步。我俩阅读的书以小说为主，尤其是长篇小说。除了四大名著、《上海的早晨》等，看得较多的是革命和战争题材的书，20世纪50—60年代出版的这类题材的长篇小说大多数我都看过。这些小说里的主人翁，如《红旗谱》里朱老忠的豪爽正直、坚忍不拔、勇于斗争；《青春之歌》里林道静为了寻求真理和自由，勇敢坚决地放弃富裕的生活、义无反顾地割断与余永泽的情感；《林海雪原》里少剑波展现的革命英雄主义精神和革命浪漫主义风貌；《野火春风斗古城》里的金环银环，《草原烽火》里的乌云其其格；等等，都给我留下了极其深刻的印象，是那个时代我的精神偶像。

外国文学作品我俩也淘到了一些，但全部看完的不多，长篇小说现在我能记住的只有《悲惨世界》《青年近卫军》《钢铁是怎样炼成的》等。我最喜欢《悲惨世界》里的主人翁冉·阿让，敬佩他不怕恶势力的欺压，不惧命运的坎坷，勇于抗争的大无畏气概。俄国文学代表人物普希金的诗集和英国文学代表人物乔叟的文集，我也看了，但由于不是我的兴趣点，只是泛泛读之，这可能与我的年龄较小和阅历较浅有关，这也是我读书留下的遗憾。

其他的诸如短篇小说、童话故事、散文、诗歌、杂志、科普读物、歌曲集和读书笔记等等，我都读了一些。可以说，就这近两年期间我读书的数量而言，是我这辈子仅有的。

读书，使我的知识素养不断丰富，使我的欣赏水平得以提高，使我的视野更加开阔，使我的心灵更为纯真。这些真切的领悟，大概就是苏轼所说的"读书万卷始通神"。

三

我在十年动乱时期求学读书收获较大的第二个阶段，是1970至1972年高中阶段的校园学习。

从1968年9月复课上初中至1970年7月初中毕业，要说我对这近两年的初中学习都有啥收获，几乎是淡漠如空。

其因一，初中的第一学年我先后辗转在三所学校就读，基本是在不断地转学过程中度过的，真正的上课时间很少。1968年9月，我被分到新办的安徽教育学院附属中学学习。12月，我们被集体转并到合肥师范学校。1969年1月，我们又随学校迁到皖北的太和县原墙镇。4月，我们学生陆续返回合肥。5月，我又被转到合肥二中就读，一直到毕业。

其因二，合肥二中原本是一所每个年级只有两个班规模的初级中学。由于生源扩大，班级增加，导致师资力量不足，再加上糟糕的课程设置，以及几无学习价值的教材，使得学校的整体教学水平不高，教学秩序的管理也不到位。

高中我是在肥西中学读的。1970年10月下旬，我收拾好简单的行李，父亲带着我去离家几十公里远的学校报到。临出门前，父亲令我在他面前跪地保证：不能学坏，不许到社会上瞎混，在学校认真学习。

到了肥西中学后，我了解到，我所在的这个班近五十位同学中，一半多同学竟和我一样，因父母有这样那样的所谓问题，也曾被拒之校外。经家长们的多方努力争取，学校加编了一个班，安排这些同学入读高中。相同的命运，使得我们班的同学之间关系融洽，没有歧视，没有欺凌，只有平等尊重，也很团结。加上老师们的关心爱护和精心教学，大多数同学学习都很努力，相互帮助，共同进步，这使我有了一个较好的学习环境。慢慢地，我压抑的心境得以宽释，仇恨的心态得以消融，屈辱的心灵得以抚慰，扭曲的心理得以舒展。

1971年，听说要先恢复理工科高考，应届高中毕业生也可以报考，同学们和老师都非常兴奋。同学们求学的欲望强烈，上课的积极性空前高涨，课堂笔记记得更加认真，我和不少同学晚上还在教室里晚自习至十一二点。老师们也不断鼓励我们认真学习，与高考有关的学科老师更是在教学内容

方面整合补充了许多当时课本上没有的知识。语文老师直斥当时的语文教材是误人子弟的"拆烂污"，自己制定教学计划，确定教学内容，同时鼓励我们加强课外阅读，有课外书的同学可以相互交流借阅。我来肥西中学读书时，带了十来本文学书，由于我喜欢看书，同学们送了我一个雅号"老书"，此时我也把书拿出来和同学们分享。数学老师要求同学们组成课外学习小组，相互研讨帮扶共同进步，甚至把几个数学成绩突出的同学组成课外专题小组，面授微积分内容。对同学们自发的晚自习，老师们也进行分工，到班上给予辅导。

同学们的勤奋学习，老师们的倾情施教，这种学与教的交融，师与生的互动，就像一幅优美的风景画，刻印在我的脑海里，至今难忘。

其实，就我们班而言，即使高考制度恢复，全班连我在内的许多同学，因为父母及家庭的历史或政治原因，肯定连报考的资格都没有。但是，没有同学关心这个问题，也没有老师提及这个难题。我时常在想，勇于抗争，不向命运低头，应该是那时我们师生之间默契的共识。

在肥西中学近两年的学习生活，升华了我的世界观，也夯实了我大部分学科知识的基础。

54

高中毕业后，我插队农村，参加过公社文艺宣传队，唱歌跳舞虽能耐不大，但是用我掌握的知识写对口词、快板书、三句半、幽默小剧，我能够施展拳脚。我招工进厂后，是厂阅览室的常客，我努力办好工段的每一期黑板报，得到师傅和工友的称赞。读书获得的知识得以不断地展示和运用，也锻炼了我的才干。

四

1977年10月，晴空一声惊雷，炸出一个特大喜讯：全面恢复高考了！由于我在思想上学习上都没有准备，加之复习迎考的时间仅有一个多月，我没有报考。但我哥报考并中榜，给了我极大的激励。1978年4月，我在工厂里的师傅递给我一份考试大纲，鼓励我报考。看过考试大纲后我感觉内容并不是太难，虽然觉得手头上几乎没有啥学科知识的复习资料，但是凭着自己十多年里读书学习获取的知识，应该能够应对高考。我决定抓住机会，放手一搏，报考大学。

我复习迎考的学习资料很少，可以说是少得可怜。罗列如下：

语文，一本《毛泽东选集》袖珍本，一本"文革"时出版的给知青阅读的《鲁迅杂文选》。

政治，只有两本薄薄的小册子，一本政治经济学名词解释，一本哲学名词解释。

历史，仅有一本父亲20世纪50年代初在北京参加党员干部培训班时发的《联共（布）党史简明教程》，后来的考试证明，没啥用处。

地理，一本《知识青年地图册》，是我插队时买的，因为我很喜欢地理。

数学，一本插队时发的供知青学习的《代数》（属于初中基础）。我哥帮我收集了几十道各题型的数学题，分代数、几何两类，把每道题都按步骤做出来，简要写上解题思路，寄给了我。

复习时间紧，学科复习资料极其有限。但我并不灰心，俗话说既来之则安之，我反而心态平定，信念坚定。在厂里四班三倒的正常工作之余，我抓紧利用有限的时间认真复习备考。我从自身的实际出发，根据仅有的学习资料和复习条件，构建了两种适合自己的以学科综合复习为主的复习模式。

首先，把看报纸作为综合复习的"利器"。隔三岔五，我就要去一次厂阅览室翻看报纸。一是看社评，学习议论文的论点、论据、论证的谋篇布局，同时也及时了解时政内容。二是看报道，学习各类报道的体裁、结构、要素等。三是看副刊，了解散文、杂文的写作特色，感觉好的，记下标题并择录几句要点。四是在遍读报纸的同时，寻找与政史地学科知识有关有用的东西，以补政史地学科知识的欠缺。这种有针对性地看报纸，对我迎考复习的作用还是挺大的。记得《解放军报》刊载了数期的"中国古代经典战例"，我如获至宝，加以摘录，极度企盼高考能用上。

其次，"毛选"里有丰富的语文、历史、地理、政治方面的知识点，我把《毛泽东选集》作为综合复习的"宝典"。"毛选"里许多文章都是语文学习资料，自不待言。"毛选"里的人物、事件（战役、会议、长征等）、纲领政策、统一战线等都包含了许多历史知识和地理知识。《实践论》《矛盾论》《为人民服务》等蕴含着丰富的哲学概念和哲理。这样我就可以在语

文、历史、地理、政治方面，梳理归纳"毛选"的相关内容，有针对性地学习。

总之，复习的点滴收获，再加上十多年来努力所学所用的充实积累，成为我积蓄洪荒之力的源流。我坚信：我在求学读书上的努力，必有收获！考取大学，就是明证！

逆境成就大学梦

任欣平

我在上大学前，是滁州市一家国营工厂的一名普通学徒工。我虽然从小就生在安徽、长在安徽，但我父母却是地道的南京人，我祖父是南京城里的一个裁缝，凭一门手艺供我父亲读书。我父亲在家中排行老大，下面还有几个弟弟，父亲在读完高中后，本可以继续深造，却因生计问题，不得不下来找份工作，以贴补家用。南京是当时国民党的首都，父亲又有那么一点文化，于是就在国民党政府部门谋了一份差事（好像是做文书工作，但有一定的官职），这便成了一个严重的"历史问题"。

1966年，我正上小学五年级，按正常情况，我们这届小学生应该是在1967年升入中学学习，因为"文化大革命"，推迟到1968年，才推荐进入中学。而我却因为父亲的"历史问题"，被取消了升入中学的资格。

整整两年的时间，每天早晨起床后，我透过自家的窗户，看着同龄的伙伴们都到学校去了，而萦绕在我周围的，除了自卑就是孤独。因为没有玩伴，十多岁的小孩在别人都去上学的情况下，也只能在家看看书，多少养成了一点学习的习惯吧。直到1970年，社会秩序逐步好转，这才恢复了我继续受教育的权利。

回忆往事，这应该是我人生中遇到的第一次挫折，但成年后想一想，这对于我后来考上大学，是有所裨益的。在"文革"那个环境下，我被停学在家，比同龄小孩反而是多了一点书卷气。另外推迟我两年入学，到"文革"后期，学校教育也逐步走向正常化，比起1968年前后，肯定可以多学一点东西。

1974年，我高中毕业（当时，初高中都是两年制），按当时政策，我被

留城待业（家中多子女插队，可以留一人在父母身边）。待业期间，我做过长途客车的随车售票员，也去建筑工地搬过砖运过水泥。直到1977年的下半年，我才被正式招工进滁州市当时一家较大的国营工厂即滁州地区农机厂，当一名学徒工。

我们进厂的五十名学员，在正式成为工人阶级一分子之前，先要进行长达一个多月的集中学习，也就是俗称的办学习班。记得上午是政治学习，下午进行民兵训练。其实大家对学习什么内容，并不感兴趣，私下里议论比较多的是学习结束后，分配什么样的工种。理想一点的当然是那些技术含量高又比较轻松的工作，如钳工、精加工之类。

学习班结束，厂领导宣布分配名单，我被分到了厂汽车班。之所以称之为"班"，而不是"队"，是因其规模不大。只有两辆旧式江淮牌汽车和六辆老式的解放牌汽车，主要担负厂内的运输任务。另外还有十二三名职工，除了驾驶员，其余都是专职的修理工。我当时是作为驾驶员分配到汽车班的，刚进汽车班，先要跟在师傅后面学一点简单的修车技术，然后才能上车学习。那时候社会上还没有什么驾驶学校，一般人要成为驾驶员，都是由单位安排；指定一位师傅，跟车学习，待学成后再由单位出具证明，去交管部门参加驾考，获取驾驶证，成为正式的驾驶员。

20世纪七八十年代，我国的交通运输业还比较落后，私家车几乎没有，就是社会车辆也非常稀少。这就使驾驶员成为一种令人十分羡慕的职业，有俚语云："方向盘一转，给个县长也不换。"汽车班里有位修车师傅，想当驾驶员，竟在背后运动厂领导，挤占了我当驾驶员的名额，而我则由厂里另行分配去保管室任保管员。那个时代，年轻人向往的，是以学一门技术为荣，在我印象中，保管员都是一些上了一定岁数的女同志来担任。我年纪轻轻去当保管员，自认为不会有什么前途。怎么办呢？以我进厂仅数月的资历，自然是没法去和一个师傅相抗争的。思来想去，同时也是在后来成为我妻的女朋友的激励下，最后决定：参加高考。

记得我做出参加高考的决定时，距离考试时间只有四十天了，白天还要上班。时间紧还不是最主要的，更困难的是：手边没有任何复习资料。好在女朋友的弟弟正在高中毕业班学习，可以借他的资料，但又不能影响他的学习，我只能利用晚上的时间，把他的资料借来，躲在蚊帐里，用笔抄一遍。俗话说："好记性不如烂笔头。"抄一遍，主要内容也就记住了。最后我终于通过高考而被安徽师范大学录取，成为一名大学生。

　　寒暑交替，时光荏苒，转眼间我们毕业四十年了，当年意气风发的我们这一群人，如今都已步入老年了。回忆我上大学的经历，如果不是因为父亲的"历史问题"，被耽搁两年；如果不是因为我的那位师傅想当驾驶员，而取消了我作为驾驶员的资格，我怕是成不了一个大学生。现在想想：人生在世，挫折肯定是难免的，但挫折不一定就是坏事，它能使人坚强，使人更加成熟；挫折还往往是人生命运转折的开始，在困境中寻求人生新的方向，走出困境，就是一片新的天地。大学四年无疑是我一生中最重要的经历，它丰富了我的知识，教会我如何为人，使我的生命变得更有意义。

我的大学之梦

盛益武

一、筑梦

1952年10月8日我出生于铜陵县城关镇。小学就读于铜陵县实验小学，在铜陵县一中只读了一年初中，是1968届初中毕业生。

我从小就喜欢看书。县城关镇唯一一家新华书店，就在我就读的县实验小学大门口。每天中午放学后，别的同学都急于回家，而我却进入新华书店，找到我喜爱看的书，钻进桌子底下，忘我地看了起来。经常是忘了时间，看到书店墙上的钟快到下午1点，别的同学已经吃过午饭来上学了，我赶紧跑回家匆匆吃点饭就去学校。还经常是错过时间，学校已经打上课铃了，我只得饿着肚子跑进教室。记得有一次，不知为什么书店提前关门了，等我醒悟后，已经出不去了，只能再坐到地上看书，还好，下午2点书店开门了，我赶快背着书包跑到学校。

在这家新华书店里，我看了很多书，小说看得最多，如《西游记》《三国演义》《林海雪原》《红岩》《苦菜花》《青春之歌》等等，但由于我认知水平太低，很多书只能是囫囵吞枣，无法理解书中的内容。有些书简直是看不进去，如《红楼梦》等。在这里，有两本书对我影响很大，就是《少年电工》和《少年无线电》，我把这两本书买了下来，它们让我迷上了无线电。在此基础上，我学会了组装半导体收音机，把省吃俭用的钱都花在这上面了。当时我发誓，好好学习，争取考上清华大学无线电专业。虽然这只是梦，但它培养了我读书学习的好习惯。

1968年10月的一天，天气阴沉无阳光，在铜陵县一中的大操场上，在锣鼓声吵闹、哭叫声嘹亮的氛围中，我背着与我身材不相符的行李，随着下乡的人流，登上一辆破旧的大客车，告别了父母，告别了生我养我的破旧小县城，奔向广阔天地，来到铜陵县城郊公社复兴大队（现属铜陵市义安区五松镇）插队落户。

在农村，我挺着瘦弱的身体，扛着笨重的农具，面朝黄土背朝天，和农民社员们一起战天斗地。尽管每天只挣7分工（值3角钱），也要和那些每日挣10分工的整劳动力一起出工收工，累得吃不消。我所在的插队小组一共三人，数我年龄最小，身体也最弱。那两位同学分别于1970、1971年招工回城。我由于父亲的历史问题，与招工无缘。

二、奔梦

1972年初，铜陵县五七大学开办，我被公社派去参加该校民办教师短训班学习，时间虽然只有短短6个月，但对我走顺后来的路意义深远。

在民办教师短训班，我们把初中的语文和小学的数学粗略地过了一遍。在这里，我的学习劲头和成绩受到老师的鼓励和称赞，特别是我的作文曾被老师作为范文来讲。老师的鼓励使我振奋，经常去老师那里请教。特别是语文教师高耀焕（后来任铜陵县教育局局长、《铜陵县志》总编等职）、英语教师杨积高（原安庆一中教师、后调入安徽师范大学生物系）、班主任刘根源等，他们对我特别钟爱，不仅指导我学习，还多次鼓励我，给我勇气和希望，使我上大学的梦没有破灭。

民办教师短训班结束后，由于多种原因，我没当成民办教师，又回到插队的生产队参加劳动。回来后，生产队对我很照顾，让我干记工员，不用参加重体力劳动。

1972年7月，县五七大学的老师特地告诉我，池州师范委托铜陵县五七大学开办二年制师范班（当时铜陵县归池州地区管辖），毕业后可获中师学历，叫我想办法进去。我听到这消息，很是兴奋，一定要抓住这机会，争取进校学习。首届师范班共招90人，计划是公办教师40人、民办教师50人。我找了很多关系，五七大学的老师们也都帮我想办法，他们到县教育局帮我争取名额。在老师们和我周围人的帮助下，我最终以最后一名录取生的资格进入铜陵县首届师范班学习，我到校报名时其他同学已经上课一

个星期了。

在县五七大学师范班两年的学习时间里，我们系统地学习了高中的语文和初中的英语、数学、物理。正是这两年的学习，使我对必须掌握的基础文化知识的水平有了很大提高。这首届师范班90名同学，基础知识大都很差（包括我），大部分同学只有小学二三年级的水平（只有几位同学是老三届高中生和初中生），我在他们中间是矮子里面的将军，比小学生略高一点。

1974年7月，我们中师毕业了。因为农村缺少教师，县教育局将我们90人全部作为公办教师分配到农村学校，我原准备当民办教师，现在忽然变成公办教师，我可高兴了。直到9月，同学们都去学校报到上班了，而我还在等分配。原来是县教育局准备把我留在教育局打杂，也许是父亲的原因，没能留住，于是把我分配到离县城较远的江心洲胥坝中学任教。

其实，当教师很好，能让我多学点东西。在胥坝中学，我任初中语文教师兼班主任，从初一带到初三，期间，还教了一学期高中历史。俗话说，要给人一瓢水，你必须有一桶水。于是，我白天教书，搞好班主任工作；晚上，除了备课、改作业，还要看书、自我学习。因为我初出茅庐，单身一人，没有后顾之忧，一心扑在工作上，成绩斐然。我带的这个班，绝大部分同学都以优异的成绩考上了高中，他们高中毕业后，除了几位考上了大学（其中有两位同学到美国读研究生，毕业后留在了美国）之外，还有十几位同学考上了中专（这在农村也是了不得的）。

在胥坝中学，因为要组织文艺宣传队，老师们认为我有音乐天赋（其实我的音乐水平特差，五线谱都不认识，只会简谱），要我拉手风琴，还特地从上海买来了新手风琴。没办法，我只有认真学习手风琴的理论知识，苦练手风琴的基本功，好在这里是天高地阔，每天早晚，在胥坝中学旁的江堤上和附近的田野里，都能听到我那悠扬动听的琴声。但毕竟没有经过专门的训练，我的琴声只能糊弄外行人，好在学校甚至全胥坝公社还没有比我拉得好的人，所以，手风琴一直陪伴到我离开胥坝。

三、圆梦

由于对我工作成绩的认可，1976年，县教育局推荐我上工农兵大学，当时给我的名额是安徽师范大学生物系，我当时很高兴，还到书店找生物书籍看。可是，后来这个名额又给了别人，教育局领导安慰我，说我已经是公办教师了，还是让没有正式工作的人去吧。就这样，第一次上大学的梦破灭了。我又回到了胥坝中学教书。

1977年，我教的初中班毕业了，我向学校提出，要求教初中数学。学校似乎是故意为难我，安排我教初中物理与化学。初中物理我还学过一点，可是初中化学我真没学过，但是我还是接过这两门课程。因为我认得课本上的汉字，多看几遍，不怕看不懂。因为我的初中数学还不错，化学方程式难不倒我，但是化学元素符号我就不会读（比如Fe是读铁还是读英文字母）。因此，每天下午放学后，我就从胥坝乘船过渡，再步行30里路（当时还没有班车），到县城去请教老师。就这样，我接手的初三3个班的物理、化学课，教得还是比较顺手，同学们都很喜欢听我讲的课，他们中的不少同学，以后都上了大学或中专的化学系或化工专业。

就在这一年高考制度恢复，我有幸参加了"文革"后全国第一次高考。我记得那是1977年12月，天气还不太冷，全县的文科考生都集中在县一中考试。我考的是文科，语文我是全考场第一个交卷（我向来很马虎，不仔细），数学我是全考场最后一个交卷（高中数学我没学过）。考试成绩出来后，我参加了预选，全县文科只有20名考生参加预选。后来有人告诉我，我的总成绩在全县排名第二（第一名是大通的吴家强，被北京大学录取）。我一直在等录取通知书，但一直没有音讯，我落选了。我一直认为是我的高考志愿填高了（当时有人跟我说，你已是公办教师了，要上就上重点大学），所以落选。多年以后，我才知道，我的落选与政审有关。

没考上大学，就老老实实地待在胥坝中学教书。1978年初，县教育局在县五七大学举办为期3个月的初中化学教师进修班，我向学校提出，要求去参加进修，学校同意了。其实，在这3个月里，我并没有认真进修化学，而是系统地复习了高中数学，为1978年的高考打下基础。

1978年7月，我又一次参加了高考，虽然成绩不理想，但还是以铜陵县文科状元的身份入选。这次，县里又规定，公办教师只能报考师范大学，没办法，我的成绩只够报考安徽师范大学。因为我教了三年语文，深知改作文的烦恼，没有报考中文系，而是填报了安徽师范大学历史系。

这一次高考，我如愿以偿，到9月份，我终于接到了安徽师范大学的录取通知书。当我接过录取通知书的那一刻，心潮澎湃，热泪盈眶，激动得跪倒在地上，喊道：感谢中国共产党！

我的梦圆了，我上大学的梦圆了。

我的高考那些事

孙国强

1978年，我以现役军官的身份参加了全国高考，以338.9分的成绩被安徽师范大学历史系录取。我在那次高考中所经历的波澜曲折，还真颇具戏剧性。我太太曾多次要我写下来，可我实在是懒得动笔。这次借助《回忆录》编辑组征集令之动力，公私兼顾，达成了心愿。

一、我命由我不由天

我是1973年12月从上海参军的。在当时上山下乡的大潮中，我被学校选拔推荐当了兵，这是多么荣耀的事，尤其是在学校敲锣打鼓上门送达入伍通知书时，别提多骄傲了。

到了部队，我对自己的身份倍感珍惜，努力学习，拼命工作，在不到一年的时间里就光荣加入了中国共产党，破了所在部队新兵入伍不满一年入党的记录。此后，当班长、评先进、立功受奖，一路顺风顺水。1977年6月，我又是同期入伍战士中第一批被提拔为干部的。命运的轨迹行至此处，似乎老天也觉得太过顺利，无助于成长，于是悄悄给我设置了障碍。

提干后，我被派往安徽省六安县独山镇一个雷达营营部任书记（排职，相当于文书）。该营部地处大别山脉边沿，营房设在一处山洼地，原先驻有180多人的部队，精简整编后留下了7个编制。平时常驻营区的就一名军医。我的到来，他非常高兴，说是终于有人说说话了。我一看这情形，心就凉了一大截，这就是我接下来要工作三五年的处所？部队的每一层级都有一个最低任职年限，少则三年，多则五六年原地踏步也是常事。更何况我所担任的职务，是个非常尴尬的岗位，它属于政工干部系列，但在《干

部管理条例》中又找不到明确的岗位职责。因此，晋升途径非常模糊，更别说还是在一个精简整编后的留守单位任职，想做出成绩就太难了。看来是前途渺茫，命运多舛啊！但在部队长期的教育中，我满脑子被灌输的就是"我是革命一块砖，东西南北任党搬"，当时根本不敢想象一个刚提拔的年轻干部可以向组织提要求。

大约在1978年的四五月间，一个非常偶然的机会，我听到了一则天大的消息，我们部队曾派出过一名干部参加了1977年高考。我当时兴奋极了，隐隐意识到这会不会是我改变命运的机会呢？心中不由地生出了一股"我命由我不由天"的豪气。于是立刻不管不顾地第一次大着胆子向组织提出了"我想参加高考，请求组织给我一次机会"要求。还好，我的出格行为并未受到组织的批评，只是给了一个中规中矩的答复：需要向上级请示。这在当时地方人员完全可以自己做主的事情，而军人却必须等待命运的判决。部队会不会同意现役军人参加地方高考，我不知道，只能在忐忑与期盼中等待着。也不知道过了多久，终于接到了团政治处的电话，批准我参加地方高考，要求我第二天去团部报到。这一结果，完全是自己主动争取得来的机会，必须倍加珍惜！但此时离高考开考时间仅剩下了二十一天！

二、人生能有几回搏

1978年6月29日下午约三四点钟，我赶到了团部所在地蚌埠市。在火车站广场的地摊上，买了一本《一九七八年全国高等学校招生考试复习大纲》的小册子。在赶往部队营地的一个小时路途中，我粗略地翻了一下复习大纲，冷静地分析了自己的处境：我和地方考生同场竞技，无论在时间上、学历上，还是可利用的资源上，毫无优势可言。唯一能拼的，就是死记硬背的能力。当时我决定考文科，只复习政治、历史、地理三门科目，尽量在这三门科目中多得分。至于语文和数学两门科目，只能拼初中时打下的底子了，能考多少算多少。

针对复习大纲，我制定了详细的复习计划，总体上是每门课安排六天时间，最后留出两天总复习。在具体执行中，每天三门课交叉复习。我给自己定了一条严格的纪律，每天必须按计划完成复习内容，只能超前，不能拖后。因为我不像其他考生，至少有七八个月的时间从容准备，部队只给了我二十天！于是，我就用当时一句流行语激励自己："人生能有几回搏？"每当我在复习中困得要命，又没完成计划进度时，都会默默地念上几遍，此时不搏，更待何时！然后又神奇般地满血复活。这整整二十天，我可谓是吃尽了苦头。从小到大，不管天多热，我从不生痱子，可为了高考却捂出了一身的痱子。因部队营区地处蚌埠郊区的淮河边上，每到夜晚，蚊蝇肆虐，我唯一的防御手段就是躲进蚊帐里，但为了看书又不得不拉进一个大灯泡照明，当头烤着。在这二十天里，我已经完全没有了作息时间的概念，经常是看着看着，眼睛实在睁不开了，倒头就睡。也许过个十分钟，也许是二十分钟，我就会突然惊醒，然后继续看书。一个星期后，我发现了一个情况，即使睡着，梦里也全是看书复习的画面，而醒来后都能清晰回忆起梦里看了什么内容。这说明我的大脑根本没有得到有效的休息。可当时我还觉得挺高兴，自认为是日有所思，夜有所梦，说明我的复习完全进入了状态，即使睡觉也没有浪费时间。就这样硬是凭借强壮的体魄和坚定的信念，我撑到了七月二十日凌晨三点，完成了全部复习内容。我睡了两个小时，五点起床，准备迎接上午七点三十分开始的人生第一场大考。

三、匪夷所思的三天

在1978年7月20日至7月22日这终生难忘的三天里，我经历了意外、无助、沮丧乃至绝望。但最终还是受到了幸运女神的眷顾，竟让我一路过关斩将，金榜题名。

高考的当天，我六点多钟就到达了考场所在的中学，只见操场四周已经聚集了数百考生，三五成群地交谈着。我环顾四周无一熟人，就赶紧找了个角落坐下，拿出政治课的复习资料，聚精会神地看了起来。看着看着，仿佛进入一种特殊状态，原本周围嘈杂的说话声忽然间变成了轻微的嗡嗡声，我抬头看了一眼周围的人群，未见异常，就继续低头看书，很享受这种感觉。

也不知过了多久，耳边突然鸦雀无声，当我再次抬头四顾，整个操场早已空无一人。我急忙抬腕看表，7点40分，已经开考了十分钟，再过五分钟就将被取消考试资格了。这一下吓得我六神无主，本能地撒开腿朝着教室方向狂奔，只见三名警察在教学楼前巡逻。见我奔来，其中一人一把

抓住我的手腕，厉声呵斥："干什么的？"我："考试。"警察："准考证"，我立即递上准考证。警察："教室在哪？"我："不知道。"警察："跟我来！"这时我的思维已经一片茫然，只是机械地跟着警察来到了教室门口。警察问监考老师："有没有人出来"，老师："没有。"这时警察看了看手表，对我说："正好7点45分，算你运气，放你进去！"

经历了大悲大喜的我，一进教室就瘫坐在了椅子上，全身衣服早已经被汗水湿透，部队发的老布长袖衬衫紧紧地贴在身上，两手垂于身侧，指尖的汗水直往下滴，着实感受了一把刚从水里捞起来的感觉。浑身大汗淋漓，我的双手根本无法接触考卷，只能傻傻地干坐着。我无意间发现，原本捂出的一身痱子，在这汹涌外溢的汗水冲击下，居然不治而愈。这到底是幸运还是不幸？二十天的搏命复习，早早来到考场外，因意外地迟到，差点被取消考试资格。想着想着汗水终于收住了，但两小时的考试时间已经过去了四十分钟。

本来政治考试是军人的强项，也是我准备最充分、想着拿高分的科目，却硬是被意外情况打乱了节奏。当考试还剩下二十分钟时，我觉得终于做完全部题目可以轻松一下了。这时监考老师非常及时地提醒道：各位考生请注意，考卷正反面都有题目。我猛地翻过考卷，考卷反面居然还有两道问答题，整整40分！由于经历了前面的意外，此时的我倒也能冷静应对。我粗略地想了下策略，对！先把两道题的定义、要点写上。于是，我左边一道写几句，右边一道写几句，想到哪就写到哪，手里写着这题，脑子里想着另一题。

很快考试结束的铃声响起，监考老师先向我前后左右的考生收卷，最后轮到我时还打了个招呼："对不起，只剩下你一个人了。"我估摸着，这位善良的监考老师，又多给了我两三分钟的答题时间。这门课我最终得了65分，如果不经历以上种种意外，至少可以拿到80分。

下午的历史考试，我思路异常清晰，答题出奇顺利，最终得了91分。

第二天上午的数学考试，我又经历了一次磨难。面对考卷，绝大部分题目我都不会做，算算分数只有26分，太丢人了！于是我挑了一道对数题目，在草稿纸上反复演算，此时离考试结束时间越来越近了。突然，我脑中灵光一闪，换了一种解题思路，居然解出了正确答案。正当我准备向考卷誊抄解题步骤时，结束考试的铃声骤然响起。没时间了，怎么办？于是我在数学考卷这道题目的下面，飞快地写下了七个字："答案在草稿纸上！"又在草稿纸上对正确的解题步骤及答案重重地画了一个圈，并标上显著的箭头直指稿纸边沿。最终数学我考了42分（文理科考生同卷，各题分值不同）。

第二天下午考地理。由于第一天我把最有把握的政治考试搞砸了，数学考试又考不及格，对此次高考，内心已经不抱有任何希望。考试前只是习惯性地拿出了复习大纲随意翻看着。咦？"信风"这一名词解释怎么从未复习过，便慢腾腾拿出了课本，找到该条目随意看了两眼。谁知，当我拿到考卷，第一眼就看到了名词解释"信风"，我一边填写答案，一边在心里嘀咕，干什么呢？我都准备放弃了，还给我送分啊。也许是心态特别放松，整个答题过程非常轻松。最终地理我得了85分。回到部队后，我整个人完全放松下来，当晚美美地睡了一觉。

第三天早上，六点钟起床，六点半我吃过早餐后在营区溜达，迎面碰上了一位山东籍军嫂，我复习备考宿舍的邻居。她随口问了一句："小孙，今天不是还有最后一门考试吗，怎么现在还没走呢？"我说："不去了，前几门考得不好，去了也白搭。"她马上摆出一副长辈的姿态，严厉批评道："年轻人做事应该有始有终，怎么能随便放弃呢，不然前面二十几天的苦不就白吃了？"她的话语，犹如当头棒喝，我二话不说，立马转身回宿舍，取了考试文具、准考证等，骑上自行车便向考场飞驰而去。

事后想想，当时真的太悬了，自己的一念之差几乎断送了之前的全部努力，而山东大嫂的一语之恩又把我的命运拽回到了原本的轨道。这位大嫂真是我命中的贵人！

语文考试的结果，果然没超出我的预料，又得了个不及格，56分。

考试结束后的第二天，我就回到了独山镇的小山洼，狠狠地睡了整整五天，身体得到彻底恢复，心境也早已恢复到平常状态。我想1978年高考这一篇已经翻过去了，接下来应该着手准备制订一个全面详细的复习计划，1979年再争取机会拼一次。

四、几句不得不说的闲话

1. 以上所录的文字绝对是我当年真实情景及心态的记录，没有丝毫的杜撰和虚构。这三天五考的经历实在对我影响太过重大，应该说它改变了我的命运，所以我才会记忆犹新。有些事按理说是可以大书特书一番的，如历史考了91分，但我对具体情节已没有清晰的记忆，便只能寥寥数语一笔带过。

2. 我的高考总分是338.9分。我实在记不清哪门科目的尾数是0.9分，所以在前文阐述中不知道给哪门科目擅自加了0.1分，要说水分就是这0.1分。

3. 我必须要真诚地感谢高考三天中遇到的三位贵人：尽职的人民警察、善良的监考老师、严厉的山东大嫂。没有他们，我就不可能成为安徽师范大学历史系一九七八级的学生，也会因此失去结识诸君的机会。

神飞赭麓忆华年

王彩法

自1978年10月跨入大学之门以来，四十多个春秋匆匆流逝，我也从年未弱冠而步入桑榆晚景。回首六十多年的生平岁月，我不过是从一个学校再到另一个学校，或读书或教书，人生轨迹清晰而且简单。一介书生，一名教员，既制造不了祸国殃民的罪恶，也建树不了惊天动地的业绩。平凡、平淡、平庸，何足道哉？但为纪念大学毕业四十周年，为响应群主同学的倡导，我还是勉力絮叨一番吧。

我出生于1960年7月12日。1966年9月，父亲把我送进了离家一里多路的张仙庙小学。开学的第一天，父亲在送我入学的路上，忽然对我说，还没给你起上学的名字呢。我很惶恐，问他怎么办？父亲说等我想想再说吧。走到学校门前，父亲说，咱们王家的班辈是"思家怀国，文彩光华"，你就叫"王彩法"吧，还不与本家弟兄重名。

"文革"期间，安徽学制改为春季招生。小学期间，我上了一年半的一年级。1969年，该上三年级了，安徽省革命委员会决定，全体中小学生集体留级，我糊里糊涂地上了两年的二年级。1972年冬天，我小学五年级毕业，并于第二年春天进入五七中学上初中。

1976年初春，我进入当时的宿县第二中学。由于仍处于城乡二元体制之下，作为农村出身的学生，学习成绩再好再差，其结果无非是毕业后回家重复前辈"面朝黄土背朝天"的苦日子。你就是再有理想，又当如何？高中的前三个学期，我就是在"三天打鱼，两天晒网"的状态中混过去了。我的中小学时期，与"文革"相始终。从小学一年级开始，我接受的是畸形的基础教育，没有学过地理、历史、生物、美术、音乐，即或是物理与

化学，学校开课也就是走走过场。课本之外的书籍，由于受绝对贫困生活的制约，我是无缘接触的，就连那时反响很大的小说《艳阳天》《金光大道》都没见过。

1977年夏天，中央决定恢复高考制度的消息，逐渐在城乡各地散播开来。父亲在听说后，抱着"试试看"的心理告诉我："你也快高中毕业了，不打算参加上大学的招生考试吗？"我满腹狐疑地回答："数学和英语都没学好，能行吗？"父亲让我等等学校的安排再说。果不其然，这年秋季开学不久，学校就按上边的部署，开始对学生进行文理分班，两理一文共计一百五十多个学生。二中是当时宿县最好的学校，集中了一批接受过高等教育和"历史上有问题"的老师，师资力量较强。学校革委会主任张树松先生是"文革"前宿城一中的副校长，师生们依旧称呼他"张校长"。张校长阅历丰富，深知高考的重要性，挑选全校最优秀的教师带毕业班的课，全力以赴地辅导学生准备高考。我自知数理化基础十分薄弱，听天由命地上了文科班。好不容易七拼八凑地弄到一套我的高中语文、数学、政治、地理、历史课本，出于想摆脱绝对贫困生活的本能，夜以继日地拼搏起来。父母不再让我去干农活，学习时间得到保证。家里穷得连一辆自行车都没有，我每天上学来回四趟徒步赶路将近三十里，晚自习后回到家就十点多钟了，胡乱吃一点剩饭充饥。老师们都十分具有奉献精神。班主任徐文辉老师，年届花甲了，还每天风雨无阻地看着我们上课，直到晚自习放学后才回家。他在一个半学期的时间里，给我们讲了七十多篇古代诗文。讲义都是用粉笔写在黑板上，学生再抄写下来。数学老师是在全城都出类拔萃的，我居然似懂非懂地接受了解析几何和微积分的一些知识。教地理课的董君梅老师是"文革"初期的华东师范大学地理系毕业生，专业功底非同一般。为了让没学过地理的学生听懂课，她每节课都准备得十分充分，娓娓道来，引人入胜。要说认真学习的话，我是从1977年10月以后开始的。

学校本来安排我参加这年年底的"文革"后首次高考的，但省里决定，一九七六级高中学生延长半年再毕业，准备参加1978年夏季高考。张校长找到我，对我说：你准备得不充分，不要参加年底的高考了，安心认真复习，准备参加明年夏天的考试。

每天上学来回，对于我来说，无疑是一场灵与肉的考验。下午放学后，城里的同学都回家吃饭去了，我只能勒紧裤带等待上晚自习。有的时候实在是饥肠辘辘，我就从校园的水井里打上半桶凉水，咕嘟咕嘟地喝上一气，临时对付一下翻滚不已的肠胃。大约到距离高考还有二十天时间的时候，董君梅老师看到我一是有考上大学的希望，二是看我这样坚持不到高考人就要倒下，于是让我带些面粉到她家吃饭。那时乡下人只有红芋干子面，实在拿不出手。董老师三番五次地督促，盛情难却，我把父亲从亲戚家借来的和同学帮衬的约二十斤粮票，加上五六块钱，送到她家。由于距离唐山大地震时间不久，董老师家在校园里搭建的防震棚还在，我就临时住了进去。时值盛夏酷暑，闷热潮湿，加上蚊虫肆虐，我每晚都难以入眠。然而，这又比每天来回奔波节省不少的时间和体能，我总算能安心复习迎考了。假如没有董老师提供的帮助，我极有可能考不上大学。大恩大德，此生不忘。

为了取得优异的高考成绩，宿县教育局在县革委会支持下，集中县直五所中学和地直实验中学准备参加高考的学生，加上任课老师，在二中等学校开展复习迎考大会战。文科分为两个大班，有二百五十多名学生。这一年，每个考生要缴纳五毛钱的费用，才能领到准考证。

7月20日，高考开始了。宿县文科考场设在第一小学。和"老三届"初高中毕业生等历届生相比，我的知识储备、人生阅历和应试能力都相差甚远。怀着"尽人事，听天命"的心理，我硬着头皮完成了全部考试。据说二十名考生才有一名录取的可能，文科生的录取率更低。

接下来是漫长而又痛苦的等待高考分数发布的过程。大约8月中下旬，分数出来了，我居然考了360多分，而这年安徽的文科本科分数线是300分。我到学校领取分数通知后，欣喜若狂，颇类"范进中举"的丑态。父母和全家人听说后，更是喜出望外。然而，报考哪所大学和哪个专业呢？我又陷入了极度困惑，只有到学校向老师求助。教导处副主任邱新安老师，也是我尊敬的老师之一。他告诉我："今年复习迎考大会战，二中考得最好，十四名学生考上理科，而文科就考上一名，也是六所学校考生的唯一。"他说："你的历史学科成绩最好，考了89分。我做主，你的志愿就填报安徽师范大学历史系。听我的安排，没错！"

我历史学科取得这89分的成绩，说来也有偶然性因素的作用。1976年

1月，周恩来总理逝世后，中央按惯例发布了一组《周恩来同志光辉战斗的一生》的图片，记忆中有二十多幅，登载在《人民日报》等报刊上。我的邻居买了一张《周恩来同志光辉战斗的一生》大型画报，张贴在他家堂屋中间的山墙上。我经常到他家去玩，每次都要在这张画报前面端详一番，日久天长，竟于无意之中记下了画报的全部内容。这年高考历史试题中的一道简答题，就是扼要举出周恩来同志在我国民主革命各个时期的主要革命活动。我在答题时，把他从1919年五四运动期间在天津组织觉悟社，直到1976年1月8日他逝世的二十多条事迹一气呵成地写在了试卷上，真有鱼跃于渊之乐！估计这道试题，我是得了满分。

9月30日，录取通知书发到学校。邱主任托人捎信叫我去领取，我连蹦带跳地一口气跑七里多路到了学校。拿到通知书，我首先向董老师等各位老师道谢，又强行控制自己，没有喜极而泣！邱主任对我说："听我的话没错吧？你被安徽师范大学历史系录取了。"

要到数百里之外的地方上大学，总得置办一些能够说得过去的行装。父母把家中仅有的一点积蓄全部拿出来，为我做了两身新衣裳和一床被褥，还买了一个较大一些的人造革提包。由于是第一次出远门，我很犯难，只得通过老师联系了几个同路前往芜湖上大学的学生，以便路上有人关照。

1978年10月9日晚上，父亲用平板车把我送到宿县火车站，把我交给了几个年龄较大一些的同学。经过一夜的慢车颠簸，再经南京转车后，大约在10日上午十点多到达芜湖。来到安徽师范大学大门口，同行的同乡同学分别到各系报到去了。我记忆中是须力求老师在接站点带着我办完了入学的全部手续，并把我送到了学生宿舍。此前，王幼生、翟厚良、沈建华、张跃进、金成龙、颜玉强等同学都已先到了。此后，韩敬东、贺宿芜、周涛等同学也相继抵达。

安顿下来以后，略事休整，我到校园内外转了一大圈。好大一座校园，那么多的楼房，有三座大型标准化操场，比我想象中的校园大多了。后面的赭山树木苍苍，翠绿掩映中还有艺术系的楼房。南大门似乎有些寒碜，不过是砖混结构的两个门垛，门东旁挂着"安徽师范大学"的长条形木质牌匾，风雨已把上面的白色油漆剥蚀得有些斑驳。我在门前的镜湖湖边转悠了一圈，询问一位路过的老人，镜湖有多大？老人说，面积总得在二三百亩吧。镜湖由大小镜湖两部分组成，大镜湖俗称"陶塘"，小镜湖为"汪家田"。学校大门前有一条东北西南向的斜街，直通市中心繁华地段中山路和北京路。以上就是我对校园及其周边环境的第一印象。

正式开学上课了，历史系一九七八级学生的教室在教学楼二楼带阳台的地方。站在阳台上，向南眺望，树木郁郁葱葱，颇为赏心悦目。就在这间教室里，开启了我真正的人生走向。

造化弄人，本该是在家务农的我，居然迈入了大学的课堂。四十多个春秋过去了，但往事并不如烟。直到现在，我有时还在梦里参加高考，为了一道数学题而急出一身冷汗。每当这种现象发生，老伴都会大声把我叫醒："老东西，又在胡思乱想什么！"

迟来的高考，难忘的1978年

王先吉

1978年，对中国来说是非同寻常的一年，它在中国人民的心里和中国历史上都留下了难以磨灭的印记。这一年对我和我的家庭来说，也是命运发生转折的一年。这一年我家发生了两件大事：

一是高中毕业后回乡务农十年的我考上了大学；二是我14岁的弟弟初中毕业，也以全区第二名的优异成绩考上了中专。这在现在已是很平常的事了。可在经"文革"十年动乱，大学一度完全停招之后的1978年，考上大学对任何家庭来说都是天大的喜事。考上中专，也等于早早捧上了国家分配的铁饭碗啊。

我的家在天柱山脚下一个土地贫瘠的山乡——涂家塝。1958年成立人民公社，取了个响亮的名字：模范公社凤凰大队。1968年，"文化大革命"进行到第三个年头，掀起了知识青年上山下乡运动，我们都插队到了广阔天地——农村。回到家乡后，我一心务农，同乡亲们一样，风里来雨里去，山上爬泥里滚。没多久我就把自己改造成为一个道地的庄稼汉：寒冬腊月，赤脚草鞋上山打柴；六月酷暑，赤着胳膊敞着肚皮，戴顶草帽，披块大手巾（一块五尺土布对折做成的披巾，以遮阳擦汗，潜山人称其"大手巾"）下田搞双抢。当了几年农民，我学会了吃苦耐劳。我每天起早摸黑，辛苦劳作，为的是维持一家人的温饱，些许改善一下家人的生活条件。在那农业学大寨的火红年代，不知为什么我们山区百姓每年粮食都不够吃，一年总要缺那么一两个月甚至三四个月的口粮，国家给的返销粮远不能弥补不足，我们还得自己想办法。我曾带着妹妹到四十里路开外的怀宁独秀山一带去买山芋渣挑回家当口粮。

为了维修家里的旧房，为自己结婚置点家具，为妹妹出嫁办点嫁妆，为生产队盖库房，我曾无数次翻山越岭去三十几里外的天柱山的深山老林去扛树。我也常常挑着百十斤的柴火担子，到离家十几里外的县城沿街叫卖，换取些钱以补贴家用。我是按照传统"父母之命，媒妁之言"的方式结的婚。不过老婆按当时农村人的标准看还算不错，人说不上漂亮，但模样还算周正。虽然她没文化，但吃得了苦，耐得了劳，对人有良心。老婆跟我受了些委屈，也吃了不少苦。不过现在来看，也没吃多大亏。她先后生下三个女儿。三个孩子读书不用她操心，都读上了研究生，有了稳定工作。现在女儿们对她都很孝顺，老来也算衣食无忧了。这对于一个农村妇女来说也算不错的归宿。

　　后来一个偶然的机会，使我拿起课本走上讲台。那是1972年春天，我们公社初中的一位女老师生孩子请产假，学校要找人代课。一位老教师向校长推荐了我。校长并未直接找我，而是先找到我们大队党支部书记，征得他的同意，然后才跟我见面。就这样，我到公社初中代了一个学期课。第二年春，大队又安排我当了民办教师。我努力工作，加上我的文化知识水平在民办教师中算是"矮子中的将军"，教了两三年，受到学生和家长们的普遍好评。1976年大队办起初中班，我被调到初中班任教。

　　虽然我当上民办教师，但本质上仍然是个农民。我们拿的报酬是工分，只相当于生产队一个劳动力，全年300多个工分，每个工分大概也就值6角多钱，算下来每年就挣200多块钱，远低于公办教师的工资。比社员稍微好点的是县教委每个月发放4元津贴，后来虽然增加到8元，但被大队收取了，发放到手的还是4元。

　　当民办教师其实也是半农半教。每周日都还在生产队出工，平时每天早晚要在家经营自留地，或上山打柴火，一天也没闲过，白天上课，就算是休息了。

　　回乡十年累死累活，既没有改变家乡的面貌，也没能给家里增加任何财产，只是勉强维持全家人的温饱，倒是给自己落下个慢性结肠炎的疾病。这病几乎伴我终生，后来上大学期间，又严重发作，差点要了我的命。

　　1977年全国恢复高考。这年高考的政策规定，一九六六、一九六七两届的高中毕业生允许报考。我是一九六八届，没敢报名。但这消息却在我

平静如池水的心中激起一圈希望的涟漪：我可能还有上大学的机会！今年招了，明年肯定还会招的。我心想，明年政策可能会放宽，那我就能参加高考。我在心里对自己说：一定要早做准备，抓住机遇。

我在心里反复审视、估计自己现在的知识水平：我是老三届中的最后一届。说是高中毕业，其实高一还没读完，"文革"就爆发了，停课了。我比不过一九六六、一九六七两届毕业生。但相比一九七八届的中学生，我有优势，他们是在"文革"中上的中学，学校教学秩序混乱，教材内容也不完整。而我是在"文革"前上的中小学，教学规范，内容系统，老师抓得紧，我们学得扎实。但我回乡十年，书本早已丢开，过去学的东西，特别是数理化，早已忘光了，而今也老大不小了，还行吗？但我想，这也许是我人生中最重要的一次机遇，我绝不能放弃。我选择报考文科，是因为理科我高中学得太少，只读了高一，考试没什么把握，而文科死记硬背的东西多。语数这两门基础学科，不是短时间复习就能奏效的，得靠基本功。语文我有一定优势，平时爱读书，现在我正带着初中班的语文课，怕的是数学。我决定不管明年能不能报名参加高考，我先得复习数学、语文。

刚准备复习，就遇到两个难题。第一是资料。高考刚刚恢复，哪来的资料，找人借都借不到。父亲替我从初中老师那里搜罗到一些政治、历史方面的资料，但不全。这时我想起十年前被我钉死在小木箱的曾经读过的课本，撬开一看，还好，除了书边被虫啃了，大致完好。这成了我的宝贝。特别是其中的高一平面三角、代数这两本书，帮我顺利地闯过了数学关。第二是时间。与来年高考相距只剩下七八个月时间了。这中间我还不能专门埋头复习。我还有教学工作，除了带初一的班主任和语文课，还有政治、常识类的副课，每天至少得上两三节课，还要备课改作业。每天早上、傍晚我还得回家帮忙干活。除了父亲，我没有把自己的打算告诉家里其他人，怕他们反对或者张扬出去，万一考不上被别人笑话。这样我能用于复习的时间，白天不到三四个小时，全靠晚上。我每天在家吃过晚饭，就借口改作业、备课跑回学校（学校离家很近，也就是一里多路）。谁知时间一长，老婆起了疑心，还以为我在外有了相好的，竟在一个深夜摸到学校到我办公室窗下"侦察"。她看到我在聚精会神挑灯夜读，方才释怀。我只好把自己考大学的计划告诉她。她对我说："考大学是好事啊，干吗要瞒着我们，以后早、晚家里的活你不要干了，你尽管看书就是了。"难得她这么理解我，我心里很是感激。从这以后我每天就能多三四个小时的复习时间了。这年春节前我就把初三、高一数学及平面三角形从头到尾像上新课那样啃了个遍，习题也都做了一遍。经过这样一轮复习，初三、高一的数学知识又在我脑中复苏了。语文呢，现代汉语我不用复习，我当时正教着初一语文呢，过去我的语文功底还算过得去，所以我专攻古文。除了初中语文课中的那些古文篇目，我还从《中国古代散文选》中找出若干名篇来精读。研读后，我还笔译成白话文。那几个月，我觉得自己在古文复习中获益匪浅。

在二三月份，招生简章公布了，如我所料，政策放宽了，考生年龄放宽到30岁。一九六八届毕业生也可报考，考试科目只有五门，外语为自选科目，可以不考。希望就在眼前，我决心放手一搏，马上邀了同事王先耀悄悄地去公社报了名。与此同时，《安徽日报》刊出了"高考大纲"。这下好了，我的复习有了明确的方向，对照大纲，我又将语文、数学的有关内容巩固了一遍。以后的两三个月，我把复习的重点放到历史、地理上来，也不去找资料了，就对照大纲，翻开过去的中学课本，逐条编写复习提纲，摘录知识点，自己设计习题，也算是自己编写复习资料吧。这样编写下来，比单纯看书背诵，效果好多了。

现在回忆起来，高考前的几个月，我确实辛苦。我每天只睡四五个小时，夜里总要熬到十二点以后，第二天四五点就起床。为对付瞌睡，我从家里腌菜坛里捞起一些辣椒，用小瓶装着放在办公桌上，实在困得不行，就吃个腌辣椒，喝几口开水，刺激一下。有时我在办公室放桶冷水，困了洗个冷水脸。冬天天气冷，我在桌子底下放个泥水炉，放上木炭，生上火，放在脚下。夏天，一支蚊烟，一柄芭蕉扇。尽管条件艰苦，但我并不觉得苦，倒觉得心里很充实，精神振奋。我知道，支撑我坚持下去的动力不是别的，是希望。

在高考之前我还参加了另一场考试。四月份县教委决定对全县庞大的民办教师队伍进行整顿。通过考试和业务考核，淘汰一部分不合格的民办教师，合格的发给任用证。县教委将我们公社作为试点，由县教研室命题，公社组织考试。考试突如其来，弄得大家都很紧张。民办教师虽然是个泥

饭碗，但总是个饭碗啊，或许哪天还能变成铁饭碗呢。全公社的民办教师人人都参加了考试。考试只考两场：语文和数理化综合卷。中学民办教师和小学民办教师不同卷，记得初中民办教师考的数理化综合卷用的是1977年广西柳州市的中考试卷。考试的结果，及格率还不到1/4，还有教数学的老师，综合卷只考了十几分的。这次考试，我和我的同事王先耀双双拔得头筹，我的作文得到阅卷老师的青睐给了满分。这真可谓是"山中无老虎，猴子称霸王"了。此后公社的民办教师们戏称我俩是"凤凰二王"。这次考试的成功，使我对即将到来的高考充满了信心，复习的劲头更足了。

转瞬间，高考的日子到了。文科考场就设在我读高中的学校里。走进校门，我心情很是激动。从毕业离校，我这是第一次回校啊。虽然县城离我家只有七八公里路，我也经常去县城，可我从不敢回母校。我的同学很多人都招工招干走了，有几个还被推荐上了大学，没走的也在家乡混得有头有脸，当上了基层干部，可我还是个民办教师。我觉得无颜面对我昔日的老师同学。进了校门，走到校园的小石桥上，迎面碰到我的高中化学老师，我赶快喊了声"黄老师"，黄老师一眼认出了我，问："王先吉，你也是来考试的吧？"我说："是。"黄老师鼓励我："你行，好好考，争取考个高分。"听了黄老师这句话，我心里暖洋洋的，心想，我一定要努力考好，否则对不起老师。找到自己的考场，一看，竟是自己当年在校上课的教室。你说巧不巧，我觉得自己似乎又回到了学生时代。

这次考试我和王先耀正好在同一考场。一进考场，我俩就有些惹眼：头上额纹已现，脸色憔悴，胡子拉碴。文科考点的主考官就是母校原教导主任，时任中教科科长的张科长（后来我到野寨中学工作时，他是校长）。他对两个"胡子生"格外感兴趣，考试中巡视考场时，几次来到我身边看我做题，搞得我很紧张。多年后，我们考场的监考老师对我说，那次考试一结束，张主考便对他说："你这个考场只有那两个胡子生有希望。"揭榜后，果如他所料，30人中，除了我们俩，其余人都在200分以下，还有好几个考几十分的。三天五场考下来，我总的感觉还不错。历史、地理做题比较轻松，揭榜后，历史是86.5分，地理是82.5分。那年的语文试题据说是著名语言学家朱德熙先生出的，比较灵活，有关语法修辞、断句解读的内容，颇费思量，我做得不够理想。好在作文比较容易，是篇缩写，对我来说不难，以前小学就训练过。语文我得了78分。据说，这分在当年算是比较高的。我最怕的是数学，因为高中学得不全，我也不指望得到高分，只想能考个及格就算万幸了。我做题时，涉及没学过的内容就先放弃了，只用了一个小时就做完了我能做的题。试题最后一道选做题被我抓住了，虽然费时颇长，最后还是做对了。这科我得了70分，分虽不高，对我来说已是够理想的了。倒是政治，我大意失荆州，有部分内容我懒得复习，偏偏在考题中出现了，这科我只得了76分。

考试结束，我回到家中，才感到很累很累，一连休息了好多天，没下地干活，白天多半睡觉。谁知这一睡，竟睡出了病，天天低烧，茶饭不思。请医生看过，吃了十几服中药才好。回家第三天，考试标准答案下来，我对照着估分，给自己估了365分。

在焦躁不安中，我等待了一个多月，高考分数发榜了。父亲替我到县招办一查，我考了393分，这个分数在我们这个贫困山区县是文科第一名。这年安徽文科的本科录取线是300分，真叫我喜出望外。我的同事王先耀也考得不错，360多分。又过了几天，我弟弟的中考分数也出来了，以600多分名列全区第二名，远远超出了中专录取线。全家都为我和弟弟感到高兴，父亲喜不自胜，挥笔赋诗：

才闻弟子录清华①，又报庭开并蒂花。
为国喜儿知进取，名列前茅堪称佳。

我高考入围的消息在家乡引起不小的反响。家人告诉我，外人震惊者有之，赞叹者有之，愤愤不平者亦有之："难不成，现在真的变了天？"我听了，付之一笑，随人怎么说，不理就是了。但心中仍不免有一丝隐忧：会不会有人以政审为由，从中阻挠？后来发生的事证明我的担心并非多余。我收到大学录取通知书，去公社办理户口迁移证，见到公社的操宣委，他对我说："你真的不容易。"他告诉我，前一阵我们大队还来了两个人质问："现在真的变天了，地富子弟上大学，我们贫下中农子弟怎么办？"操宣委

---

① 1977年高考，父亲教过的一个学生被清华大学录取。

回答："他是凭本事考的，你们的孩子也可以考呀。"他们无言以对，悻悻而回。

填志愿时我没去多想，第一志愿就填了两所师范院校：上海师范大学和安徽师范大学。我主要考虑到师范院校不用交生活费。我当过民办教师，报考师范类录取时把握大些。

就在我们在家焦急等候录取通知时，八月中旬，又传来了一个好消息：县教委给了我们公社民办教师10个转正指标，由教委和公社组织考试决定人选。听到这个消息，我和王先耀商量了一下，决定也报名参加考试。因为我们担心，万一大学录取不了，我们不参加转正考试，岂不两头落空？谁知到公社报名，被操宣委阻止了："以你俩高考的分数，大学录取没问题，你们大可放心。你俩参加转正考试，肯定上，这不挤占和浪费别人的名额？我还给你俩个任务：你们参加这次考试阅卷。"我们也只好服从，放弃考试。

在等待通知的日子里，我仍旧一如既往，照常在生产队出工。9月1日，农村中小学开学，我还是到初中上课。

经过漫长的两个月等待，直到九月下旬，我终于接到了录取通知，我被录取到了安徽师范大学历史系。打开录取通知的那一刻，我流泪了。这份通知，对我来说，应该是迟到了十年啊！我读高中时，潜山县只有这么一所完中，我们这届才一个班，四十几个学生。我在班上的成绩一直是名列前茅，如果我高中毕业那年能像现在这样参加高考，我考个一般大学应该不成问题吧？那时我才20岁。而今我已到而立之年，事业未立先已成家，已经有了两个孩子。

开学的时间是10月10日，我提前两天出发。那年气候干旱，热天的时间长。已是寒露时节了，天气还那么热。天不亮老婆就起来做饭，吃过早饭，太阳刚起山，我就出发了。八十多岁的老祖母和母亲牵着两个孩子到大门外为我送行。看着两个年幼的女儿，老态龙钟的祖母，特别是饱经磨难、鬓发斑白的母亲，我的心不由地一阵紧缩：我走后，母亲和老婆的担子又重了，一家老小全靠她俩了。我在心里默默地祷告：愿上苍保佑我一家老小平安健康，让我顺利读完这四年大学。老婆坚持要挑行李，将我送到县城上车。我明白她的心事：一是怕我自己挑行李走路，热了出汗，上车后着凉感冒。二来自己的丈夫考上大学，为她长了脸，为我送行她高兴。途中我们遇上王先耀（他录取在安徽师范大学中文系），也是他老婆送行。四人同行，一路谈笑走得快，一个多小时就到了县城汽车站，七点半我和先耀搭上了去安庆的早班车。

汽车在土公路上颠簸了三个多小时才到达安庆。下了车我们去船码头排了一下午队，购得去芜湖的船票，在码头旁的小旅社住了一晚。第二天凌晨我们搭上了去芜湖的客轮，下午三点多到达芜湖。我们是提前一天到校的，上了码头，学校没人接，向人问清楚路线，我们挑着行李，沿着北京路朝安徽师范大学走去。走了不一会，我看见了安徽师范大学校牌，心里一阵激动，不由得加快了脚步。十年前的梦想，今天终于变成了现实。

我的高考之路

王晓波

看同学们的回忆录，最让我难忘的是诸多同学关于高考情景的描述，几多坎坷，几多磨难。看到他们与命运抗争的事迹，我由此想到自己的高考之路走得也是如此之难，不禁感慨万千！

中学时代的末期，我到农村插队，再后来招工到芜湖第一建筑公司，后又到木工厂当了八年小木匠。由学而农，由农而工，不知不觉间年近而立，本以为人生将不会再有选择。

1977年下半年，中央恢复高考的决定，让多少老青年激情重燃，抓住了青春的尾巴，人生的命运由此而改变。

工厂生活枯燥单调，工作又苦又累，机会来了当然想要换一种活法，报名参加高考成了我的不二之选。但是，1977年报考还有所限制，大龄考生报考必须要有特殊贡献。我一个小木匠实在想不出有什么特殊贡献，自然与1977年的高考擦肩而过。

我在沮丧无助之中听到了好消息，1978年高考不再有年龄限制。由于家庭和社会上"学好数理化，走遍天下都不怕"风尚的影响，我当初想报理科，立志做个理工男。然而，理想很丰满，现实很骨感，仔细想想，毕竟高一的底子与积压十一届的精英学子较量还缺了些底气。想想，这些年在农村，在工厂，读报纸，听广播，多少积蓄了一些文科知识，从现实出发最终还是选择了文科。

我备考的日子紧张且充实，心中充满了希望。考试成绩揭晓，我考了412.5分的高分，全市排名靠前。消息传开，引起基建局领导的注意，在之后一次全厂大会上，厂长承认曾被局领导批评不用人才。当时我虽不露声色，心中却颇有春风得意的爽快：原来小木匠还是个人才！

在选报学校时，根据我的分数，自然有得陇望蜀的想法，想尽量选一个外地好一点的学校，想到了外公参与创办的山东大学，想到了外公任教过的南京大学。但是，家人考虑我毕竟年龄大了，还是就近读书好些，纠结之中，我最后选择了安徽师范大学，由此也结下了与现在同学们相遇相识的缘分。

1978年9月我接到安徽师范大学入学通知。通知的附件里说到学校住房紧张，家住芜湖的同学可以走读。这一点正合我心意，当时我住在厂内单间宿舍，食堂伙食不错，离学校也不远，我贪图安逸，选择走读，因此得到了一些方便舒适。但也因此，我进校后与同学的交流少了很多，与同学徒有同窗之谊，而缺少了同学之情，少了积众所长、补己之短的机会，真的是捡了芝麻，丢了西瓜。

按高岳仑同学的回忆，1978年10月10日，历史系一九七八级学子云集一堂，正式开课，我的大学生涯由此拉开了帷幕。同学们分为两班，我在一班，班长宫为端，团支书莫欣，学习组长张健。二班班长孙国强。风云际会，阴差阳错，班级同学由三部分组成。老同学基本在而立之年，以莫大哥、胡大姐为代表。少壮派为主力，孙班长、张跃进等青年才俊各领风骚。应届生考入的少年大学生，朝气蓬勃，有少年老成的颜玉强，还有胡晓鸿等一批后浪。今日回首往事，我不由得感慨，一批阅历年龄相差悬殊的集合体竟毫无违和，相处融洽，实乃难得。

因为走读的缘故，我每天到学校上课都是来也匆匆，走也匆匆。除了芜湖同乡，我与其他同学交流不多，比较密切的是同桌和近邻。莫欣与我同桌时间最长，老莫待人诚恳，成熟稳重，严于律己，学习认真。大一时我专业基础不扎实，又浅尝辄止，好发议论。第一聒噪对象非他莫属，但他从未让我难堪，至多微笑示意让我认真听课。因我中午回厂吃饭，时间紧张，下午第一节课不免困倦，糊里糊涂地去了爪哇国，南柯一梦。当有老师盯着我时，莫兄会用胳膊肘轻轻捣一下我，提醒我醒醒吧，回来哟。考试临近，笔记是主要复习资料，我的笔记有大片留白，此时莫兄的笔记就是救命稻草，他的笔记条理清楚，重点也突出，帮了我大忙。多年后的今天，我要对莫兄道一声谢谢！我1995年在合肥阅高考试卷，承莫兄、金

辉等合肥同学热情接待，离开之时大家在安徽饭店设宴送行，把酒言欢的情景我至今难忘。虽然因工作关系，我与莫兄联系不多，但他在我心中始终是位宅心仁厚的兄长。

对我而言，幸运的反而是在离校后更多地感受到同学的情谊，我与吴凡、成中、高岱、常斌、刘哲、钟声、一江等同学多有交流。这真可谓是失之东隅，收之桑榆。

四年同窗，时间不长，但却留下一生情缘。我自知才情欠缺，又久疏文笔，既无钟声、刘哲等同学的文采斐然，也无晓华、书智等同学以小见大，以个人际遇折射时代变迁的驾驭能力，自然不能写尽与同学们的情谊，但是，这份情谊会一直铭记在我的心里。

高考忆碎

王效光

说起四十多年前的高考，那可真是改变了一代人的命运。现在想来，那也是一场社会大变革的先声和前奏。作为时代大变革中的个人，犹如波涛滚滚的万里长江中的一朵浪花，只能随着时代的大潮奔涌前进。回忆起当年的高考，有些事情我已经记忆模糊，有些事情却依旧历历在目，恍如昨日。

最初知道上大学可以自己报考的消息，是从我在部队当基层干部的大哥的来信中。大哥给我来信说，要抓紧时间找资料复习，看看书，高考不用公社推荐了，只要条件符合，每个人都可以自己报名参加高考。我又打听了一下，这时也有不少人知道了这个事情，我这才确认了这个消息。可是去哪里找复习资料呢？根本没有，我只能找几本高中、初中的课本复习。那是1977年，书还没看几天，我就仓促参加高考了。记得考场设在砀山中学，是在冬天，发下卷子一看，数学我只会一小部分，大部分都不会做。再一看文科题目，我又高兴了起来，因为我偏好文科，大部分都会，于是抓紧时间做试卷。也是根本没有经验，记得语文最后一题是将文言文翻译成白话文，相对来说这是我的强项，因为我平时喜欢看文言小说，可是根本没来得及做，时间就到了，监考老师催着交卷。交卷时，我有件非常遗憾的事情，至今想起仍是耿耿于怀。那天风很大，我是坐在临窗的座位，窗户是开着的，我的卷子没放牢，风吹跑了好几次，监考老师又催着出去，最后我也只好不放心地走出了考场，当时我看到我的试卷又被风吹落到了地上，不知监考老师拾全了我的试卷没有。现在想来，也是我太粗心了，没有找个东西压一下。后来知道，那年的高考果然没戏了。当时我很是灰

心、苦闷，后悔没有压好试卷。后来想想，即使压好试卷，也未必能考上，因为我总共才复习了两个星期左右，试卷还没做完。两三个月后，高中的老师让人通知我，要我参加学校组织的复习，说是准备1978年的高考。

我就读的高中，是公社唯一的高级中学，坐落在砀山县园艺场边上，周围多是果园，北边有个叫土山的村子，因学校在黄河故道边上，所以叫黄河中学。那是老黄河在清朝咸丰五年改道后留下的旧河道，满目黄沙，河底还有水，我们同学到了夏天经常去河里游泳，有时也顺便去苹果园里吃熟透了的苹果。园艺场是国有农场，果园里有种说法是尽管吃饱，但不能带走。我们都是拣熟透了的吃，甚至落在地上的苹果更好吃。从头到尾，我在黄河中学复习了三个月，其中将近一个月是自己在家中复习的。到了1978年夏天，我参加了我的第二次高考，两次高考相隔半年左右。这次我吸取了上次的教训，抢时间先拣会做的题目做。数学是我的弱项，没做完，好多题也不会做。语文、历史、政治、地理我基本都会，也都做完了，感觉还不错。

考试结束后，我天天就等着公布成绩。不久，我听说公社张榜公布了，公社离家不远，是在邻近的葛集镇上，我赶紧步行了两公里左右，赶到公社大院一看，果然不少人都在看榜。高考录取名单是用大红纸贴在公社大院外面墙上的，其中果然有我的名字，当时心里那个高兴劲简直难以形容，于是赶紧回家报喜。村里人听说我考上了大学，也都纷纷传递着消息，说我是我们村历史上第一个大学生，真是破天荒头一次。我年迈的父母更是高兴得无以言表。虽说我看到了公社的红榜，但还没有拿到学校的录取通知书，心里仍不踏实，不时打听着录取通知书何时能到。直到多天后，我实在等不及了，就步行到公社邮局，果然在邮局拿到了安徽师范大学寄来的录取通知书。看到录取通知书，我心里总算踏实了。回到家后，村里人这才确认我是真被大学录取了。我们村一个也算见过些世面的本家全姓姐夫，看到了我的录取通知书，拍着我的肩膀说："老三（我在家兄弟排行老三，最小），这下你以后毕业就是国家干部，吃商品粮了！"几个本家嫂子也都议论说："老三这下子找媳妇不用愁了……"

回想起当年的高考，其实还有个小插曲。记得县教育局给我寄来了一张体检表，放在了村里的学校里，不知为何，校长竟没有将体检表交给我，而是放在了他的抽屉里。直到我赶了几十里路到县里指定的医院体检，医院说没有表不行，这时我才慌了，当时有人给我出主意，说去县教育局看看有没有，于是我又急忙一路小跑了十几分钟去了教育局。刚好，我在教育局碰到了以前我的初中语文老师朱兴华，他听说后，立即给我找了张体检表，我又拿着体检表大汗淋漓地赶回了体检医院，才算完成了体检这一程序。

那时村里没有通电话，也不通汽车，外出办事多是步行。开学到学校报到时，也是步行七八里路，走到李寨乡村汽车站。说是汽车站，其实什么建筑也没有，只是汽车到此停一下，而且时间很短，如果没有乘客，汽车调头就回去了。我背着个大包袱，里面是老粗布做的被褥、被单等，这些粗布大多是母亲亲手纺织的。没有人送，我是和另一个高中早我两届、也是黄河中学毕业、被录取在安徽师范大学中文系的同学于吉瑞一起坐汽车到砀山县城老火车站的，然后一起乘火车，中间还转了几次车才到学校。由于我没有出过远门，因此对外面的世界一切都很好奇。比如每次学校放假或开学返校，我都是两条路线轮换着走，一路走合肥市经无为县二坝换轮渡坐船过长江到校，一路走南京过长江大桥转马鞍山市再到芜湖学校。有几次我中途下车还步行去了滁县琅琊山醉翁亭、当涂采石矶等几个景点游玩，其中只有采石矶近些，其他都是步行几十里路，那时年轻，也不觉得累。

想想真是人生苦短，犹如白驹过隙，恍若一梦，转眼间我已是年近七旬的老翁了。但每每忆起当年的高考，我都是回味无穷，感慨万千，唏嘘不已……

四十年前的回忆

吴　正

安徽师范大学历史系一九七八级回忆录

　　我读完了初中又进了县城的高中，好不容易高中毕业，"文化大革命"的到来打破了我的大学梦。一俟尘埃落定，我们就要上山下乡。而对我们农村的孩子来说就是回乡，连知识青年的身份都没有。

　　回到老家，我真是两眼茫然。皖南山区人多地少，从地里刨食，每年只够三四个月的口粮。"前世不修，生在徽州，十三四岁，往外一丢。"自古至今，徽州人大都靠外出谋生。当时也是，身为农民，半年多的口粮都要靠国家供应返销粮。但是，买粮的钱从哪来呢？出去打工？我能干什么呢？更要命的是户口到了农村，人身与土地就有一种依附关系。当时农民是不能随便外出的。尽管每日出工做的是没有什么经济效益的垒梯田、挖沟渠之类的农活，也能挣十分工，价值两三角钱。但若是离开村子一天，就会被认为是外出打工，就必须交给生产队每天一元二角钱（每个社会工收入），然后记十分工，就变成二角六分钱（当年的工分值）。要是离村外出没有找到活干，没有一分钱收入，那每天就得欠生产队一元二角钱。到年终分红，就会在你全家工分收入中扣除欠款。1969年我就因外出代课、找零工，到年终被扣除一百多元钱，也就是我母亲和妹妹在生产队里出工一年白干了。后来有文件规定，只有当民办教师不算是外出找副业，也许是因为当时教师奇缺，尤其是山村教师，所以政策网开一面。看来，除了当教书匠我是无路可走了。

　　为了生存，我不得不四处漂泊，只身钻入深山，寻找任教的机会。那时的农村教育十分落后，村小学的校舍大都是旧时的祠堂、庙宇。白天当的是孩子王，到了夜晚，在煤油灯下陪伴我的只有一份读起来味同嚼蜡的报纸。尤其是在一人一校的山村小学，这种生活真像是"青灯古佛"，枯燥寂寞。而且，当时作为"臭老九"的教师，社会地位低下。农村是贫下中农管理学校，教师是社会的底层。民办教师的处境更是不堪：收入微薄，工资只有公办教师的一半，其他待遇也是低人一等，公办教师冬天还有炭火费补贴，夏季有降温费，还有什么搭伙费，而民办教师，这些统统都没有。又因为民办教师是农村户口，看到非农户口发的煤票等，只有羡慕的份儿。

为维持生计，那时我从来没有节假日，每逢寒暑假，无论是在炎炎的烈日下，还是在刺骨的寒风里，我回家都要去挣那仅值两三角钱的十个工分。我曾踩着颤巍巍的跳板，像码头工人一样，从驳船上将一二百斤的米包、盐包扛上码头；也曾去开山凿石，修过马路；还爬过电杆，安装架线；甚至提过泥桶，递过砖头，为建筑工人打下手，做小工。

前途茫茫，转眼就是30岁了，"三十而立"，我这一辈子还能立什么呢？

感谢老一辈无产阶级革命家，粉碎了"四人帮"，挽救了我们的国家，迎来了祖国的春天。1977年，中断的高考制度恢复了，这才使我能有幸赶上这人生旅途上的最后一班车。

1978年10月12日，这是一个令我们终生难忘的日子。当我拍去身上的粉笔灰，辞别老母妻儿，背着简单的行李，来到安徽师范大学报到的时候，心情是何等激动啊！我的大学梦终于圆了。这时，我虽然已经是两个孩子的父亲了，却还是一个刚刚走出大山的大孩子，面对外面的世界，一切都感到新鲜。最令我欣慰的是结识了一大批新同学。俗话说"相逢即是缘"，更何况同窗四载。朝夕相处的一千多个日日夜夜，给我留下了许许多多美好的记忆。我们两个班90名同学同在一个教室里上课。大家来自四面八方，年龄悬殊，经历各异，兴趣和生活习惯也各不相同，但大家相处得十分融洽。他们个个聪明好学，热情乐观，且各有特长，令我十分钦佩。比如，我的室友中就有人擅长诗词的平仄和韵律，不仅能背诵出许多古诗词，还能讲出其作者及创作背景；有人精通现代史，能讲出一大串国共两党高级将领的名字和生平，还能说出许多历史事件中鲜为人知的"内幕"。还有一位年轻的同学音乐细胞特别丰富，一支新歌曲听几遍他就能唱出来。他

能演奏许多种我从来没有见过的乐器，还能听音记谱。记得有一次班上召开文娱晚会，时值彭德怀元帅刚刚平反，我们准备共同演唱革命历史歌曲《送别》以表达对彭总的怀念。但是因为时代的原因，年轻的同学根本没有听到过这首歌，当时又找不到这首歌的曲谱，于是只能由我们几个老三届的同学共同回忆，你一句我一句地拼凑着唱出来。这位没有听到过这首歌的同学反复地聆听了几遍，就逐字逐句地记录下曲谱和歌词，然后再教大家唱，同时他还用小提琴伴奏。最后，小合唱成功演出。还有的同学英语水平很高，当我们还只能念很简单的英语句子的时候，他就能够利用收音机收听英语广播了。

尽管我们之间存在着很大的差异，但是我们情同手足，团结得像一家人，学习上互相帮助，生活上相互照顾。每次不管谁去打开水，手里总是尽可能多地提上几个水瓶。两三个人把整个寝室的水瓶都灌满，大家共用，不分彼此。周末，我们一起去登赭山，或三五成群地在中山路、长街、二街上漫步，夜里成群结伙地去看电影，夏天我们还一起在镜湖里游泳。无论是在镜湖餐厅的聚餐，还是周末凑点粮票换些茶叶蛋和五香干在宿舍里小酌，那温馨的气氛使我至今也不能忘怀。节假日，我们结伴去马鞍山、黄山和九华山游玩。欢乐的旅程，每一次都给我们留下了美好的记忆。记得有一次我们几位同学一起渡江去西梁山，常斌给我们当导游，中午就在常斌家（和县化肥厂里）用餐。常斌的父亲系着围裙在厨房里掌勺，常妈妈进进出出地端菜，不时地站在边上乐滋滋地望着我们。小伙子们风卷残云，上一个菜就光一个盘。有同学出去了一会儿回来，悄悄地告诉我："外面两位邻居（化肥厂职工）在说，老常家今天来了一群饿鬼。老常早上买了那一大篮子菜，到现在还在厨房里忙着哩！"大家都听见了，饭桌上响起了哄堂大笑。

我印象最深的是系里组织我们去南京见习。在南京大学，我们集体听了多位专家学者的学术讲座。我们考察了六朝的古墓葬，一起攀登栖霞山，去莫愁湖划船，还去了朝天宫和中山陵，这使我大开眼界。记得我们参观完南京博物馆出来，常斌从口袋里掏出了一块我从家乡带来的芝麻糕向大家炫耀。这种食品是徽州的特产，每逢过年，徽州农村里，人们将芝麻粉掺米粉用传统的印模印出来，然后烘烤成一种便于保存的小食品。其形状有古代人物、花鸟、器物等，其灰蒙蒙的颜色乍一看真有些像展厅里的那些秦砖汉瓦。"你从里面弄出来的?"几位同学大惊失色。盗窃文物可是大罪啊! 怎么办? 正当大家不知所措的时候，常斌突然将它塞进嘴里，众人惊愕。这时我从口袋里掏出剩下的几片给大家分享，引来的是一片开怀大笑。

最令我终生难忘的是，1980年4月，我因生病住院，术后出血。这可急坏了老师和同学们。从系里的领导、老师、辅导员到全体同学，大家忙前忙后，心急如焚。我在昏迷中依稀感觉到有许多同学日夜轮流在我的病房里值班看护，喂饭喂水，关怀备至。同学们还给我送来了许多营养品。时至今日，我和我的家人都仍心存感激，觉得无以为报。

我的四年大学生活，除了给我后半生的工作和学习建立起一个平台，另一个重要的收获就是结识一大批同学，并且建立了兄弟般的友谊。每当我想到那些难忘的日子，都感到无比幸福和温馨。这一笔精神财富，它与我相伴终身。

时光荏苒，转眼间离我们毕业已四十年了。自1992年我们第一次在母校举行毕业十周年聚会以来，每隔五年都要在不同的地点聚会一次。每次聚会的前夕，我都充满着向往和期待，每次聚会我们都欢聚一堂，互相倾诉着各自的经历和互相的思念。其景其情至今历历在目。但是，每次聚会都有一个绕不过去的沉重话题，那就是怀念我们那些逝去的同学。我们90名同学中已经有几位同学永远离我们而去了，而且其中有些还是英年早逝。每想到此，就令人十分痛惜。如今，我们都已步入老年。我们几个老三届的同学早就已经进入古稀之年，即使当年最年轻的同学，如今也都是年届花甲了。我们要倍加珍惜这最后的年华，始终坚持健康第一。当然，生老病死是自然规律，对此，我们既要注重保健养生，也要淡然处之，顺其自然。我们每个人都要珍重生活，幸福、愉快地过好每一天。与各位共勉!

差点丢失的梦想

吴忠琪

转眼间，我大学毕业已四十年了，可回想起四十多年前的高考依然是心潮起伏、感慨良多。作为"文化大革命"期间的中学生，由于受当时的教育环境的影响，我初中和高中一共只上了四年，教材又过于简单，没有学到多少知识，加上努力不够，学习成绩也谈不上有多优秀。恢复高考后，我有幸参加了1977年和1978年两次高考。虽然差点错失良机、也曾想放弃，但最终经过努力我还是圆了大学之梦。

1972年我毕业于枞阳县白云中学（校名源于老桐城八景"白云青鸟"），整个中学时代均就读于此，我们那一届也是白云中学高中部的首届。那个年代中学毕业，对城里的学生来讲，就意味着失业，或者上山下乡；对我们农村的学生来说，不存在失业问题，回家种田挣工分就行了。当时农村青年要想改变命运，大概只有两条路，一是当时少之又少的招工或推荐上大学，这条路一般人是难以企及的。二是去当兵，如果有幸当个特种兵或在部队提干，退伍时可安排工作。当兵的希望相对而言远大于当时的招工招生，至于考大学，我则是想都没敢想过。高中毕业后我就回家开始挣工分、干农活了。在生产队干了几个月农活后，我们大队的竹湖小学（校名源自老桐城八景"竹湖落雁"）一位老师生病，长期不能上课，当时的校长吴荣生先生来找我去当代课教师，就这样在我的母校，当了近一年半的代课教师。

1974年底征兵工作开始，我报名应征，体检、政审合格。其实中学毕业后我年年报名当兵，虽然每次体检、政审都合格，但由于我父亲是渡江战役的二等甲级伤残船工（与伤残军人同等待遇），被国民党飞机炸断了一条腿，腰部也被弹片击中受伤，基本上丧失了干重活的能力，家里还有一位80岁的祖母，以及一个自幼残疾生活不能自理的弟弟，家里缺乏劳力，生产大队的领导考虑到我家的实际情况，一直不想让我去当兵。争取了几年，这次我不能再放弃了，通过努力甚至争吵，大队领导最终同意我去当兵了。

1974年12月，我如愿以偿地穿上了军装，来到山东胶东半岛的即墨县（现为青岛市即墨区），成为一名通信架设兵。当兵既是履行公民义务，为国效力，同时也是一次个人锻炼的机会，我自然倍加珍惜。我在部队虽然还算勤奋努力，但事情往往难遂人愿。1976年底，部队派我和首长及战友一起到江苏南通征接新兵，带兵回来后又进行了一个月的新兵集训，前后三个月的时间。本来接兵回来，政治上希望有所进步。没想到的是在接兵期间，根据国际、国内形势的变化，所在部队按照中央军委的要求进行了缩编，我们师直通信营三个连缩编成了两个连。等我回到部队时，原连队已不复存在。原来的老连长、指导员由于年龄的原因，早已离职等待转业，部分战友分流到了下面的步兵团、炮兵团。我虽勉强留了下来，但几个月后部队就决定让我退伍，军旅生涯就这样两年多匆匆结束了。后来一些战友、朋友跟我开玩笑说，你撞大运了，当年你不退伍，就上不了大学。现在想想也对，当时如果继续留在部队，能不能提干姑且不说，如果在部队再干个三年、五年，考大学就真的没机会了。

由于从军前我是代课教师，退伍时部队特地派了一位副连长送我回家，并与大队领导协商沟通，由于种种原因，最终没有能够恢复我教师的身份。这样我只好继续种田挣工分，为农业发展做贡献。

1977年10月21日，各大媒体公布了恢复高考的消息，并透露本年度的高考将于12月在全国范围内进行。机会突然来临，在亲友的支持鼓励下，我决定放手一搏。由于我高中时期的教材过于简单，物理、化学、生物等教材当时叫《工业基础知识》《农业基础知识》，并且根本没有历史、地理和外语课程，我只好找人借了一套当时的课本准备参加高考。因此，备考是有一定难度的。我当时还天真地认为，自己在部队当的是通信兵，再加上一段时间的复习，感觉效果还可以，本科就报考了理科的南京邮电学院（今南京邮电大学）。心想即便考不上本科，能上个大专也不错。

1977年12月，"文革"后第一次高考如期举行，考场设在县城。正当我在离家七八里路外的区政府汽车站等车，准备提前两天进城赶考时，家里的一位堂叔突然出现，告诉我祖母刚才去世了，他在帮我家上街买些物品，我闻讯立刻放弃乘车，迅速赶回家中，等把老祖母安葬完毕，第二天我才赶到县城。这次的高考我基本发挥正常，但犯了一个致命的错误，那就是在写作文时，写到一大半时感觉写得不太好，决定重新写一篇，结果时间不够没有写完，导致语文分数不理想。如果我当时作文凑合写完，没有落下分数，还是有希望上榜的。

第一次高考我就这样名落孙山，回家继续种田，真是有点灰心丧气了。很快又有第二次高考机会的消息，但这时母亲已经重病在身，我哪有心情继续复习备考呢？母亲虽然目不识丁，但特别重视子女的教育，哥哥、姐姐和我都读到中学，连说话、手脚活动都困难的残疾弟弟，也送到学校读书多年，直到我们由于种种原因无法再读为止。

1978年5月，母亲因病永远离开了我，她一生含辛茹苦，勤俭持家，矜贫恤独，坚强乐观，对我的一生影响至深。母亲去世后，我悲伤、迷茫，不知道今后路在何方。在贵池工作的哥哥和远在大连工作的姐姐，回家料理母亲的丧事时，建议我还是继续参加高考，姐姐亲自领着我去白云中学，找到我的语文老师、班主任杨慎操先生。杨老师也是建议我继续参加高考，不过这次我决定改考文科。考虑到时间紧迫，距离7月份的高考仅余两个月的时间，为更好地集中精力、提高复习的效率，杨老师建议我与他同住，以便于随时向他及其他老师请教问题。没想到杨老师如此关心、热情相助，我真是求之不得啊！与杨老师同住近两个月，得天独厚的复习环境，加上杨老师的督促、指点，我复习的效率大幅提升。经过这两个月的刻苦努力，1978年的高考我终于顺利过关。这里我要再次感谢恩师杨慎操先生，是他及时帮我查到考分，并帮我找回政治课漏统的30分，这30分在当时对一个考生来说意味着什么不言而喻。

成绩过关，还剩下政审、体检两关，我心想家庭成分没问题，又当过兵，政审、体检也应该都能顺利过关的。但没想到体检时还是出现了问题。在做胸部X光透视时，医生发现我有肺结核，当场把我吓得目瞪口呆，那时医生问我知道吗？我说："不知道，我从部队退伍回来不久。"医生说：

"你肯定得过肺结核，不过现在基本钙化，但还得注意。体检表上我就不写了。"我连声道谢！

后来细想，我这肺结核可能当兵前就有了，1974年上半年我突然吐过一口鲜血，姐姐带我到白云医院做过X光透视检查，医生诊断只是肺部纹理增多，没有问题。后来当兵体检和到部队后的复检，也都没有发现问题。不过在这里我还是要真诚地对老师和同学（特别是和我同寝室的七位同学）说一声迟到的"对不起"！为了大学的梦想，害怕退学或休学，我当时没敢和大家说明真实情况，希望得到你们的理解、谅解。

高考之路一波三折，1978年10月，我终于如愿跨入大学之门，有幸成为安徽师范大学历史系一九七八级90名同学大家庭中的一员。

后记
高考改变了我的人生轨迹，改变了命运。使得我从一个农村青年成长为一名合格的教师。但作为一个儿子，我做的就非常不合格了，因为我当年只想着自己的前途，根本没有考虑到当时家庭条件与父母身体状况，对亲人没有尽到应有的孝道和赡养的责任与义务。在我当兵那几年，长期在外，母亲思念成疾，没有等到我上大学就去世了。在我大学快毕业的1982年初，因公伤导致二等甲级残废的父亲也与世长辞，没有等到我大学毕业工作的那一天。"子欲养而亲不待"，这是我一生永远的痛！

梦想成真

俞凤鸣

一

走进高等学府的殿堂，对于我这个土生土长的农村娃娃来说，起初想都没敢想过，认为那是可望而不可即的地方。父母让我们兄弟俩读书，是因为他们懂得不识字的苦处。在"读书无用论"甚嚣尘上之时，我们同龄人中不少同学都辍学了，但我父母很明事理，坚持鼓励我们兄弟俩继续上学，他们常跟我和凤翔弟说："扶犁梢什么时候都可以，但上学过了时间就拉不回来了。""学总比不学好，多学总比少学好。"尽管当时家里很穷，年年欠生产队的口粮款，但在父母的支持下，我们兄弟俩还是先后读到高中毕业后才回乡务农。

心生梦想上大学，我是受到表兄和凤翔弟上了大学后的影响。1973年，表兄靠自己的文学才华和实干等因素，被推荐上了安徽大学，成为全椒县界首公社第一个工农兵大学生。每年我们去舅舅家拜年，表兄都给我们讲大学校园里的人和事，对我们兄弟俩有所影响。1977年底，国家恢复高考制度，在领导和亲友们的鼓励下，我和弟弟都报了名。我当时已任大队会计职务，事务特别多，用前任大队会计总结得很形象的话："眼睛一睁，干到熄灯；衣服一套，干到睡觉。"直到考试前我都没在家规规矩矩地复习过。临考前我是准备放弃的，亲友们说去学学临场经验也是好的。因此，考过后，我根本没把它当回事。过了一段时间，一天晚上，公社广播里通知报考大学人员的入围初选名单，我和弟弟凤翔均在内，当时轰动了整个界首公社。我去公社送报表时，公社党委马书记笑着说："小俞呀，你们兄弟俩了不起啊，都考上大学了，你家出状元啦！要是凭推荐，我这里的人民来信可能要用箩筐挑啰！"最后，我弟弟被安徽农业大学（原安徽农学院）录取，成为恢复高考后界首公社第一个考取的本科大学生。

表兄和弟弟先后走进了高等学府的大门，深深地影响了我，我在毫无准备的情况下，又进入了初选之列，离大学校门很近了，这又极大地鼓舞了我，使我心生梦想，决心下一年高考一定要认真准备，努力拼一拼，以实现我的"大学梦"。

二

1974年1月，我从陈浅中学高中毕业回乡务农，不久先后担任大队团支部副书记、大队林场场长，同年10月被公社党委任命为大队会计。那时的大队会计实际上相当于综合办公室主任，并不是算算账、管管钱那么简单，还要上传下达、接待来人来访、开具证明（公章在大队会计处，人员出差、家属去部队探亲、男女结婚、孩子出生、兑换粮票等都要开证明）、统计上报各类生产进度（如春耕春播、夏收夏种夏管夏征、秋收秋种秋征、冬修水利和农作物施肥等等）。生产进度冬春季是每周报两到三次，夏秋季是每天统计上报界首公社一次。公社广播站每天晚上定时公布五个大队的生产进度（当时生产队安有室外高音大喇叭，每个社员家安有小喇叭），以褒快促慢。我每天要把16个生产队报来的各项数字汇总出来，再刻印出来，除发给每个大队干部、生产队外，于当天下午五点钟前要报送给界首公社一份。因此，我每天从早到晚都在大队部办公室忙于各种事务，根本没有时间复习，同时也没有复习资料。因而1977年那场高考进入初选，我也是根本没有想到的，但给了我信心和决心。

1978年高考是在7月份。春节过后，已经是2月上旬了，没有系统的复习资料，我只能借来较新的高中教材，利用早、晚时间看看。离高考还剩一个多月时，一个在原滁县教育局工作的亲戚知道我1977年入围初选了，今年又准备参加高考，就托人带给我一本由合肥市教育局编写的《合肥市中学历史复习提纲》，我如获至宝，把它带在身边，一有空就拿出来背。离高考时间不到一个月了，但复习效果甚微，我非常着急，找大队党支部徐书记请假想在家静心复习。因请假近一个月时间，大队无权批。我去找公

社党委童书记（马书记已调走了）请假，他听了请假原由，当即批准。第二天，我就办理了请假手续，心情放松多了，能回家安心复习了。

时间非常紧迫，我重新制定了复习计划：重点攻政治、历史、地理学科，不在语文、数学两科上多花费时间（我语文基础较好，不必多花时间复习；数学底子较弱，又有复数等新内容过去根本没有学过，多花时间复习也收效不大）。我抓住最后的时间，起早带晚地死记硬背。晚上家里热又无电风扇，我就把电灯拉到门外，躲在蚊帐里背，避免蚊虫叮咬的干扰；白天家里热，我就带一块塑料布和一把麦秆，躲到离家不远的一个小竹林里，坐在竹荫下背资料。尽管周围不时飘来一阵阵鸡屎臭味，我也毫不介意。临考前两天，我背了几道自己认为重要的数学公式。近一个月的复习迎考，我的体重降了近9斤。

高考结束后，我感觉数学考得很差，地理次之，其他几科还好。但与同来参加高考的几位同学交流答案时，有不少题的答案与他们的不一样，而他们却信心满满地认为自己的答案是正确的。我的心因此凉了半截，心想上大学的梦想可能实现不了了。

回到大队办公室，我又干起了老本行。别人问我考得怎么样，我说考得不好，没有指望。我确实也没抱多大希望了。1978年9月的某一天上午，气温较高，我在蹲点的生产队处理完事情后回来的路上，大队团支部王书记满头大汗地跑到我面前，气喘吁吁地说："终于找到你啦！告诉你一个好消息，你被安徽师范大学录取啦！"我将信将疑地问："你怎么知道的？"他说："我刚才去街上邮电所拿报纸和信件时，看到了你的录取通知书。我想带给你，邮电所的老王没给带，说这是重要的挂号信，又是件大喜事，叫你带喜糖去拿！"（我经常去拿报刊和信件，与老王很熟）我迅速地跑到街上买了香烟和糖果，到邮电所给了老王，并取回了自己的录取通知书。

拿到安徽师范大学的录取通知书，我的大学梦想终于成真了！当时我的心里真是五味杂陈，我是当年界首公社考取的唯一一个本科生。

圆梦赭山

张新华

我出生于皖北小城泗县，祖居坐落在泗县城南约15里的张圩村。在这片贫瘠的土地上，教育落后，我们家从我曾祖父开始，靠设私塾授课，另加几十亩薄田养家糊口。家中十几口人生活虽不宽裕，但尚能维持清贫。曾祖父临终之前，告诫祖父："后辈要以诗礼传家，方为人本。"后来，祖父谨遵教诲，不辱父命，于20世纪20年代在县城创办了当时的泗县最高学府——文昌宫小学。祖父一直有个梦想，就是家中能出一个大学生，以慰平生。为偿夙愿，后来，他送我父亲去南京读书，就读于钟南中学。抗日战争爆发后，我父亲在共产党抗日热情的感召下，和一帮同学一道投笔从戎，走上革命征程。只可惜，1948年，在泗县面临解放的前夜，父亲不幸被捕入狱。在狱中，他拒不交代党的机密，想方设法与敌人周旋，后来为迷惑敌人保全性命不得已而具结。解放初，父亲的老领导老战友省民政厅厅长胡铁民、宿县地委书记孟亦奇、淮北市市长朱光等人，念及战友之情都曾以不同方式安慰父亲，并邀父亲出来工作。最终，父亲决定不再从政，专心兴办教育。后来，他主持创办了泗县最高学府——泗县中学。不久他又辗转灵璧县、固镇县参与筹建灵璧中学和固镇一中。

我在父亲当年创办的学校读了高中。高中阶段，学校响应毛主席的号召，学生不但要学工，还要学农、学军。那时，教育落实毛主席的指示，将高中阶段的学制压缩为两年，教材也精简不少。高中除了开语文、数学、外语课之外，就剩下"工业常识"和"农业常识"课，再加上"复课闹革命"，在校期间，根本学不到系统的知识。

两年时间转瞬即逝，我高中毕业了。还没来得及喘口气，我就被居委

会告知，要响应党的号召，随时准备好去农村插队。我想拖想躲，逃避插队。但居委会的人屡次登门催促，我心生惶恐，在无奈之下，母亲给我出了个主意，让我在填登记表中把出生年龄改小两岁。这一做法，使我躲过了1974年的插队，但在居委会的一再催促下，我于1975年还是办理了插队的手续。在那段岁月里，我和社员们一道耕地、除草、施肥、挖沟、抬土。三九严寒，我迎着凛冽的寒风，站在寒冷刺骨的水里，在河道里与社员们一起为完成定量的土方，挥动铁锹一锹一锹地挖泥向岸上奋力猛甩。那时我脚下有冻疮手上有血口，硬是咬着牙没叫一声苦没喊一声累。我总是在心里默念着："苦不苦，看看长征两万五；累不累，想想当年游击队。"正是用这种信念和精神胜利法支撑着我熬过了那年的隆冬。三伏天，我在麦场上挥锨扬场，肩扛笆斗收麦入仓，以致手上和肩上都磨出了厚厚的老茧。

1977年10月21日，全国各大媒体相继公布了恢复高考的消息。当我在插队的乡村田间听到这振奋人心的消息后，内心先是高兴，但转瞬又感觉到手足无措。距开考时间这么近，我哪有时间复习？没办法，只有撞大运了。

1978年高考改在了秋季，这下可乐坏了我，终于可以有一段时间安下心来，凝神聚力复习功课备考了。

着手备考，首先遇到的拦路虎就是没有复习资料。当时，我跑遍县城的所有书店，根本就没有卖复习资料的。没办法，我只有横下心来靠自力更生，自己编写复习题。没有资料，我就靠手里仅有的《安徽省1978年高考复习大纲》和从床底下翻出的自己从前用过的初高中课本，并把母亲从她们医药公司拿来的黄色包装纸订成一个个厚厚的本子。靠着自己不高的智商和悟性，我硬是整理编写出了语文、数学、政治、历史、地理5大本复习题。平心而论，当年我整编的那些复习题，肯定是质量不高，甚至是漏洞百出的。例如，我在整编历史复习题的时候，就总是把历史事件有关知识笼统地罗列在一起。到大学后，听老师讲，学历史要是能把握住时间、地点、人物、事件、前因、后果等知识点，学起来很轻松。我这才如醍醐灌顶，茅塞顿开。现在来看，凭我当年那点能耐编出的东西，充其量也只能自欺，欺人还不够格。但它的诞生给了我巨大的心理安慰。以它为抓手，使我复习起来信心倍增，确实起到了事半功倍的作用。

在备战高考过程中，遇到的第二个困扰我的问题是意志和情绪的干扰。在家中复习，常常正聚精会神复习的时候，有同学登门拜访或拉我一起出去玩。我面善心慈又不好推脱或赶人，只好硬着头皮应付，但每次随他们出去，我都会感觉到心慌意乱。我深知时间的宝贵，此时玩乐无异于自杀。一次朋友送来晚场电影票，邀我一道去看电影。到电影院落座后，朋友看得有滋有味、兴高采烈，而我却是如坐针毡、心乱如麻，手心和后背都直冒虚汗，好不容易才熬到散场。说来奇怪，回到家中捧起我的复习题本，那些不良情绪瞬间全都消失，心中感觉踏实了许多。看来，我的复习题本还是一剂治疗不良情绪的良药呀！

时光飞逝，转眼到了5月中旬。忽然有一天，堂叔捎信来告诉我，现在公社有一招工名额安排给我，招工单位是宿县皖北煤建三十三处，如果愿意可速回公社填表。这突如其来的消息，对我来说，无异于天上掉馅饼，这可是我过去想都不敢想的好事呀！面对这天降的诱惑，我的内心五味杂陈，矛盾重重。在这人生的重要十字路口，我面临两难的选择。不去，我会失去一次千载难逢的机会，这种机会，对于像我这样家庭背景的人来说，是真正的"机不可失，时不再来"。去，我已经对高考做了充分准备，并付出了艰辛的努力。要知道，我的内心对于知识是多么渴望啊！如今距实现我的大学梦已近在咫尺。当然，对于能否考上大学我也没有十足的把握。面临两难抉择，当时对我而言，真是前路茫茫。那一夜，我心乱如麻难以入眠，一会走到户外，仰望星空，问苍天：我该何去何从？冥冥之中，仿佛有一个声音在向我回问：你堂堂一条汉子，难道就甘愿做一个胸无点墨之辈吗？一会又回到室内，走到镜前，看着镜中的那张脸，左看右看怎么也不像一名煤矿工人。最后，躺在床上，我一遍又一遍地叩问内心："张新华呀，张新华，你难道就这样舍三代诗礼传家的家风吗？弃祖父坚守一生的大学夙愿吗？"想着想着，不知何时进入了梦乡。第二天醒来，我发现头下的枕巾湿了一片。

经过激烈的思想斗争，我想人生能有几回搏，何不趁现在还年轻跟命运赌上一把，即使考不上大学，因为我曾拼搏过、奋斗过，此生也不会留下后悔。最终我做出决定：放弃招工，全力以赴冲刺1978年高考。功夫不负有心人，最后，我以高出当年文科本科线几十分的成绩被录取到安徽师

范大学历史系。我背负着家庭三代逐梦的重任，且逐梦的征途漫长遥远，尽管在逐梦征程中备尝艰辛，但是我终于还是成功了。从此，我与赭山（安徽师范大学）结下了不解之缘。

回望菇山

第二编

同窗之情

南京瞻园留影
（自左至右为：翟厚良、张跃进、颜
玉强、王彩法、周涛，1979年）

南京栖霞寺留影
（自左至右为：王彩法、张跃进、韩敬
东、翟厚良，1979年）

合肥同学赴六安，与王俊祥（左一）合影（1997年）

嵇成中、王旭东、高岱、傅元根相聚北京大学

翟厚良与莫欣在同学聚会中
亲切交谈

华南片同学在深圳合影（自左至右为：
胡晓鸿、于志斌、郭良美、刘继红、
高岳仑、曹钟声、嵇成中）

王先吉等人出差北京时在吴凡家小聚
（后排自左至右为：嵇成中、高岱、王小
波、王先吉；前排：刘继红。1999年）

毕业二十周年部分同学在母校教学楼前合影
（自左至右为：花小惠、郭良美、刘咏红、
莫欣、吴正、胡青、张香华、刘继红）

毕业二十周年部分同学在母校教学楼前
合影自左至右为：宫为端、汪幸福、
夏仕伦、高岱、王旭东、黄卫三、
朱沛铭、沈建华、方亚光）

毕业二十周年部分同学在母校教学楼前合影
（后排：王圣宝、赵晓明、吴正、常斌、贺兆田、
贾炳清、刘咏红、胡青、高岱；前排：胡晓鸿、
刘哲、高岳仑、黄忠超、李修松）

杨辅仓等同学在毕业十周年聚会上

参加毕业十五周年聚会的部分女生
（自左至右：张香华、刘继红、
刘咏红、王建岚、花小惠、郭良美）

毕业二十周年聚会时部分老三届同学合影
（后排：王圣宝、张皖生、胡青、宫为端、
贺兆田、赵晓明；前排：翟厚良、莫欣、
吴正、王幼生、宋刚刚）

沈国余与常斌在
大连合影（2017年）

于志斌、吴雷、任欣平三位
同学在合肥留影（1981年）

莫欣等同学在大连（2019年）

合肥与蚌埠两地部分同学相聚蚌埠
（自左至右为：何玉杰、吴雷、汪幸福、
赵金辉、莫欣，2021年）

在当年教室重温往日时光（自左至右为：
杨辅仓、何玉杰、刘哲、汪一江，2021年）

潜水皖山同学情

曹钟声　郭良美

读先吉兄的回忆文章《迟来的高考，难忘的1978年》，犹如一颗颗投向湖面的石子，激起心中的阵阵涟漪，从而促成了我们一次难忘的潜水皖山行。

王先吉是我和良美就读安徽师范大学历史系时的老同学，1978年入学时先吉兄已过而立之年，正好大我们12岁，如此能成为同学既是历史的阴差阳错，也是人生的缘分巧合。曾经，他给我们印象最深的一件事就是在读大学期间，还讲计划生育的时候，有了第三个孩子，成了"超生游击队员"，以今天看，他远远地走在了时代的前面。

时光易逝，人生易老。转眼间就到我们大学毕业四十年了，眼下同学们正在积极地撰写纪念文章。70多岁的先吉兄硬是顶着头晕眼花，在手机上码出了数千字的回忆长文《迟来的高考，难忘的1978年》，其心可鉴，其情亦深。跌宕起伏的人生轨迹犹如浓缩版的《人生》，饱经沧桑的先吉兄也像极了《人生》中走出的高加林。文章中记载的当年他经历的种种磨难都深深地打动了我们。感动之余，我和良美萌生了一个念头：何不到那片神奇的土地上去看看我们这位老大哥？何不去寻找忆文故事的背后故事？有种感动叫喜出望外，莫欣老大哥知道了我们的想法后，怀着和我们同样的心情，不顾天气炎热，决定和我们结伴同行。从合肥出发的那一天，刚上路的时候，风云变幻，狂风夹着暴雨倾盆而下。然而，风雨阻挡不了我们的热情，"既然选择了远方，便只顾风雨兼程"。瓢泼大雨中，莫大哥的夫人陈大姐娴熟沉稳地驾驶着车驶向远方。

潜山，因潜水皖山（天柱山）而得名，安徽的简称也由此而来。天柱山，一柱擎天，与黄山、九华山并称安徽三大名山。这里人杰地灵，历史上有过"孔雀东南飞"和"二乔"的传说，也是近现代著名文人程长庚、张恨水、余英时的故里。

我们快到目的地时，雨过天晴，空气也变得清新起来。透过车窗，我们远远地看到路旁站着一个熟悉的身影，不停地挥动着双手向我们示意。我们与先吉兄近十年未曾见面，他的头发更加稀疏，脸上也多了些皱纹，但是，从他那高亢激昂的话语里，依然可以感受到满满的精气神。寒暄之后，他便带着我们驶向他的家园，正合"故人具鸡黍，邀我至田家"的古意。先吉兄的家坐落在县城边上，"绿树村边合，青山郭外斜"的诗句好像是为他的居所所写。他家门口有一块小池塘，一棵小树正好立在水中央，房子周边的空地上种植着一些蔬菜和果树。步行几十米远就是宽广清澈的潜水河，河的那头便是巍峨峻峭的天柱山。在这里，远可享天伦之乐，近可赏田园风光。在带我们去他退休前任教的野寨中学的路上，指路时他几次把右拐说成了左转，以致车辆几次掉头才行。他自嘲是老糊涂了，我们笑称是他见到老同学激动中透露出的政治智慧。

从左到右依次为：曹钟声、郭良美、莫欣、王先吉

天柱山脚下的野寨村，原名叫野人寨。抗战期间，国民革命军第48军第176师在这片土地上英勇抗击日寇的侵略，先后有3000多名烈士为国捐躯。时任国民政府安徽省第一行政区军政长官的范苑声主持在此建造了烈士陵园。为了保护陵园，也为了激励后人，他又发起在陵园边创建了景忠

中学并亲任校长。学校的校训是：景忠·成人。

今天这座烈士陵园已经成为国家级的文物保护单位，今天的野寨中学已发展为省级示范性高中。一校之内集烈士陵园、纪念碑、博物馆（主要陈列首任校长范苑声的遗物）于一体，这在全国的学校里也是绝无仅有的。陪同我们参观的校长介绍说，每一年高考前，学校都会将高三考生聚集在烈士纪念碑前举行考前动员仪式，以激发他们的激情与活力。

回到熟悉的校园，回想往昔岁月，先吉兄难掩几分兴奋。校园里的老师不停地和他打着招呼，交谈中我们得知，世界500强之一深圳正威集团的老总王文银就是他的学生。走到几棵参天大树旁，先吉兄告诉我们，当年他家就住在这里。十年树木，百年树人，斯是故地，留其德馨。午后，先吉兄带着我们去了天柱山麓的三祖禅寺。"南朝四百八十寺，多少楼台烟雨中。"三祖寺始建于南朝，因禅宗三祖在此驻锡而得名。有诗云："禅林谁第一，此地冠南州。"

我们重点观摩了"山谷流泉摩崖石刻"，山体上仅宋朝留下的石刻就有一百多幅，其中又以王安石的那幅《题皖山石牛古洞》最为著名："水无心而宛转，山有色而环围。穷幽深而不尽，坐石上以忘归。"先吉和莫欣两位老大哥说起当年他们和张皖生同学三人曾经在这幅石刻前合影留念的情景，如今，物依旧人已非，皖生同学西去奈何伤！感，几度同窗时光留下多少深深情谊；叹，千年石刻面前走过多少匆匆过客！晚上，在入住的民宿中，先吉夫妇为我们准备了极具山野风味的晚餐，其中清香爽口的石耳、马蹄芹让人回味无穷。饭后我们聚集在一起喝茶聊天，忆往事，说当下，谈人生，议时事，乐天下之乐而乐，忧天下之忧而忧。我们都感慨大学时光因回忆征文活动而倒流。大家畅所欲言，仿佛是大学时小组学习的情景再现。第二天上午是我们登天柱山的时间。经过前一天的风雨洗礼，空气格外清新。山色空蒙雨亦奇，我们站在山下，仰望天柱山的主峰，云雾缭绕，山色迷人，一如王安石所云："山有色而环围"。

先吉和莫欣两位老大哥在山下品茗聊天，先吉夫人涂大嫂陪着我们和陈大姐一行上山赏景。在乘缆车上山的途中，涂大嫂为我们深情地讲述了她年少时在脚下这片山林辛勤劳作的情景。艰苦的岁月里，她无心欣赏潜水皖山的壮丽，更多的是回忆生活的艰辛不易。

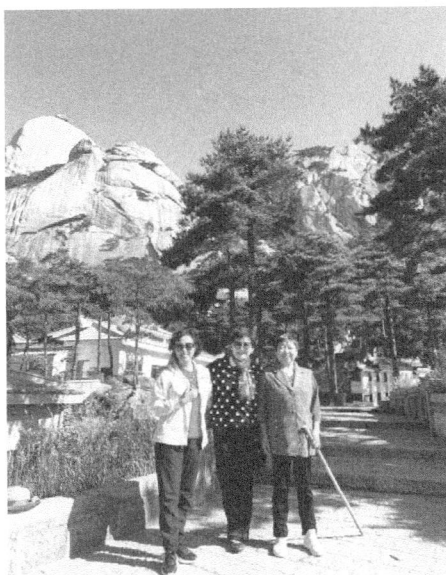

自左向右依次为：郭良美、陈大姐、涂大嫂

　　到了天柱山上，望着层峦叠水含烟的秀丽风光，我们惊叹大自然的鬼斧神工。莲花台、炼丹湖、神秘谷、天柱峰，一路风景美不胜收，移步换景，良美、涂大嫂、陈大姐不停地变换姿势拍照留念，她们爽朗的笑声不时在山谷中回荡。想到几十年前那个为生计披荆斩棘的山村少女，到今天竟学着摆各种姿势的涂大嫂，两相对照，不禁令人感慨唏嘘。秀丽的山光水色，浓厚的同学情谊，让我们流连忘返。然而，我们实在不忍过多地打扰先吉夫妇的平静，先吉兄说因为兴奋，这些天他每晚都睡得很少。

　　夕阳西下，谢绝了先吉夫妇一再地挽留，载着他们自种的新鲜时蔬水果，我们与先吉夫妇挥手告别。我们发现，依依惜别中，先吉兄的眼神里透露着几丝离愁别绪。是啊，人生能经几别离。天意怜幽草，人间重晚晴。

　　回来的路上，开车的陈大姐提议我们几个唱歌提神，从《贝加尔湖》到《军港之夜》，歌声飞扬，一路欢畅。

　　山一程，水一程，一山一水总关情。青山依旧在，几度夕阳红。

第二编　同窗之情

情结与情怀

高 岱

40多年的高考岁月过去了，每当回想当年的大学生活，我的心中仍然是激起层层涟漪，久久不能平静。万千话语，百般景象，声声入耳，历历在目，一时不知从何说起。

我入师大后不久，由于感觉到条件与目标之间的差距，以致内心压力过大，自卑与自傲浑然一体，怨气与戾气相依而生，做了些傻事和浑事，也拉开了与同学之间的距离。同窗四载，给大家的印象也就是个会在球场上能蹦跶两下子的狂傲之徒。这使得某位同学后来看到央视播出的《大国崛起》有我的名字时，还要问一下是不是我们班的那个同学；同学的出版社在北大历史系寻主编，还要请我帮着去找一个在某领域声望与影响都不及我的同事。郁结之感，隐然在胸。时常扪心自问，我努力到现在的样子，怎么在有些方面还不受同学待见呢？思来想去，辗转反侧，我终于明白这样一种状态的存在不能怪同学，而应反思自己在师大的言行，检讨自己在师大的过失，以使同学们对自己有更全面的了解。

其实我们家祖祖辈辈都没有尚武之风。相反还是当地颇有名望的书香门第，明清之际出过多位进士。舅舅在20世纪六七十年代出任台大中文系主任，是享誉海内外的古文字学家。20世纪90年代末，舅舅受裘锡圭先生邀请来北大讲学，在大陆古文字研究领域独步江湖的裘先生是对其执弟子礼的。老爸也于1948年考入上海大夏大学（校址为现华东师大本部），受革命思想影响，行为激进，辍学回皖，前往大别山参加革命。

正因为如此，我进师大后，给自己定下了一个宏大的奋斗目标。而说实话，当时要实现这个目标的主客观条件都不充分。但我不明就里，我行我素。结果使得自己强势待人，盲目自大，生涩难处，敏感易躁。动不动就犯浑，不尊重年轻的辅导员，对不同意自己观点的同学傲慢粗暴，年级学术演讲比赛我不是第一名就拒绝领奖，在宿舍里与老贺大哥"坦诚相见"地吵架。毕业前夕，除与个别同学过从甚密之外，我几乎不与其他同学来往，从而封闭了自己，也自然不被同学们认可与接受。现在想起这些，满满的歉意与愧疚。恭请见谅！

事实上，当年赭山脚下的学生生活，长久而鲜活地存在于我努力前行的征途，激励着自己克服困难与挫折向既定目标迈进。我虽然后来如愿上了南大、北大，也漂洋过海去了世界名校，在国内外学术界也有了点影响与声望。但在我的内心深处一直都认为，只有在师大校园中的日日夜夜，才留下了我最难以忘怀的青春岁月，镌刻着不可磨灭的同学情谊。在不少正式或非正式场合，我都明确表示，自己是安徽师范大学历史系一九七八级的毕业生，为此我幸运、我快乐、我骄傲！也许，这就是时下人们所说的"本科情结"吧。

Fellowship of the Royal Historical Society

23 February 2022

Dear Dai Gao,

I am delighted to inform you that at its last meeting on 04 February 2022, Council elected you a Fellow of the Royal Historical Society (RHS) in recognition of your contribution to historical scholarship. As a Fellow, you are eligible to vote in Council elections, to seek election to the RHS Council, and to apply for positions on the editorial boards of our various publications. You are also entitled to use the letters FRHistS after your name.

高岱获英国皇家历史学会外籍会员证书

光阴荏苒，毕业已四十年了，我在此做些许感叹，有着这样的一个愿望：那就是非常希望同学们能够理解当时的我，谅解过去的我，并接受现在的我。把我真正当成是师大历史系一九七八级一个全方位不可或缺的同学，一个带着我们一九七八级的声誉在学术道路上筚路蓝缕、不断奋进的同学，一个你们生活与工作中最贴心最真诚的同学。

"七仙女"的神仙往事

——大学毕业四十年记

郭良美

1978年，金秋十月，时代的风云际会，把我们这些年龄各异、天各一方的七位女生，聚集到了安徽师范大学历史系一九七八级这个拥有90名同学的大家庭中，并被大家戏称为"七仙女"。俗话说"三个女人一台戏"，我们七位女生在四年的岁月里又会演出怎样一出戏呢？

胡青是我们"七仙女"中的大姐。她从北京插队到安徽绩溪，有着北京女孩的爽直干练，又不失江南女子的温润灵巧。她的父母都是新华社的老人，这使她从小就见多识广，时至今日，我还常常从她那里听到一些新鲜事儿。入学的时候，她已为人妻人母，但在我们眼中就是一个邻家大姐的形象。那些年，我们最喜欢的是她弟弟来访之时他们之间对话时的境景，顺溜诙谐的京腔京韵中，时不时夹杂着让我们诧异的京骂，他们侃得是那么绘声绘色，我们听得是那么津津有味。胡大姐常常带我们一起去看电影，路上，她总是走在我们的前头，就像一只老母鸡带着一群小鸡，有时回来晚了，校门紧闭时，她就带着我们翻越围墙。

刘继红同学，入学前是铜陵一所中学的语文老师。她是众人心目中集才艺、激情于一身的女神。她会是篮球场上的"女篮五号"，也会是舞台中央的吴琼花。她喜欢文学，一个历史系的学生，在四年的时间里，几乎看完了我们所知的外国经典小说，一个活脱脱的文艺女青年！有女如此多娇，自然是引无数男儿尽折腰。只是她早已名花有主，自然也就成了别人的镜花水月。有一次，她代表安徽师范大学参加全省高校文艺会演，飒爽优美的舞姿自然吸引了无数人的眼球，回来后她真的就收到了外校一位痴情男寄来的长篇求爱信。当她给我们读这份饱含激情的求爱信时，逗得我们哈哈大笑，自然也赚足了我们羡慕的目光。四年时光，我对她最难忘的记忆是她在全校会演舞台上朗诵雷抒雁歌颂张志新烈士的那篇著名的《小草在歌唱》：只有小草在歌唱，在没有星光的夜里，唱得那样凄凉！

同学们口中亲爱的"岚"，说的是王建岚同学。她家在芜湖本地，四年之内她尽显地主之谊，让我们体会到了家校一体的好处，家的温暖。周末她会从家里给我们带一些咸菜小吃，有一次她还把我们六位女生请到家里，动员自己的姊妹下厨，几乎倾其所有为我们做了一顿丰盛的大餐。大家都有一种"吃大户"的感觉，我笑着对她说："这一餐会不会把你家吃破产！"看起来不苟言笑的她也会是我们精神食粮的输送者。那时候，邓丽君的歌声刚刚风靡大陆。她的弟弟是一个邓迷，每次周末回来，她都会把从她弟弟那里收集的邓丽君歌曲的卡带带回寝室与我们分享，也就是从那个时候开始，我们最早听到了邓丽君演唱的《甜蜜蜜》。王建岚善于思考，勤于学习，是我们中间最像学历史做学问的人。那时，她未来的丈夫小吴还是一位现役海军战士，正展开对她的追求。有段时间吴战士会带上一些好吃的来到学校，在寝室外等着上晚自习回来的她，又好像是在给我们站岗放哨。由此，让我想到了那首《军港之夜》：海风你轻轻地吹，海浪你轻轻地摇，远航的水兵多么辛劳！

刘咏红同学，有着高挑的身材，白皙的皮肤，说话柔声细语。虽然她还待字闺中，但却尽显未来贤妻良母的形象。她乐于助人，富有爱心，吃苦耐劳，每次打扫卫生，她总是抢着干最脏最累的活，她就是我们中间的"劳动模范"。最难能可贵的是，临近毕业时，她曾把一位会摄影的朋友请过来，为我们照了很多珍贵的照片，留下了"七仙女"在校园里的裙装倩影，成为鲜活的历史记忆。

张香华同学入学前是中学代课教师，父母在大型国有企业安庆石化工作。她家境宽裕，颜值颇高，脸庞圆润，眼睛晶亮，樱桃小嘴。要是在古代，那就是杨贵妃的模样，回眸一笑百媚生；脖子再围一条白毛巾，那就是现代京剧《龙江颂》里江水英的形象。我记得最多的是她不断地买书、看书、往家里寄书的故事。她又是乐善好施的爱心一族，时不时地把自己节余的饭票送给那些需要的男生们，也会把芜湖有名的小笼包子带回寝室给我们解馋。

花小惠同学和我都来自合肥。她家庭条件优越，豪爽大气中自带大家闺秀的风采。虽然她只大我一岁，却曾插队农村当过知青，这让我很是羡慕（那时尚不知知青的苦）。别看她戴着一副眼镜文质彬彬的样子，在农村的故事可甚是威猛。她所在知青点里除了她全是男生，可下地干活，抢收抢种，下厨做饭，担水劈柴，她可是巾帼不让须眉。大学期间，我俩曾在历史系迎新晚会上浪漫地合作过一把，她吹口琴为我的歌声伴奏，赢得了满堂喝彩。

我是1978年应届高中毕业生，是年龄最小的那个"七仙女"。一向单薄瘦弱的我，入学第一年就赶上了师大冬季越野长跑，为了班级荣誉，我硬是凭着阿甘式的傻劲，跑到了终点，竟然获得了第七名的好成绩。系里好像发现我有长跑"天赋"，赶鸭子上架式地将我当作重点田径运动员培训，并帮我报名了校运动会女子3000米的比赛。还是凭着对集体荣誉的强烈担当，还是凭着阿甘式的傻劲，在系领导和老师同学们的鼓励下，我竟然跑完了全程。尽管到达终点刹那间我累得几乎瘫倒在地，可获得的第三名的好成绩仍让我沾沾自喜，这个算是我四年师大时期的高光时刻吧！

在一次元旦联欢晚会上，我们七位女生为同学们演唱了电影《小花》中的插曲《妹妹找哥泪花流》。我们都唱得那么动情忘我，同学们也是看得不亦乐乎！大概只有曹钟声同学听懂了我的歌声、心声，也才有了后来他追求我的故事。那时候对爱情还一片茫然的我，被他七分的真诚所感动，向他敞开了心扉。至于他的两分幽默，一分才华，那是在以后的岁月里被我慢慢感知的。用他的话说，我们的故事就是一个他用真诚换此生，我用青春赌明天的平凡故事。我们俩成了历史系一九七八级毕业时牵手走出校园的唯一一对，"七仙女"的神仙往事由此也就多了一抹亮色。

四年时光，班上男生们绅士般的爱护和关怀，让我们感受到了历史系一九七八级这个大家庭的温暖。

有很长一段时间，我承担了班级同学书信邮件发送任务。在一次次的信件传递中，一次次真切地分享了亲情友情给同学带来的温馨。宋刚刚妻子给他的汇款单的附言总会以一个"刚"字开头。我惊奇的是，原来还可以这样称呼自己的爱人。在同学们对我的一声声感谢中，我体会到了自己付出的意义。

有一次快到放假的时候，我的阑尾炎发作了，要回到合肥家里做保守治疗。沈建华和刘咏红跑了很远的路帮我买到了回家的票，后来由花小惠同学陪送我乘绿皮火车回到合肥治疗。正是多亏了这几位同学的关心、爱护和帮助，使我很快恢复了健康。

教学实习的时候，我分到了莫欣老大哥任组长的师大附中组。从教案的撰写到模拟上课，同学们都给了我很大的指导帮助。在教学总结的时候，王晓波同学说，听了我的三堂课，觉得一次比一次好。在肯定了我的努力和进步的同时，他还预言我将会成长为一位好的历史老师。直到今天，我还会为当年他对我的鼓励而感到温暖。

最难忘的一幕留在1982年毕业时。离校的时候，家在芜湖的班玮和施捷两位同学，用借来的平板车顶着酷暑烈日，汗流浃背地将我和曹钟声的行囊从学校一路拉到江边，送上渡口，一直送到无为二坝的裕溪口火车站，直到把我们送上了火车。挥手再见之时，不由地让人感慨万分：长江水深深几许，不及同学送我情。阳光打在你们的脸上，温暖留在我们的心中。

回首四年流水岁月，就这样被一件件往事所感动。而这份感动在后来的岁月里仍然继续着，这些年来，我和钟声得到了包括莫欣、金辉、成中、玉杰、忠琪、亚光、辅仓等很多同学的帮助和关心。2019年夏天大连之行，常斌同学对聚在一起的同学盛情款待，周密安排，再度点燃起青春的激情！

很早我就喜欢唱电视剧《蹉跎岁月》的主题曲《一支难忘的歌》。毕业四十年后的今天，重唱这首歌，别有一番滋味在心头：青春的岁月像条河，岁月的河啊汇成歌……

"七仙女客栈"

花小惠

安徽师范大学历史系一九七八级90名同学中只有七位女生，被男生戏称为"七仙女"。"七仙女"同居一寝室，该寝室白天欢声笑语，夜晚"卧谈"不止。"七仙女"虽然年龄差异较大，禀性各不相同，但都阳光灿烂。课余，几人结伙去食堂买饭打开水、去中山路逛街购物、去耿福兴吃虾籽面……平时，仙女们爱干净，每天轮流值日打扫卫生，使寝室多次获得系"卫生先进"、校"卫生红旗"称号。这是一个充满活力、和谐温馨的女生寝室。

当时刚刚改革开放，生活水平比较低，受经济条件的限制，男生中许多人的母亲、妻子、姐妹、女友来探望，晚上大都送到"七仙女寝室"借宿，该寝室也就成了名副其实的"七仙女客栈"。由于是83对7的比例，所以长年累月都有女眷来借宿，有时一晚能来两三位，"七仙女"已习以为常。对来借宿的女眷，大家都热情接待，提供方便，虽然条件有限，但尽量让女眷们感到宾至如归。

"七仙女客栈"为前来探亲的女眷提供了方便，但对仙女"男眷"的到来却无法施以援手。胡青大姐的老公来师大，晚上只好去外面住宿，白天两口子在"客栈"交谈，全程"飙"绩溪话，六位仙女妹妹个个傻眼、不知所云，于是打趣道："没事，你俩公开说情话吧，反正我们也听不懂。"同舍四年，妹妹们只学会了一句绩溪话——音似"ABCD"，意为"我不知道"。

那个年代，人们的思想还没有现在这么开放，女生寝室对男生来说是比较陌生而又神秘的，但由于女眷们经常借宿，"七仙女客栈"也成了一些男生时常光顾的场所，交往中，许多男生与我们都建立了诚挚的友谊。

　　在大多数同学的印象中，王俊祥平时很少与女生说话，不像有些活跃的男生，与女生说起话来风趣幽默、滔滔不绝。不过自从他女友来"客栈"借宿几次后，他与我的交往就逐渐多了起来，无论是在校园里，还是在教室、餐厅等各种公众场合，见面时都会主动与我打招呼聊两句，当我夸他女友"贤惠能干"时，他总是腼腆地笑笑，算是默认吧。有时放寒暑假回家，我们结伴而行，那时芜湖长江大桥还没修建，六安市也不通火车，我们要先从芜湖坐轮船过江到二坝，然后步行到裕溪口火车站，再坐火车到合肥。我下车到家了，王俊祥还要转汽车去六安，回一趟家，他从轮船转到火车再转到汽车，就差没坐飞机了，比我还辛苦。虽然旅途辛苦，但有同学相伴，愉快的心情驱散了身心疲劳。记得有一次我们在火车上依窗对面而坐，国际国内、学校社会、天文地理、生活学习各种话题聊得非常开心，当谈到历史系一九八一级一位女生时，我无意中说道："那个女孩长得蛮漂亮的！"只见王俊祥脸色比川剧"变脸"还快，立马由平和微笑到对我怒目而视，气愤而又严厉地说："花小惠，你讲那个女生有什么漂亮的？我真不知道你是什么眼神？什么审美眼光？"没想到我随口一句话，竟然引起王俊祥如此强烈的"愤慨"。人们形容一个人生气激辩时往往好用"脸红脖子粗"一词，当时王俊祥虽然没"脖子粗"，但却"脸红"了。我思忖：难道是因为我没夸赞他女友引起他不满？转念一想：不对啊，以前我多次夸过他女友。于是我立即用笃定的语气说："你是你的看法，我是我的看法嘛！"谁知道王俊祥不依不饶，提高嗓音声明："不是我一个人有这种看法，我们寝室男生都这样认为！"这回轮到我惊讶了："什么？你们寝室男生都这样认为？看来你们在寝室议论过这个女生哦？""是的，议论过！她有什么好看啊？你什么眼神？真是的！"看着王俊祥气鼓鼓的样子，听着他不屑一顾的口吻，我几近目瞪口呆，心想：他今天怎么了？平时不是这样啊？至于为一个女生是否漂亮发这么大火吗？事已如此，我只好给自己找个台阶下，笑着说："看来男生和女生的审美眼光真的不一样哎，不过这很正常哦，你说呢？"为了调节谈话气氛，我赶快东扯西拉地转换话题，王俊祥激愤的情绪才逐渐缓和下来，但嘴里还是叽叽咕咕地反复指责我说："真不知道你是什么眼光！真不知道你是什么眼光！"

多年来，每想起此事，都令我百思不得其解，我随便说的一句话，怎么会引起性格随和、少言寡语的王俊祥那样勃然大怒、厉声斥责，就差没和我翻脸了。毕业四十年后的今天，我明白了，那是最诚挚的同学友谊——无话不谈、无所顾忌。

如今王俊祥与我们已是天上人间，回想起当年火车上的对话，我还恍如昨日，历历在目。在此我只能遥望星空，默默地问一声："俊祥兄，你在天堂还好吗？你还记得'七仙女客栈'吗？"

怀念吴广安

金成龙

一转眼，吴广安同学已经离开我们有二十多个年头了。每当同学们在群里回忆起已故的同学时，我都会默默地想起广安同学。虽然广安同学生前并没有什么"轰轰烈烈"的事业，但是，可能正是他比较平凡的一生更让人心生怜惜。

在大学期间，我和广安同学交往比较多一点，大概是我们都来自合肥吧。每年寒暑假回家或返校我们大多同行，从事前准备，到一路相伴，自然就有了更多地接触。另外，在大学期间我们俩的宿舍又是门对门，经常一出门就能碰到。他在他们房间里高谈阔论，我不出门就能听到，有时也会屁颠屁颠地跑过去凑个热闹。吃饭时端着个饭盒相互串门也是常有的事。还有一点，就是我们都属于比较低调随和的人，年龄也相差不大，经常能说到一块。

广安同学是应届生，在同学中年龄算比较小的。一九七八级大学生的年龄差距很大，相差最大的有十几岁，社会阅历也相去甚远。有的当过兵，有的当过工人，也有的是插队知青，还有的担任过村大队党支部书记，人生经历可谓是丰富多彩。然而，任你走过千山万水，这一刻，我们都向着同一个目标进发，在长江之畔，赭山之麓相聚了，这是多么珍贵的缘分啊。广安同学的社会阅历比较单纯一些，基本上就是从学校到学校。在很多世事练达的同学面前，广安同学甚至可以说是稚气未脱。一张白纸，可以绘出很美的图画，单纯明净，有时也容易受到伤害。

广安同学为人谦逊，个子虽不高，但比较结实。他皮肤较白，戴着一副厚厚的深度眼镜，却遮挡不住眼镜后面闪烁的纯真。他和同学们讲话总

是笑眯眯的，充满了善意和欢乐，让人感觉和他相处不需要任何防备。单纯的人调皮的时候有时也很可爱。记得夏天的时候，大家在宿舍都穿着背心。有时候广安同学会走到我身边，故意碰碰我，抬起胳膊露出肱二头肌和我比划比划。广安同学平时比较注意锻炼身体，经常在宿舍练习哑铃。"身体是革命的本钱。"这是他经常挂在嘴上的口头禅。

大学生活既紧张又枯燥，每天日复一日重复着昨天的日子，对于我们既没有谈过恋爱，更没有老婆孩子牵挂的人来说更是如此。广安同学学习勤奋，博览群书，每当我们在一起散步聊天时，他便会一改平时内敛的形象，高谈阔论，滔滔不绝，聊到兴奋处甚至会指手画脚，摇头晃脑。有时，我们也会聊到个人感情问题。可是，每当这个时候，广安同学马上就像换了一个人一样，脸上会忽然露出害羞的样子，红了起来。在那个男女有别的年代，异性对于我们这些情窦初开的青年来说是多么奇妙，多么圣洁，又是多么令人向往啊。对于婚恋这个话题，我们既兴奋难耐，又小心翼翼，生怕让心中的那片圣土有一点玷污。

快乐的时光总是很短暂。在大学的四年里，我们很快经历了入门、适应、实习、毕业的过程。在那个大学毕业国家包分配的年代，毕业分配到什么地方揪着每个人的心。对于我们这些涉世未深又没有什么背景的人来说，当时就像是一个无头苍蝇一样，四处乱飞。广安同学更是非常着急，和我聊起毕业分配，常常是苦着一张脸。很快，同学们大学毕业去向已定，广安同学被分配到乡下的一个农场学校，不是很理想。我只好说一些好男儿志在四方的话来安慰他，自己也感觉这样的安慰是多么苍白无力。这时，每一个同学的心早已经飞向了远方，大家匆忙地相互道别，简单地留下联络方式，就收拾行李各自奔向自己的分配地了。

投入到新的工作岗位，一切都是那么新鲜，又是那么紧张。时间过得很快，忽然有一天，家门外传来了一个熟悉的声音，这不是广安同学吗？我赶紧打开门一看，可不是吗，正是广安同学笑眯眯地站在门口。只见他穿着一身民警的服装，厚实的身材还真是有点魁梧呢。我赶紧把广安同学迎进家里，一段时间没见了，真有说不完的话。广安同学说，他们的农场属于监狱系统，学校的老师都是穿着警服。看来经过一段时间的磨合，广安同学已经适应了当地的工作和生活环境了，人的精神面貌也比大学才毕业时好了很多，说话的嗓门也大了，我心里暗暗为他高兴。我们聊了很多，聊到了他工作的环境，将来有什么打算，个人的婚姻问题等等。在这以后，广安同学只要是回合肥，总会抽时间到我家来，他也经常去合肥别的同学家。我能感觉到，他一个人在外面，对合肥的同学还是很留恋的，言语中流露出想调回合肥或者考研跳出农场的打算。我们合肥的同学也十分牵挂他，有的同学还专门去农场看他，给他出谋划策。广安同学在合肥的家离我家不远，在芜湖路和金寨路交叉口的省公路局宿舍，家里有一个老母亲，哥哥姐姐都单独住，我也经常去他家看他。老母亲和小儿子住在一起，我的心里能体会到"广安"的名字寄托着老人对孩子的无限的疼爱。广安同学也在为他的工作调动、考研和个人的婚姻大事不懈地努力着。一切好像都在向好的方向发展着。然而，天有不测风云，突然有一天，合肥的一位同学打来电话，说广安同学去世了。

小时候听老人们说，人走了以后，就会变成天上的星星，每天夜里都会一闪一闪地眨着眼睛看着人间，那是对人世间的眷恋。长大了，也知道这样的说法只是人们的一种心愿而已。但是，现在我却仍然愿意相信这一切都是真的。仰望星空，广安同学憨厚的笑容仍时常清晰地浮现在我的面前。在我们大学毕业四十周年即将到来的时候，谨满含热泪写下此文，愿广安同学在天之灵安息，并能够感受到老同学对他的那份深深怀念。

师大缘　同窗谊

李绪文

我3岁左右就随父母住到位于芜湖市范罗山脚下的市委市政府宿舍的家，这一住就住到30周岁的1984年。我的家离凤凰山脚下的师大东大门只有十分钟的步行路程。

一、祖孙三代就读于师大

我的父亲大约是1949年毕业于师大的前身——国立安徽大学，当时校址已在芜湖，后来校名几经变更，直至"文革"中更名安徽师范大学并沿用至今。父亲话不多，更很少谈自己，过世已30多年了！近几年在师大出版社出版的新编校史中，我儿子发现了爷爷的名字并记录了毕业于哪一年哪个系科。

父亲当年就读师大，缘由无考。我读师大是为找出路，找一个正"身份"！因为入学前我一直在企业做临时工。进入新世纪，儿子在师大文学院读了研究生，毕业后留在了出版社工作。我想这就是机缘吧！是机缘把父亲、我、儿子都与师大系在了一起！通过在师大读书，我们三代都求得了文化。三代人的家、工作和人生都离不开师大曾给予我们的精神食粮。

二、同窗知己结识于师大

我在师大读书时是走读，走读自然就少了与同学之间宿舍、饭堂这两处的交往，但这段生活，这场同学缘还是给我留下了不少记忆。

1.钮昕华

同学以来我一直称他老钮，老钮是滁州人，大我三四岁吧！老钮与我很投缘，四年中他是我接触最多的同学。他沉稳，有思想有主见，随和淡泊，话不多，但我俩聊起来往往忘了时间。当时镜湖边上有个茶社，记得我俩曾单独去过两次，有一次在那里大约聊了有三个小时，说些什么不重要，重要的是所言彼此神会，诸多事看法契合。

还有一次是学校包场去看电影，我记得很清楚是斯琴高娃和一个姓赵的男演员出演的《归心似箭》，电影伴着"雁南飞，雁南飞，雁叫声声心欲碎……"的插曲落下了帷幕，但老钮竟沉浸在剧情中久久不离座位，我唤了他几声后他才怅然起身，这件事我印象很深。由此可见，钮兄是个感情细腻且十分重情之人！

毕业后几十年我俩见面很少，甚至联系很少，但我感觉到我们彼此都没有忘了对方，彼此都很珍视这段永久的情谊！

2.黄卫三与方亚光

卫三小我几岁，他老成持重，人也长得精神，同学几年时有交集，他还到我家去过，也视老钮为兄长，亦是个重感情的人。我如果主动点，大家的情谊交往肯定会更多些。如今回顾，真羡慕绝大多数同学的住校生活！

方亚光年龄较小，人也比较瘦小，是应届生考入的。我印象中他是个很老实的人，但毕业前夕考上了研究生，让我们不少人都感到钦佩，亚光后来果然出息颇大！

3."海燕"汪幸福

汪幸福与我同年，又在一个组，他是个激情四溢的同学，而且也是个十分聪明有思想的人。我虽然属性格内向的人，但还是一直很欣赏幸福同学的。现在的同学群里我不敢多发话，但同学发的好帖我还是很留心的，幸福发的帖子面广量大，多为有品位的、长"精气神"的帖，愿幸福伴其一生，亦遥祝"海燕"同志永存高远之志！

4.合肥学友赵金辉

同学四年，组外的同学我接触最多的是金辉。金辉也与我同岁，但他的老成、厚道、亲和、热心，在同学时代就显示了出来。他的亲和力是与生俱来的，在我们这个年龄段的同学中，他的人缘是特好的。读书岁月我是个几乎无所长无特长的人，只是喜欢下点象棋，但金辉经常表扬我这雕虫小技，由此可见金辉兄溢人之美的厚道善为！金辉魁伟我瘦弱，金辉洒

脱我拘谨，同窗岁月时，我总感到他在暗暗地照顾着我，为此我十分感激！

5.莫欣兄

在校期间我与莫欣兄没有什么接触，除了走读的缘故，更重要的是对当时的老三届学长，特别是"文革"前已就读高中的诸兄存高山仰止感。

毕业后，我与莫兄除了同学聚会，一直没有单独联系过。有一年为一件私事我给他打了一通电话，很快他就帮我解决了困难。此时莫兄已退休，为一个同窗同学提供无偿帮助，令我感动不已！今借此文再表谢意敬意。

在校四年我与芜湖诸同学交往很少，那时的生活轨迹很简单：就是从家到校，从校返家。毕业后我先在马鞍山一所中学工作了两年，随即就调到当时还位于芜湖的宣城地委党校。20世纪90年代后期党校整体搬迁至宣城，2004年妻儿与我在宣城居住约五年后回到芜湖，我虽仍在宣城工作，但生活大本营又迁回芜湖。我这才与芜湖几位同窗老乡联系上，同学之缘加上诸兄的厚爱，友谊纽带越系越紧，交往情感越来越深！

6.古道热肠的王圣宝

我在芜湖接触往来最多的同窗是王圣宝，缘由不光是他比我年长几岁，而是他的学问和人品。圣宝兄的文章在大学时代便被上海的《文汇报》登载介绍，可谓名气大矣！若干年后他又成为当时芜湖联大的第一个正教授。但圣宝在好友间很随便，爱憎分明，嬉笑怒骂。他对同学情分尤其看重，常说，芜湖是师大大本营，有同学来校来芜，我们知道了一定要热情接待。每次得知有同学来，他都事先筹划，桌上他又是酒喝得最猛。近几年，圣宝兄已年过七十，他喝多了，大家心疼，开始"管束"他喝酒了！但古道热肠的他一高兴，往往又喝多了，众兄弟实在是拦不住啊。

7.重义冷幽默的汪一江

一江与我在宣城地委党校曾共事过几年，但"人挪活"的一江后来又调到皖南医学院，凭其实力和敬业发展得越来越好！

一江好酒，更重义。他在党校口碑极好，用我们当年校长所讲的一句话："汪一江在党校是上上下下、男男女女都喜欢的一个人。"此话实诚！

一江酒量好，喝得有点多，那也是人生难得几回醉！大学同窗来了更是如此！

一江重感情。我儿子童年时生过一场病，一江去看他并送了一个绒毛的小狗熊，快三十年了，现在仍放在我家房间的桌上。也是缘分吧，一江近几年在师大出版社出版的几本书都是由我儿子责编的，犬子以能为汪叔做点事并从中又学到点学问和做人而乐意！

8.忠厚仁兄管天文

天文修养很好。他做事细致，做人能吃亏，是一个做得多讲得少，做得到位，乐于奉献的人。芜湖市委党校人才济济，人事关系也较为复杂，他能出任副校长且得到上下一致好评，不是靠机巧，而是靠他宅心仁厚的品格力量。

天文诚恳。与他交往你放心，与他交流你温暖。他的诚恳如春风化雨，润物润人！

天文踏实。圣宝兄交其接待来校来芜同学事，可谓"天文办事，众同窗放心"。

9."芜湖通"贺宿芜

宿芜的干练是大家公认的。其办事麻利，头脑灵活，目光敏锐。在芜湖同窗交往圈子里他人头熟，自然能者多劳，大家的活，他干得也多些，但他乐在其中。我们云：谁要你如此能干呢！其自云：没办法，谁要我是小老弟呢！

宿芜的名字是宿迁、芜湖两地之子的意思，但宿在芜，爱芜一生，服务芜地一辈子，则好像与其大名宿命暗扣也！他在芜湖地方志领域耕耘几十年，如今成为是少有的"芜湖通"，芜湖史志专家。

宿芜涉猎面广，博闻强记，不仅"要知芜湖事，你来问宿芜"，而且举凡天下大势，社舆民情，官场流变，人事曲折，宿芜均能绘声道来，让你听之如临其境！聚会交谈中若圣宝兄击节掌之，宿芜更会底气倍增。乐亦善哉！雅叙谑语，同学聚会若缺宿芜则会单调许多啊！

10.老乡高岳仑

岳仑中学时代是在芜湖辖区内的南陵中学就读的，大学时代到了芜湖市区，毕业留校十几年后到了广州发展，退休后虽定居广州，但仍每年都要回芜湖看看，至今在芜湖还有宝宅。岳仑的芜湖情结很重，芜湖是他的发祥地，其妻女也是芜湖人！

岳仑与我还有一层关系：其夫人和我内人早年曾共事过若干年，这又

增加了我们两家之间的友谊和共同的话题。

岳仑多才多艺。我有两个好友，一个是他的中学同班同学，另一个是和他一起插队的知青，直到现在，每当提到岳仑，他们都是由衷地佩服，翘指盛赞！

岳仑一直以来是：有才不恃才，有貌忠爱情，有力乐助人。每次来芜，酒量不大的他，都高兴地喝得晕晕的！

岳仑对我帮助很大。这里我就不多说了！只能说我们有缘而我有福！

11.多才多艺张小平

区划改制，无为隶属芜湖后，我与小平兄往来增多了。小平重感情，近几年多次跨江来市区陪伴外地同学，去年与前年又两次邀我们市区几位同学及家人去无为，赏张宅盆景，尝无为板鸭。

小平多才多艺，侍弄盆景，已成安徽花卉栽培界的名人，书法技艺，实力也是非同寻常。

小平在职时，其教学在无为乃至巢湖地市颇有名气，教学管理岗位也是搞得风生水起。

小平健硕壮实，好客仗义，酒量难量，酒品上佳。无为隶芜湖，同窗成老乡。老来同学多牵手，延年益寿乐哈哈！

行文到此，感慨万千，真乃是：

师大缘，同学谊，人生短，回忆甜！

个中味，细咀嚼，待闲暇，重相会！

老吴凡与《老烟儿》

刘 哲

记得沈从文先生写过一篇散文《我读一本小书，同时又读一本大书》，讲述自己在读学校"圣贤书"的同时，也爱读外面社会"大书"的体味，而我读大学的四年，也是在读课堂的"小书"和学友们经验的"大书"。

1978年10月，我带着"应届生"的运气和壮怀，走进了安徽师范大学的校园。很快，我就发现历史系课堂不仅是名师荟萃，英才咸聚，而且同学们也是经历丰富，高手如云，一扫我身上"春风得意马蹄疾，一日看尽长安花"的轻松。因为这一届招生将年龄偏大、家庭成分等因素放宽，许多出生于20世纪40年代功底好的"老三届"考生也加入其中。安徽师范大学历史系一九七八级入学时一共90名同学，按年龄分布于20世纪40年代、50年代、60年代三个时期，其中"老三届"学生就有20个。

一九七八级由于生源结构丰富，思维方式也更为活跃。入校不久，各种课外组织频频涌现，我不仅有了"学习争不了上游，爱好拿不上台面"的失落，而且感到"世间无限丹青手，一片伤心画不成"的压力。我认识到大学期间需要面临两个学习任务：第一个是在课堂上听老师讲专业知识；第二个是在课堂外向老大哥老大姐学其他知识经验。

就在这时，在课堂邻桌，我遇到了来自北京的"插队知青"吴凡。他虽然大我10来岁，但是待人平和真诚。初见这位老兄，我为他三个印象所打动：一是底层经历，不失追求。他告诉我自己出身于北京的知识分子家庭，曾经在东北和安徽两地插过队，后来又在纺织厂干过，能上大学，至为珍惜。他说"大学之大在于大师，非大楼也"，历史系名师很多，机会不易，一定不要荒废。虽然他一口京腔，略带唠叨，但我没有反感，而感亲

切，因为他极似我高考复习时，遇到的一位历史老师，以其不断唠叨的责任心，使我终获高分。此时我便有他乡遇故知的感觉。二是为学执着，勤有所思。吴兄听课不仅记笔记认真，不愿遗漏，而且勤做卡片，常有质疑。我看他身着布衣，挎着布包，脚蹬圆口布鞋，像是定制的，样子在僧俗之间，就说你如果着一袭长衫，就是"老夫子"了，他也不生气。有时我俩为一些小问题有所争执，他会坚持到底，称我"小刘哲"，我便呼以"老吴凡"。在我心中，他就是这样一位没有架子的老大哥。三是好为聚谈，偶尔嗜烟。因为社会经历丰富，"老三届"和有"插队"经历者喜欢聚谈，他们话资很多，各有故事，且常在你来我往的吞云吐雾间进行。我虽有支气管毛病，不喜烟气，但这里有"另外的世界"，能撩我好奇。在驻足旁听中，我长了不少见识。吴兄多次谈及自己在呼伦贝尔盟莫力达瓦达斡尔族自治旗的村庄"插队"的经历，说他会撮土烟，会做布包，会打毛线，会木匠活，会用树皮做本子，都得益于"插队"……吴兄的这些个人亲历"口授"，如同一部社会的"大书"，虽然里面无字无注，但足以使我长了见识。虽然当时我还没有完全读懂读透，但已体验到沈从文笔下"我的心总得为一种新鲜声音、新鲜颜色、新鲜气味而跳"的奇妙，这些也成为后来我对大学的一种永久记忆。

毕业后，我和吴兄各奔东西，联系不多。直到我在"回忆录群"里见到他的一篇《老烟儿》的短文，觉得吴兄经过四十年的岁月洗礼，观察细致、特立独行的秉性依旧保持，并且在这篇文字里发挥到了极致。我们众多学友赭山忆师，不是谈教授的学养风度，就是论他们教学的规范严谨，而吴兄却发奇思，另辟蹊径，不以教学文章论短长，而以吞云吐雾话课堂。烟酒茶本是中国传统学者文人的"三好"，也是诸多大家趣味文章的"三妙"，全文就以"烟"为针，以人为线，穿针引线，谈师话情，妙趣横生，别开生面。其中有两段文字描述，分别勾画我们历史系两位老师"嗜烟"的神韵，至为精彩，堪称妙笔。

一段是描摹叶孟明先生"烟不掉口"的奇功。文中以课前和课中两个时间段来说明孟先生"一烟在嘴，从不熄火"的"定性"：开始走进课堂，"我才发现，先生说话时并不拿下香烟。那香烟就像生了根一样紧紧粘在先生的厚嘴唇上，随着先生哝哝的桐城音，暗红的烟火忽明忽暗地闪动着。

吸烟不碍说话，这太神奇了!"这种描述与我个人的感受完全一样，当时我曾孩子气地想：叶先生是不是用"粘知了的面筋"粘住了烟，所以讲课吸烟两不误呢？接着，吴兄又说："云雾当中，上课铃响了，先生从容讲课。我又惊奇地发现，那支香烟居然还稳稳地'定'在先生的嘴唇上，而且，这一'定'就是一堂大课，整整的100分钟。当然，那支香烟什么时候熄的火？我没有看见。"这些课堂观察，细致入微，白描直书，没有夸饰，非当年同窗而不信，犹如神来之笔，平添谐趣，丝毫没有疏远先生们于我等心目中的印象，反而将叶先生在博学多才背后率真质朴、敦厚可亲的另一面跃然画面，使人久久难以忘怀。

　　另一段是叙谈王廷元先生"烟不离手"的爱趣。作为同在课堂的学生，我当时也看到王先生爱好自己卷土烟，但因为自己不喜烟味，总是坐在后排，已经印象模糊。而吴兄见微知著，看出玄机，说："每逢王先生的课，我都早早盼着。""看到先生要卷烟，我急忙凑了过去。想必是先生闻到我身上的烟味儿知道我是同好，立即又撕了一张纸条递给我，于是师生二人撮着烤烟叶各自忙乎起来。"这段文字描绘的场景，似乎已不在课堂，倒是更像在烟馆。"盼""凑""闻""撕""递""撮"等几个动词，将师生同为"老烟儿"的默契和投味写得会意传神，仿佛两人早已在此定下"前缘"。谈到师生同堂切磋"烟技"的高潮，吴兄还不忘小小得意一番，他说："论道卷烟，我自诩先生不在我上。我和先生都卷喇叭烟，就是烟卷得一头大一头小像喇叭形状。但先生卷烟，总像差了一口气儿似的，整个烟卷得松泡泡的，既不紧实又不美观。而我，由于有莫旗（莫力达瓦达斡尔族自治旗）老乡传授的真经，卷起烟来可谓'又快又好'。"读到这里，我想起林语堂先生曾说"饭后一支烟，赛过活神仙"，而今吴兄用"课前一支烟，师生结成缘"写活了不拘小节的王先生，仿佛使我们又看到他当年借关汉卿"我是个蒸不烂、煮不熟、捶不扁、炒不爆、响当当一粒铜豌豆"的词句，在课堂上有板有眼、吟唱自得的风采。

　　当读完吴兄这篇带有浓浓烟味的小品散文后，我心目中的两位"饱学之士"顿成两位"老烟儿"形象，原来怀旧恋师还可以这样写!一如谈女人可以"闻香识女人"，说男人可以"煮酒论英雄"，只不过吴兄用"烟味"剥去了文人学者身上的一层迷雾，打开了他们多面人生的另一面，是那么

生龙活虎，那么入木三分，那么挥之不去。这很有遥写那些民国大师逸事的章法，虽然不是描摹恩师的傲拔风骨，但也可从吉光片羽里窥得真情。或许这就是吴兄对于岁月的另一种"痴"，对于师长的另一种"爱"，使我再一次嗅出他的老道，领教他的独特，姑且当做四十年后，我又通过这扇文字的窗口看到了他，说一声：老吴凡，你不老。还抽烟吗？

怀念我的挚友

——阳光帅哥杨志明

吕爱民

2021年4月5日上午，在宣城市陵阳公墓，嵇成中、刘哲、我及我的妻子李枫林在杨志明爱人汪勤老师的陪同下，带着同寝室赵金辉、李沛明、杨辅仓等同学的嘱托，来给英年早逝的杨志明同学扫墓。站在志明兄的墓碑前，我凝视着他那年轻、英俊而又略显苍白的头像，想到他年仅35岁就驾鹤西归，离开了深爱他的妻子和女儿，离开了我们这些亲如兄弟的同学好友，悲伤的泪水就止不住地溢出眼眶。我深深地鞠着躬，思绪回到了师大读书的四年岁月，志明兄的音容笑貌一幕幕浮现在我的脑际……

1978年10月，我与各位幸运的同学一样，怀揣美好愿景走进了心中向往的安徽师范大学校园。可能是报到较晚，我与其他9位同学分配在零号楼地下室居住。由于地势低洼，自然是阴暗潮湿，楼上各层的房间时不时还扔下一些生活垃圾，抬眼窗外，脏乱不堪。且我又是地下室里最后一个报到的学生，那时候学校的管理还比较粗放，不可能将铺位固定到人头，当然是先到先选、后到后选，最后报到的我只剩下靠门边迎风的上铺。原本兴高采烈的我无异于被当头浇了一盆冷水，火热的心情骤然冷却。躺在床上，我懊丧之极，直后悔自己报到晚了，辗转反侧，难以入眠。第二天早晨，大家都起床了，我坐在上铺发愣，对接下来的生活感到很迷茫。这时，一个戴着眼镜、白面虬髯、身材瘦高挺拔、看上去很文静却又显露阳刚之气的帅哥走到我的床前，微笑着对我说："集体宿舍都这样，习惯了就好。"很朴实、很普通的一句话，对于当时郁闷中的我来说，却是一种莫大的安慰，心底里温暖了很多。

几天后，地下室的十位同学都相互熟悉了。寝室长是来自蚌埠的嵇成

中，一个睿智、英俊的小伙子，两只眼睛炯炯有神，还是围棋高手，课余时间经常教我们下棋。寝室唯一的班干部是生活委员杨辅仓，他是一个大大咧咧、不修边幅的肥东汉子。寝室唯一的中共党员是亳州的牛志强，豪爽大方、热心助人（令人痛心的是志强兄也远离我们而去）。寝室的老大是宿州的高道友，稳重敦厚，不苟言笑。年龄较小的刘哲，是来自合肥的60后同学，少年老成，为人真诚。另一位60后同学是宣城的冯友生，学习特别勤奋。最活跃的是来自黄山的李沛明，整天乐呵呵、爱开玩笑。还有一位来自芜湖的李晋陵，与大家交流不多，不知为何也来住校。而那位最先和我说话并安慰我的人就是来自宣城的杨志明。

杨志明给我的第一印象就是成熟。我们俩都是1958年出生，入校那年才刚刚20岁。上大学前我已经工作四年，1974年高中毕业后当了两年民办教师，后来又招工在农村供销社工作了两年，自认为有一定社会经验了，但从杨志明和我说第一句话时，就觉得他比我老练，比我成熟。后来的深入交往也不断地证明了这一点。可能是杨志明、李沛明和我三个人名字的最后一个字都是民（明），又可能是年龄相仿（沛明是1959年生人）、"臭"味相投，更可能是志明兄身上的亲和力对我们的吸引，我们三民（明）相对来说在一起玩得比较多。我们一起爬赭山，一起游镜湖，一起看电影，一起逛二街，一起到镜湖边的市图书馆看书喝茶……每次出校门，都是志明兄拿主意，我和沛明只是跟随。他自封老大（当初相互介绍自己的年龄时，只说年份，未说月份，我和沛明当时都不知道他的真实年龄，实际上是他比我大月份，确实是老大。但他当时始终不告诉我们是出生在几月，以至于我们怀疑他比我小）我俩也默认了。因为我俩觉得他比我俩有主见。三人在一起玩多了，就有了"三民主义"的雅号。

杨志明是个爱整洁、爱干净的人。他的床铺每天都收拾得清清爽爽，被子叠得整整齐齐，经常穿的一件褪了色的旧军装也总是洗得干干净净（我们后来知道他当过兵）。对寝室的公共卫生他也投入了很大的精力。我们的寝室长稽成中是一个特别爱干净的人，责任心和荣誉感都很强，他希望我们寝室在每次的卫生评比中都能评上卫生寝室。对寝室长的这个要求，响应最积极、最给力的就是杨志明。他指导大家把各自的暖瓶、牙杯、脸盆、肥皂盒、饭缸等生活用品按部队的习惯摆放整齐，毛巾统一叠好。有摆放不到位的，他就不声不响地整理到位。在嵇成中和杨志明的带动以及全寝室同学的努力下，我们寝室虽然搬了三次家，但始终保持着卫生寝室的荣誉称号。

我印象很深也是很搞笑的一件事是，1979年春节后开学的第一个晚上，大家各自都从家里带来了一些土特产放在桌上共享。杨辅仓带的是家里自炒的带壳花生，香脆可口，很受青睐。一大堆花生，如秋风扫落叶一般被我们消灭殆尽。残存的花生壳、花生衣自然是遍地（桌）开花。早春二月，气温还比较低，大家吃完零食都上床了。谁来打扫卫生呢？因为是到校第一天，卫生值日表尚未排出来，有人说抓阄，有人说抽签，还有人说猜宝猜（即平时说的"剪刀、石头、布"），杨志明却幽默地说，谁带的花生谁打扫。此言一出，除杨辅仓外的其他兄弟全都鼓掌赞同。辅仓兄无法推托，一边抹桌扫地，一边笑着嘟噜说下次再也不带花生来了。此后的三个春节，辅仓兄果真没带过花生来了。

杨志明烧菜的手艺也不错。当年师大食堂的伙食虽然不算差，但毕竟花样不是很多，况且每月只有17元的补助，不可能每天都能买荤菜，生活还是比较清苦的。为了改善伙食，杨志明从他姐姐家拿来了一个煤油炉和一只炒锅，到了星期天我们"三民"一起上街买些菜，回到寝室自己烧。基本上都是我和沛明打下手，志明掌勺。每次吃着志明烧的菜，都是大快朵颐，狼吞虎咽。

杨志明为人特别真诚，特别阳光，总是给人带来温暖。记得沛明有一个黄山女老乡在中文系，长得小巧玲珑，我们给她起的绰号叫"皇后"。沛明当时很想追求她，又很胆怯，不敢启齿。志明兄就不断地给沛明出谋划策、打气鼓劲，鼓励沛明大胆地去约皇后看电影、逛公园，星期天还亲自烧菜让沛明请皇后来我们寝室吃饭。可惜缘分不够，最终未能喜结良缘。

最让我感动和难忘的是，我当时的恋爱对象（现在的妻子）李枫林每次从铜陵来师大看我，志明兄都精心安排，热情接待。我记得李枫林第一次来访还是我们住在地下室的时候。地下室环境较差，嵇成中担心我丢面子，发动大家打扫卫生，像欢迎贵宾一样迎接我女朋友的到来。志明兄则亲自动手整理内务，连床底下的鞋子都摆放得整整齐齐。他还主动提出让我女朋友住他姐姐家，在他姐姐家由他亲自下厨招待我们。后来几次李枫

林来芜湖，志明兄要么当导游，带我们游览芜湖的名胜古迹，要么带我们去品尝芜湖的特色小吃。有一次，李枫林写信过来说周末来芜湖，我们"三民"买好菜，在杨志明姐姐家烧好了，却被放了鸽子。（后来知道是她单位安排出差，无法及时通知我）我们三个倒是吃了一顿大餐。杨志明以及我们全寝室同学的热情，让李枫林十分感动，也为我的恋爱成功加了不少分。在这里，我也向本寝室的全体同学（寝室变动后赵金辉调到我们宿舍，对李枫林的每次来访也非常热情）表示由衷地感谢！我们夫妻相濡以沫四十年来，常常回忆起我在师大读书期间的生活片段，对同学之间的纯真友谊倍感珍惜。

吕爱民与杨志明（后排左一）等同学在一起

师大毕业后，志明兄被分配到宣城市水阳中学，我则被分到铜陵市八中。交通的不便，通讯的落后，让我们兄弟之间的联系只能靠书信往来。1983年暑假，志明兄突然到铜陵八中来看望我，不巧的是我恰好回无为老家了。开学后我收到杨志明的来信，才知道他暑假到铜陵来过。我回信想去水阳看看，他告诉我路途较远，很不方便，不赞成我去水阳。几年后他调到宣城双桥中学，但那时我已有了小孩，又离开了学校到市委宣传部工作，琐碎事务缠身，一直未能抽出时间去宣城。1992年盛夏，当时我在党校工作，利用暑假时间专程到宣城双桥中学去拜望志明兄。我先是乘长途汽车到宣城市汽车站，然后被连拉带拽地拖到三轮摩托车上送到了双桥中学。非常遗憾的是我也未见到志明兄。问了几位老师，他们都告诉我杨志明到南京看病去了，具体病情如何，在哪个医院，他们也说不清楚。而这个遗憾，却一直带到了今天并将伴随我到终身。因为第二年，我就从李沛明那里听到了杨志明去世的噩耗。我震惊！一个生龙活虎、大学毕业才十多年的年轻人怎么会突然仙逝？我怨愤！苍天怎么能忍心夺走这样一个对生活充满激情，对同学、朋友、家人充满爱心的阳光帅哥？我愧疚！在杨志明生病后我没有想办法打听到医院去探望，在杨志明生命的最后时刻，作为兄弟，我没有陪伴在他的身旁。我悲痛！今生今世，我再也见不到我的挚友、我的好兄弟杨志明了！

　　志明兄，我们夫妇永远怀念你！同寝室的朋友永远怀念你！安徽师范大学历史系一九七八级的全体同学都永远怀念你！

那一个个年轻的身影

——回忆我的同学

莫 欣

四十年前的我们都很年轻，一起学习，一起欢乐。再回首，我想起与几位同学交往中的点点滴滴，记录下来。

一、阿琪的故事

大学同寝室有一个年轻的同学叫吴忠琪，大家都亲切地喊他"阿琪"。他当过兵，退伍回乡干了两年活，赶上了高考，1978年入学。他总是把白衬衫系在裤子里，二分头梳得服服帖帖，瘦削的脸，一口枞阳乡下话，透出精明强干。

第一次上体育课，他走队列步时怎么看都不顺眼，不是慢半拍，就是该出右脚时他出左脚，害得我们这一队列总是被罚重走。终于，黄老师忍无可忍，几乎对他吼起来："你之前兵是怎么当的。"

第二次上体育课，接力赛，我在他前面一棒，跑完交棒给他，他不知道做准备接棒的动作，却在抓棒的一刹那突然发力，胳膊肘砸到我的左胸，痛得我蹲了下来连连哈气，脸都歪了。我回到寝室连哈口气都痛不可支，到医院拍片，左胸两根肋骨挫伤，贴狗皮膏，吃止痛药，直折腾了一个多月才消停。

室友们议论，这家伙动作这样不协调，还能当上兵，家里没准是公社头头，走的后门。

莫欣与吴忠琪在一起

不料，他听说后，当晚熄灯后的"黑话会"上就痛说家史。原来他父亲是大军渡江时被炸断了一条腿的残疾船工，母亲也体弱多病，早年去世。他从小是被哥嫂拉扯长大后当的兵，家中还有一个自幼残疾的弟弟。"如果家里有门路，退伍还能又回来种地吗？"他说罢哽咽起来。大家都沉默了。

谁知过两天他又给大家冒出一个新话题。有人发现他很仔细地把菜里仅有的一点肉星子拣出来扔掉，这引起众怒。他急忙解释说自己从小如此，荤腥不沾，长眼的东西都不吃，连鸡蛋都不吃。另一好事者就问："鸡蛋又没眼，怎么不能吃呢？"他翻了半天白眼，很认真地回答："孵出的小鸡不是有眼睛吗？"大家顿时笑得前仰后合。

他学习刻苦，有古文底子，不时冒出几句古诗文，与人争论起来还泛着点耿介之气，但事毕又和好如初。所以逐渐地大家都喜欢上他了。

毕业那年，他被分配到江南一所重点中学，没几年就在那个地区崭露头角，常被省市教研部门召去开会、编教材，就此结识了省内的很多历史教师。有一次，一个名牌大学附中的老师告诉他，尚缺一个高中历史老师，问之："可愿屈就？"他大喜过望，自己孤身一人，尚未婚配，哪里教书不一样呢，何况是到省城来，何乐不为？没几个回合，他就顺顺当当地调过来了。

后来，他连连说自己调对了，因为之后就接连撞大运。先是桃花运。在合肥，他常到我家玩，我妈见他忠厚朴实、一表人才，就帮他牵线，把一个老同事的女儿、安农大毕业的徐姑娘介绍给他。两人一见钟情，很快成婚，不久就生了个大头儿子。后来又福星高照，恰逢学校分房，他享受大学副教授待遇，得到一套三室一厅的房子。三口之家的日子是越过越红火。

如今，阿琪夫妇都光荣退休了，儿子大学毕业到深圳工作，在南方找了个对象，为吴家添了一个孙子和一个孙女。两口子欢欢喜喜南下当"研究孙"去了。听说，长眼的东西他还是不吃，家里得配两套餐具。至于他的动作协调性，已经很好了。他在老同学中创立了一个微信群，群主当得是有滋有味呢。

二、信使

我上大学那会儿，特盼望一个人朝我走过来。她走起路来轻轻的，眼睛总是向着前面，身体也挺得很直。进了教室，她如果朝我看，我就激动起来，如果目光扫过我又转向别处，我就沮丧、失望。她是一位年轻的姑娘，同班同学王建岚。整整四年，她义务为大家送信。我从心底里赞誉她——这位美丽的信使。

当年，我年过而立，在儿子牙牙学语时，到江南来上大学。学业繁重，经济也不宽裕，不到期末回不了家。那时无手机，更无微信、短信和QQ，难得去邮局打个长途，紧张得口齿嗫嚅，也听不清楚。而唯一能敞开心扉倾诉衷肠的，就是靠8分钱邮票的平信。

信和报纸是送到系里，每个班由一名同学负责取回分发，我们班就是建岚承担了。她是本地人，家里弟妹多，事也多，但她从未耽误过这一份外的工作。

1978年秋季开学一个月后我就接到家信，父亲患了癌症，瘤子长在胆管里，堵塞的胆汁在全身泛黄，被医院误当黄疸型肝炎治，10多天后才察觉，急送上海中山医院，我向系里请了假，直接赶往那边。住院、手术都要排队，而假期有限，我不得不又返回学校，但心里总牵挂着母亲与妻子在上海陪父亲看病的进展情况。于是我就三天两头地写信过去，信刚发出，就又盼着回信。我坐在教室自习，眼睛盯在书上，心却念着那还在半途的回信上，想着信使进教室，盼着她走到我的身旁。

我每次接到建岚递过来的信，拿到手里轻飘飘，心头的感情却沉甸甸。拆信的那一刻，我的手抖擞着，期待和疑虑，担忧和痛苦，五味杂陈，搅和在一起。建岚善解人意，每当此时，她会不经意地在我身旁停留片刻，看我读信时的表情，捕捉我眼中的细微变化。我痛苦她悲悯，我放松她欣喜。

有一天，她生病没去上课，别人把信和报纸带到寝室交给她，看到有我一封来自上海的信，已经下过自习了，她穿过大操场，赶在熄灯前到男生寝室找到我，把信递过来急切地说："莫大哥，快看看有没有好消息。"那一刻，我的泪在眼眶里转，感受到来自一个年轻女孩的极大慰藉和鼓舞。

田望赭山

安徽师范大学历史系一九七八级回忆录

父亲去世后，母亲伤心过度，身体虚弱。妻子既要上班又要服侍老人和小孩，孩子已3岁，要上幼儿园了，我远在江南，有劲也使不上，不时感叹自己命运多舛：该上学时大学停办，该立业持家时又为求学背井离乡。因此我常有愧对父母妻儿的情愫。其实，那时班上有家小的同学，哪个不是这样的心情呢？也就是我们这帮人事多信也多，越发体会到"家书抵万金"的滋味。我往往一封信要看许多遍，信纸上满是指痕和泪渍，有时压在枕头下，想想又翻出来，边看边思念。

建岚是个贴心的信使，她能用超越她那个年龄和经历的细腻丰富的感情，去理解和抚慰像我这样大龄的兄长或姐姐的心灵，总是在我们最期盼的时候，及时地把饱含家的温度的家信送来，并陪着我们同喜同乐。

转眼四年过去了，我如愿以偿地回到省城工作，建岚分回到她曾插队的皖东南，先当教师，后到县委，任过讲师团团长、宣传部部长、研究室主任。她仍然热心老同学的事情，毕业后的每次大聚会，她都尽其所能：翻印大幅毕业照，赠送五彩琉璃球、空气加湿器等。尤其有意思的是毕业三十五周年聚会，她买好往返票坐火车来黄山，出站剪了票就随手把来的票扔了。到了聚会结束，她才发现那天扔掉的是返回的票，现在手里攥着的却是来时的废票。同学们都笑话她是热切地想与聚会的同学见面，才一反常态地手忙脚乱。她曾教过的一个学生，大学毕业后分到省直机关，与我是同事，对我谈起建岚老师待人的热情、实诚，满是感激和崇拜。

是啊，一个人做一件好事不难，可贵的是多年如一日，时时想着别人，体恤别人，设身处地地送温暖，送善意，这就是我的老同学——王建岚。

三、没长大的广安

在校时，他还稚气未脱，圆圆的脑袋，乱蓬蓬的头发，胖乎乎的脸，嘴唇厚厚的。他戴一副秀朗架眼镜，镜片也厚厚的。他与人说起话来，笑点不高，常常无来由地发出大笑，嘴巴张得很大，真的像个中学生一样。他就是我们班上应届高中毕业考上大学的吴广安。

四年过去，他好像也没怎么长大。作为合肥来的考生，毕业分配到省直单位，他兴高采烈地回到省城，报了到后就被分配到省司法厅的下属单位，远在庐江的白湖农场中学。他也不在乎，家里只有一个老母亲，与哥

嫂住在紧邻，他暂时无牵无挂。

一晃多年，他回合肥时偶尔来看我。我先是听说他工作很投入，后又听说他在考研，最后录取在北方一个大学，但因是属自费的名额而放弃。听说他对农场中学的环境待遇还比较满意，管教单位的干部、职工都重视子女的教育，对老师也尊重。

大约是1996年端午节前，我第一次去白湖农场，那里有一个造纸厂，给我们单位印刷教科书供应卷筒纸。大客户来了，自然受到热情接待。厂里的领导听说农场中学有我的一个同学，二话不说就要派车接来喝酒。我说应先去看看。他热情地陪着我去学校。星期天，校园里空荡荡、静悄悄的，广安没回合肥，还在宿舍里收拾。房间里简简单单，一张挂着蚊帐的单人床，还有一张三抽桌，桌子及床头放着一摞摞书，别无他物。看到我来了，他喜出望外，高兴地直拍我的肩膀，对厂领导说："我老哥是班上最年长的，我和他是一尾一头。"我惊讶广安的进步，说起话来很溜，基层还是很锻炼人的啊！席间，只见他与厂长、政委们打得火热，划拳，讲段子，气氛热烈得很。我悄悄地对厂里领导说，吴老师还是一个人。政委拍拍胸口说，这事包在我身上。他马上就和广安商量起来："你就调到厂里来干吧，比中学的福利待遇好，对姑娘们的吸引力更大些，厂里年轻女孩多的是，尽你挑。"我在一旁看广安的脸红到脖子根。广安有点兴奋，对我说，反正是在一个大单位内，调整起来不难。

过了不长时间，他回合肥时来我家，告诉我一个新情况，不打算调到厂里去了，因为场教育办已把他调整到场直属技校，享受总场机关待遇，比原来又提高了一个档次。更重要的是他已在接触一个姑娘，是场里老管教干部的女儿，在总场下属一个小单位当会计。说着他抬起头，对站在一旁的我妻子喜滋滋地说："与大嫂同宗，也姓陈。"

中秋过后，这家纸厂质量出了点问题，单位管事的处长邀我一起去跑一趟，我想到广安，就去了。看到我来了，广安邀我陪他去小陈姑娘家，我请驾驶员开车送我们过去。车到一排工房前，正是午后时分，秋天的阳光明晃晃的，房前的小院里几只母鸡在踱步，月季花爬满院墙，五彩斑斓。听到车响，一个姑娘走到院子门口客气地招呼我们进屋。家里窗明几净，陈设齐全，大方桌，五斗橱，大衣柜，看样子家境不错。我仔细瞅瞅广安的恋人，她中等朝上的个头，扎两条粗大的短辫，五官端正。她笑容满面地把茶泡上送到我们手里，跟着广安喊我大哥，眼睛明亮而灵动。我在心里暗暗称赞，是个精明麻利的姑娘，如能谈成，绝对是广安这个书呆子的好帮手。谈吐间，知她父母和弟弟正好走亲戚去了，她因单位还要加班没去。坐了一会儿，我对小陈说，欢迎她今后与广安一起到合肥玩，广安在合肥一大帮同学都希望认识你呢。小陈笑眯眯地听我和广安俩讲着，不愠也不火。之后她抬头看了看墙上的钟，对着广安说："真对不起，到点了，我要去上班了。"转身到柜子里拎出两瓶古井贡递给广安，说她爸爸血压高，不能喝酒，让广安带回去。原来这是广安前几天送来的节礼。广安脸困得通红，与她推拉着，我赶紧帮衬着广安把酒放回大桌上，小陈也不再坚持，我俩才告辞出来。上了车，广安轻轻地告诉我："她这个人就是外冷内热的脾气，她父母不是太看得上我，但只要小陈自己铁了心跟我谈，她父母是挡不住的。"广安信心满满，不知是在自我打气还是做给我看。以我的直觉，这种人家的长女，都是很精明老到，与父母很贴心的，我觉得这事有点玄了。

　　果不其然，过了一阵子，广安回合肥又到我家来了，一副很沮丧的样子，不再提那位陈姑娘，看来已经"歇菜"了。我劝慰他不要着急："男子汉大丈夫，何患无妻。"但在心里，我倒是真替他着急了，快四十岁的人了，还在远离县城的农场里，家里的条件也一般，母亲年纪大了，帮不了他，哥嫂事多，也顾不上。我后来得知，广安对小陈的确爱得很深，情人眼里出西施，他常对人称她很像80年代某个女明星。两人在谈恋爱时正巧总场在集资盖房，广安拿出多年积蓄，花了20多万购了一套，并在办房产证时很大气地

吴广安同学

让小陈作为房主。小陈念广安对她的好，瞒着家里就与广安领了结婚证，成为法律上的夫妻。但纸包不住火，到要正式办婚礼时，小陈顶不住母亲寻死觅活的反对，又临阵退却，不得已提出了离婚，广安十分痛苦，学校的同事们都愤慨地说开弓的箭哪有回头的？但他心疼小陈，无奈只得同意，

但房子却很难要回来了。据说，那一段日子，搞得广安心力交瘁、痛不欲生。

是1998年还是1999年冬天，那天阴沉沉地飘着雪花，砭肌彻骨地寒，我突然接到消息，广安在合肥住院，我赶去医院的病房，他已经昏迷不醒。据在一旁的他哥哥说，婚变后，他心里不痛快，农场的朋友拉他喝酒，他借酒浇愁，喝过了蒙头大睡。不知怎么地他就染上了感冒，先在农场医院，越拖越重，回到合肥，诊断为戊肝，比我们通常见过的乙肝要凶险许多倍。多数这样的病人是要换肝的，可又到哪里能找到肝源呢？医生无奈地说，现在只有看他的免疫力了，看能否挺过急性发作期，挺不过，就没救了。几天之后，我得到消息，广安最终还是没有挺过那一关，在病房里走了。

一晃已20多年过去了，想到广安是赤条条来，又赤条条匆匆而去。他单纯如一张白纸，那么相信真正的爱情，不留后路地赤诚对人，却遭遇这样残酷的结局，就这样悄悄地走了，让人喟叹老天真是不公啊！永远没有长大的广安，你在天国里还是这样不设防吗？

一封沉甸甸的信

沈建华

如今通信发达，几乎已没有人再用笔和纸写信了。但在我的抽屉里一直珍藏着一封信，它是大学同学吴广安写给我的。

在大学读书期间，我们历史系一九七八级共90人，分为两个班，天天在一起上课，一起活动，就像一个班级一样。虽然我与吴广安几乎天天见面，但交往不多。在我的印象中，他中等身材，壮壮实实，一张圆圆的脸上戴着一副厚厚的近视眼镜，话语不多，见人总是先憨憨一笑。记得在大一的时候，有一次在图书馆借书时遇到了他，我们递交了借书单后，在一边聊了起来。我得知他家在合肥，是应届高中毕业就考上了大学。我就说，你肯定在学校里成绩优秀、出类拔萃。他却眨了眨眼睛，微微一笑，忙说道："哪里、哪里，运气、运气。"说来有点惭愧，这大概是大学四年里，我与吴广安唯一的一次面对面的交谈。大学毕业后，我们就各奔东西。我分配到了马鞍山的中学里，听说他分到了庐江县的白湖农场中学，没有回到合肥。

1986年的夏季，我从马鞍山的中学考到了安徽师范大学政教系读研究生，回到了母校。不久，从安徽师范大学历史系转来寄给我的一封信，我觉得有些奇怪，我在历史系读的本科，已毕业离开多年了，怎么会有人将信寄到历史系去？打开一看，是同学吴广安寄来的，他大概认为我是在历史系读研究生了。他在来信中告诉我，他在白湖农场中学当老师，白湖农场中学教的大都是农场职工的孩子，教学质量不高。他一个人住在农场，远离家人和同学，颇感孤独。想回到合肥，却又无能为力。因此他一直在努力读书想考研究生，问我有没有相关的政治复习资料。我连忙给他回了

信，表示赞同，还寄了些政治复习资料给他。不久，他又来信了，说因为学的是日语，因此想考南开大学历史系日本史专业的研究生。问我要班玮同学在日本的联系地址，以便问问南开大学历史系日本史专业的情况。我又将班玮的地址寄给了他。

1993年8月，我从安徽调到上海工作。由于是全家搬迁，家具、日用品等东西较多，我只好将一些旧书和大部分的信件清理了。到上海后，我整天忙于工作，与安徽同学的联系也渐渐地变少了。1997年5月的一天，没想到我又收到了吴广安的来信，是从白湖技校寄来的。我拿着他的信，细细地看了一遍，觉得字里行间透出的是多次努力付出后的失落和无奈，却又不甘心就此碌碌无为，虚度人生。我给他回了信，大意是大学毕业已十几年了，劝他不要再考研了，有合适的对象，先解决自己的婚姻，再想办法调到合肥工作，与家人可以有个互相照顾，另外还要注意身体。他没有回信，我也没有再去信，以后也没有再联系。

约在2001年的年中，突然从大学同学处传来：吴广安病逝了。听到这个消息我惊呆了，不敢相信这是真的，他正年富力强，怎么会病逝呢？在毕业二十周年同学聚会芜湖时，我见到王旭东，连忙询问吴广安病逝的情况。他告诉我，吴广安得的是急性肝炎，白湖农场医疗条件不好，医生误诊了，拖了些时间，等送到合肥时，已病入膏肓、回天乏力了。吴广安病逝后，在合肥的一些同学参加了追悼会，还到他家探望了他的老母亲。他父亲早已过世，哥哥和姐姐都已有了自己的家，现在家里只有一位年近八旬的老母亲。白发人送黑发人，悲痛之情可想而知。听着王旭东的叙述，我的心里像压了块大石头，半天说不出话来。不知是哀伤？是感叹？还是思念？不由自主地想起了他给我信里的最后一句话："当然，个人问题也该解决了。再不结婚那就太晚了。"

从芜湖回到上海家里后，已是夜晚，放下行李，我就翻箱倒柜找出了他那封唯一留着的信，看着看着，眼眶湿润了起来，他那张戴着眼镜、憨憨微笑的脸浮现出来。如果他不分配到白湖农场，如果他不坚持考研，如果他早点结婚，如果不被误诊？可是，正如人们所说的，人生没有如果，只有活生生的现实。我手里那张薄薄的信纸变得越来越沉重！

在我们随遇而安的人生中，遇到挫折，碰到不幸时，往往会认为这是命中注定。人生真有命运的安排吗？想到吴广安及那封沉甸甸的信时，我的脑海中就会闪出这个疑问。虽然一直持否定的态度，但在现实生活中却很难找到过硬的否定的理由和依据。

如今大学毕业已四十年过去了，人生的许多记忆我已渐渐淡忘，但大学四年读书的情景，同学间的友情，却仍然历历在目，时时萦绕心怀。教室里自修的宁静、操场上的奔跑锻炼、大礼堂里的高歌欢笑、寝室中的争吵嬉闹，还有那些已逝同窗的音容笑貌，这一切都已留刻在我们的心底，成为我们人生最重要的部分，永远不会，永远不会忘却！

请吴广安在天之灵，允许我附上你给我的最后的信，这可能是你留给同学们的最好纪念了！

建华兄：

您好！由于功底问题，弟连试未中。今年报考南开（大学）日本史专业硕士生，虽取得本人开考以来最好成绩，总分343分，各科成绩为日语60分，政治65分，日本史84分，世界近现代史66分，中国近现代史68分。但计划内只招三人，而弟排名第五，故又一次名落孙山。弟原欲走计划外录取之路，即读自费研究生，但近来耳鸣严重，恐读不下来三年书，故而未成行。言及考试之事，真是惭愧不已，实在是愧对诸兄对我的关心。

由于年龄渐大，觉得不适宜继续冲刺硕士生。但在我们这里，空气清新，环境幽静，文化生活单调乏味，无聊得很。故想请班玮找几本日文原版的日本历史或其他方面的书看看，以提高自己的日语水平，另外也看能否搞点小东西出来，以充实生活，同时也有待于将来有机会徐图发展，比如说，直接考博士等。当然，个人问题也该解决了。再不结婚那就太晚了。

祝全家安好、工作顺利！

弟吴广安

1997.5.6

忆忠超

汤晓华

近几日，我心绪难宁，何也？不知。直到这点文字写出来，我才仰天长嘘：原来郁结的是忠超。忠超于我，既非乡党，又非室友，然其音容笑貌，交往点滴，却留存心底。同学忆文中，忠超的名字频频出现，倒将封存我心中多年的"底片"，一一冲洗出来：那高高的个，宽宽的肩，长长的腿，大咧咧，笑嘻嘻，一脸的幽默风趣，满口的妙语连珠，放达洒脱中常见几分狡黠，豪爽大气里尽显义胆侠肝。这，就是我心底里留存的黄忠超。

一、撩人

忠超寝室与我的寝室门对门。对门，最方便串门。晚自习结束后至熄灯前，是我们每天最放松、最热闹、最开心的时刻。忠超经常在这一时刻来我寝室，跟这个挤眉弄眼，跟那个插科打诨，不仅动口，还动手动脚。总之，他要一刻不停地撩人。我寝室无人不被他撩过。有幸受撩最多的，是其老乡，钟声小老弟。当然，忠超的撩也有失手的时候，也曾引起被撩者的不悦。忠超就是忠超，他若无其事，依然一脸笑嘻嘻地去，第二天，又一脸笑嘻嘻地来，好像什么也没发生。那时我就想，这大概就是男人的大度，男人的豪爽。

二、上山虎与下山虎

那天一早，忠超对我说，我们一起去黄山。说走就走，半小时后，我俩就上了去黄山的汽车。忠超在黄山管理处工作的一个朋友恰好出差了，于是当晚我们有了免费住宿地。第二天，大雨把我们封在南大门整整一天。

第三天一早，我们冒雨登山。忠超一路大步，几下就把我甩在身后。这下他可得意了，有了一路笑傲我的资本。当晚我们在北海宾馆住了一宿。第四天放晴。清晨，我们终于如愿以偿地看到了举世闻名的黄山奇观：滚滚翻腾浩瀚无际雪白雪白的云海和喷薄而出冉冉升起血红血红的太阳。那一时刻，所有的观景者都异常地激奋庆幸。黄山，我先

汤晓华与黄忠超在黄山

后去过五次。唯有这首次，才现如此奇观。我把这归之为与忠超同行。第五天下山，没想到，我比忠超快。原以为，这下他会无语了，谁料到，他照样得意调侃。他当场封自己为上山虎，封我为下山虎。你看，这就是忠超，何曾言败过！

三、"她"

一日，忠超神秘地对我说，帮我个忙，请"大头"传个信给"她"。"大头"，是忠超对我在政教系一位老乡的命名。"她"，就是忠超刚刚心仪的大头同班的一位女生。第二天，忠超指给我看"她"。中等身材，不胖不瘦，衣着大方得体，看背影，曲线匀称，看正面，瓜子脸，气色红润，眼大鼻挺口小。迷倒忠超的是"她"的步姿，轻柔款步中细腰摆动，风姿绰约。信使回音很快，但忠超对回复不快。见忠超不甘，我又委托大头向"她"做了口头表达，当然不是表"情"，而是正面宣传，宣传我眼中的那个才、情、趣足堪一流的忠超。当然，姻缘并非靠宣传缔结。多年后，忠超送女儿上师大，专门找到了"她"。那时，她已是政教系副教授，已为人妻。他们交谈中敞开了"那事"。女儿得知，扬言要告知母亲，为此，忠超给了女儿一笔不菲的"封口费"。这就是忠超，落落大气，善始善终，"情事"的开幕与落幕亦如此。

四、"拿酒来"与"俺嫂子"

忠超生前，多次来铜陵。1983年，他携当时的女友即后来的妻子小齐来我家。忠超是我自师大毕业后远道来访的第一个学友，我喜出望外。菜刚上桌，只听忠超大呼"拿酒来！"女友对他怎么挤眼他也不管。我心里明白，这才是真性情的忠超：直把我家当己家了。1998年，他第二次来铜陵，其外甥张庆军宴请，忠超邀我共席。当晚，他一定要来我家看望"嫂子"和"兄侄"。人未进门，只听他大声呼叫"俺嫂子""俺嫂子"，直叫得我妻先惊诧，后亲切。我的女儿后来多次问我，那个"俺嫂子叔叔"怎么还不来呀？原来，忠超带来的礼品都是她最喜爱的巧克力、沙琪玛……

忠超第三次来铜陵是2010年。那天，铜陵学院的储国定书记打电话给我，说中午邀我小聚，有位你的老同学在场。我问是哪位？书记笑而未答。当我还未进门，包厢里就传来那熟悉的声音，是忠超！果不其然，大大咧咧的忠超与我热烈握手，紧紧拥抱。但我发现，他的脸色不好，眼也浮肿。上学时，我就知道他是慢性肾炎。忠超拉我坐在他的身边，当着众人的面一个劲地夸我，夸得我老脸都泛红了。其时，忠超任宿州学院纪委书记，铜陵学院的储书记曾是他在宿州学院的顶头上司。这位上司对忠超的赏识信赖溢于言表，别后重逢的亲密无间，令我生出阵阵暖意。席间，东道主们频频敬忠超，忠超来者不拒，都是一口而尽。书记频频劝忠超少喝点，少喝点，我也劝，但都无效。这就是忠超，宁醉自己不失礼，宁伤自己不负情。后来我才得知，其实他已患肝病。我不知道，这辈子忠超究竟喝下了多少酒，我也不清楚，最终夺去忠超生命的，酒算第几？如能自保，如能拒酒，忠超或许还能参加我们毕业四十周年的聚会啊，可我又想，那，还是忠超吗？

我万万没想到，2010年的那场酒竟是我与忠超的永别！万分愧憾的是，忠超病中，我未能探视，忠超作别，我未能送行，一无所知，终不能压住我心头长绕的深深歉疚。

愿忠超在天堂继续他潇洒的人生，只是别喝得太多了！

田望莽山

安徽师范大学历史系一九七八级回忆录

我有同学叫圣宝

汪一江

圣宝者，王圣宝也。

相识圣宝是20世纪70年代末的事。那时"文革"尘埃甫定，一群背景、经历、学识、年龄大不相同的热血青年，身受小平同志恩泽，打拼进入高等学府。我生有幸，与大我数岁的圣宝成为同学。

尽管是同学，但由于大班上课，圣宝又不住校，我俩接触并不多。他给我留下深刻印象的是一次班级讨论发言。圣宝摇着硕大的脑袋，引经据典，旁征博引，隽语新词频出。学识浅陋如我，只是傻愣愣地看着他，半懂不懂。

我与圣宝真正的交往，还是大学毕业后。我与他同分在芜湖教书，"入错行"的我少不得向他请教这询问那，次数多了，便对他由衷地产生一种崇拜之情。

从古至今，中国人文知识分子讲究立德、立功、立言。这"立功"似乎与我等教书匠不搭界。可是，圣宝做到了。他在本市某高校任系主任十余年，从无到有，从小到大，从弱到强，硬生生把这个系办得是生机勃勃、红红火火，培养出一批又一批可塑之才。我在与圣宝的学生接触过程中，深感学生对他的仰慕感激之情是发自肺腑的。我几次与圣宝把酒小酌，结账时单已买过，追问何人所为，原来是邻座圣宝的学生家长。其实该学生早已毕业，展翅高飞，家长只是借机略表寸心而已。可见圣宝的师生情谊已摆脱了世俗，超越了时空。这在人们对教育界非议颇多的今天，圣宝之功更显得是弥足珍贵。

从来，立言是中国文人挥之不去的情结。我拜读过圣宝的论著与文章，文采飞扬、激情四射自不用说，且思想深刻、立意高远，多予人以启迪。我读圣宝第一本书，是有关扬子鳄的。读前我很诧异，学历史的圣宝怎么

研究起生物。读后我方才明白，这是生物历史学。按圣宝的说法，人与鳄在进化的旅途中，走了不同的道路，结果是人对鳄错。如果"误入歧途"的是人而非鳄，那么当今世界的主宰便是鳄。我真愕然了，继而又释然了，这使我早早地懂得人与自然万物要和谐相处。至今，我一见鳄的画面，就心头发热，泪眼婆娑，对其有一种深深的敬畏。圣宝的《政变防范论》等著作，写的是充满血性和良知的文字，字里行间浸透着忧患意识和居安思危的意识，使人感到要有器识，要有高尚品德，并自觉地去服务于社会。读圣宝的书，我总会在感同身受中悄然动容。圣宝还主编有《拍马小史》《绘图红白故事》等。这虽说不上是传世经典之作，但至少令人读后知道今天是历史上的延续，胸中会多些许历史的沉重感、时代的责任感。有人说我有些"书呆气"，这是读圣宝的书闹的。

圣宝秉性耿直，胸怀坦荡，真诚爽直，喜怒哀乐皆形于色，兴之所至开口骂人也是有的，绝无如今那些假道学口是心非，巧言令色的气息。圣宝最重视的就是"做人"，他认为：做人要胸怀大我，要有真诚，敢于说真话，负责任，担道义，嫉恶如仇；做人要与人为善，急他人所急，想他人所想，急公好义，乐善好施。圣宝就是这样践行着人生。

人生短促得很，几十年光阴而已，圣宝是抓紧时间做好事行善事。大学毕业不久，一个同学英年早逝，圣宝满世界打转，多方筹款援助同学的遗孀和幼子。我们尊敬的老师病重之际，圣宝伺奉在侧，亲手捧上温热的汤汁。同学们五年一聚，十年一聚，十五年一聚，尤其是二十年一聚，圣宝提出"一个都不能少"，逐一联络同学，可谓殚精竭虑。有说不来的，圣宝携妻亲自上门邀请，其终归不好意思了，摆脱繁琐只好来。是的，有什么事比同学相聚还重要呢。同学之间的聚会，我们这一届到得最齐，也最热闹最开心。

圣宝如今也算是事业有成，功德圆满。说职称，是高校教授；论家庭，是夫妻恩爱；谈人事，是胜友如云。可是我们与圣宝谈及这些，圣宝总是淡淡一挥手说："不值一提"，看圣宝这神情，我不知怎地想起徐志摩的诗句："悄悄的我走了，正如我悄悄的来；我挥一挥衣袖，不带走一片云彩。"

自信与潇洒，就是圣宝。我坚信之。

（原载《大江晚报》2004年10月22日）

忆我的老大哥老大姐

王彩法

1978年10月10日上午，我经过一夜的长途颠簸抵达江城芜湖，开始了长达四年的大学生活。那一年，我刚满18周岁。作为一个来自淮北（淮河以北）乡村懵懂无知的高中毕业生，我有幸跨入大学的神圣殿堂，感到周围的一切是那样新鲜！更重要的是，在这四载风华正茂且天真烂漫的时光里，我不仅接受了以后职业生涯必需的高等教育，而且得到了老师和同学们的关爱与帮助。

历史系一九七八级学生，在安徽师范大学当年文科录取考生中是出类拔萃的。我可以非常自负地说，仅就气度、见识、学养而言，历史系同学是遥遥领先的。就以文字水平来说，绝不在中文系学生之下，甚至还高出一截，并颇具特色。说这一届历史系学生是时代的精英，吾人当仁不让！

到校以后，我入住零号楼一楼走廊最东头北侧的学生宿舍，同住的同学有王幼生、翟厚良、周涛、韩敬东、沈建华、金成龙、张跃进、贺宿芜、颜玉强，加上我共计10人，好热闹的一个大家庭！每天饭后茶余，大家都会来一阵子海阔天空的神聊。大约是那时人们的思想还不太解放，有人向历史系领导反映，住在这间宿舍的学生思想太活跃啦，要有个党员坐镇。开学一个多月后，宿舍作了微调。第二年，我们这个宿舍被调到三楼朝阳的那一间，面对芜湖饭店。大三时，不知出于什么原因，我们历史系这届学生又被调到二号楼，8人一间寝室。由于空间小了，贺宿芜和金成龙被调出宿舍了。留下的8人同学，在一起一直住到了毕业离校的那一天。

人们经常说，一九七七和一九七八两个年级的大学生是载入历史的，而再往下高考就步入常态化了。这两届大学生最大的特点就是年龄差异，

约算一下，同学之间的年龄最大差距当在16岁。像我们宿舍，王幼生、翟厚良、周涛都已有了子女，韩敬东居然是3个孩子的父亲。老翟入学不久又喜得贵子，为此，我们几个小同学还为他高兴了好一阵子。这些老三届出身的同学，无论是知识，还是人生阅历，抑或是历史洞察力，都是我所望尘莫及的。当然，天天跟在他们的身后，于有意无意之间我还是受益匪浅的。历史的吊诡性，阴差阳错地把本不该在一个时段学习和生活的人，从四面八方集中到了一起。对于老王和老翟这些人来说，早该大学毕业而进行正常的工作和生活，却当起了学生，这是何等的不幸！然而，对于我们几个高中毕业就迈入高等学府的学生来说，是何等的有幸，能够天天受到他们的熏陶。尽管时下已过了耳顺之年，我还是坦诚地承认，莫欣、王幼生、翟厚良等老大哥和胡青大姐，是我等的先生辈人。参加工作以后，有些比我年轻的同事和友人，曾在不同时段和不同场合，不无奉承地对我说："王老师，都上过大学，我们怎么就没有你对问题的观察力和洞见力呢？"我不无倨傲地正告他们："你们怎么能和我比呢？我是和老三届同学在一起混过的！"事实也是如此，用时下的一句网络语言说："和谁在一起很重要！"

张跃进比我大两岁，颜玉强比我小三岁，我们算是同龄人。当时，我们天天在一起戏耍吵闹，发生争执时狂呼乱叫。现在想来，所争执的问题，有什么是非曲直可言呢？就是成长期或青春期的本能宣泄！就对我毕业后的人生道路而言，还是受那些年长的同学影响最大最深刻！年长的同学太多了，这里就选择几位叙说一番吧。

隔壁宿舍的莫欣大哥，在我的印象中，似乎没有他解决不了的问题，他为我等树立了处世与做事的标杆。在四十年的职业生活和社会活动中，每当遇到的事情千头万绪和六神无主的时候，眼前就会浮现莫大哥的身影，仿佛在叮嘱我："老弟，不要手忙脚乱，忙乱之中必有差错！"正因如此，我这几十年虽然小错不断，但也还算没有四面碰壁到头破血流。无论到哪一天，莫大哥都是我们安徽师范大学历史系一九七八级的老大哥！

我们同一宿舍的同学，翟厚良的阅历最为特殊。老翟是和县姥桥人，出身于工商业者之家。他在闲谈时曾对我说，他上高中时，看数学书如同看小说一般轻松。正因如此，他在高考中数学得了满分，这不能不让我这种抽象思维和逻辑思维能力较差的人甘拜下风！大学期间，老翟既勤奋好学，又长于思考。他曾写了一篇关于中国近代社会主要矛盾的文章，指出中国近代社会的主要矛盾是"封建主义与资本主义的矛盾"，简洁而且深刻！他的独到见解，与流行观点相比，真正体现了"独立之精神，自由之思想"。学术观点可以各不相同，但能否提出一家之言，则是学养与见识的体现！老翟也喜欢享受生活，比如看电影，仅仅那个香港片《三笑》，他就看了六七遍，而且还拿剧中的"唐伯虎"向我们几个小同学打趣呢。"一笑二笑连三笑，王彩法的灵魂上九霄……"，"叫一声二奶奶，听我表一表，彩法本是块好材料。一不图功名，二不图温饱，卖身投靠这可是第一遭……"，我被他逗得团团转，他和老王等几位年长的同学却开心得哈哈大笑。老翟有个好友在美国北卡罗来纳大学任终身教授的鲍家驷先生回国探亲，老翟参加了接待。鲍教授带回的许多鲍氏兄弟及其亲属的彩色照片，令我们大开眼界。大学毕业后，他考上了吉林大学李时岳教授的研究生，后来又在军事院校工作。老翟的人生是充满传奇的人生，是永不言败的人生，是激流勇进的人生。老翟的进取精神，一直激励着我，就是遇到天大的困难，也要"挺"！一个"挺"字，支撑着我跌跌撞撞地前行到今天。前些年在黄山市的同学聚会，我和老翟同住一个房间，非常开心地谈往忆旧，感叹岁月流逝，共期"踏遍青山人未老"！

王幼生老大哥一直戏称我为"本家"，说得也是，"天下王氏出太原"嘛！老大哥身材修长，是一位体育健将，或走或立，都如玉树临风。至于他的言谈举止，对我影响最深的是"从容不迫"。四年的时间里，我从未见他有什么慌张。哪个同学遇到什么难题，无论是学习困难，还是家庭小事，老大哥都会细致入微地进行正面引导，想方设法加以解决。在学习上，他轻松自如，博览群书而又不废学业。对此，我虽然十分羡慕，但气质所致，一直未能臻于此境。在他的指点下，我涉猎了不少充满情趣的文史杂著，没想到这些"杂学"在以后的职业生活中还真的派上了用场。对于我们几个小同学，老大哥是特别关照。我十分清楚地记得，如果我做什么错事，老大哥都是一笑了之，并于不经意中做出改正的示范。我觉得，《红楼梦》里秦可卿卧房中的那副对联"世事洞明皆学问，人情练达即文章"，送给老大哥再合适不过！受老大哥的影响，在毕业后几十年的岁月里，我一直保

持着"随便翻翻"的习惯，获取工作和生活必要的新知识。毕竟生活在信息爆炸时代，各种学科知识纷至沓来，大有"山阴道上，目不暇接"之势，我辈只能以"随便翻翻"争取不落伍掉队喽！至于如何应对这个五光十色的世界，我则是从那里感悟到些许"从容不迫"的奥妙。我此生此世，职业身份是一名中学历史教师，毋庸讳言也偶尔涉足官场政界，但始终是"处世以不即不离之法，居心于有意无意之间"，也还算保持着书生本色。

周涛师兄是我的宿州同乡。长期以来，我一直尊称他为"师兄"。大学期间，师兄读了大量的文学作品。我对文学，则是十足的"门外汉"，受他的影响，居然也读了鲁迅、巴尔扎克等中外作家的一些作品。无意之中，我也得了些益处，使得敷衍篇章时文字不那么过分干涩。初入大学时，我携带的被褥较为单薄，寒秋隆冬时节，师兄每晚都把他的棉大衣覆盖在我身上。如此深情厚谊，我每次回忆起都禁不住眼睛湿润。大学毕业后，我们同回宿州工作。在他担任宿州学院附中校长期间，我为了亲友家的孩子上学的事，没少叨扰他，而且态度有些蛮横，大有"不把这事给我办了就死磕到底"的态势。有一次，他以开玩笑的口吻对我说："你看看全校教职员工，哪一个敢用你这种态度对我说话？"我不假思索地回答："师兄，全宿州市的人，就我一个人敢用这种态度对你说话，你能把我怎么样？"

我们这届的七个女生，被称为"七仙女"。"七仙女"中的胡青大姐，永远是我心中的"圣母"形象。胡大姐对我们这些小同学的关爱，无以言表。有一天下午，我唯一的中山装外衣被树枝刮破了一个很大的洞。怎么办呢？我鼓足勇气去找胡大姐缝补。胡大姐安慰我"不要哭鼻子"，先回去吧，一定给你缝补好。第二天早晨，胡大姐把衣服带到教室，亲自送到我的手上。我看了看破的洞，这哪里是缝补上的，分明是她用对色的纱线一根一丝地"织补"出来的，接头没有任何痕迹，说是"天衣无缝"也不为过。为了这个破的洞，大姐熬了大半夜啊！我接过衣服，感动得"怔"着了。前些年在黄山市的同学聚会，返回时我和胡大姐同乘一班高铁北归，一路上谈笑风生，以致到站下车时与她告别，没有勇气再回头看她一眼。如果回头的话，我非哭出声来不可！

一派福相的张香华同学，比我大几岁，是我和张跃进"无理取闹"的对象，隔几天不惹她生点气，就好像生活中少点什么似的。她最令人难忘的是胸无城府，淳朴善良。我那时也不知道自己饭量咋这么大，每月三十六斤定量居然不够吃的。香华姐姐隔三岔五地接济我一些饭票，使我在每月月末的时候不至于忍饥挨饿。令人遗憾的是，毕业四十年了，我再也没有见过她。香华姐姐，您现在还好吗？

四年的朝朝暮暮，我都和同学们学习和生活在一起，要回忆的人和事，不可胜数。几十年来，我一直为工作和生计奔波，与老同学见上一面十分不易。我自愧平生不擅交游，足迹罕出乡里，对于大学时代的同学们，尤其是老三届的老大哥和老大姐们，只能沉浸在对往事的回忆之中了。我当年跟在老大哥和老大姐身后学习与嬉闹，在白发苍颜的今天看来，一切都是那样的美好，那样的温馨，那样的值得珍惜与怀念。

缅怀志明

王建岚

　　杨志明是我们安徽师范大学历史系一九七八级同学中最早仙逝的。四年大学同窗，我与他交往甚少。印象中的他，戴着厚厚的近视眼镜，有时头发蓬乱，颇有文人风度。毕业照上，他在最后一排。毕业分配后，因为都在宣城地区，才有了些许交流。他先是在宣城水阳中学任教，水阳中学也是宣城的一个重点中学。听说他教的历史课，语速缓重地将一个个历史人物和历史事件徐徐道来，引人入胜，颇得师生及家长的好评。1986年，宣城地区中学历史教学研讨会在广德县召开，我们一九七八级五位同学全部聚齐：陈文誉、冯有生、杨志明、张健和我。会议中我们去刚刚开发开放的太极洞游玩。洞内洞外我们照了好几张照片。在古砚池旁的照片上，杨志明穿着红色横条纹的薄开衫，一只脚踏在古砚池碑的底座上，一只手搭在支起的膝盖上，另一只手叉在胯上，显得神采奕奕。在太极洞洞口的集体合影照上，他蹲在前排，笑逐颜开，好一个阳光大男孩。那几天，我们谈工作，谈生活，交流历史教学经验和体会，好不惬意。不久之后，我听说他调到了宣城双桥中学。有一次我去宣城出差，趁中午休息时去双桥中学看他。学校在城东，离城区还有十来里远。我们见面后，他带我在学校转了一圈。当时的那个学校，设备设施简陋落后，没有完整的围墙。给我的感觉，他对当时的学校和学生，都有落寞之情。他可能是为了离自己的小家近一些吧。我后来听说他在几个学校兼职，整天骑着车忙东忙西，倒也充实得很。

　　大概是1990年前后，他经常感到头痛，去附近的乡医院诊治，医生说是他教师职业和他经常骑车被风吹而引起的颈椎病，只能吃点中成药和贴膏药缓解疼痛。他的头痛越来越频繁，终于有一次在姐姐家做客，下楼时一脚踩空摔倒了。姐夫得知他头痛已久，并在近期不时出现瞬间眼前一黑、大脑短路的情况后，执意将他送入弋矶山医院检查。检查之后，医生立马让他住院，并明确告诉他姐姐姐夫，他脑里长了一个肿瘤且位置在脑干上，必须尽快手术。他姐姐以筹款为由将他带回家并召开家庭会议，决定带他去南京大医院进一步诊断。他在南京某医院手术后确诊为脑癌，之后的多次化疗让他挺过了一段时间。1991年底，他的病复发，南京医院的医生告诉他的家人，他的脑里已有一串肿瘤，像马铃薯一样。他只能回家保守治疗。1992年，我们毕业十周年聚会，他因躺在病床上未能参加。一年多以后，他永远离开了这个世界。听到这个噩耗，我被泪水模糊了双眼，久久不愿相信。我们去为他送行，听说了他最后的坚强：他的疼痛愈益频繁，但他始终不叫出声，抠破了手指和胳膊、咬破了嘴唇，甚至咬断了牙齿。他的母亲心痛不已，在市场上批发了一堆小毛巾放在他的床头，他疼痛时不知咬碎了多少。我们含泪看着他苍老的父母和柔弱的妻女，说不出一句安慰的话来。

时光荏苒，数十年一晃而过。然而我每每想起杨志明，心仍是紧紧地痛。若他地下有知，我们历史系一九七八级的同学会告诉他：杨志明，我们没有忘记你！我们永远怀念你！

陈文誉等在广德县太极洞景区
（自左至右为：杨志明、陈文誉、张健、冯有生、王建岚）

象牙塔小照

王建岚

一、首夜无眠

1978年10月10日深夜，我躺在安徽师范大学历史系一九七八级女生宿舍窄小的板床下铺，辗转反侧，浮想联翩。上大学是我10岁时就埋在心底的梦想。那年春节，一对大学毕业后在中学任教的夫妇来我家做客，他们穿着长大衣，儒雅的外表，不俗的谈吐，给我留下了深刻的印象。此后十几年里，我无数次想象和憧憬着城市里大学校园那明亮的教室、花园般的环境、不计其数的藏书……

黑夜中，我再次掐了掐自己：我的梦想实现了？真的实现了？！

二、昙花一现

今生我唯一一次看见昙花开放是在师大体育馆门廊里。早几天在师大的告示栏中，生物系就贴出通告：某月某日23时，他们培育的昙花会开放，有兴趣的师生可以前去欣赏。得此消息的我们兴奋不已，早早就占据前排位置等在那里。大约23点50分，硕大而洁白的花朵慢慢绽放，大家轻声欢呼起来！

三、南博偶遇

1980年春，历史系组织一九七八级参观南京博物院。途中偶遇一位外国友人，在与她攀谈中我们得知，她来自美国，是一位大学教授。她欣然与我们合影，这张照片被许多同学一直珍藏至今。可使我感受至深的，一是她的穿着。她当时已有59岁，浑身上下穿的都是大红大绿大花的服装，相比我们以白灰蓝黑为主色调的服装而言，倒显得我们老气横秋。二是她告诉我们，大学毕业后的30多年里，她不断学习，至今已拿到18个学位。这令我惊讶，也激励着我在大学里尽量多学些知识，将来不至于误人子弟。在师大几年，我有四个寒假或暑假没有回家，我办了教师阅览证，以便放假后学生阅览室不开放时去教师阅览室借书。在毕业后的教学生涯中，我也时刻密切关注着国内外大事，并将之带入教学，来佐证培根"读史使人明智"的名言。比如20世纪80年代初在修建铜陵长江大桥时，我就对学生说：安徽也应该抓紧时机修建芜湖长江大桥，因为1876年《中英烟台条约》里就把芜湖作为通商口岸之一，可见芜湖地理位置之重要。诸如此类不胜枚举。几十年里，我国一有什么重大举措出台或重大事件发生时，就连毕业多年的学生都会找到我，与我探讨它们的来龙去脉和对国家发展的深远影响。

四、花前月下

我们历史系一九七八级90名同学中只有七位女生，其中胡青大姐早已成家，女儿已上小学，刘继红美女也已名花有主。余下五位被誉为"五朵金花"，是我们一九七八级男生的追求对象。其实，到大三后个个都有追求者，我也不例外。有一次，我因病请了三天假。康复到校后，他悄悄递给我一张字条：你这几天没来上课，病了吗？晚上九点体育馆门廊下见。我意识到他在关注我，心里一动。此后我们又约会了几次，象牙塔里，不负韶华，花前月下，浪漫依然。但终因诸种因素我决定放弃这段感情。

世上的事无巧不成书，说来谁都不会相信。1983年1月，我和丈夫趁寒假旅行结婚到上海的第二天，在解放西路公交站台等车时，突然看见一个熟悉的身影向我们走来：是他！原来他也到上海旅行结婚。每每回味我和他的这些过往，我常常苦笑着自嘲：体育馆门廊下，那是我们看昙花的地方。难道这预示着我和他的恋情如同那昙花，一现而已？

五、"极光"现象

在历史系一九七八级学生中呈现了三种景象。一是年龄翻番。最大者

32岁，而最小的只有16岁。（按照中国传统，这里都指虚岁）二是师生同班。高考前为师生，高考后竟然成为同班同学。三是后代成班。入学时，年龄大的同学有不少已为人父母，他们的孩子足可以编成一个班。这种"极光"现象正是那个特殊时代的产物。

沧桑酿真情

——记安师大历史系一九七八级毕业十周年师生聚会

王圣宝　张跃进

历史老人十分随意地将我们这些本不应该相聚的人拢在一起。那是在1978年金秋时节，安徽师范大学历史系迎来了空前的一批金榜题名者——我们历史系一九七八级的全体同学。在这群同学中，有背负家庭重担，已经有几个孩子的爸爸、妈妈；有初谙人事，一碧如水，充满美好向往的少年；有小学毕业后，历经跌宕，直奔高等学府的幸运者；有任教十年，与学生同时考取，同在一起学习的两代人；有直接从应届高一破格考入大学的佼佼者……

四年同窗，在历史长河中如白驹过隙，可在我们的人生中却烙下了熠熠生辉的痕迹。那真是一个指点江山，激扬文字，共叙理想的黄金时期啊！赭山脚下，镜湖之畔，留下了我们共同求索的足迹，留下了因年龄、阅历悬殊而凝成的兄弟姐妹之情，因志趣相投、心灵相通而萌生的纯洁爱情。这种特别的同窗之情，怎是一个离别合影所能囊括得了的？

回头想想，离别时我们话别言语还真不多。记得翟厚良同学给张香华同学的留言只写下了寥寥数笔："给君留言，耗我一支烟！"

岁月经受不住等待的煎熬。淮北大汉黄忠超按捺不住了，他从宿县发出倡议：毕业十周年相聚芜湖母校。他的倡议犹如深山谷里的高声呼喊，引来了阵阵回声。首先是芜湖的同学响应，接着合肥、铜陵、安庆、蚌埠、马鞍山、黄山、淮南、淮北的同学也纷纷响应。一直关心着每一位学生的辅导员陈锡宝老师，整理出同学们的最新地址，立即到印刷厂付印。于是，由陈锡宝老师亲自挂帅，莫欣、高岳仑同学具体负责，黄忠超、宋刚刚、李修松、刘继红、吕爱民、胡功箓、贺宿芜、汪一江、王圣宝等同学参加

的"安徽师范大学历史系一九七八级同学毕业十周年聚会筹备小组"宣告成立。

筹备小组的第二次会议是在马鞍山的宋刚刚同学家举行的。宋刚刚同学专门从苏州请来了老岳母当厨。6道名菜上桌，6条热心汉子定下了7月26日相聚的日子，真可谓"六六大顺"。

如没有纪年的洪荒时代那样漫长的十年离别即将过去，大家翘首等待的激动人心的重逢时刻就要到来。

1992年7月25日的芜湖，犹如一块磁铁吸引着四面八方同学渴望的心，犹如一根热线牵动着千里以外同学思归的情。被同学们爱称为胡大姐的胡青同学，安置好患病的丈夫，乘上了从北京南下的火车；淮南联大的郭良美同学放弃了旅游西安的机会，自费赶赴芜湖；合肥幼儿师范的白石羽同学在火车站失窃，身无分文，依然乐天乐地，借钱照旧奔赴芜湖；马鞍山商专的宋刚刚同学匆匆结束了丝绸之路上的观光，直奔芜湖；路途最远的宁夏社科院的宫为端同学风尘仆仆最先赶到……

来了，来了，筹备小组的同学迎来了一批又一批大汗淋漓的同窗挚友、兄弟姐妹。握手的，问候的，大喊大叫的，大骂大闹的，全都恢复了自己本来的面目，所有的同学都仿佛年轻了10岁，回到了从前。我们这些为人父为人母为人夫为人妻为人同事者，早已抛开了在孩子面前的尊严。瞧，一向被公认为稳健持重且现在已经官职不小的老大哥莫欣，因火车半夜到站，竟也与其他同学一样瞬间翻过丈把高的学校院墙。没有小汽车迎送，没有大道理说教，仿佛一切都返璞归真。一批同学在寝室内又一次玩起了学生时代的扑克游戏——赶猪牵羊。已经"发福"的杨辅仓同学被赶进"猪笼"，罚钻桌肚。太胖了，钻不进，引起同学们一阵开怀大笑。

是倾诉的时候了。会议安排每人五分钟自述十年历程。作为主持人之一的黄忠超同学，热泪盈眶，哽咽不能语。大家的心因同学的收获而喜悦，因同学的艰辛而呐喊，因同学的苦楚而惆怅，因同学的坦诚而感动。十年的奋斗，十年的收获，十年的苦楚，十年的思念，十年啊，岂是这短短的五分钟所能讲完的。高岱、汪幸福同学别出心裁，弯腰弓背，请同学们在自己崭新的汗衫上题字签名，顷刻间，洁白的汗衫上龙飞凤舞，斑驳陆离。于是，十年的情，十年的爱，十年的思念，全都凝聚在这小小的汗衫上，融进奔腾的血液里。他俩太聪明了！

　　是倾诉的时候了。刘继红同学，这位坚强、果敢、聪明而又心地善良的女性，回到同学中间，如同见到家人，在寝室跟同学们说起自己这十年历经的曲折，感受的困惑，忍受得委屈，泪水情不自禁地就落了下来。她并不是要听宽慰的话，而是找到了倾诉的对象。大家都在静静地听着，心中感慨万千，深深地为不能给她以更多的支持，更多的关心，更多的安慰而自责。

　　毕业十周年聚会典礼开始了。会议厅主席台上方"庆祝历史系一九七八级毕业十周年聚会"的大红横幅与七月芜湖的火热天气，使会议的气氛更加炽热。张海鹏校长代表学校，裘士京、房列曙主任代表历史系，杨国宜教授代表老师，莫欣、宫为端同学代表全体同学端坐在主席台上。著名历史学家万绳楠教授、管敬绪教授、杜蒸民教授、谢青副教授、须力求副教授、徐正副教授、罗超副教授、董光琨副教授、姜全三副教授和董长生处长、李运明讲师执着地坐在同学们中间。

　　张海鹏校长显得格外欣慰、兴奋，止不住的笑容从心底流出。会议期间，他还特意离席叮嘱厨房负责人，晚餐要办得像模像样。裘士京副教授代表历史系向这次难得的聚会表示热烈的祝贺。杨国宜教授独具匠心，打破八股模式，别开生面地赠给每位同学一首藏有同学姓名的律诗，句句是鼓励、鞭策，句句是希望、祝愿。一首诗一阵热烈的掌声，掀起了这次聚会的掌声高潮。我到现在还没有听到过比这更热烈而频繁的掌声。师生的情在掌声中流动、升华。

　　宴席开始了，同学们纷纷举杯，向老师敬酒，祝老师健康长寿，事业丰收，祝师生情谊天长地久。向筹备小组的同学敬酒，他们太辛苦，太伟大了，策划联络、食宿安排、会场布置、迎来送往……真是马不停蹄啊！向胡功策同学敬酒，他三天三夜守护神般地守在活动中心，可谓此间辛苦第一人。同学们互相敬酒，干杯，干杯，干杯！情醉了，意醉了，心醉了，却没有一位老师、同学酒醉。大家切身体会了一把什么是酒不醉人人自醉。

　　宴席散了情在继续，聚会散了牵挂更深。"这次聚会真乃毕生难忘的一大盛事！"——王先吉同学在给王圣宝同学的信中发出这样的感慨。聚会结束前有同学提议，要把这次具有历史意义的盛会用文字记载下来，公诸于

世，留诸于后，立即得到了一致赞同。王圣宝同学和张跃进同学承担了这项光荣的任务。于是，有了这篇挂一漏万的不像样的文章。

临行前，合肥的同学留下了"下次聚会在合肥"的话语，使离别的惆怅又化为重聚的渴望。我们期待着、期待着下一次在合肥共同品尝又一次沧桑酿出的真情。

惊叹：珍重之印

王圣宝

记得读大二的时候，那天，忠超忽然从衣兜里七掏八掏，掏出一方玉石塞给了我，然后嘿嘿一笑："玉玺，你的！"我接过来一看，是一枚石刻印章：王圣宝藏书。

"错了错了。既是王圣宝玉玺，应是王圣宝之印，或王圣宝宝印，哪有帝王用宝，用藏书印的呢，岂能号令天下？而且，上面还得刻条龙才算玉玺吧？"我一面开玩笑，一面把玩精美的玉印，其笔法纯熟、遒劲、洒脱，隶中含篆。我不禁暗自吃惊，其技远非初出茅庐、小荷露尖之嫩，不由得心生敬意，诚心诚意地赞道："看不出来，你竟有这一手，真人不露面，出水见峥嵘，令人刮目呀，佩服佩服！"忠超腆然一笑，谦逊地说："弄着玩的，雕虫小技，不登大雅之堂，见笑了，请你笑纳！"我内心欢喜不禁，一回家，就往书上盖印，一本一本地盖。从此，珍之宝之。

时隔32年，2012年8月18日上午，在深圳市委党校学苑宾馆第12层的会议大厅，安徽师范大学历史系一九七八级同学毕业三十周年聚会正亲切、和悦、认真、严谨而又趣味横生地进行着。主持人于志斌同学忽然述及忠超，说其为每一位同学篆刻了一枚印章，欢快的会场，顿时肃然。此次聚会的总导演高岳仑同学跑上来补充道："忠超同学非常想参加这次聚会，要求我推迟会议到年底，待其病愈。可是……在他生命的最后时刻，他完成了印章的篆刻！"会场变得沉静，那是同学们不约而同地对忠超的默悼，寄以哀思！印章凝聚了他的心血，他的生命，他对同学们深沉而真挚的厚爱！正是这份厚爱，使印章分外珍贵，分外沉重！

忠超今天赠我的第二枚印章与他赠我的第一枚，相去32年，我多么希

望还有第三次相赠啊！

印章是用洁白的A4纸包裹，上面书写了我极其熟悉的三个字：王圣宝！这是忠超留给我的最后手书，弥足珍贵！我打开包裹纸，抢先映入眼帘的，是一小张通红的印章模本，也是印在洁白的A4纸上，红白分明，线条清晰地凸现了两个字：圣宝！一开始，我很诧异：既赠了印章，何以还要亲手盖印一个模本呢？细一思，我恍然大悟，原来，这模本是印章的合格证。显然，85枚印章，必然有返工的或重刻的！

忠超赠我的第二枚印章与第一枚大小相伴、质地相同；隶为主，篆为辅。不过笔法更老辣、更洗练、更艺术。乍一看，唯见"圣宝"二字，细一瞧，中间两横，构成上中下三个"王"字，何其独具匠心的构思啊！印章旁边还刻了三行小字：圣宝兄正锋，丁亥年冬，忠超刻奉。算来，二十五周年上海聚会后，他就开始为同学们镌刻了，历时整整四年，直至生命火花的熄灭！其间，他还有繁重的政务工作，还要同病魔顽强搏斗，多么地不易呀！他的那份情，那份义，注入的心血，注入的生命，是我这一生都无以回报的！

睹物思人，我仿佛看到他正微微地偏着头，憨憨地站在面前，向我咧嘴傻笑。我不禁鼻子一酸，热泪盈眶，赶紧伏在桌上，生怕感染了其他同学，影响了正在进行的会议气氛。可是，我止不住，便急急地跑进洗手间，擦拭眼泪，平定后才返回座位。我晚饭后回房间，记日记时写到忠超，又止不住潸然泪下。

我悲痛时的欣慰，是王效光特地送来的一本黄忠超著的《宿州赋印谱》。这本印谱，雄辩地证明了一个事实：黄忠超，奇才！

我细细地翻阅、品读、欣赏这本印谱，随着页码的转换，震撼、惊叹、敬仰三种情感交替出现，一遍又一遍，我竟毫无眠意。楷、行、草、篆、隶，篆刻的各种字体，交互出现，或沧桑古朴，或谐庄相兼，或行云流水，或暴风骤起，或和风细雨，或千军万马，或清溪涓流，那蕴积胸中的澎湃情感，从刻刀下流出，若洞开的闸门，一泻千里。快哉，痛快之极！笔触粗壮者如擎天之柱，彰显了忠超的浩瀚阳刚之气，瘦细者宛若发丝之一缕，如四十字熔入一元硬币大小之天地，从而又见出了忠超彪形大汉的内心亦不乏细腻的情怀。奇哉，叹为观止！诚然，若校对时检出误写的"棒莽草泽"之"棒"字，改为"榛莽草泽"，那就百分之百的白璧无瑕了。然而，美人面颊一点痣，反成就了美人之为尤物。也许，正因"棒"字之误写，反而衬出了印谱的奇美奇妙！

我原以为，学历史的人，有一定的文笔功底，撰写一篇类如《宿州赋》的赋来，并非如登蜀道那样难于上青天。孰料，我初读《宿州赋》，忠超的才气便如一股热浪，迎面袭来。尤其是他篆刻一篇赋，敷成一本书，汇为一种独特的篆刻与文学联合的艺术形式，另辟蹊径地创造了一门精美的艺术品种，给博大精深的中华文化宝库增添了一朵奇葩，似乎中国之大，唯此一人！

惟奇人才有奇思，惟奇人才出奇书！《宿州赋印谱》印出了忠超这样的奇才！

惊忠超之印奇技奇巧的大手笔，叹忠超之印乃人间的无价珍品。于我，珍贵而沉重。

零号楼213寝室素描

——安师大历史系一九七八级琐忆

王旭东

乘着1978年金秋十月那缕缕凉爽惬意，我迈进坐落在芜湖赭山南麓的安徽师范大学。我在校园正门口新生报到处遇见的第一位大学老师，是我们的辅导员陈锡宝。热情洋溢的他惊奇地上下打量着手拎小提琴盒的我，问道：

"你会拉小提琴？"

"是的，"我随口答道。

"那一班班委会的文娱委员就是你了！"

性格豪爽的陈老师说的这句话，让我这个以插队知青身份从安徽建新农场（即普济圩农场）政治部文艺宣传工作队考入大学的青年，立马觉得不好意思了……

安徽师范大学历史系一九七八级，总共招收了90名学生。其中男生83人，女生仅7人——被同学们统称"七仙女"。虽然分成两个班来管理，但在一个大教室里上课，所以不论一班的还是二班的，在我们每个人的心目中都是一个班的。

报到后，我被陈老师领到了位于校园大操场东边男生宿舍区最南端的零号楼（坐北朝南），房间号为213的一间朝南临街的寝室里。零号楼是新建的，房间里有扇大窗户，采光足，很明亮，映衬得整个屋子很宽敞……屋子里顺着东西两面墙壁摆放着6张铁架子高低床。陈老师叮嘱道："靠门的一张高低床是供你们放行李的，其他的5张床想睡哪张你可以随意选……"

213寝室共住10位同学。我睡在靠窗的西侧，是上铺。我的下铺是我们一班的班长宫为端同学，大家称他"老宫"，他入学前担任含山县某人民公社的大队书记，已成家。

我对面即窗户东侧的上下铺——上铺是来自滁州某工厂的老大哥、亲切和蔼的钮昕华同学，大家都称他"老钮"，也是位已成家之人；下铺是来自合肥的应届高中毕业生，胖乎乎、逢人笑眯眯的吴广安同学，戴着高度数的近视眼镜，镜片厚得像酒瓶底似的，一圈一圈的，属于213宿舍里的"小字辈"，大家称他"广安"。

我斜对面的上下铺——紧挨着老钮同为上铺的是来自歙县的应届高中毕业生，个头不高、比较腼腆、若说起家乡话似在讲"外语"的方亚光同学，也属于"小字辈"，大家称他"小方"或"亚光"；下铺是来自庐江的应届高中毕业生，性格开朗、说话爱带手势、喜欢请教问题的夏仕伦同学，当然也属"小字辈"，大家称他"小夏"。

在靠我这一侧，紧挨着门边的上下铺——上铺是入学前在桐城体委工作、身高一米八几的高岱同学，家住枞阳，毕业于安徽省体校，留给我的初识印象是待人接物彬彬有礼；下铺是来自蚌埠某工厂、得空就手捧马恩经典并能将其倒背如流、酷爱朗诵的汪幸福同学，大家习惯称他"老汪"或"幸福"。

夹在我和老宫、高岱和汪幸福这两个上下铺之间的床位——上铺是来自黄山太平湖畔、喜欢文艺和电影的黄卫三同学；下铺先是爱好吹竹笛、为人憨厚的我们三组组长施建华同学，时间很短就又调换成了上海插队知青、入学前在来安县某人民公社担任生产队长、宅心仁厚、乐于助人的沈建华同学，大家称他"小沈"，与小施对调接任我们的组长。小沈虽然不是213寝室里最年长的，却能以身作则，待人耐心友善，关心帮助每一位同学，由此赢得了寝室及小组全体同学的敬重。

小沈比我年长两岁，是最让我尊敬而我又最无需顾忌的同窗挚友。我们之间坦荡交往，无话不谈——大到现实中的国内外政治、经济、文化，刚起步的改革开放给国人及社会带来的新变化；中到学习上的听讲、阅读，以及和别人之间的争论；小到个人情感世界、校园生活琐事等，相互分享着各自的阅历、观点、见解、体会和疑虑。在无数次的交流中，我能感受到，我们有着同样的人生信仰、是非观念和做人准则。大学四年里，我们

虽非形影不离，但我深信我们的精神世界一定是相通的。小沈对同学们的友情可谓至深。例如每逢寒暑假，都会有同学托他代购些精美的上海货回来，因为都是他精心挑选的，所以同学们都很喜欢。我刚进安徽师范大学读书时，秋冬春三季常穿的上衣是父亲的黄呢子军装，后来换成的两件我最喜欢且在当年最时髦的男款上衣——藏青色的青年装和浅银灰色的拉链式收腰仿西服猎装款上衣，便是小沈根据我的身形特点先后推荐并利用假期替我选购的。

小沈在学校的作为让我觉得，他是一位值得让我当成榜样的同学。在当时比他年少的我的眼里，这位榜样同学很有人格魅力，行为举止称得上是没有缺点的。相处一学年下来，我与小沈面对面的交流多了，注意到眼睛近视的他有一个习惯性的频繁挤眼动作——每当他注意力高度集中凝视着听你讲话或者他自己陈述有独到思想的见解时，他都会频繁地用力挤几下眼睛。这成了他思考和陈述重要内容的习惯性表征动作。我突然觉得他这种个性化的面部表情很"酷"，便忍不住模仿他也挤了几下眼睛。结果我发现，较长时间盯住交谈对象而眼睛里产生的干涩感，因强行挤了几下眼睛而瞬间得到了缓解，很是舒服！有了如此感受，我开始效仿小沈也在说话或听别人讲话当中时不时地挤眼睛了。直到这学期结束放暑假我回到合肥家中，一家人在一起吃午饭时，军医出身的母亲突然问道："旭东，你的眼睛是不是有什么问题，怎么这次回家来总见你说话时拼命挤眼睛呢？"我答道："没问题呀，跟我们同学小沈学的，觉得挤眼睛挺舒服，挺好玩的！"一家人听了忍不住大笑起来，母亲笑着说："不要再学了，变成习惯改不掉就麻烦了……"打这往后，我再也没学小沈挤过眼睛了。记忆中有个印象——我暑假结束返回学校，曾问过小沈为何挤眼睛，他告诉我说戴着眼镜看书久了眼会很疲劳，觉得干涩，挤挤眼睛感觉就好多了。同窗同寝室四年，我与小沈结下了难以忘怀的友谊。毕业临近，我想为小沈这样难得的好友做点什么，以示这四年同窗之谊的最好纪念，由此想到了最拿手的技艺之一，我自己称之谓"电影镜头式摄影术"。准备好胶卷后，我向小沈提议，想为他和他的女友小胡（后来的沈夫人）合拍一组校园风光生活照，作为他们恋情的见证。小沈欣然应允了。1985年，我偕夫人吴小萍由安庆至合肥途经芜湖时，专程到安徽师范大学探望辅导员陈锡宝老师和沈建华同学。小沈夫妇见我们到访，便暂时回小胡的父母家去住，把位于安徽师范大学西门附近的家腾出来供我们小住。陈老师则在小山坡上的家里设宴，亲手烹饪了几道美味佳肴，盛情款待了我们夫妇二人。由此不难想见，读大学时结下的同学谊、师生情，绝对称得上是令人最难以忘怀的毕生情谊了！

　　小夏比我小几岁，是大学四年寝室里几乎与我形影不离的好朋友。说起大学时期的小夏，我记忆犹新的趣事之一就与他的名字有关。好像是入学后首次集合全体同学列队点名，当我们的辅导员陈老师手捧花名册大声念出"夏土仑"这个发音时[1]，同学们先是环顾周围，接着纷纷看向小夏，忍俊不禁。小夏缩了一下脖颈，耸了耸双肩，脸上露出无奈的表情。只闻笑声未听有人应"到"的陈老师，一脸惊讶地抬头看向大家，似乎意识到了什么，即刻双目又落回到手中的花名册上，端详后高声说道："这是谁登记的花名册？把夏士仑的'士'写成了'土'！对不起，把你的名字搞错了……"小夏摇着手连连回答："陈老师，没关系，没关系……"我印象中的小夏就是这样，遇到误解善于释然。或许正是这样一次点名，让我看到了小夏身上的质朴与纯真，心中油然而生了乐意结交和愿意尽自己累积不多的见识阅历去帮助这位年龄小我几岁、来自庐江、性情爽朗的同宿舍同学。我与小夏同学的友谊，是从他勤敏地善问善听，而我则耐心地有问必答开始的……很快，我们俩便成了分享世界名著阅读心得，探讨历史钻研方法体会，推敲论文写作的观念出新、命题立意、论点切入、论证逻辑运用和用字遣词行句技巧的交流互促伙伴，日积月累，形影不离。

　　与我和小夏时而一同出入寝室的是吴广安同学。印象中，广安的年龄比小夏还小，所以小夏经常会以兄长的姿态关心广安。但广安也很智慧，讨论学习问题时会与小夏辩论个高下。大学四年里，广安喜欢中国现代史，尤其对红军、八路军、新四军、解放军、志愿军的部队建制和战斗战役，以及1955年授衔时的我军高级将领名录特别感兴趣，谈论起来如数家珍。广安得知我的父母曾是革命军人后，喜欢与我分享他阅读《红旗飘飘》的感受，日久便成了一种习惯。毕业后，直至不幸染上肝疾且因误诊和拖延

---

　　① 夏仕伦当时的名字为夏士仑。但为行文需要，除此处之类特殊情况外，一律用"夏仕伦"而不用"夏士仑"。

就医而病故，广安每每从白湖农场回合肥探亲，都会来我家尽兴畅聊一番，话题会从中国现代史延展至世界史、全球时政、他自己的日常工作及情感生活。

同样比小夏年龄小的方亚光同学，留给我的记忆是，他对到教学楼或图书馆阅览室上晚自习，有着日复一日持之以恒般的坚守！而这一点，当年的我却无论如何都做不到，为此我发自内心地佩服他。四年里，亚光与我交流的次数不太多，但每次交谈，亚光都很谦虚。记忆里，黄卫三同学好像比我略小一两岁。他喜欢文艺，所以有关电影表演、歌唱等艺术方面的内容便成为我们之间谈论最多的话题。作为一班班委会文娱委员的我，受命组织同学排练合唱节目，卫三是非常热心的支持者和积极参与演唱者。

记忆中与我同龄的高岱同学，安徽师范大学四年里球衣球裤应是他常有的装扮，性情豪爽且不失礼数。他不仅篮球打得好，学习也很上进，亦乐于助人。我在零号楼住的时候，晚自习常与亚光结伴来去；白天下课回寝室和夜里熄灯上床后，常与高岱辩论课堂听讲引发的问题。两年过后，历史系一九七八级男生宿舍与其他系对调至二号楼，每间寝室的人数由原来的10人减至8人，高岱同学被安排去了二班的寝室。213寝室的光阴虽只有两年，但我记忆里这期间的高岱和大家相处得很融洽。他与我、小沈、老钮之间常常交流对各种问题的看法，关心年龄小的方亚光、小夏和广安同学，喜欢与黄卫三时不时地调侃一两句，与汪幸福"辩论"逗乐子，偶尔也会以开玩笑的口气与老宫"较一较真儿"……在校期间我与高岱虽没有机会往深里相处（他的爱好属职业体育级别的，而我爱好音乐且对体育毫无兴趣），但大学毕业后却得以续写了同学情谊且深交日久。高岱考上南京大学英国史王觉非教授的研究生后，几乎是每当寒暑假绕道回家途经合肥时（其实可以在南京浦口乘江轮逆长江而上直接回安庆），都会到位于胜利路的合肥交通饭店后面的我家小聚，将他读研中的各种收获向我一吐为快。我举家调往北京后，这种深远醇厚的大学同学友情依然保持着，以至于每每我们相见畅聊一通后，高岱同学都会情不自禁地吐露一句："今天聊得真痛快！"

213寝室里最年长的老钮同学，称得上是深受全寝室同学敬重的老大哥。老钮天天笑眯眯地对着比他年幼的我们这些人，让每一位同学都感受到了他的和蔼可亲。他喜欢在宿舍里上自习（当然时而也会斜挎着黄书包去教室或图书馆阅览室），所以多数日子里都是他为每一位下晚自习踏进寝室门的同学，送上一句伴着笑脸的家常问候："某某——回来啦！"老钮真诚地关心大家，所以我们每一个人都愿意向他敞开心扉，倾吐自己的心事，征询他的看法和建议。由于我和他床对床，又都在上铺，交谈起来方便，同他谈心或受教于他的次数自然也会更多一些。20世纪90年代的某一年暑期，我曾带着年幼的女儿斯聪去了趟滁州办事，老钮大哥和嫂夫人不仅全程接待我们父女俩，安排与滁州同学相会及陪伴游览琅琊山名胜，还特地在百货商场精心挑选了一款漂亮的连衣裙送给斯聪。

同样比我年长的汪幸福，是213寝室里最能引大家开心的同学。他属于性情中人，心地善良、为人谦让；熟览经典名篇，且有过目不忘的本事；喜欢高声朗诵高尔基的《海燕》，尤其是最后的那句——"让暴风雨来得更猛烈些吧！"由此，同寝室的我们送了他一个雅号，称之为"海燕"。记得有一次历史系一九七八级办周末晚会，我们找来一条长围巾仿照五四青年模样把"海燕"同学装扮起来，并建议他朗诵完"暴风雨"名句时昂首挺胸，用手取下脖颈上的长围巾一角，猛然向身后一甩而结束。正式朗诵推进到最终高潮时，"海燕"同学果真如此奋力地将围巾向身后一甩，立马引来了满堂喝彩和一片掌声！零号楼213寝室的两年共同生活里，汪幸福同学留有四件轶事或许会让大家终生难忘：其一，对马恩全集内容脱口而出的超常记忆可以精确到具体所在的页码；其二，对"知识分子'阶级'"观点的提出及孜孜不倦地论证和阐述；其三，1979年江苏溧阳发生地震并波及安徽芜湖那一瞬间，零号楼突然摇晃，紧接着整幢楼里骤然响起逃离的脚步践踏水泥楼板所产生的令人惊悚的沉闷轰鸣声，唯独幸福同学与我们反其道而行，从房门处奔向窗户外——以"敏捷身手"由二楼直接出溜到了宿舍楼外的地面，比我们任何人都要早地逃出了零号楼；其四，就是上面提到的"海燕"雅号及其来历了。

寝室里岁数排行第二的宫为端同学，既是我的下铺，又是我的同桌。老宫为人很谦和，也很为他人着想。每逢我上下床，他都会起身相让。与我交谈，他也总抱着协商的口吻且礼貌有加。老宫读书很努力，上课专心听讲认真做笔记；晚自习经常斜挎着塞满书的挎包，几乎与方亚光同是最

晚一批返回寝室。入冬时节，为了预防皮肤皲裂，老宫喜欢使用蓝色小圆扁铁盒的"百雀羚"牌护肤霜，或许他涂抹得比较多，让人闻起来觉得气味太浓有些冲头，同桌听讲的我时不时会感到这是一种"飘来的干扰"。四十余年光阴弹指间挥过，我依稀留存在记忆里的这些早已不成"干扰"的小细节，倒为渐渐淡隐的往事平添了几分亲切。大学期间的老宫，做的两件事最让我记忆深刻：头一件是，中央刚开始在全国农村推行家庭联产承包责任制改革的那一年，老宫利用暑假时间自费环绕太湖专门就改革问题进行了脚踏实地的农村调查，新学期返校后，第一时间里便与我和小沈分享了他农村调查中的所见所闻及所思所想；第二件则是，老宫在我们历史系一九七八级同学举办的一次学术研讨会上就"亚细亚生产方式"发表高论，认为"历史上的中央集权制"产生自"灌溉农业"……或许正由于有着如此般敢想敢做的处事风格，老宫才会在大学毕业后走出同学眼里挺特立独行、颇具"传奇"的人生轨迹。

四十余年后的今天重忆当年，213寝室的10位同学之间，虽常为所学内容争论雄辩，一两个人偶尔也会有口角碰撞，但总体上讲都能做到团结互助、友爱相处，所以室风和睦、其乐融融！也正因有着如此的基础，《213诗集》才会诞生……

遥望客厅窗外深邃蓝天中驾风飞渡的白云，飘向远方的追忆思绪不禁感叹：同一个寝室朝夕相处，同学之间建立起来的友谊，终归还是那么令人难忘！

岁月沉香

吴　雷

　　1978年10月，伴着金秋的阳光，我按时到师大历史系报到。因通过火车托运的行李还没有到，报到后，我挤出熙熙攘攘的人群，独自来到了镜湖边。

　　盈盈湖面，阳光映照。我深深呼吸着湿润的湖水气味，寻觅那久别的感觉。十几年前，我大舅在芜湖工作，母亲托人把上小学的我送到芜湖。我在镜湖边不远的一条老街住着多户人家的院落里度过了一个愉快的暑假。这里是我第一次离开蚌埠来过的城市。没有想到，我人生转折的起点也在这座城市。

　　校园灯光亮起，我仍然没有拿到行李。白天见过一面的董光琨老师看到我在零号楼前徘徊，就走过来问我情况。得知后，他带我到一间老生宿舍，一个学生干部模样的同学，将自己的床铺换了干净的被子让给我休息。由此，我也开启了大学生活的第一页。

一、我和忠超的故事

　　黄忠超是固镇湖沟人，离蚌埠市区仅几十公里。他既有淮北平原一样的坦荡，也有南方人的聪慧机敏、细致幽默，不了解他的人甚至觉得他有点"油腔滑调"。他身上体现了淮河文化南北兼容的性格特征。初遇忠超，地域与心理的接近，交谈无忌的坦诚，让我俩刚上大学不久，就成了形影不离的好同学。当年坐车不太方便，忠超从蚌埠下车后，需转乘火车或汽车。我家就成了忠超往来学校与师大的一个歇脚点。

　　1980年2月23日晚上，接近10点钟的时候，返校的忠超来到我家，像

之前一样与我打通腿。第二天，我俩一块去买了火车票，并决定返校路上到南京莫愁湖玩玩。25日，我们乘坐火车到南京，在滁州路段遇到了上车不久的程光华同学。光华同学欣然与我们同行，在南京下车后，忠超热情地带我们去了他哥哥家。然后，我们直接乘公共汽车到了莫愁湖。"朦胧金陵尽是雾，潇潇春雨莫愁湖。"那天，细雨不停。一路上，我们即兴赋诗，交流着每个人所知道的莫愁湖的传说。雨淋湿了三人的头发……我们来到瞻棋楼里，早过了吃饭时间。三人要了一条鱼、一碗烧鱼籽、一盘炒肉片、一盆紫菜汤和三斤米饭。光华同学吃得不多，剩下的我与忠超一扫而光。当我们赶到火车站时，离发车仅有十几分钟。

火车到达马鞍山，因忠超的被褥等放在马鞍山姨娘家，我陪他下车取东西，光华同学则直接返校。我俩冒雨步行了几十分钟，才到忠超姨娘家。天已经黑了，雨仍下个不停。在忠超姨娘姨父的再三挽留下，我俩决定在此借宿一晚。忠超姨娘忙起身做饭。忠超姨父直爽健谈，交谈中，我得知他参加过抗美援朝，肺里残留有弹片，是个残疾军人。

那夜，我与忠超都很兴奋，聊的话题甚广，有社会变革期的困惑、学习上的问题、生活中的不顺、家庭历史的纠缠、对美好未来的向往等。记得忠超姨娘家紧挨着铁路边，不时经过的火车，碾轧轨道有节奏的声音与振动，推助着我俩兴奋点的攀高。天快亮了，我俩听到姨娘起床做饭的声音，两人相视一笑，倒头睡觉。大约两个小时后，我们便被姨父掀被喊起："你这两个熊孩子真能睡。起来，吃饭！"

有一次晚自习，在阶梯教室的最后一排，我与忠超谈及诗歌，互换自己写诗的本子。我那自赏的"诗集"，之前从未有第二人翻阅。他看到我新近寒假结束返校，家人与女友送我上火车，即兴写的"歪诗"："……我的头久久伸出车窗，仿佛听到寒风在歌唱；双眼搜索渐去的远方，还想辨辨地平线上火光；看不见了，我的家乡，看不见了，我的姑娘；再见时，抚摸我俩是七月的月光，伴着我俩是那夏日的骄阳；枕木节节抛向后方，似琴键跳动弹奏一曲离伤；两条铮铮铁轨，牵着我的心和她的肠……"没有想到的是，忠超看后，不问我同意不同意，提笔在我的"诗集"上，竟然一气呵成，写下四页长诗"……朋友，我知道在你的心头，有一堆诗的炭火，只不过被一阵愁雨，浇得冷冷落落，如今大地成熟，金风如火，点燃起来吧，让诗苗绿化大漠……歌唱时代，歌唱生活，歌唱爱情，也歌唱你的朋友我……"我的"诗集"，转瞬间便成了两人的"诗集"！

忠超那饱含深情的长诗给了我很大的鼓励。这本从插队到大学自我欣赏的"诗集"，后来读时，感到自己稚嫩，甚至可笑。我多次想烧掉，终因有忠超的这首长诗，才保存了下来。

2011年9月下旬，于志斌约我同去探望生病的忠超。我考虑同学们的集中密集探视，会给忠超带来压力，不利于休息与康复。我与志斌说，我们分批去，过一阵我再去。那天，我中午早早在饭店等候从宿州看望忠超返程经过蚌埠的志斌。一点左右，志斌才赶到蚌埠。志斌跟我说，忠超的病情不容乐观，精神看上去还行。志斌走后没几天，噩耗传来，忠超走了！离他不远的我，没有在最后时间看他一次，成了我终生无法原谅自己的错误。如今，我每每看到忠超的这首长诗，桩桩往事浮现眼前，音容笑貌犹存，他，还是那么年轻！

二、寝室"琐事"

脸盆放在桌上，我满脸堆满了肥皂沫，被镜头摄下尴尬的表情；我与于志斌下棋，破旧的棋盘与志斌认真走棋的表情反差很大，棋子不多，看似已到尾盘……张张照片，唤起寝室生活的幕幕回忆。

1979年12月31日中午，室友张小平饭后突然面色苍白，汗水沁出，满脸痛苦。寝室在场的几位同学冒雨齐力把他送到医院，经医生诊断后需住院治疗。我返校找到陈锡宝老师，向他做了报告。陈老师要求小组要轮流看护，并要小组向班里申请特殊补助。我回来即按照陈老师要求，安排人员轮护。那晚，我11点多赶到医院，接替上半夜值班的同学。那一夜，小平经过医生治疗，没有怎么"闹人"。第二天早上，接替我值班的同学到了，我返回学校。回到寝室，朱沛铭已经为我打好了早饭。因为这天是元旦，他特意为我加了糍粑和小狮子头各两个。

中午，还没睡醒，忠超拉起我到他们寝室吃饭。桌上，碗、缸子盛菜，摆了半桌，大菜有卤口条、猪心等。

1月4日，我们寝室的好几位同学一起到医院接小平出院。记得那时寝室里"共产"气氛较浓。王俊祥每次返校，总是习惯性带回六安瓜片，让

第二编　同窗之情

大家"泡上、泡上"。朱沛铭父亲特意给儿子送来的枇杷，沛铭出门送父亲，寝室同学马上开吃。王效光几乎每年暑假归来，都要带砀山酥梨。任欣平从滁州带回的琅琊酥糖，因我和他的铺紧挨着，拿起来方便，我可能吃得最多。每次放假回家，志斌、沛铭总是提醒我，别忘了带蚌埠的"百寿"烟；我也叮嘱志斌带两个合肥的大麻饼……

国强是我们班长，上学时一身戎装。军人总是注意仪表。一个休息天，朱沛铭同学进门通报，班长女友王静从南京来看他，已经到了零号楼门口。班长因为天热，在寝室里只穿了一件白背心和一个军用大裤衩，开始拿起镜子整理起自己。可惜，王静没有给他很多时间。此时，朱沛铭进门急报，王静已经走到走廊里。国强班长顿时手忙脚乱，环顾寝室，问我怎么办？我说："好办。你赶快到上铺找个墙角站好了，你这么黑，王静进来看不到你，以为那里晾了一件背心。"国强班长怒道："滚！"寝室里一阵笑声。此时，王静已经走了进来，刚刚穿好一只袖子的班长立刻破怒为笑。

1980年秋季开学，寝室从零号楼搬到二号楼，原来10人一间，改为8人一间。孙国强、李修松、王先吉同学并到其他寝室。陈文誉同学搬了进来。

1980年12月31日，班级为了欢度新年，每个组补助10元。我们寝室人数过半，分了5元钱。那天晚上，张小平回无为找女朋友了，于志斌回合肥了，其余六人每人凑了一元多，总共十几元钱，买了两斤酱猪蹄、一斤酱牛肉、一只盐水鸭、一盘花生米和一盘西红柿炒鸡蛋，还炒了一锅青菜，买了一瓶红酒，打了半斤白酒。席间，大家高谈阔论，畅谈奇闻趣事，互吹家乡之美……

寝室生活中我忘不了大家对我的关心照顾。1979年7月9日，溧阳地震，芜湖有感。那天傍晚，正是食堂开饭打水时间，人员活动集中。我拎着水瓶回宿舍，走在零号楼一楼的走廊里，有人大喊，地震了！刚刚回到宿舍的人，跑了出来，一时间乱成一片。我顺着走廊从东北小门夺路而逃。正遇上小门边楼梯口蜂拥而至的人群，在门前挤成一堆。当我挤出来后，猛然间，腿上一阵剧痛，低头看见，水瓶挤炸了，开水将大腿烫得一片暗红，经风一吹，很快起了泡。同学们连忙将我送到校医院。住院期间，同学们帮我打饭、打开水、拿药。就要学年考试了，为了不影响大家复习迎考，陈老师批准我提前回家治疗。同学们利用备考间隙，大热天，将我抬送到芜湖北站。

三、迎宾阁里的往事

迎宾阁，离师大不远。从东面拱桥入院，南临镜湖，北有竹林，林有小径。传统的楼阁，蓝灰色的屋顶，优美地镶嵌在镜湖边。既得景，又成景。记不清什么时候，我发现了这样一个静思、读书、会友、写文的好地方。

迎宾阁虽不用买票，但坐下来，还是要买一杯茶的。我每次去，花上一毛钱，就可以买一小袋黄山毛峰，还可以享受到服务员不时地加开水服务，没有时间的限制。

大学四年中，我记不清多少次到过迎宾阁。在这里，有静思的享受、有畅谈的舒坦、有求知的虔诚、有会友的豪迈、有惜别的伤感……

1980年3月31日，我与忠超又来到迎宾阁，正谈得起劲，赵晓明同学带着一位马鞍山师专的学生也到了这里。我们四人对坐，晓明同学很健谈，带着浓浓上海腔的普通话，慷慨地谈论，在静静的大厅里似有喧哗之嫌。晓明走后，我们注意到邻座的是一位知名作家，崇敬之意，求知欲望，油然而生。我们主动过去搭讪。可能是我们的谈论已经引起他对几个年轻人的注意，给了他一定的认可度。他不但没有拒绝我们，而且很热情。我们提出的问题，他像老师积极承担责任一样，侃侃而谈。说实话，他的渊博知识，富有魅力的言语，深深地打动了我们。临近闭阁，在服务员的再三催促下，我们长起身离开。我和忠超像两个如饥似渴的"跟屁虫"一样，一直跟到鸠江饭店十字路口，驻足又谈了一刻钟左右，才与他握手告别。他对年轻人的热情与耐心，让我记住了他。

1982年毕业前夕，在迎宾阁，我们小组最后一次聚会。那天，我清楚地记得，天气很热，但大家的情绪并不高。看得出，四年相处，惜别之情，各有其表：有人沉默不语，被动谈话；有人谈笑风生，偶露沉寂；有人东拉西扯，不谈别离。谁都知道，四年学习，就是为了顺利毕业，可是当毕业来临，就意味着再也不能朝夕相见。这个同学间的"急刹车"，让人一时难以接受。我从那天迎宾阁前假山合影的每人表情里，仿佛还能看到当年

的感动。合影过后，大家开始自由合照。我想和小组胡青大姐与刘咏红两位女同学合影，一时又不好意思开口。于是，我邀请班长国强与我一块。国强懂我，说，你想与谁照，直接邀请，别让我们当陪衬。话虽这么说，国强还是积极响应。但到拍照时，国强把我推到中间，他站在旁边，把与女同学靠近照相的机会给了我，让我了却了近似单独与女同学合影的心愿。快门响起前，霎时的静寂，让人感到分别时的无语。此时无声胜有声。

迎宾阁里，我有过一整天待在那里读书的记录；迎宾阁里，我在徐正老师指导下写过在芜湖九中实习的教案；迎宾阁里，我完成了须力求老师指导的《试论中国式革命道路的形成》的毕业论文……迎宾阁，一个除校园外，承载我太多记忆和感受的地方。

四、同学家做客记事

在同学中，我去的最多的是王圣宝家。圣宝兄直性爽朗，忧国忧民，深藏若虚的治学态度、乐于助人的热情、善解人意的细心，对我长兄般的关心，让我对他十分敬佩、感激。

1981年4月2日傍晚，我和忠超准备到食堂吃饭，圣宝让我们去他家改善伙食。圣宝一路上又买鸭子，又买糖排，看见油炸花生米也包了一包。到家后，圣宝麻利地炒了一盘千张肉片，开了一瓶葡萄酒。三人边吃边谈。当时，圣宝和忠超各自都在创作一篇小说，两人交流得非常热烈。此外，话题从校内谈到校外，从国家谈到个人，从恋爱谈到婚姻。我为圣宝的博学及独特的见解与观念所折服。饭后，三人又遛到二轻文化宫，看了埃及影片《咖啡馆》。

1981年5月5日，天气晴朗，圣宝大婚。下午下课后，我就赶到鸠江饭店。在那里，我见到了好几位贺喜的同学。婚礼隆重、热闹、欢快，那是我第一次参加同学的婚礼，印象深刻。

我在师大的几年里，想家了，到圣宝家坐坐；苦闷了，到圣宝家聊聊；缺东西了，到圣宝家找找；馋了，到圣宝家吃吃；没事了，也到圣宝家遛遛。通往圣宝家那条拥挤的老街，那条拥挤的小巷，那个拥挤的小院，以及圣宝那个洁净的二楼小家，都给我留下了难以计数的记忆。

1981年6月7日，端午节，家住江边不远的贺宿芜同学邀请孙国强、朱沛铭、任欣平、翟厚良、王幼生和我到他家过节。那天，为了让我们过好节，宿芜的父母忙了半天，做了一桌子好菜。宿芜母亲热情招呼大家，宿芜父亲与大家亲切聊天，大家没有了辈分的拘束。晚饭时，谈笑风生，老少皆欢。异乡求学的我们，在芜湖同学家中找到了家的感觉。

1981年1月24日，我和王俊祥三点多就起了床，准备趁寒假回家的路上，到合肥看看身体有恙的于志斌。六点半的火车，还要过江。我们提前将行李准备好，起床盥洗完，拎着行李，打着伞，就向码头赶去。到合肥后，我俩将大件行李寄存，到四牌楼的百货大楼买了志斌爱吃的蛋糕和饼干。我们赶到志斌家时，还不到11点钟。

志斌见同学来，非常高兴，我们刚进门，他就嚷了起来，元气十足。见志斌已无恙，我与俊祥的情绪也随之高涨。志斌的大姐、二姐都很热情，以我们进门后就开始炒菜。志斌二姐说，志斌昨天就开始催我们准备今天的午饭。交谈中，志斌母亲下班回来，和我们谈起了志斌的近况。不一会，菜摆上了桌。志斌拿出上好的二锅头，我和俊祥都喝了点。当时在饭店才能见到的冰糖扒蹄、清蒸鱼等，我们在志斌家都吃到了。志斌家，我不是第一次来，也在这里住过。每一次，我都受到志斌全家人的热情接待。

四年大学生活的点点滴滴，似青春的粒粒露珠，晶莹剔透。日月如梭，光华不再，岁月沉香，依然芬芳。四十多年了，人生春归何处？"若有人知春去处，唤取归来同住"……

一束阳光的照耀

——我与王旭东同学的点滴

夏仕伦

讲到同学，请问你有记忆深刻、恒久难忘的群体吗？讲到友情，请问你有感动流泪、催你奋进的个人吗？

我在安徽师范大学历史系一九七八级零号楼213寝室，遇到了这样一些人，他们是多才多艺的王旭东、阳光帅气的黄卫三、洒脱健谈的汪幸福、善于钻研的宫为端、风趣幽默的吴广安、老成持重的钮昕华、气势夺人的高岱、温文尔雅的方亚光、沉稳干练的施建华，还有后来调换来的两位同学：憨厚敦实的姜保民、深邃睿智的沈建华。他们来自全国各地，口音不同，高矮不等，胖瘦不一，年龄差距很大，阅历层次有别，这是我接触最多、感受最深的群体，也是回忆最清晰的一群人。

限于篇幅，对同寝室的同学不能一一叙述，这里摘取我与王旭东同学的生活点滴，以唤起我对青春的记忆，以及对同学的长久感恩。

罗曼·罗兰说："有了朋友，生命才显出它全部的价值；一个人活着是为了朋友；保持自己生命的完整，不受时间侵蚀，也是为了朋友。"法朗士也说："人生无友，恰似生命无太阳。"我读四年大学，感受了穿透雨雾、飘雪和物质的一束阳光，他就是我青春期的同学兼导师——王旭东，他给了我最初的沐浴和始终的照耀。

在213寝室靠近窗户的上铺，住着一位1.78米高，约莫二十二三岁，头发从右向左，梳着微卷的发型，白净的皮肤，身材挺拔，戴着一副金边眼镜，眼镜后面是一双大大的眼睛，衣服从上到下，干净利索，文静优雅，说一口流利的普通话，声音清脆悦耳，未说话前先有三分笑容，亲和力很强的同学，他就是来自合肥的王旭东。

我最初接触的是他的琴声。1978年时，小提琴协奏曲《梁祝》刚流行不久，王旭东一到寝室就在上铺架起了琴谱，专心练习小提琴。"356126155165352……"优美的乐曲至今回荡在我的脑际。我家橱柜中摆在最显著位置的是俞丽拿和西崎崇子演奏的《梁祝》专辑碟片，车载歌曲中也以《梁祝》最显眼。这既缘于乐曲之美，也很大程度上出于对朋友的眷恋。

王旭东比我大五六岁，是合肥下放知青。他脾气好，人缘好，与人相处，先人后己，和谐融洽。在与比他小的同学打交道时，他总是海人不倦，耐心指导。他从生活上、学习上、做人上，给我们讲小道理、大理论。他帮助同学时，还很注重细节。我今天掌握的粗浅普通话都是他"逼"出来的。他常常用

夏仕伦与王旭东（左一）在南京

开玩笑的口气说我乡土话很不错，诸如"口袋"我说成"荷包"，"停电"我读成"琴剑"。他便说："你这是'荷包'里装着'琴心剑胆'啊"，引得全寝室哄堂大笑。我也在不知不觉中慢慢纠正。

我来自农村，一些生活习惯很不好，像喜欢睡懒觉，袜子不勤洗，毛巾随便放，等等，他都给予纠正。有时他讲得很严厉，而且还举例说，"一屋不扫，何以扫天下？""修身、齐家、治国、平天下"，修身是第一位的，干事业要从小事做起等，对我触动很大。

那时，他总喜欢叫我一道去看电影。20世纪80年代是中国电影的黄金时代，我随王旭东看了多部流行影片，他还结合影片内容给我讲解，给我的知识库中增添了异样色彩。他还经常邀我到中山路上的"向阳饭店"去吃"皮子饭"，这是我大学时代美食回忆的经典。当然，看电影、吃"皮子饭"的所有费用都是王旭东出的。

说实在的，我读大学四年，是在贫困中熬过来的。我身上穿的没有一件像样的衣服，还经常光着脚穿鞋。在评助学金时，王旭东慷慨地说，属于我的那一份，让给小夏好了。于是大学四年我都拿了最高的助学金，每月4元钱，那可真是救命钱啊。记得有一学期我上学时母亲翻遍了家里所

有的钱袋，只有15元，后来二哥在墙洞中掏出1.3元，一学期的所有费用只有16.3元，窘迫程度可想而知。

王旭东不仅让出助学金，还给了我不少的衣物。有一条老式下摆上翻的干部裤，我一直穿到工作两年后。此外，像钢笔、纸张、小件物品等，许多年后都还摆放在我的办公桌上。

1980年国庆节，合肥同学邀我们过去玩。我随王旭东住在他家，吃、行、用都由他承包，他的父母、妹妹对我都像亲人一样，使我感受到了家的温暖。现在想来十分惭愧，我是空手登门，连一斤水果都没买，每每想起，顿感脊背上有汗渗出。

王旭东经常给我讲他上中学和插队时的谐闻趣事。他说他在插队时曾遇见过一位艺术家，就是后来主演《绿色钱包》的胡浩，说他自己受到胡教授很多熏陶，写作、说话、动作特别是帮同学摆拍，都有胡教授的影子。那一天，胡教授突然来访，我们都吃了一惊，同时也感到很惬意。这样的名人可不是一般人能见到的啊，要是放在今天，那粉丝团定会把寝室挤爆的。

王旭东那时跟我谈得最多的是前途与理想，同时也有友情、爱情。他曾说，人一定要有事业，一定要有追求。当时他就劝我要自学外语，说将来不懂外语的大学生是没有出息的。又说，友情是一辈子的事，大学友情来之不易，要懂得珍惜。当时我还小，许多道理似是而非，结果是句句切中要害，样样都在践行。

同学们都说，我是王旭东的跟屁虫，这话是有一定道理的。大一的时候，我们在一张桌上吃饭，我总是和他坐在一边。有一次他跟我开玩笑说，小夏，你看前面桌上艺术系的那位小姑娘长得多秀气，介绍给你吧。我那时哪懂得那些，弄得我很不好意思。早饭后，我们沿着报告厅一起走到教学楼。晚饭后，又一道去图书馆，我经常抢先一步去大厅占座位。晚上十一点多，我们从图书馆回寝室，经过运动场时，他还坚持拉几次单杠，我也随之活动活动。

大二时开始站队买饭菜，我基本上是和他一道去排队。那年冬天为了吃上炒青菜，下午四点半就去排队，因为是图便宜，不好意思，我有时独自一人悄悄前去，事后总被他批评。他说，我也买青菜呀，如果觉得不太够味，晚上我们去向阳饭店解馋嘛。当我还在呵呵的时候，他就拉起我的袖子，一起赶往向阳饭店了。

那年，班级搞演讲活动，他鼓励我积极参与，说是要参与集体活动，接触更多的实践，才能锻炼自己。我因水平有限，实在没信心。他就说，你对诗歌有兴趣，不妨就在诗歌类选专题。当我答应后，他还帮我做准备，找资料、谈框架、做设计。虽然这只是一次班级活动，但对我来说，就是一次大的历练！

大三时，我们开始偶尔在寝室里烧菜或煮鸡蛋。我现在的荷包蛋技术就是那时跟王旭东学来的。有一天，王旭东用姜保民的煤油炉做海带汤，上面还特地洒了些许麻油，香味直冲鼻孔。他让我和方亚光去食堂打饭，当我们兴致勃勃地打完饭回来后，王旭东一脸沮丧，怎么了呢？因为太烫，他在端锅时，一下弄翻了，一锅汤全泼到地上。他为了不让我们太扫兴，就连忙说，我们再来，于是有了盐、水、麻油、酱油的清汤又煮开了。

学校在南京做社会活动期间，我与王旭东分在一个小组。参观学习之余，大家都忙着去看景点，留影像。有一次，大家准备照相时，找不到王旭东，正着急，不知谁说了句，问问小夏不就知道了。因为，大家都知道，我基本上是拎着王旭东的相机套，跟在他的后面走。

大四实习时，小组内都要事先练习。大家轮流试讲，每个人试讲后，小组内其他同学帮助修正。当时，王旭东指出我上课动作幅度大，说话语速快，字迹潦草。可惜许多年来我改了又改，还是难有多大成效，怪我学习长进太小。而王旭东上课则有着大开大合的天赋，有指挥家的气度。后来，我们都分在芜湖十四中实习，王旭东每天喊我起床，有时从学校大门进出，有时则直接翻墙抄近路，坐公交、走小巷，一同来去，在那条马路上留下了我们长长的影子。

王旭东不仅小提琴拉得好，摄影技术在那时也算是一流的，班级很多同学的照片都是他照的。他还曾把给我拍的《逆光照》等作品发表在胡教授任摄影编辑的《戏剧电影报》上。我们今天保存的在师大及南京、合肥的许多照片都是经王旭东之手的。

大学毕业后，我又几次求教于王旭东。在自己成熟之年，还能听到他温和的教诲，真是受益匪浅。不惑之年的王旭东显得更加成熟老练，一副

学者的派头，又不失礼贤下士的姿态。1994年我去合肥时，他已是合肥教育学院副教授（1993年获评聘）。他邀请我到他住的地方，不厌其烦地问及我的生活、工作等情况，给了我很多的指点。交谈中，我发现，他的学问大有长进。我原本以为，王旭东既懂音乐，又懂诗歌，天生的艺术家素质，应该向艺术方向发展。但他却在历史研究领域迈出了一大步，他后来送了我一本自己撰写的专著《周恩来的魅力》。那时，我还只是编一些历史试题集、历史学习方法点拨之类的大众应试丛书，在中学历史界也算过得去的，但与他相比，差距可想而知。

2002年我们毕业二十年相聚时，他和我开玩笑说，现在应该喊"老夏"了吧，听说你在县城中学当副校长了，很不错呀，将来应该是校长的人选啊！说得我很不好意思。

王旭东在自我介绍时，说他已经调到中国社科院世界历史研究所，现在已经有多篇论文发表。我后来听其他同学说，王旭东很刻苦，也很自律，他放弃了个人的音乐、摄影爱好，在专业领域苦苦求索，取得了较大的成就，所以顺利地进入了世界历史研究所。

我的零号寝室

——1978年

杨辅仓

话说安徽师范大学零号楼，老师大男生大多知晓，零号楼有个零号寝室，他们就知之甚少，我就住过零号寝室。

1978年10月，我乘坐绿皮火车，从撮镇站出发，过二坝来到镜湖之畔赭山南麓的安徽师范大学，就读历史专业，这实在是我的人生转折。

2018年10月10日，在教坛耕耘几十年，已经退休离岗的我，特意再乘绿皮火车来到芜湖。这天，我怀着别样心情走进师大校园，走进文科教学楼。

曾经的教室，已成了新闻专业的自习教室。我独坐约半小时，四年的点点滴滴记忆碎片，呈现脑海。我幸运自己结交了历史系一九七八级的兄弟姐妹，幸运自己享受诸多名师的教诲，幸运自己由一个农民出身的民办教师转型为从事历史教学的中学教师。中午，我在过去的第一、二食堂合并的新食堂就餐，体验了一把当年吃饭的情景，餐后则直奔过去的零号楼。

零号楼的零号寝室，地处零号楼的地下室，住有历史系一九七八级的九分之一学生，它的命名还与我有关。当年，我担任一班的生活委员，检查寝室卫生需要登记上报，这个没号牌的地下室就被我登记为零号寝室。

1978年10月，零号寝室住进我们十位同学。他们分别是：来自黄山的李沛明，退休前是黄山市教科院副院长，长期从事历史教研工作；来自蚌埠的嵇成中，零号寝室寝室长，知名的教育专家；来自无为的吕爱民，后来转型从政；来自合肥的刘哲和来自宣城的冯有生岁数较小，刘哲退休前任安徽人民出版社总编辑，冯有生前后任过宣城中学校长和宣城市教育局副局长；来自亳州的牛志强，是我后来交往较深的好友，曾任亳州市政务中心副主任，惜已过世；来自宣城的杨志明，先后任教于水阳中学与双桥

中学，可惜英年早逝；来自泗县农村的高道友，与我家境相同，弟妹较多，退休前任职宿州市讲师团，多才多艺；来自芜湖的李晋陵；来自肥东撮镇圩区的杨辅仓，先后任教于肥东二中与合肥七中，是零号寝室中最平庸的一位。据沛明评说十位兄弟：老嵇沉稳；志强黑，是零号寝室中唯一的中共党员；小冯拘谨，守规矩；晋陵帅气，见人就有标准的举手礼；爱民精明有头脑；二杨"豪气"；沛明与小刘是寝室"搞怪"的主要责任人。再加上我对老高的印象是从不轻言，读书肯用狠劲。

零号寝室的历史，严格来说不足一年。1979年6月底，一夜大雨，寝室进水被淹，脸盆、鞋子都漂起来。因祸得福，零号寝室的历史画上句号，我们搬迁到历史系办公室二楼的最西边，住上了有木地板的两间套房，四人一间和六人一间，这一定是当时安徽师范大学学生最好的寝室。这里有两大优势：其一是安静，没有学生宿舍楼的吵闹；其二是行动自由，外出看电影或干点什么，是绝对自由。乐极生悲，一年后的期末考试前夕，两位老兄看夜场电影回来忘了锁门，遭到小偷的洗劫。这次失窃，最要命的是裤子没了，裤带也就没有，又赶上期末考试就是当天上午，好像是让沛明上街集体购买的裤带。

192

1980年9月，我们再次搬迁回到男生宿舍楼，零号寝室的成员从此发生变化，十人变成八人，老高、小冯、晋陵去了其他寝室，金辉兄来到我们寝室。随后的两年间，由于学业日益轻松，人与人的友情日渐增进，我们的寝室生活日益丰富多彩。今天我回想起来，四年同室，四十余年友谊，倍加欣慰，倍加珍惜。

"师大同檐"，记忆长存！

忆三位早逝的兄弟

于志斌

一、黄忠超：一个忠义超迈的人

2019年11月12日某时，我在书橱里顺手拿了一枚印章，随后在几十本书的环衬或者扉页上钤印。我用印章后心里有一阵子难过，原因在于篆刻这枚印章的大学同班好友黄忠超兄与我天壤相隔已八年矣。

我只有五六方姓名章，是四五个人分别为我镌刻的。他们中有的人是文化名家、博物学家、书法篆刻家，还有一位运动医学专家。我又想在这几方印章中偏巧拿出的是忠超刻制的印，又不假思索地盖在了我的一批入藏市图书馆的图书上，这是冥冥之中的安排：从此忠超之印与精神之我共享悠悠的馆藏岁月。

我渐渐地平复了心情。我与忠超什么时候交好的，什么时候延续和发展友情的，什么时候诀别的，却是一幕幕都浮现眼前，这些故事既平凡也可圈可点。说起来它们平凡到不足为训，却又那么异乎寻常，像一首动人的风趣的歌曲，萦绕不去。

2011年9月的一天，我听说忠超快不行了，从合肥驱车到宿州去看他。这动人的心曲在忠超兄的病榻前便定格了，化作永恒。

与忠超话别和握别后，我驱车于午后两点左右赶到了蚌埠，同班好友吴雷兄早已备好饭菜，我们边吃边聊着忠超的故事，共同祈祷奇迹出现，让他继续潇洒在人间。

10月10日，忠超走了，真的再也看不见他了。我在当晚闻讯后含泪执笔，一挥而就。此即《兄去何急?! ——哀悼黄忠超》。

黄忠超是江淮大地孕育出的大才子！

三十多年相知相交，兄的一举一动时常在我眼中浮现。他的笑，是一种嗅之不忘的篆烟，是挥之不去的祥云。品味之，不由得你不在内心里跟着笑……我在南疆，兄在江淮名邑宿州，相隔千里，没见他笑，怎地我一想到兄，还是那么开心，那么得味？

据说：人中极品的第一印证，便在于他是不是能带给别人欢乐。又据说：将大才子与人中极品集于一身的人，其前世必是修炼得大欢喜，再飘然一现于今世。

九月二十三日，我闻讯驱车前往宿州，兄在医院的病榻上接见我。他吐语诙谐，并在《宿州赋印谱》上为我题字、钤章，拿笔的手臂上还扎着输液的针。我站在旁边说，你等着我的书评。兄愉快地答应了，兄哈哈大笑了，输液皮管被他笑得晃来晃去。

我翻阅《宿州赋印谱》多时，爱玩不已，关于印谱的书评也在腹稿之中，可是吾兄竟于今晨仙去。

上苍不耐人中多极品，莫非这又是天乡故事：忠超是奉召去了缥缈无垠、汗漫无际的天乡。诗词歌赋文俱佳、书法金石精通的忠超，另有委任……兄去何急？不想听我说道说道你吗？不想听我品一品印谱吗？兄来人间五十四载，兄去何急！

这篇悼文《兄去何急?! ——哀悼黄忠超》只在个别同学中交流了一下，没有正式发表。《宿州赋印谱》被我带到深圳，也还没有细品。

《宿州赋印谱》之出版与2008年间《光明日报》谋划《百城赋》文事向全国征文有关。其时忠超应征，与鄂化志共同创作了《宿州赋》（兄为第一作者），在《光明日报》之《百城赋》专栏发表。之后，兄将赋文篆刻成一百二十余方印章，并诸多边款；又书《宿州赋》长卷。《宿州赋印谱》收录了以上作品，光明日报出版社于2010年8月出版。从刻制一百二十余方印章到入谱于书中出版，又费时近两年时间。此役不知费去我兄多少日夜，耗去我兄几多心血矣！

《宿州赋》以赋体文学样式历述了宿州的历史文化、水土形胜、风物人情、乡贤绿林等，表达了对宿州美好未来的憧憬和向往之情。《宿州赋》长卷集聚了忠超一生的书法修为，已被镌刻碑上立在当地。而在一百二十余方印章上，忠超用各种章法和刀功营造了疏可跑马、密不透风的美学空间，我仿佛看到了刻印的黄忠超：他一会儿激情四溢，一会儿敛容肃穆，在俯首挥刀的一刹那凝固成雕塑。

忠超在用其文才和史识赞美乡邦文化、弘传先贤事迹上，显现了他具有浓烈的在地关怀之素养。他对家乡的爱，用他喜欢的赋体、喜欢的书法和金石艺术充分地表达了出来，碑在书在金石在，还有什么比这样做要好呢？

忠超的幽默风趣在同窗各位是有目共睹的。我大概就是被他这种幽默与散漫并呈的禀性所吸引，在大学里奠定了友谊，工作后还时常想念对方。有一年在亳州召开《亳州市志》评审会，我是这本书的责任编辑，同窗好友牛志强兄是《亳州市志》的副总编之一，我对志强说想见黄忠超、吴雷，你邀请他们到亳州来，分别在合肥、蚌埠、宿州、亳州的哥四个借此聚聚。忠超那时在宿州党史办工作，也对口；吴雷在蚌埠日报社当负责人，搞文宣可是一把刷子；更何况我们又都是学历史的，当然能为《亳州市志》的结项做点贡献。我想得美滋滋的。志强接电话一听我的提议就说，我俩想到一起了。忠超被邀请后欣然前往，吴雷因为工作太忙走不开。亳州开会间隙自然要喝两杯、合个影，在我俩忽悠下，忠超代表吴雷分别与我俩干杯，呵呵；喝完酒又开开心心地照了相。

1997年底我到深圳工作，忠超是有些不舍的，好在不同于到国外去的人，我俩很快就在深圳见面了。忠超那时已经调任宿州市委办公室领导，我看他依旧是风趣、乐和、散淡的样子，相叙甚欢，一扫我的倦怠和郁闷。

转眼间到了2003年。这一年"非典"肆虐，南方尤为险绝。我作为出版人虽然不能像医卫工作者那样到第一线去抗击"非典"、拯救病人，却也心有所属、想有作为，因而为策划图书选题昼夜宵旰。我想到用韵文形式歌颂在抗"非典"日子中涌现的人和事，提出了创作和出版《中华抗"非典"四字歌》的方案。从4月中旬酝酿、下旬形成选题思想，廿九日向市委宣传部呈报方案，至5月上旬"四字歌"被列作深圳市委宣传部的宣传项目，我一手操办了社内外的文案。

我当然是孕育《中华抗"非典"四字歌》一书的关键人物之一。可是要把选题策划变成图书出版，最终呈现在读者面前，却又谈何容易。要在保证内容质量的前提下以最快的速度出书，这又是难上加难。

须知在策划和拟定文案过程中的第一个约稿对象不愿意做这本书，找作者成了我的难心事。我打电话给忠超讲讲"非典"疫情、诉诉工作苦水，试探性地表达了请他攘皓腕于宿州兮的意思，话音未落，只听忠超在那厢大声说"我来做"。我虽已深深地触摸到了他话中没有一丝游戏味道，仍然不放心地说了句：时间很紧，行吗？吾兄坚定地说：行！

自5月上旬忠超说出"我们来做"至五月底出书，吾兄才是《中华抗"非典"四字歌》创作出版的关键人物。

当年的文稿档案还在：已经看不清字迹的传真稿件，我起草打印的编写指引（一）（二）（三）（四），给上级的方案、报告，我改写的四字歌手稿，还有名画家王建明先生的配图等，翻检一过，我心中泛起了波澜，耳旁也有战马嘶鸣的声响。

忠超"我来做"三个字就是这波澜中的一声巨响，就是这声响里的咆哮。由他主创的《中华抗"非典"四字歌》分为众志成城篇、科学防治篇、火线风流篇、人定胜天篇，以四字韵文、每八句一节的形式，反映和讴歌了在"非典"袭来的动人事迹、民族美德、科学精神；左文右图，一韵到底，图文并茂，寓教于歌。

我在《中华抗"非典"四字歌》的《出版后记》中写道：

天下兴亡，匹夫有责。

这照引我们千秋万代的民族精神，谱写过无数可歌可泣的华章诗篇，早已化育出亿万颗同律动的心，挽结成亿万双共负重的臂。

当"非典"肆虐，我们心相连，臂挽结，科学防治，抗击凶毒。当"非典"肆虐，世人分明看到：华夏大地，这边厢，壮士解腕，豪气干云；那一隅，马革裹尸，精爽流布。我们无不为之动容，我们岂能无动于衷？我们笔墨饱满，我们思绪激荡，直欲刺杀"非典"妖魔。

当我们将创作《中华抗"非典"四字歌》的构想，告诉皖中才子黄忠超先生时，他攘臂挺身而出："我来做。"我们对谈创作思想，擘画韵文格调，谋篇布局多有吻合。于是，由忠超先生主持、总修的编写组形成。从忠超先生一声"我来做"到完成"四字歌"的创作，整二十天。正是铁肩担道义，妙手著文章。早已眦目欲裂、恨杀"非典"的忠超先生和编写组成员，不辱使命。

感谢黄忠超先生，感谢黄忠超先生执长（掌）的中共宿州市委办公室——编写组汇集了这里的精英。

资深出版人李青先生在审读意见中评价《中华抗"非典"四字歌》：全书仅1400余字，然内涵丰厚、风格独特，读来如诗如歌，如切如磋，壮人情怀，催人奋进，发人深思。它在语言上短小精悍，高度凝练；在韵律上谨密周严，自然天成；在节奏上铿锵有力，慷慨激昂，深得古人歌赋挥洒自如的典雅风致。全书既格律工稳，又注重参差变化，避免了刻板化；既大量用典，又做了精当的说明，兼顾了雅俗共赏；配图与文字内容浑然一体。此书不失为一部倾情打造的大众精品。

阅读界对此书的反响热烈，多篇文章给予好评。《中华抗"非典"四字歌》出版发行了五万七千册，获得了2003年度全国城市出版社优秀图书奖一等奖。

走笔至此，我亦深感欣慰。因为我与忠超的相交相友实践了人无趣不可交、人无癖不可交的古训，并且各自的趣味和爱好有了相洽共融的升华，从而说明了人有义更可交的哲理。个中之"义"，道义也。忠超兄，弟此说可乎？又或说友者"三益"忠超俱得之。

忠超在驾鹤仙去之前，完成了一大心愿：为两个班八十多名同学每人刻制一方姓名章且都有边款，石料亦为他所购，无偿赠送之。我那天所用印章即此役成者。自此而后，印和书在馆中相与共，那里岁月静好，我俩不亦快哉！

二、我的好兄弟牛志强

我们班在深圳举办毕业三十周年聚会活动时，牛志强兄与我有单独交流。我看他的面容似乎又黑了一些，担心他肝不好，便要他少喝酒，把酒戒了最好。不过志强好像习惯了喝酒，在同学聚会期间还拉出了一帮人去

喝酒。有人说酒是回归故乡的路，在若有若无明灭不定的光线里，一个步履飘逸意兴阑珊的酒仙已然回到了家里。是耶？非耶？

在四十多年前，亳州籍的同学牛志强就已是酒仙了。亳州的古井贡酒仿佛和志强融为一体了，这使他像一块吸铁石，好这一口的同学也多多少少把他当作了一个核心。而这个核心也帮过一些同学买酒，这在当年是极不容易做到的事情。

我把酒以及喝酒看得重要，跟家父能喝有关。我虽然常得家里酒香之熏陶，却是一喝酒就脸红，浑身过敏起癍块，是以断了喝酒的念头。上大学后我渐渐对酒感兴趣起来，后来竟有了心向往之之情。想来我喝酒被启蒙的前半程来自父亲，后半程来自同学——主要是志强这个核心。

我不记得与志强何时交好的，我也没有托他买过酒。应该讲我是被志强的魅力所吸引，在学校时对他的印象至今鲜明如初，栩栩如生。志强是个阳光灿烂的人，他笑起来总是会呈现一口白牙而熠熠生辉。志强是个幽默有趣的人，说起自己是《向阳院的故事》中某小孩的原型时，那真是天花乱坠而举座皆欢。志强是个厚道爽直之人，说到做到，做不到就狡黠地一笑……

1980年上半年某天，我说暑假里要去河南鹿邑看望祖母，路过亳州，想去看看三国地下运兵道。志强一口答应了，还说你一定要来啊。我果然如约，于7月下旬到鹿邑看望祖母，返程就在亳州下车了。我上午与志强见面，准备与志强吃个中饭，饭后去看一看运兵道，然后就坐车去阜阳。中饭是在志强家的院里吃的，他拿出古井贡酒招待我。志强邀请的发小在该到的时候到达了，他几乎没啥寒暄的就直奔主题，找我干杯起来。他俩讲着酒文化和酒场规矩，我和着节奏跟他俩一杯又一杯地喝着。

我那天也怪，史无前例地没有感到任何不舒服，更没有呕吐和头痛什么的不良反应，结果是我快快活活地睡着了。这就是我喝酒历史上的首醉。等到我醒来时发现志强站在身边在说话。原来我是被他叫醒的，他说晚上弄点稀的喝喝，问我行不行。我赶紧说票都买好了，还得去阜阳呢。志强说去什么阜阳呀，我已经把你的车票改成明天早晨的了。原来志强在我沉睡中从我口袋里摸出了车票，为我换了张车票。这还有啥好说的。接下来更让我感动的事情发生了。

志强说："你不是要去看地下运兵道吗？现在天已黑了，那几处已经关门了。家里稀饭正烧着呢，我带你去一户人家看一看吧。"我当即把头点的就像饭瓢一样。志强领着我到他熟人家，说他熟人家院里挖了一个进口，通过这个进口可以进入运兵道。我探头探脑地朝里面看，只觉得黑黢黢的，想到来一趟也不容易，便毅然入其内，可还没怎么挪动身子，就听有人说"别进了，别进了，里面封起来了"。

这就是我寻游三国地下运兵道的往事。虽然后来我又去了亳州几趟，却再也没有去看地下运兵道了。自那一日至今，我对人家说到了亳州，必然都会说自己看过了地下运兵道，还要强调一下是我同学带去看的。我以为这就是最美好的纪念。

在大学时我总觉得光阴走得太慢，四年时间太长。回首往事，却十分想念大学生活，我连做梦都梦到重回校园。在读书时不少同学都曾暗自发奋努力，憧憬在工作中实现自己的人生价值。可走出校门则是别一样的世界，对很多人来说有一份称心而稳定的工作就不错了。志强毕业后在中学工作了几年，后调到了地方志办工作，我听他说起，知道他对新工作是很称心的。我深以为佳选。

读一读历史就会知道方志有多重要，又因为重要就在我国形成了纂修方志的传统，明清以来官方修志，个人也修志。中华人民共和国成立后，一些中央领导人习惯于从地方志中了解一城一地的情况。20世纪80年代，我国逐步恢复了修志工作，各地相继成立了机构。志强正是在此一历史背景下进入了修志单位工作。我闻讯而欣喜，为他履新而高兴，祝福他做出成果来。

须知在国务院公布的第一批中国历史文化名城名单中，亳州在内，全国也只有二十四座城市入列。列入名单不仅是荣耀，还是责任和担当。亳州具有极其厚重的历史文化内容和地方特色，它是老庄文化的最初流播之地，是建安文学的滥觞之地，是明清商业流通的交汇之地，是我国中药材聚合流通的中心之一……亳州入列我国历史文化名城名单，昂首挺胸，当之无愧。

在历史文化如此厚重的亳州开展地方志文献资料征集和志书编辑出版工作，自然是非常了不起的，如志强这样的人才也是大有用武之地的。而

我们的同学牛志强到这里工作，一方面充满了挑战，另一方面也意味着他要以所学来知行合一。志强最重要的工作目标是编修出版一部《亳州市志》。由于亳州特殊的地位和丰厚的历史文化，因而把这部志书的编辑出版意义放在国家层面来看，是完全站得住脚的。

亳州是具有较大影响力的城市，更是财政收入较好的地方，而国家在地方志编修和出版的费用方面，明确由各地财政拿钱。于是乎对《亳州市志》觊觎者众多，以我为代表的黄山书社便是其中之一。从公对公方面来讲，黄山书社没有竞争优势，但黄山书社有我，我有志强兄做强大的内应，加上时任社长非常支持我抓《亳州市志》，我遂与皖省名记何宗军一道于1990年某天，一行五人驱车从合肥到达亳州，联系《亳州市志》《中国历史文化名城——亳州》两书的出版。

实际上何记者拟写的《中国历史文化名城——亳州》泡汤了，亳州有关方面已许诺接受另一家出版社的同类选题。我争取《亳州市志》在黄山书社出版的工作，只有看志强这一头了。正是在志强的一再斡旋下，志办杨主任与我见了面，后来相处也越来越融洽，终于我被邀请参加《亳州市志》的评审会议了。我在纪念黄忠超同学的文章中已有披露，此处不重复了。

此时志强已经担任市地方志办公室副主任，我亲眼看到他在志办的工作中承担了大量具体而辛苦的工作。不过令我最感动的是他为志书放在黄山书社出版所做的工作，而这种工作不仅要有游说的本事，也要有亲力亲为的劳作，更需要用一些智慧。比如在牵线搭桥后他就不常与杨主任一道与我见面了，而是暗中会对我叮嘱一番。我在他兄弟般的指导下，迅速获得了杨主任的信赖和好感。

志强在与我交谈中，每每说起依靠自己的专业素养和办事能力解决了许多麻烦事情时，流露出的那种担当和自信之情，都深深地感动了我。志强在我的印象中确实还有嘻嘻哈哈、漫不经心的一面，可是此一时彼一时——我从言谈中分明看到了志强的美好人格，他内心世界丰富多彩，感情深沉，是一个有抱负之人，是做起事来力求完美之人。

《亳州市志》在安徽省志办审核通过后，仍有人找关系想得到该志的出版权，但《亳州市志》最终还是交给了黄山书社出版。在这部志书的编辑过程中我担任了社领导，可我决定必须继续独自担任这部志书的责任编辑，并且要做好编校工作。1996年初，《亳州市志》出版。后来在安徽省政府设立的"安徽省图书奖"首届评审中，《亳州市志》荣获二等奖，而这一届一等奖空缺。有知情者在评奖一年后告诉我说，本来一等奖就是《亳州市志》，可是被干扰了，于是评委会干脆把它与某书都上了二等奖以事。

《亳州市志》获奖时我已在深圳工作了，我闻讯后立即向志强报喜。好像那时他们的工作重心已经转移到年鉴上了，志强已经有了去心，电话里听得出他对获奖之事似乎心不在焉。可他哪里知道"安徽省图书奖"的奖励对象虽然是出版社（主要是责任编辑），而在我心里则觉得这份荣誉理应与志强同享。

志强后来确实调到一个新单位工作。直到有一天他来深圳我才知道那时阜阳的政治生态是什么样子，知道他不那么称心，知道他碰上了倒霉事。我带他到深圳有名的海鲜大排档盐田食街喝酒，那一次我俩喝的是红星二锅头。喝完酒后稍事休息，我俩便唱着歌往志强住的宾馆走去，就像回家回教室回学校宿舍一样。

2015年5月9日，志强兄远行去也。我闻讯悲痛万分，与志强之往事联翩而至，不禁写了一副挽联：

> 赭山月白，镜湖莲翠，长江滚滚吞红轮，风雨同舟，晨昏同窗，卅年知交慰行旅；
> 运兵道曲，花戏楼高，古井醇醇飘悠香，情谊无价，生命无常，一旦诀别痛心肠！

我把挽联发给志强的夫人，请他找人书写，要在火化那天烧掉。我人没到场而心意不能缺席。

三、日记中的王俊祥

【1980年3月18日】下午的一封信被哥们偷瞥到，引起了哥们对俊祥兄的恭维和祝贺。因为俊祥兄收到了恋人的来信。我竟然不知道他有恋人，我自以为知道他的事情最多！我思俊祥兄从未对我说起这事，说明每个人

的心扉里都有自留地，地里"种"的是自己品味玩赏的一点秘密。

他是个老实人，以致恋人来信的第一行字就被人窥见了——"亲爱的祥"。多么惬意温馨的语言！我想，俊祥兄看了这封信后不知会怎样热血沸腾呢？他会在晚上的自修时间里，搜肠刮肚地遣词造句，写一封热情洋溢的信，回复他那位"亲爱"者？以俊祥兄的笃诚和才华，是不会怕麻烦的，一封情书还不是随手拈来。

在教室里我恍若见到俊祥兄笑了一个晚上。这封令他发笑的来信好像有半斤重呢。他不把这封来信当作一本专业书来认真阅读、领会，那才怪呢！俊祥兄的笑，是他从中应享有的快乐。

恋爱，或许是人的一种感情锤炼吧。人们也许能够从恋爱中吸取力量，由幼稚变得老练。恋爱的人都是幸福的吧？

在我眼里恋爱着的哥们似乎是喜在心中而决不言之于口，默默地看着远方的来信，偷偷地端详照片上的倩影丽姿，可心花怒放的表情溢出，终于不能瞒过他人。我宿舍里的几位哥们充满了被爱的味道，时常带着那种乐在其中的微笑看着远方来的信。说老实话，这使我"春心萌动"。

【今案】我养成了写日记的习惯。自1979年9月至1982年8月这部分，我题为《校园远情录》。以一个出版人的眼光看去，远情录具有一定的出版价值。王俊祥兄的名字首次出现在本则日记中。不过在1979年11月10日记有"王兄"跟"贺兄"辩论的趣事。"贺兄"可以确认是贺宿芜，但是"王兄"是谁呢？经贺宿芜兄回忆，这场伟大辩论中的王兄得到确认，即王俊祥也。不过该则日记显然是夸赞贺兄的，何况写俊祥兄的文字无多且其辩论中落在下风，就不录了。

【1980年11月14日】当我回到宿舍，哥们听说我得了肝炎，个个吃惊。他们都来安慰我，尤其是王俊祥的言行令我深为感动。五个哥们送我翻过了墙，我得以很快坐上公共汽车，接着转乘轮船，不久又上了火车，于当晚就到了家。

【今案】这一天在历史系办公室报告病情请求病假时，系某副主任一听我是急性肝炎，一下子从椅子上跳起来，然后离我远远的，情形可笑，至今不忘，而其与俊祥诸兄相比较，真是云泥之别。

【1980年12月3日】小培带来了王俊祥兄的一封信，我从而得知宿舍里

又有两位哥们生病住院。看来我们宿舍是灾星高照——按迷信说法就是风水不好。任欣平不幸患了阑尾穿孔，为救命他开了一刀。这位老兄在我临回家时还安慰我，一直把我送到学校的墙边。真是"人有旦夕祸福"，下次还不知轮到谁呢？

王俊祥的信写得很风趣诙谐，也充满了感情；在文字艺术上值得我佩服，我自叹不如！俊祥以"愚兄"自称，谓我以"贤弟"。"贤"字不敢当。想俊祥平素的为人处事是值得仿效和学习的。他的待人以诚、温和少语都是他过人之处，为宿舍哥们所不及。俊祥兄的谦恭常常可见，屡屡使我感动，甚而谓之曰"不要谦虚么"。可是俊祥总是笑笑而已。他的谦让风度决非做作，而是多年形成的一种性格。

俊祥兄之家庭情况知者均会油然而起怜悯之心。其父七十多岁一叟，是搬运工人；母亲大人是家庭妇女。他父母年事已高，但尚在为生计奋斗。俊祥兄是在这样的环境下全靠自学，装了满腹墨水……俊祥兄是一个有作为的人。

【今案】俊祥兄曾对我说，他的古典文学知识在"文革"中得到龚维英的教诲。龚先生，曾任《江淮论坛》编辑。小培，我大姐于志新也。

【1981年5月28日】宿舍除我是诗的门外汉，其他人常常能够来上几句：常有一人背诵出一句诗后，又询问他人并要他答出该诗源出何作，这是一。往往一人读诵诗歌，另一人不待其读诵完毕就自个儿背诵起来，这是二。往往某人心血来潮便顺口而出一诗歌耳，这是三。他们不是诗人胜似诗人。这些人——尤其是王俊祥、王效光、张小平三人，常常还对诗句中某词各自加以解释，互相争论不休，大有文人气质。

【1981年6月6日】今天是端午节……中午吃午饭时，我与俊祥兄相向而坐，同吃着一饭盒的菜；在咀嚼这些与往常味道完全相同的菜时，我想起家里的人是如何咀嚼他们的菜的。

【今案】此则还记录了中饭之后宿舍同学去教室搞卫生之事："似乎是为了帮助节日里总不堪消化的腹中食物，拿着脸盆、擦桌布，经过烈日的沐浴到达教室，进行了一场与灰尘打交道的工作……七壮士挥舞起扫帚，摆弄着擦桌布，在不大的教室里运动开来。灰尘弥漫，每个人都'盛情难却'：吃了教室给我们的节日礼物——灰尘……试想有哪位能在节日里吃上

一顿灰尘呢?"

【1981年10月1日】学校发了五毛钱价值的餐券,对我和俊祥兄来说只是一元钱,中午合伙从食堂打回来的一点菜,要喝一场酒显得十分不够。但是我俩决定要喝酒。正在这时,那边用三张券合伙过节的张、朱二兄说我们菜不够,拼命鼓动王俊祥去用粮票换鸡蛋。我说不用换,我们的菜比他们的还好,说完就拿出了菠萝罐头。

【今案】此则还有一段有趣的:"此后我俩便假意地请张、朱二兄品尝。他们婉谢之,也十分不愿意看我们吃喝,尤其是不想用眼看菠萝。我以为他们是真正地不屑一顾呢。哪知道当我和俊祥喝酒即将结束时,朱、张二兄相继对菠萝发生了兴趣,主动提出想要品尝。我十分慷慨,真心地请他们动手,还对朱兄说'捡块大的'。哪知道他早已看准一块'巨型'菠萝下手了。我们这个节日过得不算差,完全像是演了一出戏。"

【1981年10月23日】今晚俊祥用粉笔写了"倘能生存,就要战斗"的句子,问我这句子是谁说的?我明知道是谁说的,故意说不知道,并请他"问"别人。他说别人都知道。也就是说,别人都比我强,我在他眼里的位置如是而已。这多么刺激我。

【1981年10月27日】王俊祥写了一首诗,叫《苦中乐》。他用了"舌耕南亩,年年收得喜悦的硕果"一句。舌耕,意谓教师苦口婆心,滔滔不绝,呕心沥血,用语言教育下一代;南亩,则引用了诸葛亮"躬耕南亩"之典。

【1981年10月30日】王俊祥有时"憨"得可气,有时精得使人发呆,在关系到实质性的问题上,他就像诸葛武侯一样不糊涂。这老兄凭此将来定会出人头地——加上他的文采。

【1981年12月5日】王俊祥真幸运,为最后一个发言者。张海鹏教授恰好进了本宿舍,原来不想多讲的俊祥滔滔不绝地把文章念了一遍,共花了三四十分钟。他这个出人意料的举动大有彰显文才的效果。

【1982年1月1日】新年第一天很快就过去了。我竟然午餐、晚餐均在饮酒中度过。午餐是在教室里,临时决定与王俊祥聚饮的;另两位也来加入,四人合在一处,一斤啤酒、一斤汽水被不当一回事下了四人肚子。

【1982年2月18日】王君俊祥颇得诸君友善之,今日观来,我是善识人的。在四年以前,我便已知王君是可交之人,纵然因故怒颜相对也难撩其

田里趋山

安徽师范大学历史系一九七八级回忆录

一怒。性情如此，何人不喜？加之他才思敏捷，文才颇高，何人不欣？

【1982年2月28日】上午安排生活，烧菜，我和王俊祥吃得痛快。由于他考研究生，烧菜这种事情落在我身上了，我勉为其难。生活应当如此有节奏，星期天理当解除精神疲倦。

【1982年3月26日】有时我对花钱买菜买煤油点火开灶并请俊祥兄一同享用，产生过一点可怜的心理：我吃亏了。我为什么不考研究生呢？在最近一段时间本宿舍的哥们凡有食物，俊祥老兄总被殷勤邀食。如吴雷烧了一点杂酱，三番五次请俊祥兄共享。王俊祥兄已是本宿舍的特殊人物了。大家美其名曰对他的这种邀请是为了补养他老哥过度劳累的身体；虽然有时只是青菜之类。而王俊祥兄大有"受之无愧，却之不恭"的风采，居然给每一位邀请者赏脸了。他对我烧炒的菜肴吃得更是心安理得，这乃因我们有过吃饭合作的历史。

【今案】本记中"吃饭合作的历史"是指我和俊祥兄把各自的饭菜票集中放在一起，分工一人打开水，一人打饭菜。好像我打开水的次数多一些，他打饭菜的次数多一些。吃饭的时候，我俩还可以吃对方饭缸里的菜——自己饭缸里多半是另一种菜。我在肝炎治愈后，因为胃纳差申请使用煤油炉蒙准，是谓开"小灶"，俊祥兄顺理成章常常共享之。

【1982年3月30日】课中，刘继红诡秘地对我说，王俊祥在语文比赛中获得一等奖。这其实我早已知道。王俊祥正在以自己的努力，向社会表示他的存在；他的前途是光明的，不可限量的。这四年里，王俊祥个人的变化，使班级、年级的同学越来越多地认识到他的价值，他已由默默无闻达致盛名在外。我不嫉妒这个人才，相反还会因自己在两年前就认识到这个人的"价值"而自豪。

【2001年12月27日】今年年景不好。从春节期间的王俊祥去世，到年中的吴广安病逝，到本月中旬的汤德用、毛放民的车毁人亡。总计，同学、朋友、熟人弱了四名。我都发了唁文。

【今案】此则是王俊祥兄的名字在我日记中的最后一次出现。2001年1月5日，王俊祥去世。

今年是王俊祥逝世二十一周年。在此前二十一年中俊祥兄从没有离我而去，只是换了一种形式与我在一起。俊祥的夫人王丽、女儿王璇早已是

我夫妇的亲人。我们能有这么大的缘分，源于国家恢复高考和实施改革开放的治国方略。

在2000年间，俊祥兄身体情况不太好，身体内又发现了癌细胞，我听说后非常焦虑不安，很想去见一见他。我决定去六安看一看俊祥兄。我到合肥向莫欣说了这一愿望后，莫欣立即派车送我去六安，并嘱咐我代表合肥的同学们问候和祝福俊祥。王俊祥夫妇知道我要去都表示欢迎，嫂子还单独对我讲了讲俊祥的情况。

那天上午约十点半，我与俊祥夫妇见了面，他们早已准备我在家里吃饭。我觉得不应该给他们添麻烦，此外送我到六安的驾驶员刘琉跟我关系蛮好的，他说带我到印刷厂吃中饭。俊祥兄拿出一瓶好酒对我说："这瓶酒我放了好多年了，就是等你来喝的。"我遵命了。俊祥兄说自己不能喝了，但是要用一样的杯子盛一杯酒来陪我喝。在他家里餐桌边，就我俩一边聊一边喝酒——他是抿一抿，我是一杯干。

俊祥兄主动谈到的话题是围绕女儿展开的，主要说了三件事情：一、女儿假如上大学有困难你要帮忙；二、女儿毕业找工作可能会有麻烦，你要帮忙，最好到深圳去工作；三、女儿找对象你跟向群要帮忙，或者你们要掌掌眼。我知道这是在交代后事了，我一边答应一边流泪。记得只干了四五杯酒，我就放声大哭起来，饭菜都没怎么吃。

我当时一再安慰俊祥兄说，要坚持治疗会有奇迹，也试图转移话题，但是看到他已经瘦得有些变化了，听着他的声音也细弱了许多，我无以为助而又离别在即，此后再见吾兄渺茫，是以我内心无比怆痛，泪水就不争气地流了出来。

俊祥兄才华横溢，事业有成，且已担任六安地区教委中层干部，很快就要晋升了，不料癌魔猖狂，吾兄壮岁殂逝也，怎不让人悲哀。

回想俊祥兄所托三件事之璇儿读书上大学，我借此机会代表俊祥兄及其家人向莫欣、王圣宝、胡功箓、汪一江、贺宿芜为代表的同学们致以深深的谢意。

我的室友

张　健

　　1978年金秋十月，我们90名来自全省各地、经历不同、年龄相差悬殊的学子走进安徽师范大学历史系，开启四年的同窗学习，真是一种极大的幸运。莫欣、张皖生、盛益武、吴忠琪、白石羽、沈国余、冯伟华、张新华、何玉杰和我，10个人被安排在同一间寝室，更是一种缘分。除后来因寝室调整（大三时10人间调整为8人间）盛益武、何玉杰被安排到其他寝室外，虽经几次搬迁，都同在一个寝室。我们朝夕相处，度过了四载兄弟般的学习与生活时光，结下了深厚的情谊。每个人的特点，都深深地印刻在我的脑海里。

　　我们寝室10人，莫欣、张皖生生于20世纪40年代后期，是寝室里的年长者，其他都是20世纪50年代中期出生，年龄相仿。我们虽然经历不同，个性各有差异，但相处融洽和睦，犹如一个大家庭。有的还有只有室友才知道、称呼的"别号"。

　　我们最初入住的是零号楼101寝室，与后来调换的寝室比较，这间寝室的楼房是新建的，比较宽敞。由于处在楼层的尽头，寝室不仅有一个朝南的窗户，东面还有一个窗户，因此采光非常好，特别明亮。当然也有不利的方面，就是紧挨两条马路（朝南、朝东），又处在一楼，过往车辆多、噪音大，刚开始我还不太适应。不过，时间一长也就习惯了。在这间寝室，我们住了一年。毕业二十年在母校聚会，当年的室员还专程走进了这间寝室，以找回自己的记忆。

　　莫欣，室友都习惯称呼他"老莫"，他是寝室里的老大哥，也是历史系一九七八级的老大哥。他不仅个头高、年龄长，更是凭他的人格魅力，受

到大家的尊敬。入学前，他已有十余年农村插队和工厂工作的经历，在寝室被一致推举为寝室长（又是一班的学习委员），他丝毫没有推辞。每次寝室打扫卫生，他总是带头做出表率，一点没有"架子"，一米八的个子，站在窗台上擦拭窗户玻璃，腰都直不起来。在我的印象中，我们寝室比较早地用拖把清洗地面，是在老莫带领下开始的。在他的影响下，每次打扫卫生寝室成员都主动参与，每人都认真做好自己的一份事情。每次检查我们都能获得最高评价——"最清洁"。有一年国庆节，莫欣邀请寝室里的几位同学到合肥他的家里做客，不善饮酒的他热情待人，叫来厂里曾经的同事，结果把我和吴忠琪等都喝醉了。那时老莫已为人父，后来他的父亲又查出患有癌症，那段时间他不得不在合肥与学校两地之间奔波，实属不易，但那时的我还不懂得其中的艰难。老莫非常重视同学情谊，无论是在郎溪还是到浦东后，都曾来我家看望过。

盛益武，寝室里年龄排行老三，性情温厚，说话轻声细语，从来不急不躁，喜钻故纸堆。吴忠琪，寝室里的人称他"阿琪"。平日里他总是穿着一身洗的发白的军装，保持着一个退伍军人的本色。我印象深刻的是，他的头发总是油光锃亮，翩翩风度。更可贵的是他热心肠、乐于助人。沈国余，室友称他"阿沈"。刚入校时，他与人说话都会脸红，临近毕业，大家都承认他伶牙俐齿，在寝室里与他饶舌、辩论往往都要甘拜下风。这大概就是那个时候大学育人的作用。冯伟华，说着一口普通话，一身着装总是干净整洁，总是精神抖擞，给人感觉有使不完的劲，一旦读书，似乎就什么都忘记了。寒暑假，他常去上海探望父母，我们也常常托他代购些在当地买不到的物品。当年他帮我购买的读书卡片，在我工作之后还在发挥作用，至今还有保存。白石羽，寝室里的"老夫子"，古文底蕴深厚，古诗古文经常脱口而出，令大家羡慕不已。张新华，性格开朗豁达，喜爱打篮球，有时还会赋几句诗来。何玉杰，寝室里的小弟弟，一位"才子"——美术爱好者，自言是"属于那种见到漂亮女孩就脸红的人"。他除了专业课程学习外，把不少时间用在了绘画上。玉杰后来的学术成就，应该说与他这段时期的刻苦努力是分不开的。那时在大学里读书，还没有调换专业一说，甚至想也不敢去想。如果当年走美术专业的道路，玉杰今天的学术成就可能更加闪耀！

我们寝室是一个温暖、友爱的集体。最让我感到难忘的是在大二的时候，我突患一场重病，室友们给了我极大的关怀和帮助。吴忠琪与孙国强、杨辅仓等一起将我护送到南京医治，我熬过了数个不眠之夜，终于挽回一命！莫欣还代表寝室和班里同学到南京来看望我，大家用节省下来的生活费买来各种营养品。这些让我一直心存感激。毕业后我们分配在不同的地方，在那个通讯不便更没有手机的年代，互有书信来往，惦记着彼此的工作和生活。这些书信也给了我很多力量，是我们友情的见证，我至今还保存着其中一部分。

学生生活尽管是比较清苦的，但也有快乐的时光。我平常感到最开心、最愉悦的就是周末大家打上一场篮球，出一身臭汗，然后一起去鸠江饭店的公共浴室洗个澡，相互之间搓个背。寝室里当年常去球场的有莫欣、张新华、冯伟华和我。洗浴之后，如果我们能在耿福兴或是镜湖公园餐馆吃上一笼小笼包，那是一种奢侈，即使是吃一毛几分钱一碗的阳春面也是一种享受。毕业前夕，我们集体前往马鞍山的采石矶畅玩了一次。

张健与部分同学在采石公园合影

我最后要说的一位室友是张皖生，寝室里的二师兄。皖生1948年出生，我记得他来校报到比较晚，睡在紧挨门口的下铺。皖生兄给我印象比较深的是，戴着一副瓶底般的高度近视眼镜，白皙的皮肤，说话带着浓浓的安庆口音。他患有比较严重的气管炎，每到冬季发作时，咳喘得非常厉

害，体质较弱，给人感觉是一个典型的书生——据说他在入学前当过体育教师。为了减少冷风的影响，冬天里他的床位上也挂着蚊帐。对于他这样的身体，室友们自然凡事对他总会照顾一些（如后来调整寝室，就让他睡在里面靠窗的下铺，阳光相对充足又可避风）。皖生的记忆力非常好，喜欢读书特别是读文学作品，平时在他寝室的床头总是堆着许多从图书馆借来的书籍。他听课时做笔记的速度飞快，下课后我们常常抄他的听课笔记。师大一别，我们各奔东西，联系不多。

　　我和皖生的交往增多是在来沪以后。20世纪90年代末，随着女儿落户上海（皖生妻子是上海插队到安徽的知青，落实政策，女儿落户上海），他在浦东买了房。当时我也正在考虑买房，他就热心地向我介绍他购房的小区，谈他的购房心得。那时，皖生把自己编辑的资料、撰写的文章等送了许多给我，对我的教学颇有裨益。在上海的新家装修好后，他邀请了沪上同学去家中做客。有好几次，他专程到我工作的学校来看望、叙旧。退休以后，他乐观、开朗，身体也较以前发福了，有时住在上海，有时待在安庆。他告诉我，每天坚持健身，生活充实，心情舒畅。

　　皖生是一个重情义的人。在一些微信群里他非常活跃，有的群还把我也拉了进去。安徽师范大学历史系上海校友会的活动他总是积极参加。每逢沪上同学聚会，他有请必到，虽不善饮酒，但都能尽兴，如果人在外地不能参加，也会让妻子作代表。历史系一九七八级同学的聚会，他每次都不落下。毕业三十五周年黄山聚会，他因家事无法前往参加，一再关照我代他向大家问好。然而，世事难料，就在度过70岁生日后不久，2018年10月皖生因心脏疾病突发在上海家中离世，令人痛惜！闻讯，辅导员陈锡宝老师带领在沪同学代表同窗前往吊唁、送别，外地同学也以各种方式表达哀悼。室友吴忠琪热心联络，诸同学共汇集抚慰金四万余元，交于他的妻子谢灵芝女士，以表达哀思。2019年春节前夕，辅导员陈老师再次带领沪上同学到皖生家中看望，师生情深由此可见，家属甚为感动。

　　四十余年过去了，当年寝室里的许多情景我还历历在目，友情铭记在心，终生难忘！

一张旧报纸

张　健

我至今保存着一份在校读书期间的报纸——《安徽师大报》第34期（1980年9月22日），其第2版上登载了我的一篇文章《党给了我第二次生命》。该文讲述了当年我突发重病后，在学校领导、老师和同学们所给予的关怀、帮助下，及时得到救治，顺利康复的情况。我珍藏这份报纸，目的就是提醒自己，永远不要忘记这段经历，更不能忘记曾经关心和帮助我的老师、同学。由于版面受限，文章篇幅比较短小、叙述简单。我一直想把自己所知道的特别是我的内心更详细一点地写出来，以表达感激之情。

《安徽师大报》第34期第2版

1980年5月，我当时在大学读二年级。有一天我的腰部突然出现剧烈疼痛，刚开始我并没有在意，以为是腰扭伤了，认为自己在农村插队劳动过，平时又喜欢活动，觉得没有什么。可是，连续几天不见好转。这期间，寝室同学总嘘寒问暖，替我买饭打水。辅导员陈锡宝老师得知情况后，让我立即到医院检查，张新华等几位同学主动陪我去医院看门诊，整整忙了一天。那是一个看病难的年代，汪一江的母亲在医院工作，给予了我很大帮助，至今难忘。晚上回到学校，疼痛加剧。陈老师和寝室同学连夜用平板车将我送到芜湖市某医院——学校定点医院，随即入院治疗。第二天，不少同

学就来看望并给予我安慰和鼓励，莫欣、张皖生、盛益武、吴忠琪、白石羽、沈国余、冯伟华、张新华、何玉杰等室友在医院轮流陪护。

　　我当时所患的是一种肾结石病，疼痛起来让人难以忍受，就是这颗小石头差点要了我的命！当时，由于医院技术条件有限，一时无法查出病因。三天后我病情加重，出现急性肾功能衰竭，情况危急，经医生会诊需转院治疗。是转到本市其他医院还是外地医疗技术条件更好的医院，辅导员陈老师向领导力争，最后决定送往南京市某医院治疗。这家医院当时不仅在芜湖周边，即使在江苏省医疗条件和技术水平也是一流的。后来我才知道，将一名普通学生转往外地医治，是不多见的。这天正好是星期天，财务部门休息，无法办理取款业务，陈老师又和学校财务科的一位工作人员从自己家里拿出钱来，很快筹集到了医疗最初所需的费用。

　　办理好转院手续、落实好救护车已是傍晚时分，孙国强、杨辅仓、吴忠琪等顾不上吃饭，立即把我送往南京。来到南京已经是午夜时刻，他们在急诊大厅整整忙了一个通宵，协助各项检查，第二天我得以顺利入住医院。接着他们又担负起陪护，吃不好饭，睡不好觉，却非常精心地照料我，直到我家人的到来。由于转院及时，为对症治疗赢得了时间。记得手术醒来后，医生对我说的第一句话是"你的命终于捡回来了！"此时，两行泪珠不禁从眼角滚落下来，这是感激关心和帮助我的人的热泪！

　　六月的南京，湿热难耐。在我住院后，陈老师赶到南京，不顾炎热和劳累守候了七天，直到我脱离了危险才放心地离开，回到学校后见到陈老师的都说他人瘦了。系领导多次来南京，关注着我的病症的治疗，给予了全力支持。胡青大姐来到南京陪伴我母亲，做了大量安慰、照顾的工作。多年以后，我母亲对胡青大姐念念不忘，即使是在八九十岁高龄的时候，还时常在我面前念起胡青大姐。

　　出院之后的我犹如获得了重生，回到学校后在第一时间对关心和帮助我的老师、同学表达感谢。当然，还有更多的同学默默无闻地做了许多为我所不知道的事情，在此我再次真诚地道一声：谢谢你们！

赭麓往事

张新华

1978年10月，正值秋高气爽，坐落在风景秀丽的赭山南麓的安徽师范大学，迎来了意气风发的一九七八级新生。董光琨老师领着我来到预先安排好的寝室，我按床边贴着姓名的纸条找到自己的床铺，眼见10个床铺（后来调整寝室，每屋8人）有9个都陆陆续续地到位，只剩下我的邻铺一个叫莫欣的没到。我下楼去办事时，在路上正好遇到一人用板车拉着行李往宿舍楼里去，旁边还有一个"大个子"帮着推车。见此情景，我就耍了个小聪明，叫了声："老莫。"听到喊声，"大个子"似有感应，但只是看了看我，也没出声。后来，等我办完事回到寝室一看，原先的空铺上来的人真是那个"大个子"老莫，于是，我俩才会心一笑，热情招呼。后来莫兄和我在相邻的上铺整整睡了四年。四年里，莫兄学习如饥似渴，勤勉刻苦，给我这个懒人树立了良好的榜样，起到了示范和带动作用。在生活上，莫兄乐于助人，我也得到他的诸多照顾。有一年冬天，天气很冷，莫兄见我身盖薄被，竟将自己的一床被子拿给我盖，这无私的关爱，善良的举动让我切实地感到暖心。我们寝室在莫兄的带领下，室友们和睦相处，生活有滋有味。每逢年节，寝室的同学都会拿出家乡的特色美食在一起聚餐，分享快乐。有一天晚上，莫兄还带着我们寝室的人，翻越零号楼南边的墙头，到赭山东面他表兄家里去看电视《红与黑》（当时电视机非常稀罕）。回来的路上，大家都意犹未尽，争相谈论观后感。虽然累了点，但能品尝到如此文化大餐，弟兄们还是非常开心。

莫兄是历史系一九七八级同学中在入学前就娶妻生子的同学之一。在校期间，莫兄的夫人，一位贤淑的定远大美女，曾带着儿子（毛头）到寝

室来看望老莫。见到莫兄的娇妻弱子能到芜湖来与他团聚，我们都非常高兴。在我们寝室，莫兄是一副名副其实的兄长。毕业后，莫兄依然关心和牵挂着大家。我们常有书信往来，传递兄弟情义。我结婚之后，莫兄曾和文誉兄一起到宿县来看我。知道我夫妻分居两地，莫兄也曾设法予以帮助。当时泗县县委宣传部的一位负责人到省城开会，莫兄曾关照他帮我调动工作。这份重重的同学情谊使我感到非常温暖，也深为感动。

莫兄的下铺是安庆的张皖生。他同莫兄一样，也是一位老三届入校的兄长。张兄白白净净，不过与文弱的白面书生不同，他虽有腰伤，但在人前总是挺直腰杆、抬头挺胸，摆出一副理直气壮的姿态。在说话的过程中，他会不时用手顶一顶眼上戴着的深度近视眼镜。张兄为人豪爽，讲话底气足嗓门大，快人快语，常发高论。我认为张兄极具潇洒飘逸的文人风采。美中不足的是他动手能力欠缺。记得有一次张兄的夫人（一位插队到濉溪的上海知青）到寝室来看望他。见到如此美女大驾光临，他难以抑制内心的激动，手忙脚乱，一不小心竟把自己的眼镜碰掉了，慌得他满地乱摸，那动作十分滑稽。毕业后，张兄回到安庆一直从事党史研究。从安庆市委党史办退休后，张兄去上海同妻女团聚。2018年10月，突然噩耗传来，张兄因病逝世，我心里难过了好一阵子。

莫兄和张兄对面的上铺是吴忠琪兄，一位从枞阳考入师大的退伍老兵。他床上的被子总是叠得方方正正，有棱有角，很显功底，给我们展示了老兵的生活风采。忠琪兄是一位具有传奇色彩的人。他在人生的道路上砥砺前行，完成过几次华丽转身，先是从老实巴交的农民变为英姿飒爽的军人，然后又从退伍老兵变成意气风发的大学生，最后又从地方一流中学调入省城顶尖的中学。忠琪兄为人率性直爽，常常愤世嫉俗，大有"粪土当年万户侯"的气概。当时，有一位高官铺张过度，大搞八十大寿庆典。忠琪对此十分不满，多有微词。见他牢骚太盛，为防其肠断，我曾托梦开其玩笑。说我梦里见到忠琪兄躺在那高官的床上，舒服极了，嘴里还不停地说："这里的空调真凉快。"忠琪听后开心地笑了。我和忠琪兄经常互捐（开玩笑）。有一次，我和忠琪开玩笑时不小心用了一句家乡方言称他："你这璜子。"忠琪不解其意，正在纳闷。见状，我就给他解释说："先秦时，人们都尊称有成就的读书人为某某子，于是就有了老子、孔子、墨子之称。同时璜是一种美玉，君子爱玉，叫你璜子是对你的尊称。"听此一说，忠琪还是半带疑惑，一头雾水。刚巧，这时我的老乡赵金辉路过，见我忽悠忠琪，就给他解释说："璜子是泗县土语，在当地就是'你这家伙'。"他的话一针见血，使忠琪茅塞顿开，恍然大悟。从此，忠琪硬是给我强加了个外号"璜子"。这真叫搬起石头砸了自己的脚，我这是被老乡赵金辉活生生地给出卖了。

我的下铺是从郎溪考入师大的小老弟张健。郎溪离芜湖较近，张健的父亲和哥哥经常来学校看望他，给他带来的炒面、肉豆子等美食，他都会慷慨地拿出来让我们分享。由于父亲是一位老革命，因而张健也自然传承了红色基因，积极上进，奋发有为，插队农村时已经入党。在寝室，他虽然是小老弟，但为人老成持重，很是成熟，浑身充满正能量。入校后，他一直担任我们的小组长。张健为人谦和，说话时总是面带微笑，露出两排洁白的牙齿。有时他也会拿我开心，小有风趣地喊我一声："璜子"。在篮球场上，我们寝室的莫兄、皖生兄、冯伟华、张健和我都是活跃分子，我们都是要好的球友。

忠琪兄的下铺住的是来自合肥的白石羽。一听这名字起的这么雅，就知道其家庭肯定有文化背景。石羽兄的父亲是合工大的教授。受家庭环境的熏陶和影响，石羽兄举止规范，仪表端庄。他着装讲究，裤子折得笔挺，上衣的风纪扣扣得严严实实，头发梳理得一根不乱。即使在学校大操场长时间听沙流辉校长的报告时，同学们难免会坐姿不整，可是，石羽兄总能挺直腰杆，正襟危坐。我吃饭时好吧嗒嘴，总是招来石羽兄的批评指正。石羽兄善于透过表象总结事物的本质，且能入木三分。他经常口吐酸腔，自嘲我们学文科的都是一群笨蛋，数理化学不好了才考文科，纯粹是来混文凭的。冷嘲热讽，他算是一把好手。毕业至今，多次同学聚会都因上天弄人，阴差阳错，一直没能见到他，还是很想念他的。

住我正对面上铺的是合肥来的沈国余。国余入校时是父亲送来的，其父一看就是个老实厚道的人。国余弟长得细皮嫩肉，性情温和，做事不慌不忙，慢慢悠悠，冷静悠哉。对他的性情的定位，我除了搜肠刮肚找来"安闲儒雅"一词来形容他外，再也找不到更加贴切的形容词语了。见国余那神态惹人喜爱，我总喜欢撩他、"掐他"。于是，我就学着王廷元老师讲话的劲头，用尽内力和狠劲，叫他一声："阿——沈。"每逢这时，他就会

及时还击，来一句："阿华、阿璜。"不过那内力和狠劲比我还是差多了。

国余的下铺是歙县的冯伟华。伟华是从传统文化之乡古徽州考进师大的。与国余相比，他是个快节奏的人，浑身充满生机，好像有一股使不完的能量。他走起路来虎虎生风，刚劲有力，快速敏捷。做事干净麻利，非常干练。大脑聪明，对外界事物的认知和反应极快。伟华对体育赛事的信息特别感兴趣，尤其是对足球世界杯转播高度关注。记得1980年世界杯，从小组赛到淘汰赛，从半决赛到决赛，每个队的风格打法和球星特点他都了如指掌，整个赛事进程都能说的头头是道。我望尘莫及，非常佩服。毕业后，伟华被分配到黄山市教委，受到了重用。他曾高兴地写信告诉莫兄："我好像是脚踏着五彩祥云了。"我在遥远的故乡，也十分荣幸地分享了他的快乐。

住零号楼101寝室时，我们寝室还有两个宝贝，一位是从全椒过来的何玉杰，一位是来自铜陵的盛益武。何玉杰是我们寝室的小老弟，整天笑眯眯的，也许学历史是他的错爱，他剑走偏锋，喜欢上绘画，常给我们展示他的画作，还鼓吹达芬奇的画是什么"肚脐中心"之类的理论。何老弟毕业后到合工大先教授马列理论，后又另辟蹊径，开拓创新，在广告学领域搞得风生水起，成了广告学界的知名教授。盛益武是个瘦肉型的人，瘦而精干，道骨仙风，走路时身体一晃一晃的，但很有劲头，感觉他身上有一股韧劲。他读书用功，做事精明。每当有人诚心夸赞他时，他总是连连摇头摆手并叠声道："不行，不行……"不过，那嘴总是合不拢的。因其父母从事医务工作，他讲起医疗养生之类的话题，总是头头是道。这让我受益匪浅。

除了朝夕相处的室友外，还有几位让我不得不说的亲密无间的兄弟。

其一，就是陈文誉。入校时，见其个头不高，走起路来总是稳健地迈着八字步，不慌不忙，从容不迫。讲话慢条斯理，十分从容淡定。学习、做事有板有眼，有模有样。人到中年，每日起床后，提着录音机，听磁带读外语，忙得不亦乐乎。文誉兄为人和气，平易近人，与他在一起谈天说地，使我脑洞大开，风趣无比。即使在食堂用餐，我们也边吃边聊，轻松愉快。交往久了，我发觉他上知天文，下知地理，社会风情、人文道德无所不知。加之他是"老三届"，知识功底扎实，兴趣广泛，又听芜湖的同学送他的雅号叫"知识老人"，这更增加了我对他的敬重。我常常能透过他那深度的近视镜片，看见那闪烁着深邃而平和的目光。我庆幸，自己交上了一位良师益友。

文誉兄沉稳厚道，为人低调，不事张扬，乐于助人。1980年5月，农历谷雨时节，他携我和颜玉强三人一道去黄山游玩。我们从汤口入山，头天晚上住在紫光阁。第二天，我们三人沿着崎岖的山路向上攀登，沿途风景渐好。文誉兄以前来过黄山，对黄山多有了解，路上给我们当起了导游。在他的指引下，我们看到了喜鹊登梅、金鸡叫天门、猴子观海、飞来石、梦笔生花、鳌鱼驮金龟等诸多美景。览如此秀美之山川，让我兴奋不已，随口吟出徐霞客那耳熟能详的诗句："五岳归来不看山，黄山归来不看岳。"在半山寺休息时，一首小诗在我心头油然而生："谷雨游黄山，沿途不知倦。过了半山寺，小憩待汗干。"

记得一次礼拜天，文誉兄邀我到他家里去玩。于是，我跟着文誉兄不知绕过多少拐弯抹角的老街小道，好不容易才到一个距中江塔不远的大杂院，在一幢小楼的二楼走进文誉兄的家。进门一看就是个老户人家，房间虽然不大，但很紧凑，室内陈设古朴。交谈中我得知文誉兄的父辈经商，因而家资殷实。那天，他弟弟上夜班，家中无人。在他家吃了晚饭后，他还拿出家里收藏的一幅康有为的书法让我欣赏，那工稳大气的字体，让我开了眼界。

参加工作后，文誉和老莫两位兄长曾一道来宿县家里看我。当时，莫兄因公务在身先走一步，文誉兄又跟我一道去泗县的家里看看。这份同学深情，让我很为感动。

其二，夏仕伦是我在师大期间交往甚好的同窗。仕伦老弟出身农家，为人朴实，重情重义。我们经常相约一起去食堂就餐，一起散步，一起逛街，一起去图书馆、教室看书，一起打篮球，真可谓趣味相投，形影不离。甚至，连毕业论文我们都选同一主题。有一阵，天气炎热，我俩各买了一把芭蕉扇，无论上街还是行走在校园都用它遮阳和扇风，手摇芭蕉扇的样子极其文雅洒脱，大有谦谦君子之风。记得，一次打篮球时，因为争抢激烈，我的眉骨不幸被对手撞裂了，当时鲜血直流。见状，仕伦弟陪我一起去芜湖二院缝合治疗，搞到很晚，才得以返校。

1981年前后，我们一道去采石矶游玩。在采石矶江边的常遇春大脚印处，仕伦老弟一时兴起，聊发少年狂，潇洒地躺在大脚印上拍照。回校后，

我专门为这张照片题诗一首："遇春足迹大如席，仕伦安卧有余地。当年战场真英雄，今日才俊亦豪气。"

毕业离校时，我先于仕伦离开芜湖，老弟专程送我到芜湖北站。告别时，我们依依不舍。那一幕，已深深地留在我的脑海，终生难忘。

其三，还有一位没齿难忘的老同学黄忠超。他幽默风趣，多才多艺，为人诚恳厚道，是一位有担当、热情重义的淮北汉子。他出生于固镇县湖沟镇，父亲在镇上为人刻章谋生，他从父亲那里学习了金石镌刻技艺，曾为我们每位同窗都刻了一枚印章，刀功技法功力深厚。他的大作《宿州赋》气宇贯通，气势磅礴。没有深厚的文字功力，没有对历史的深刻感悟，没有博大的胸襟，绝对不可能写出如此大气的作品。

他是我的大媒，一生中曾为不少人牵线搭桥，但最终成功的只有我们一对。

记得1982年夏天，刚毕业不久的我，正在家里看书，正午时分，忽听有人敲门，开门一看，来人竟是忠超。只见他满头大汗，风尘仆仆，身后还跟着一人。见状，我一脸惊奇，随口一句："怎么是你？"他用那厚厚的手掌抹去额上的汗水，憨憨地咧嘴道："没想到吧。"他得意的两眼眯成一条细缝。我还很奇怪，就问："你是怎么找到我家的？"他松弛笑容后，坦诚道："我是打听你父亲的大名找到的。"（家父在解放初，曾参与创办泗县中学。后又被调到灵璧、固镇参与创建灵璧中学、固镇一中，在这几个县也算是教育界的名人）见是午饭时分，我准备去做饭。见状，他急忙拉住我的手说："饭不吃啦，赶紧跟我走，带你去相亲。车子我都联系好了。"那态度坚决，不容置疑，也不能推脱。于是，他拉着我急匆匆地坐上一辆他事先找好的到泗县拉面粉的大货车……到固镇后，弄得我们都满身尘土，黑白交加，狼狈不堪。午饭没顾上吃，晚饭是在后来我的岳父家吃的。相亲结束，晚上，他又陪我在旅社住了一宿，我俩促膝长谈，交流了与同学的交往，讲了自己的恋爱近况，谈了自己的事业规划，叙了人生前景展望，推心置腹，很是开心。后来，正是他的热情热心，促成了我的美好姻缘。

忠超和我内弟是中学同学，两人交情甚厚，亲如兄弟。后来，我女儿出生，就喊忠超是"舅舅"。忠超也让他女儿"河青"喊我夫人"大姑"。这样，我们两家自然就成了"亲戚"。

忠超为人热情，尤重同窗情义。毕业后，不少同学到宿县，他总是热情招待以尽地主之谊。有一次圣宝、幼生、吴雷三位老兄到宿县，忠超开车到家邀我一道前往陪客。席间，他告诉我们所坐的餐桌，不久前朱镕基总理视察宿县时刚刚用过。闻听此言，吾辈深感荣幸。饭后，他拉上我们驱车前往大泽乡农民起义遗址参观，为远道而来的老兄助兴。

我结婚后，与夫人分居两地。为我工作调动，忠超真是想方设法，绞尽脑汁。1985年，他先后为我联系到宿州教院和地委党史办两个单位，只因泗县不愿意放人而作罢。联系好党史办的职位后来也被安徽师范大学历史系一九七九级的学弟顾强顶去了。没过几年，顾强就从党史办调到砀山县任县委宣传部部长。1986年，泗县好不容易才同意放我，孩子大舅妈又帮我在固镇县政府谋了个差事，可是在宿县工作的夫人又死活不同意。后来，我抱怨夫人阻挠我从政，可她总是说："你面皮薄，讲义气，人家送你钱财，你又推辞不掉，不论什么违法乱纪的事都帮人办，迟早会倒霉的。那样，既害了你，也连累家庭遭殃。"

2000年，我从宿州调到蚌埠，虽然与忠超常有联系，但见面少了。2011年9月，于志斌老弟去宿州看望忠超，返程途经蚌埠，吴雷请我前往作陪。志斌告诉我们，忠超病重，于是我和吴雷约好，找时间一起去看望忠超。可是，未等成行，2011年10月10日，王幼生、任欣平、俞凤鸣、吕爱民、杨辅仓几位老兄从宿州带回了忠超已病逝的噩耗。闻讯后，我无限悲痛，并深深自责没能与忠超再见上一面。不久，我与夫人一起专程去宿州看望忠超的夫人齐克省。

忠超走了，我失去了一位好同学，好弟兄。他离开我们整整十年了，但他憨厚的笑容，幽默风趣的谈吐，热情仗义的形象都深深印刻在我的脑海里，难以忘却。我为他祈祷，愿他在天堂里快乐、幸福。

张新华在马鞍山采石矶

张新华在南京研学（左一）

大学室友剪影

赵金辉

一

蔡绍宜，怀远人，1950年生，慈眉善目，面色红润，浓发盖顶。

绍宜性情温厚、淡泊、自律。大学四年，他心无旁骛，埋头读书，绝少参与娱乐活动。他居上铺，常盘腿于床头看书，如僧人打坐。寝室自习，很少见其伏案。室友笑称其为"大仙"。

大学期间，从未见他与人激辩，叙事与议论，语速平缓，不疾不徐。某次观棋，偶有支招，我知其善弈，问道，为何不见你与人对弈？他说，下棋即争强斗胜，耗时伤神，徒劳无益，弈后辄悔，不合吾意，索性一戒了之。

绍宜涉猎广泛，多才多艺。通音律，懂书画，会中医。我与其相处，长知识。第一次听他说起颜真卿与《祭侄文稿》，齐白石论国画的"媚俗"与"欺世"之说。他谈到中医，大赞其博大精深，也言及庸医配伍之荒唐，曾举鲁迅抓药为例：须觅一对原配蟋蟀入药。此情节，我至今记忆犹新。

毕业后，绍宜回农村老家任教，因教绩突出，不久调入怀远一中，一直带毕业班至退休。近日，合蚌诸位同学赴怀远探望，见面，他仍是一头乌发，不禁心生疑窦，天然？焗染？转念一想，一生淡泊，不追时尚的绍宜兄绝不会染发。果然，纯本真，令众人羡慕不已。

绍宜家装修朴素，陈设简单，干净，利落，一如其风度、气质。客厅挂字一副，名为《野菜歌》，书、词、印，皆出其之手。书法浑厚，歌词平实，印章古朴。问其何时会篆刻？他说，自己作品，不宜钤他人所刻之印，故书成之后，购《怎样学篆刻》一书，并网购刻刀、刻石等工具，自己动手，遂成此章。他又说，本想自己装裱，亦购置工具及若干本工具书，无奈台板太大，家中无法安置，只好作罢。

室友汤晓华曾评绍宜："有内涵。"行文至此，我亦有三字送与绍宜兄："仁者，寿"，是天赐禅机，也是美好祝愿。

二

汤晓华，铜陵人，1954年生，与我同庚。他中等身材，国字脸，肤色略黑，冷峻，沉郁。我曾想，他应当学哲学，学历史也还算靠谱，否则，真对不起这一副面孔。

晓华睿智，深邃，才思敏捷。他喜欢近现代史，崇拜历代英雄，好读名人传记。与人讨论，他见解独到，常语出惊人，酣畅淋漓之际，辅以其招牌式动作，剑眉上扬，嘴角微翘，流露出一种毋庸置疑的神态。

他有两个习惯，都与睡觉有关，且多年不变。一是，就寝前，他总要掀起盖被一角，其妻老纪说，这是外婆的遗传。二是，必须午睡。入学不久，开授外语课，他极力反对，并找系领导，陈述若干理由，其实是怕耽误午睡。同室诸位，他午睡时间最长，非不得已，大都逾两小时。某次起床后，他说，午睡要时间长些，醒来后头懵懵的，舒服！并自嘲"悠悠万事，唯此为大"。

毕业后，他任职铜陵党校，领导要调其去企业，他坚辞，盖因不能午休，真的是"唯此为大"。

宋刚刚常代万老师誊稿，一手好字，端正圆润，晓华极为欣赏，请教秘籍，刚刚循循善诱，倾囊相授，横平竖直，间架结构，不一而足，他倒也虚心苦练，但收效甚微，至毕业，鲜有长进，可见，才子也有短板。

大约在1984年，他来肥公干，光临寒舍，夫人购活鸡一只，其主动操刀，并说，伺候老婆月子，杀了不少鸡。言罢，手起刀落，看架势，像个老手。孰料，待水沸，鸡已昂首挺胸，楼道乱跑。此事被夫人引为笑谈，只要提到汤晓华，她就会说，知道，杀鸡那位。

也许天性所致，抑或职业使然，晓华一直关注时政，关注热点。善思，是其特长。他对诸多问题能够独立、深入思考，理性、客观分析，绝不人

云亦云，随声附和，当然，结论往往离经叛道，但也往往离真理最近，这恰恰彰显其刚直与风骨，体现其情怀、良知与操守。

去年仲春，几位同学相约赴铜，当晚晓华设宴款待。席间，大家倾怀畅饮，话语浓密，褒贬人物，直陈时弊，回忆过往。动情处，晓华依然激情澎湃，活力四射，气度不输当年。那晚，确实喝得有点过量，醉了。是酒醉，亦是陶醉，陶醉于赭山共读的青春岁月，陶醉于湖滨结庐的美好时光。

曲终人散，归来，万籁俱寂，月光如水，一夜无梦！

三

任书智，河北平山人，1954年生于合肥。他身材瘦小，皮肤白皙，发浓稍卷，一副书生模样。

他性情温和，缜密，达观，有时也执拗、倔强，毕竟脉管里流淌着燕赵先人的热血。其行事风格严谨，认真，生活如是，学习亦如是。

入学不久，自习时间，室友大多去教室、阅览室或图书馆，他绝少外出，常伏案誊抄上课笔记，对照讲义和室友笔记，或订正，或补缺，间或呷口香茗，燃支香烟。抄毕，他偶尔还会哼上几句小调，怡然自得之态溢于言表，毫无先贤训导"板凳要坐十年冷"的孤寂与枯燥。

一次，我问其缘由，他说，课时笔记潦草且多有疏漏，重新誊写，弥补缺憾，易于保存，等于又听了一课。

还是入学不久，寝室里因木箱叠摞，存取不便，且自己物品无处归置，他常抱怨。一日，致信女友，嘱其将家中五斗橱运来。待橱柜运至，众室友皆愕然，这做派，绝无仅有。经他一番调度腾挪，终于为橱柜挤出一块安身之地，遂将衣物书籍、日常用品等，分门别类，归置妥当。晓华打趣道：夜半停电，书智都能摸出某号针来。

大约大二下学期，某日，男生宿舍调整，楼道内争吵声起，走近，只见平素里温文尔雅的书智画风突变。他紧紧抓拽住铁床，怒目圆睁，面红耳赤，与陈锡宝老师大声争吵。原来，众室友不愿铁床换木床。结果，陈老师妥协，大家得愿所偿。事后，未见师生有何嫌隙。不久，他要办结婚证，锡宝老师鼎力相助，成其美事，为师品德、胸襟令人敬佩。

退休后，他迷上了骑行，这一骑，便一发不可收拾。先是近郊，进而邻市，骑程渐行渐远，日行已逾百公里。每每远足，他都要写下游记，洋洋洒洒，图文并茂，美不胜收：骑行路线、沿途美景、人文掌故、风土人情等等，尽收文中。我见过他一张整装待发的照片：戴护目镜，着艳色骑服，佩五彩头盔，真的是：英姿凛凛，风头无两，疑如追风少年。

某次，他寻访王亚樵故里，至其墓地，见墓碑尚在，只是碑文斑驳难辨。于是，他半蹲半跪，抄录碑文，录毕，已无法起身，索性，燃支香烟，就地卧倒，良久，方缓过劲来。

某年，天津几位友人来肥，邀他做向导，寻访淮军将领故里、民国大佬故居、巢湖岸边诸多嘴子(古村落)，所到之处，他皆能历数历史沿革、沧桑变迁，娓娓道来，如数家珍，友人无不击节赞叹。

其实，他的人生经历中有诸多磨难和坎坷，但他始终从容淡定，恪守本真，不抱怨，不苟且，不消沉，活得洒脱、通透、有滋有味，遵从内心，活出自我。这不，前年他在山东乳山购置了一套避暑房，每年盛夏之时，移居海边，消夏避暑，甚是惬意。"面向大海，春暖花开"，有此生活，夫复何求！

四年同窗　毕生友谊

——读吴雷回忆文

王圣宝

久疏音讯而时念，今读隽永之文，竟不能自已，尤其读到记叙忠超那段文字，居然不能自禁而老泪潸然！勾起对忠超早逝的痛苦回忆，仿佛忠超又露出一排大白牙嬉嬉地朝我笑说着什么！心情一时难以平定，必待冷静后写点什么，而且想写点什么，可此时却不知道写点什么。

今天心情稍稍平复。可我不想赞你手握如椽之笔，写出了惊天地泣鬼神的雄文，光彩照人。那样的话，你也会觉得我肤浅而虚。大学文科毕业，又有毕业后四十年的阅历，谁个不是"世事洞明皆学问，人情练达即文章"的斫轮老手！

读尽了《回忆录》中的每一篇回忆，无不是笔走龙蛇，叙事状物如龙凤呈祥，花团锦簇，抑扬顿挫，曲写人生，直抒胸臆，美不胜收的锦绣文章。虽无暇一一命笔赞之一二，心里却是钦佩有加。如钟声之文，情感真挚，文情并茂，一气呵成。关于恋爱那一段，尤为不凡，比爱情小说还精彩，引人入胜。为何？一因文字功底深厚，二因爱情真心实意，二者缺一不可。有爱情而乏文字功夫，则难以表达得淋漓尽致，诚如傅立叶一肚子学问表达不出来，幸有妙笔生花的弟子，才使我们知道了他的空想社会主义。如有椽笔而无爱到骨髓的情，写出的东西也只能是浮光掠影。而钟声两者兼具，才写出了不输人间任何爱情书的美文。读后，暗自叹服！钟声乃班中小弟，文章如斯，况他人哉！

你在报馆多年，写出至少让我折服的这样的文章，理所当然，否则为你羞！而读你的文章，心为之动，情为之发，随文章迁移而若波浪迤逦高下。这就是文章里手的高明。诚然，凭文字功夫，借文章可造情，而造出来的情，毕竟是漂浮的，难动人心，正所谓"男子树兰而不芳，无其情也！"只有作者怀情至深，方能由文感人。而你正是怀至诚之情，通篇盈盈者同学情同学义也，才让我们看到了催人心肝的挚情之文。能叙情烘情如此，非等闲之笔也！

时间跨度长，事情纷繁杂，贵在选舍剪裁。文章简约而不烦，语言洗练而蕴丰，见出笔触之老道。读之，想起刘勰之语：一言穷理，两字穷形，以少总多，情貌无遗。而贵文，正合其论。诚如晓华所论："你用不多的文墨，将忠超的豪爽大气放达洒脱幽默风趣写活了！"晓华从你文字里提炼的忠超的性格形象，其实早已存诸晓华、你、我，及其他同学的心目中，不同的是你用情感的笔墨惟妙惟肖地描绘出来，活灵活现地站在了我们的面前，见出你对忠超同学何等的深厚情谊！也许，这就是同学之爱吧！

我能结交你俩，是我三生有幸！我走读，上课进教室，下课出校门，或者去图书馆，很少与同学交往。而且我尚有心结未解，阴影犹在，于是自我封闭，怠于交往。而你俩的相继出现，打破了我的封闭，尤其你俩的爽朗，感染了我，融化了我的郁郁。何况我那么大，你俩那么小，一出现就给老气横秋的我带来一股活气！

其实，你与忠超难分伯仲，大同小异。

同者，晓华提炼的忠超那几条，你都具备。且两人都是北方大汉，燕赵之士，彪形魁伟，豪爽秉正，胸怀坦荡，真诚不虚，性情中人，才华可书，乐观向上，君子自强，勇往奋进，总是笑对人生。连缺点都一样：大男子主义。

异者，一玉树临风，一粗犷挺拔；一敢为天下先，一诸葛一生唯谨慎；一黑脸包公，一白面潘安；一语出惊四筵，一寡言而深邃。

诚如你说，我们无话不说，无事不聊，三心同一，乃至我也觉得变成小青年了，三人同发少年狂。品评世事，裁量人物，议论时政，礼赞老师，扬善同学，不一而足，乐在其中。每当此时，你俩的睿智卓识，不俗见地，常常让我心悦诚服。

因我其实是个听课生，与同学交往少之又少，微乎其微，而你俩总是对同学们赞誉不绝。如忠超常私下赞扬彩法"老夫子"，一肚子之乎者也。而我对你的诗才艺情的知晓，也是忠超不断地讲给我听的，你的诗，他自己的诗，一字不漏，述说翔实。而且说你重情感，重义气，还是个情种，像贾宝玉一样多愁善感。可见忠超其为人，是不是有"逢人到处说项斯"之品质？

随着相处日密，你俩的才情益显，我暗暗告诉自己：后生可畏也！

三人之间无私密。忠超哪怕最私密的事，也是竹筒倒黄豆，和盘托出。七仙女之一，他心目中的女神，钟情至于暗恋，却欲追而踌躇，一个青涩男儿对女神的敬畏之心暴露无遗。劝之打温情牌持久战，却大男子主义作祟，自以为应一呼云集的陈涉，英雄一招手，神女马上投怀送抱，孰料失之交臂。我体察了他的痛苦不堪，可他嘴巴上还死硬的大丈夫口吻，咧嘴嬉嬉，可知是给她一个机会哩！仍旧居高临下，不肯说一句软话的大男子主义！这是我们交往那么多年，唯一一次见他暗自痛苦之貌。确然不虚，他的赤子之心尽付女神，爱得那般深沉！有情未必不丈夫，乃真丈夫！忠超，其真丈夫也！也许，你不认同大丈夫主义是忠超初恋败走麦城的主因，那是你俩秉性相近，率真相同，惺惺相惜吧。

我发现，你俩渴望求知的劲头，锐意进取的精神，若洞开的闸门，奔腾向前，不可遏止。进大学后，宛如蜜蜂进了大花园，拼命采花酿蜜为将来的发展作储备。几乎每次来寒舍，都夹带了一本书，俨然手不释卷。这正是那个年代青年大学生的写照。读书不落他人后，求知超越他人前，从你刚毅的嘴角、坚定的目光，时时反映出来。忠超的雕刻与书法，都是在这一时期成型的，自学成才。

而忠超的不服输的性格，从生活细节也有反映。猜拳猜不过金辉，激得脸发紫。这次输，下次来了再战。金辉太狡黠，玩魔术一般，老是赢。我盯紧金辉，却没发现他出老千，只好哈哈大笑，劝住。金辉太聪明了！我恨金辉恨得牙痒痒的，也是一个死犟头，干嘛不能让一回！当然，金辉可能这么想：让，反而是不尊重。金辉与忠超也是铁打的一对哥们儿！

两位北方彪形大汉吹进一股强劲的北方之风，将新鲜气息卷进蜗居江南小城的生活，陡然发觉美丽的江南缺少了北方的豪迈之气。而春风化雨般滋润干枯龟裂心田的，并非两位北方汉子如饥似渴汲取知识的自觉行为，也非悬梁刺股刻苦勤奋的志远理想，而是赤诚待物冰心玉壶的尚真之品。

人生自古伤别情。须臾间，迎来毕业季。依依难舍，又各自东西。顿有失落之感，常呈寂寞之状，屡现你俩形貌于眼前，思之益切。

好在忠超不时来芜，车停楼下大喊大叫，每每引得众人异样眼光的围观，以为我是什么了不起的人物，给我装了不少门面。两人见了面，说不出的开心，合不拢的嘴。话题的中心，离不开你。"嘿耶，你还担心他？回蚌埠如鱼得水，海阔凭鱼跃，好工作任他挑！瞎吹？这这，我怎么瞎吹了呢？""你瞧他能的，跳到报社去了，比你在党校还好呢！""但是，我还是想找机会看看他去……"

终于找到机会了，直趋你的报馆，"不在，带队下乡运水去了！"当头一棒，大失所望！当时，国家正实施零点计划，淮河极度污染，水不能喝，大街上到处排队买矿泉水。无奈，等！多年未见，一朝相逢，君依旧风采，喜从心起，何其兴奋！见则聚饮，非此似乎不能表达密意。你立即招来幸福等在蚌学友。幸福兄酒仙牌仙，仙风道骨之貌，直担心一阵风卷去九霄云外，至今记忆犹新！而你们豪情的结果，是我的胡言乱语。而另一次的豪情，是把同去蚌财要毕业生的处长喝得酩酊大醉。可见一帮蚌埠同学皆是性情中人！

你解释了错过看望忠超的原因。我心里明白，不过一个托词，真正的原因就一个字：怕！正如忠超说过，你特别重情，用情深。所以，你害怕见了把持不住，号啕大哭。金辉考虑到了，头天晚上打电话叮嘱我，"圣宝呀，明天去了，千万别哭啊！"一路上用金辉的叮嘱，叮嘱一江、宿芜、天文等。我的泪点也很低，一进门险些掉泪，强忍了。坐忠超前，又如往日侃侃而谈，但见他一直微笑，数度欲起身，而我心正滴血！如果你身临其境，必然泣不成声。

心情芜杂而文乱，写写停停，停停写写，拉拉杂杂，不知所云。意识到，应当打住了？

谨以此文纪念我们结识交往的曾经，也借此文献给忠超一滴相思泪，遥祭他的在天之灵！

第三编

回望菇山

教泽长昭

陈锡宝老师与1982年考取研究生的
同学合影（后排：班玮、翟厚良、宫为端；
前排：李修松、陈锡宝、方亚光）

谢青老师与在师大附中实习的
部分同学合影

张少叔老师与在芜湖十五中实习的
部分同学合影

陈锡宝老师与宋刚刚、张健同学
合影

高岳仑夫妇探望
姜全三老师

汤德用、董光琨等与
部分同学合影

夏子贤老师与傅元根等合影

安徽师范大学历史系一九七八级同学联谊会题词

杨国宜

刘汉王朝亦堪夸　　花开一枝庐州城　　金色年华献青春　　王谢江东素称强
吟诗作赋多名家　　小桥流水傍河生　　成绩稳步旭日升　　昶通人和名远扬
红颜曾获武帝赞　　惠及桃李满千百　　龙腾启甘居人后　　都说团结安定好
巢湖绽开盛世花　　赢得世人众口称　　虎跃定可超众人　　处事镇静不慌张

纽带抓住万事兴　　吴越掀起开发风　　王者之师属野人　　俯首甘为孺子牛
昕生之日势绝伦　　雷声响彻珠市空　　先知教育要先行　　穷达不改平生志
华夏腾飞多美景　　舆论高颂改革好　　吉星高照当有日　　但愿民富又国强
请看今日醉翁亭　　江淮大地又一雄　　桃李满门齐颂君　　何暇计及个人私

吴头楚尾有白湖　　完璧归赵可信赖　　淮南有座新大学　　沈开放一声雷
广阔天地铸硕徒　　点石成金妙手春　　美景如画书生乐　　国人争献改革心
安心诚心加耐心　　事业光辉人称赞　　良师执教质量好　　余勇莫争黑与白
百炼成钢出熔炉　　改革开放一能人　　郭外亦有人才多　　逮着老鼠才算能

沈沈雷声起芜城　　天生我才必有用　　吴起相楚颇有名　　杨柳何须怨东风
建设高潮泛江滨　　自幼努力不放松　　正直改革得人心　　辅导学子凌太空
华夏再掀改革浪　　称王固非平生志　　个人生死何须计　　仓满粮丰乡亲笑
开放美景焕人心　　称雄亦可慰友朋　　换来国富又强兵　　老师应居第一功

不怕人称孩子王　　黄帝子孙不一般　　志比山高真堪夸　　贾谊何必叹途穷
我说此王最光彩　　忠心报国人称赞　　胸怀五岳四海家　　炳然忠心古今通
若非老师好教法　　超越同辈贡献大　　勇登昆仑眼光大　　清明盛世时难再
孺子焉能成栋材　　不计名利心胸宽　　创业羊城定可发　　跃马扬鞭追顺风

芜湖赭山大学城　　陈梁之际乱纷纷　　姜尚八十遇文王　　吴头楚尾赛皖南
宿舍话别忆犹新　　良舟一叶到芜城　　保周灭商换朝纲　　凡人争夸老师贤
贺君事业有成就　　十年创业不言苦　　民意难违是真理　　脱颖而出何须荐
家庭幸福众人欣　　且喜耳闻弦歌声　　天下归心顺时昌　　更上层楼事业宽

人谓君如何　　刘备兴汉业　　李广见白石　　老师亦称傅　　三宝农工商
皆曰质如玉　　哲人数诸葛　　射矢没其羽　　其说自有元　　卫护莫稍忘
立身高且洁　　鞠躬尽瘁死　　神力固堪夸　　叶茂须深根　　黄老治国术
邪恶何所惧　　堪为后世则　　师教亦应许　　教育实为先　　清净是良方

朱光映隆阜　　松树高千尺　　汪洋何所惧　　无为无不为　　改革开放好
沛然草木舒　　修长超樗栎　　幸福岸有边　　张我中华威　　拂晓露霞光
铭心众学子　　李虽不言语　　奉劝问津者　　小康岂不美　　发展有实效
老师不马虎　　其下自成蹊　　书为夜航船　　平易最可贵　　永远不称王

饮马战犹酣　东海波涛涌　高山人所仰　莫道老师贫　百事皆可为
成者可称王　旭日正东升　岱宗梦魂牵　中夜任苦辛　胡为执教鞭
功名宜早建　王者在改革　宜城岂不美　成才众学子　青衿学子中
何必盼晚岚　开放得民心　天柱亦可擎　稽首拜师恩　当有胜于兰

吕氏著春秋　凡事都应管　刘邦田舍翁　宋朝多伟人　施工于四化
爱作帝王术　管地又管天　继秦坐皇宫　刚正数包拯　捷报传天下
民心如不违　无管不成文　红日不偏照　刚强称岳飞　功业载史册
功业亦可书　就应管得宽　政策如春风　英明万古论　英雄是本色

围魏可救赵　胡作不胡作　成者可称王　于今何所为　胡为意不定
此理最易晓　晓理仔细摸　贤者方为圣　志气不可堕　功过易分明
功过是非明　红日照深圳　今日国之宝　斌诚文质美　录符何须问
历史结论好　前程无限闲　改革头脑新　四化宏图绘　时来运转亨

三国有诸葛　宫墙高万仞　莫道人不知　汪洋大海　盛世难逢
蜀汉赖以立　为国育英才　欣荣自有时　一望无际　益须努力
富贵如浮云　端正学风好　只要长努力　江河溪涧　武不可废
英明万古存　招得远人来　名声垂青史　全包其内　文应更辉

志气非常　陈言务去　王者之师　张我国家　国势大张
文质彬彬　文彩焕发　晓喻万家　兴我民族　龙腾虎跃
奋发冲天　誉满教坛　波涛不惧　华夏儿女　奋勇前进
辽东一人　桃李开花　走遍天下　人才辈出　阳光普照

人言黄山桃李　张我中华国威　敢于赴汤蹈火　难忘当年桃李
全靠雨露充沛　健儿身手不凡　治国道理通晓　勾起流连情绪
再加日照光明　努力改革开放　为了建设中华　且喜好学有文
硕果自然日新　教育人才为先　文教战线夺标　重聚一堂欢叙

汪洋一片命如何　改革开放国势张　陈陈相因不足美　王者之师
占卜何须问太虚　远看广南近苏皖　锡我改革政策宽　俊杰堪夸
禄命在人不在天　百废俱兴万物生　宝在开放精神好　祥和亲切
改革开放登坦途　举世同欢作贡献　黄浦江边笑开颜　蔚然成家

作于1992年8月

杨国宜老师为祝贺历史系一九七八级同学毕业十周年聚会写的藏名诗
（为了诗意的完整，个别同学名字有出入，特此说明）

233

教材·笔记·老师

蔡绍宜

一

1978年秋我们进校的时候，高等教育正处在"文革"后拨乱反正的调整恢复时期，学校教材建设落后。所用教材杂乱，形制不一，印刷不一，来源不一，质量参差不齐。大体可分三类。第一类是本校编印的教科书，其中油印的有：《中国古代史》四册、《中国历史文选》三册、《中国历史要籍介绍》一册、《辩证唯物主义和历史唯物主义》二册、《文科基础语文教材》四册、《世界古代中世纪史参考资料》《世界古代中世纪史名词解释》《世界古代史地图册》各一册等。这些教材的印刷质量比较差，不少页面字迹模糊，很难看得清。本校编印的教科书也有由校印刷厂铅印的。如《中国近代史》《中国近代史资料选编》《马恩列斯辩证唯物主义著作选读》《马恩列斯历史唯物主义著作选读》等。这些书籍的印刷质量没话说，但就那么几本，且很薄，内容少。这些教材可能并非新编，而是对工农兵学员时期的旧教材稍加修订重新印制的。第二类是多所高校联合编写的应急教科书。如《世界古代史》、《世界中世纪史》、《世界近代史》上下册、《世界现代史》上下册。其中《世界中世纪史》和《世界现代史》上下册是装订成书的，《世界古代史》和《世界近代史》上下册则是由参编各校分章印成小册子，发到我们手中，由我们自己装订成书的。这些教材都是铅印的，清晰度没有问题，但多错印和漏页。由于协作编写，又是突击完成，所以其内容也不甚理想。虽有主编，可能根本就没有统稿，各自为政，以致体例、风格不尽一致，轻重点、疏密度也把控得不好。第三类是直接使用或翻印其他学校的现成教科书。如《中国现代史》四册、《教育学》、《心理学》和《世界三大宗教》等。《中国现代史》是北师大正在试用的教材，它的思想解放程度有限，且文字粗陋，看起来仍像是草台班子。

记得是大三吧，系里又发了一套翦伯赞主编的《中国史纲要》，薄薄的四册，下限至新文化运动。这是正式出版的书，"文革"前编写，"文革"后修订出版的。它规模小，容量少，史与论均过略，只适合文科公共课使用，并不适合历史专业。况且那时我们的中国古代史和中国近代史都已经上完，这个只能作参考书使用了。另外，大二下学期，政治课又发了一本《中国社会主义经济问题》，人民出版社出版的。这个小册子和《中国史纲要》那套书，就算是我们大学时期使用的"唯二"的两部正式出版的教科书了。

以上这些，可算是基本的教科书。大四那年，要上提高课，这一段的教材，都是油印的活页，即通常所说的"讲义"。如苏诚鉴老师的秦汉史讲义，万绳楠老师的魏晋南北朝史讲义，叶孟明老师的中国史学史概说和目录学，陈怀荃老师的中国历史地理，陶秀老师的英国历史编年表。这些讲义，有铁笔刻印的，也有机器打印的。不过这些零散的讲义应不属于前面所讲的教材建设落后的问题。正常情况下，大学里也常有此类讲义发下，这是高校教材的应有之义。高校教师有了自己的研究成果，也不是都可以马上出书的。一般先印成讲义，以满足教学需要。提高课是学术性较强个性化鲜明的课程，最适合用的就是这种"短平快"的讲义了。对此，我们应该另当别论。

总的来说，那个时期的教材质量不高。而我所说的教材问题，也不只是我们一个系、一个学校的问题，乃是刚恢复高考制度后诸多高校面临的相同问题，是那个特殊历史时期特有的局限。

改革开放四十多年了，随着社会经济的发展，高等教育突飞猛进，教材质量也不断提高。国家实施了面向二十一世纪的普通高校教材建设工程，一大批优秀的高校教科书陆续出版。大一新生一入学，拿到的就是成本的装帧精美的大学统编教材，和我们那时候相比，直如天壤！然而那时候，我们的同学不管拿到什么样的教材，都很乐意地接受。走过"文革"进入大学的我们，恰如"久旱逢甘雨"，满心是重生的喜悦和感恩的激情，对劫

后社会的一切不足都能理解，都能包容，对眼前存在的一切困难和局限都视若等闲。事实上，教材的局限并没有影响我们的学习，我们心无旁骛，一头扎进求知的海洋。随着学校馆藏图书的整理开放，同学们的资源利用空间得到进一步拓展，弥补着教材的不足。更重要的是，师大有一批学识深厚经验丰富的老师，他们的渊博与能动，不仅弥补着教材的不足，还使教材在他们的运用中得到升华。

我在师大上学时所做的笔记，保存下来的，中国史部分有十八个不同式样的笔记本，很不整齐。第一学期的中国古代史笔记用的是一个64开的小日记本，红色的塑料封皮，上面有用毛体印着的"工业学大庆"五个金字，这是我参加县里召开的工业学大庆大会所发的纪念品。后来用的本子中有一个塑料封皮的高档一点的笔记本——这是我在县委宣传部"掺砂子"时（指作为新生力量加入）他们送我的。其余的全是普通练习簿。世界史部分开始几十页是记在先前我做农民通讯员时没有用完的一沓稿纸上的，往后就全记在16开普通白纸上。这些散张的白纸后来订成几本。我几次搬家遗失了一些，保存下来的还有四本。

我的笔记纸张、材质、开本，五花八门，足够混乱。因为我很穷，买不起像样的笔记本。班里好多同学用的都是那种塑料封皮的带卡簧的活页笔记本，好使用，好保存，又便于携带。我看着很羡慕。但也不是很在乎。我觉得那不是学习成败的决定因素，决定的因素是人而不是物！

我的笔记，记得很认真，专业课全记，连老师在黑板上草画的地图也照录下来。我不仅记，而且一以贯之，坚持到底。我有两年午收时节和一次生病出院后都是请假回去的，回来以后，就找同学的笔记，抄补那一段的空缺。我的笔记，用于课后的巩固复习。自习时，我总是结合笔记看书，整理消化课堂所学。为强化记忆，我常在本子上圈圈点点，有心得体会，也在本子上写写画画。我至今笔记本中还留有红蓝铅笔划过的线条、修改补充或点评批注的文字。

教材、笔记我看得重要，这是攻读专业课的需要，但我绝不是只啃专业课，而是在教材和笔记之外，争取时间广读博览。在经历了"文革"时期长期的文化饥渴之后，进入大学，我是抓住一切机会进行恶补的。学校图书馆和中山路新华书店我没少去，专业课之外的书我也没少读。那时候，我从学习中国革命史中得到了一点启示，觉得读书也应有个根据地和游击区，根据地就是专业课，游击区就是无边的书山。应立足根据地来扩大游击区，再用扩大游击区来巩固发展根据地。

四年大学期间，对于课外书，我读了不少，也买了不少。毕业离校时，我那个蠢笨的木箱子装了半箱子书回去。教材和笔记自然也是要带回去的。

三

我们进入师大至今已有四十四年了，并即将迎来毕业四十周年纪念。因为要写回忆录，追寻当年的足迹与记忆，我这才翻出这些教材和笔记。睹物思人，翻阅着这些教材和笔记，老师们的音容笑貌和杏坛风采，又蒙太奇般的在我的脑海里浮现。

夏子贤，他是给我们上课的第一位老师。他脸总是红红的，眼总是眯眯的。他教中国古代史，一开始就给我们讲绪论，接着是上古先秦。他讲历史的"赓续性"，讲"中国有礼仪之大故称夏，有服章之美谓之华"，讲"裔不谋夏，夷不乱华"，这些都是以前闻所未闻的，感到很新鲜。开课不久，他搞了一次摸底测验。其中有一题问二十四史的第一部是什么，前四史是哪几部。不少同学答得不对或不全，有的竟把《春秋》作为二十四史之首部。夏老师搞这个摸底测验，既是为制定更适合这一届学生实际的教学计划而作调研，也是为激发我们学习历史的求知欲和积极性而作铺垫，可谓用心良苦。

夏老师的备课也很认真。他已经写好的教案，在上课前一天的晚上，还是要再加工再熟悉的。所以他在课堂上说过"最怕晚上停电"，还说"一旦晚上停电，第二天我就砸蛋了！"这话我印象很深。

继夏子贤之后教我们魏晋南北朝史的是久负盛名的万绳楠教授。先前我们知道他，源于两个途径：一是"文革"初期对他的点名批判，二是宋刚刚同学的介绍。那时候，报纸上连篇累牍地发表批判文章，说他是资产阶级反动学术权威。打成牛鬼蛇神后，他就被发往利辛县劳动。恰巧宋刚刚作为上海知青也来到这里插队落户。同是天涯沦落人，他们便结成了忘

年交。刚刚兄进校后，曾把这段经历和万老师的故事讲给我们听。由于这些原因，所以他来上课，我们就感到似曾相识，分外亲切。他个子不高，那身材和容貌很像尊敬的胡耀邦先生。他应该年过半百了，我们都称他"万老"。他衣着朴素，手上提着一个破旧的装着书和讲稿的提包，慢慢走上讲台。他精神矍铄，精力旺盛，讲起课来神采飞扬，科学严谨而又不失幽默风趣。记得有一次，讲到韦庄的《菩萨蛮》，中有"垆边人似月，皓腕凝霜雪"一句，说那卖酒的少女皮肤白嫩，像月亮一样清纯美丽。万老竟撸一撸袖子，露出胳膊，比划说："那手腕就像葱白子一样！"逗得大家哄堂大笑。讲建安文学《洛神赋》时，他在黑板上写了一段这样的文字："翩若惊鸿，婉若游龙，荣耀秋菊，华茂青松。仿佛兮若青云之蔽月，飘飘兮若流风之回雪。远而望之，皎若太阳升朝霞，迫而察之，灼若芙蓉出渌波。"这一段文字写罢，稍加描摹点化，那"洛神""奇服旷世，飘然若仙"的形象便跃然纸上。他在课堂上常常有一些学术新论，如：汉初的黄老思想实质上就是"霸王道杂之"；三国的赤壁之战应叫"乌林之战"，因为主战场在乌林，赤壁的战事只是遭遇战；等等。他爱好文学，对文学史也有许多研究，所以上课时常常涉及文学，把文学部分讲得更加出彩。他出过专著《魏晋南北朝文学史》，但课堂上涉及的文学又不局限于魏晋南北朝，凡诗词歌赋，需要处往往信手拈来。有一次引用了文天祥的一句诗"丹崖翠壁千万丈，与公上上上上上！"这诗句不同凡俗，出奇地妙。一连五个重叠字，层层递进，步步攀升，喷薄着义无反顾、百折不回、一往无前的进取精神和无所畏惧、压倒一切、志在必胜的磅礴气势，使我感到震撼，备受鼓舞。它是古诗中"养在深闺人未识"的经典，具有极高的励志价值。一经万老发掘传授，我便如获至宝，把它当做座右铭，后来又用它来激励我的学生。可以说，它释放的巨大正能量，不仅影响了我，也影响了我的无数学生。

课堂上的精彩，源于他深厚的国学功底。万老是西南联大的毕业生，又是清华大学的研究生，师承过著名的大师级导师陈寅恪、吴晗，是国内著名的魏晋南北朝史专家。同学中流传着他的传奇，说他年轻时曾发出"为两万张卡片而奋斗"的豪言。两万张卡片，在没有电脑的那个时代，那就是一座珠穆朗玛峰！没有人知道他这个目标是否实现或有无超越，但可以肯定的是，他对做学问下过苦功，而且资料积累十分丰富，学术造诣也相当深厚。所以他讲课与著述才能厚积薄发，举重若轻。20世纪五六十年代，他不仅发表了许多论文，还参加了吴晗主编的"中国历史小丛书"的编写。我们在校时，他正在撰写新著，这部新著在我们离校后才出版发行，名为《魏晋南北朝史论稿》。还有一本《陈寅恪魏晋南北朝史讲演录》，是万老当年听陈寅恪老师讲课时所做的笔记，整理后出版的，保留了大师的一些鲜为人知的学术观点。

苏诚鉴老师教我们"中国历史要籍介绍与选读"。他满头白发，说话前总好咬一下上下颚。他开始便讲《尚书》。他说"尚书尚书，上古之书也"，算是"破题"。然后有板有眼地给我们讲解。他指出：尚书是上古的历史文献汇编，不是撰述性的书。严格地说，它只是资料书，不算是历史著作。一语中的，《尚书》的性质被明明白白地说清了。这纠正了我以往多年认识上的误区。他不仅课上得好，做学问也很用力。他一生勤于著述，二十多岁就出版了《〈后汉书·食货志〉长编补》，填补了二十四史中的一块空白。他的其他专著，我们未能看到。但提高课发给我们的秦汉史讲义八个专题，在我们看来，每个专题都不失为一部有水平的学术专著。他读书修身，温文尔雅，一身正气，是典型的中国知识分子。本系师生都公认他是真正做学问的人。

杨国宜老师戴着近视眼镜，一派学者风度。他教我们隋唐五代史。有同学误将漆侠、万钧当做两个人，他便说"漆侠就是万钧，万钧就是漆侠"。他给我们介绍这位现代著名历史学家，也推荐陈寅恪大师的经典著作《隋唐制度渊源略论稿》和《唐代政治史述论稿》。他不仅研究隋唐五代史，还研究其他感兴趣的历史问题。他看到苏诚鉴老师在师大学报上发表文章《陈胜生地阳城应属陈郡》，便也在师大学报上发文提出不同意见与之争论。学生们就喜欢看"文人抬杠"，不管是"嘴斗"还是"笔斗"。因为这种学术论争，远比那种平铺直叙道来要引人入胜。二老在学报上的这场论争，我们都看了。意犹未尽，还想进一步了解这一论争有无渊源。于是去图书馆阅览室，翻了许多陈年期刊。虽未找到什么"渊源"，倒也发现了不少署名杨国宜的文章，因此对他又多了几分崇拜。后来我在中山路新华书店发现了杨老师写的一本书《安徽古战场》，就立即把它买下，看完了便作收

藏。书今犹在，听说杨老还健在，幸甚！

叶孟明老师给我们讲史学史、目录学、七略、刘向刘歆。他研究广泛，学识渊博，满腹经纶，无所不通，是有名的"活词典"。我的毕业论文就是他指导的。他梳着大背头，由于脱发，前额更显宽大。他慈祥、谦和，宽以待人，脾气很好，与人交往总是面带微笑。有一天课间休息，叶老走出文科教学楼。这时在门厅外不大的场地上，正有十几个年轻人在传排球。据说他们是某个干部培训班的学员，在师大听课的，课间他们就在门厅外活动。我和几个同学站在我们教室的阳台上往下看，正议论这些干部学员，不该于课间人多之时占用门前交通要道打球，影响他人通行。这时叶老已出了门厅，正从这里经过，那排球不偏不斜刚巧砸在他的头顶上。"侮辱，侮辱，简直是侮辱！"我气愤地说。而叶老没说什么，很平静，摸一摸头照常走路。我被他感动了。好一位忠厚长者，那么沉稳，那么大度，非常人所有！从此，我对叶老更加敬重了。

胡澱咸老师是师大资深教授，他和陶秀老师都是师大国宝级的人物。他是研究古文字学的，而且很有成就，出了几部专著，是国内著名的古文字学家。他年事已高，给我们上提高课好像就安排三五次吧，讲的就是古文字学。印象很深的是，他说他考认出了甲骨文中的"铁"字。这是一个重大发现，由此可以建立殷商用铁的观点。后来他给郭沫若写信，报告了这一成果，想和他进行交流。不意郭老竟没有回信，不久就把这个"铁"字作为自己的研究成果发表。我们听得很傻眼。"儒林"中常有"外传"，难道郭老在学术上也有不端？事后我想，郭老著作等身，成就山积，身居高位，功成名就，他岂能在乎那一个字的成就？这中间可能存在误会。极有可能由于某种原因，胡老的信并未送到郭老手中，郭老是在对胡老的成果并不知晓的情况下而独立发现那个"铁"字的。究竟真相如何？今天看来，这只能作为中国现代学术史的一大悬案了。

世界史课程的第一位老师是杨邦兴，他教世界古代史，也是一位教学高手。我们进校已经是十月份了，世界古代史那么多内容，听说是安排一个学期的课时，而客观形势要求杨老师把它压缩在第一学期仅剩的三个月教程中完成。他仍能以提纲挈领、疏密有致的驾驭能力，使我们尽得世界古代史之精要。

杨老师给我们讲了一个关于苏格拉底的专题，改变了教科书中苏氏那"该死的""阶级敌人"的形象，让人觉得他就是一位"人间烟火"中的可敬老人。他是一位大思想家、大哲学家，也是一位大教育家。他的教育，应该是古代的"原生态"教育。他的教育方法和教育理念，无不闪烁着智者的光辉。和杨老师接触多了，看到他衣着朴素，平易近人，课下与你平等交谈，循循善诱，且尊重质疑，鼓励辩论。你会觉得，他好像就是苏格拉底的"传人"。

　　蒋铁生老师教我们世界近代史中的一段。他讲课谈笑风生，很轻松，很生动。他常给我们介绍新的学术观点，并引导我们参与讨论，研究问题。记得有一次，他把《历史研究》上新发表的北京师范大学刘宗绪先生的《热月政变不是反革命政变》一文推荐给我们，要我们去读，去讨论，去研究。并要求每人写一篇论文作为作业。这篇文章的观点很新颖，和教材所持观点完全不同。教材认为热月政变是反革命政变，它打断了法国大革命的上升线。而刘宗绪文则认为，热月政变结束了雅各宾派专政的恐怖统治和激进政策，使革命回复到资产阶级能够接受的程度上来，有利于革命后正常秩序的建立和资本主义的发展。因此，它不是反革命政变，且具有进步意义。刘教授的文章颠覆了我们原先固有的凡政变都是反动性质的成见，使我们知道了政变还有进步性质的。我用16开白纸写了8页长的作业论文，题目是《热月政变是革命政变》。蒋老师在这篇作业上亲自批改，字词改动十七处，划杠十处，眉批八处，总批一处。最后给个等第"优"，并签了"蒋阅"二字和时间"1980.1.19"，可谓认真至极。从这一活动中，我收获了研究的乐趣、思考的无疆，也学到了蒋老师严谨认真的治学精神。

　　徐正老师的战后世界史很受欢迎。他的课从不拘泥于教科书。我们发的那两本书，他基本未用，只叫大家自己读完，写出各自认为最重要的十件大事作为作业。我们知道这是在实践他倡导的"预习"与"自学"的教学理念。他总是按照自己的体系讲课，很多史事是书上未写的，很多史论是与众不同的。记不清是毕业后的哪一年夏天，我去安大参加那一年的高考阅卷，我们班还有其他同学参加，徐正老师也参加了。我们几个同学向他问好，说他发福了。他风趣地说："我这个人是圆的，身体、性格、学术，哪儿都是圆的。"说得我们都开心地笑了。撇开玩笑不说，平心而论，

他讲的前两点不无道理。他圆圆的脑袋，由于脱发，几乎成了光头。下面连着一个鼓鼓的肚子，看上去就像是尊弥勒佛，甚是可爱。他的脾气也很随和。你想，能让学生无拘无束地和他说话的老师，有几个性格不是圆的。唯独这后一点，我不完全赞同。他的学术立论坚实，逻辑严密，总是能够"自圆其说"，就这一面说，它是圆的。但从另一面看，他的学术有拐有棱，锋芒分明，怎么可以说都是圆的呢？

他不仅自己独立治学，注重创新，也指导我们"独立自主，自己找材料，自己学习"。他认为做学问没有捷径，但学习方法有讲究。他提倡"打洞法"学习，强调一定要抓问题，从点入手，而不要从面入手。听他的课我所做的笔记，幸无遗失，至今全都保存。

在徐正老师教课的那段时间里，他组织我们看了一部二战史大型纪录片《无人知晓的战争》。这是苏联的作品，它用大量罕见的极其珍贵的影像资料，记述苏联在这场世界反法西斯战争中的巨大贡献，以回应冷战时期美国等西方国家对二战中苏联贡献评价的不公。片子很长，据说有几十集，没有放完，但我们还是坐在那里看了两三天。很多场面感人至深。列宁格勒被围九百天，城中粮食断绝，很多人因此饿死。拉多加湖成了唯一的生命线，一辆辆满载物资的大卡车从冰封的湖面上驶过，给这座英雄城市送去坚持抵抗的给养。由于冰层的承载力不均衡，有一辆卡车在冰陷后沉入湖底，另外的卡车就另辟蹊径，继续前行。那场面至今回忆起来仍令人肃然起敬。当时，电化教育在发达国家早已不算什么新鲜，但我首次体验这一事物，便是在这20世纪80年代的大学里，在徐正老师的讲堂上。

教过我们课的老师还有很多。中国史的有王廷元、须力求、柳仲文、谭文凤等，世界史的有张少叔、谢青、管敬绪、张海鹏、光仁洪、周美云、施兴和、陶秀等。教历史教学法的老师有罗超。还有地理系、中文系、外语系、政教系、教育系、体育系给我们上公共课的老师，这些都是很好的老师。而教书之外，为我们操心最多，与我们交心最多的老师，则是我们的辅导员陈锡宝老师。他经常到教室和宿舍里来，布置任务，了解情况，处理问题，关照同学。他是历史系我们这个年级的领头人。同学们都十分尊敬他。他是否给我们教过课，我记忆中是教过的，课时不多，是中国近代史的一段。不知我的记忆是否有误。

田里赭山

安徽师范大学历史系一九七八级回忆录

师大的老师，在"文革"结束后，获得了重上讲坛的权利。他们没有怨恨，不计前嫌，于筚路蓝缕中，收拾残破，奋力回天。他们就像是芜湖铁画，以铁的意志，再造师大，服务国家；以铁干遒枝，装扮着江城芜湖，点亮华夏！

四

四十多年转眼过去，我的这些教材和笔记纸张已经变黄，边缘已经被蠹虫咬食得不甚整齐，其使用价值也在逐渐贬损。然而我没有舍得丢弃它们，一直保留着。这不仅因为它们已经成为那段高教史上与我相关的宝贵史料，也因为这里面留存着一段难得的经历，一段如歌的岁月，留存着我对师大的一段记忆，一段情感，具有珍贵的纪念意义。对于这些教材和笔记，我将永远地保存它们，直到我离开这个世界。

四十多年转眼过去，当年教过我们的老师也大多仙去，健在者已经不多。对于我们那些可敬的老师，今尚健在的，我祝福他们健康长寿；已经仙去的，我会永远地怀念他们。

恩重如山　情深似海

——回忆夏子贤老师

傅元根

一

1978年的金秋十月，我来到安徽师范大学历史系，开启人生中最宝贵的四年求学之旅。最早给我们上中国通史课的是夏子贤老师，主讲中国古代先秦史。

夏老师给我们最初的印象：五十来岁，中等身材，面容清瘦，和颜悦色，着装特别整洁，经常身穿一件蓝色的中山装，上面挂着一枚红色校徽，手拎一个黑色提包。他上课时引经据典，旁征博引，条分缕析，清楚流畅，特别是引用大量的考古材料，讲述中国古代历史发展的脉络和特征，而又从不非议他人的观点，以史实证据说话，尽显一个大学老师丰富的学识、儒雅的修养和乐观的精神，是我们一九七八级学生非常喜欢的老师之一。

几十年的风霜岁月，他潜心修学，著文颇丰，已成为中国古代先秦史的著名专家。

在大学时，我偶尔应同学之邀去过杨邦兴、万绳楠等老师家拜访求学，也曾单独去过须力求、罗超等老师家求学问道。听夏老师的口音，我猜测他是安庆怀宁或潜山一带的人，心里一下子感到很亲切，可他家我却是一次也没有去过。1982年7月，全班毕业合影时，我发现没有夏老师的身影，当然也就没有向他辞行了。

二

大学毕业后，我与夏老师有一段非常美好、值得铭记的交往经历，师生之情流淌其间。

1982年毕业后，我回到岳西中学工作，第二年考研失利，转而专注中学历史教学。1985年，我虽已担任校团委书记并任团县委常委，但历史教学仍是主要方向。到1987年，我已在《历史教学》（天津）、《中学历史教学》（广州）、《中学历史教学研究》（苏州）等刊物发表7篇历史教学文章，在安庆地区中学历史教学界也算是一个后起之秀了，因此引来一些前辈的关注。

约在1987年4月中旬，当时安庆地市还没有合并，我到安庆参加行署教委教研室召开的历史教学工作会议，路经潜山野寨中学，在那里工作的王先吉邀请我到他家里小聚。期间，我向先吉汇报了自己这几年的工作，谈到自己已有外出闯荡的想法，先吉告诉我："夏老师已调回安庆师范学院任历史系主任，正在招募教师，其中就想招历史教学法教师。你的条件很合适。前次，我在安庆见到他，向他推荐了你，他要我问问你是否愿意调到安庆师范学院工作？如果愿意的话，那就赶紧去安庆师范学院拜访一下夏老师。"我知自己才学浅薄，不敢贸然登门造访，犹豫不决之际，先吉鼓励我说："不用担心，胆子大一点，带上你发表的几篇论文送给夏老师看看。老师人缘很好，非常爱才，你去找他，他一定会很高兴，也一定会要你的。退一万步讲，调动不了也没有什么关系，你去探望一下老师也是应该的。什么事都要去试试，机会难得，失不再来。你赶快去！"先吉兄还给了我夏老师家的具体住址。

有了先吉的积极鼓动，我暗下决心去趟安庆，拜师探路。

4月下旬的一天，我乘坐早班车到安庆老车站，下车后步行到了位于菱湖南路的安庆师范学院，按地址找到了夏老师家。时间大约是上午11时，夏老师开门见是一个陌生人，一时不知我是谁，我赶紧自报家门："我是您教过的安徽师范大学历史系一九七八级学生傅元根，现在岳西中学工作，潜山野寨中学王先吉和我同班，他告诉我您调回安庆师范学院，今天专门来看看老师。"夏老师一听我是他教过的学生，十分高兴，一下子缩短了我们之间的心理距离。他将我迎进屋内落座后，问了问毕业后的工作和家庭情况，我一一如实向老师汇报。其间，我谈到在安徽师范大学罗超老师教我们的历史教学法课程，因有毕业后当历史老师的思想准备，故很认真听

罗老师的课，曾多次到罗老师家请教学习。夏老师告诉我说，他与罗超老师是多年的好友。夏老师还曾谈到当年他与罗老师评教授考英语的趣事。当时，夏老师的夫人朱老师也在家，他把我介绍给朱老师认识。这是我第一次见到师母，自当起身向师母问好。

一阵寒暄之后，我直入主题，说明来意，还拿出已发表的5篇历史教学文章请夏老师过目，提出调入安庆师范学院历史系当历史教学法老师的想法。我不知道夏老师会如何回复，心里忐忑不安。没想到，一会儿夏老师浏览了一下我的文章后很爽快地说："你来得正好，我调到安庆师范学院历史系当主任，现在历史系还是专科，正准备升报本科，需要招入一位历史教学法老师。我看你年轻有为，条件不错，我同意你来安庆师范学院历史系工作。你先回去，写个调动申请寄给我，等我们系里研究、再向院里申请报批后再回复你，好吧。"

我向夏老师表示感谢后就告辞。中午我在一个小饭店吃了碗面条就乘坐下午的班车回岳西。没想到第一次登门探路就有意外收获，夏老师的儒雅、可亲、直率、善良，让我很受感动，回程兴奋不已。

5月2日，我草拟了一份关于要求调入安庆师范学院工作的申请，誊清后于第二天寄给了夏老师，至今我还保留着这份申请的草稿。大约一个半月后，夏老师回复我，经研究，安庆师范学院历史系同意接收我，也已报送院里审批。不久又回复，院里研究同意我调入历史系工作。约6月底，我出差到安庆，专程去夏老师家拜访，夏老师甚是高兴，与我谈到许多家里和工作上的事情，还特别告诉我；"你的大学同学高岱研究生毕业，也调来安庆师范学院历史系工作，我带你去见见他。"毕业后，大家各奔东西，我与高岱再无任何联系，这次能在我可能调来工作的安庆师范学院见到他特别高兴，相谈多时，临走时，高岱还送我一本他研究生毕业的鸿篇论文。此后一年间，我多次到高岱处去"骚扰"。

三

约在1987年10月，夏老师告诉我，他受国家教委师范司和文科教材办公室委托，担任高等师范专科学校历史专业中学历史教学法教材的主编，副主编是福建泉州师专的吴幼雄，成员有山东菏泽师专的孙念朴、苏州师专的陈亚昌。夏老师特别安排我代表安庆师范学院进入编写组，还告诉我，此教材由华东师范大学出版社出版，华东师范大学教学法研究所金相成先生担任主审。对我来说，能有机会参加全国高等师专教材的编写是破天荒的，当然高兴得很，然而担心自己学术水平不够，恐难胜任这么重要的编写工作，心中多有顾虑，不敢轻言接受。夏老师看出我的担心，积极鼓励我说："小傅，你不用担心，以你现有能力和水平编写这类教材，不会有问题，我还要你承担主要部分的编写任务，编写组内几位老师都很有经验，你借机会多向他们请教。我正在编写教材大纲，年底还要召集编写组工作会议，研究编写大纲，安排编写任务。到时会发正式通知，你持通知到指定地点报到，我们大家见面再慢慢详谈。"

1988年1月中旬，编写组工作会议在安徽宿州师专召开，我持正式会议通知到宿州师专报到，见到了编写组所有老师。夏老师印发了他起草的编写大纲供大家讨论，大家畅所欲言，提出一些修改意见。陈亚昌老师长期从事历史教学法研究与教学，是这方面的知名专家，提出的修改意见更多一些。对大家的意见，夏老师兼收并蓄，最后亲自修订编写大纲，并分工安排了编写工作，我承担其中三个章节的撰写任务，足见老师对我的信任和关爱。在宿州期间，我的大学同班同学、时任宿州师专历史系主任的周涛得知夏老师来宿州，专门安排丰盛的家宴宴请老师，我应邀陪同。那时，宿州天气已很冷了，但老师、同学自远方来，周涛格外热情，接待无微不至，还特意邀请同在宿州的王彩法同学等作陪。

1988年2月底到3月初，编写组成员赴福建泉州师专，入住学校招待所。在夏老师主持下，大家对各自已完成的一两章书稿进行集中研讨，提出修改意见，我自当小学生，谦虚地向其他老师学习请教，有时也斗胆提出自己的一些修改意见。泉州师专历史系主任吴幼雄作为东道主热诚欢迎我们到来，有一晚还盛情邀请我们去他家做客。在泉州期间，吴主任通过学校安排专车送我们去厦门的集美和鼓浪屿、晋江的石狮、惠安的崇武古城等地参观考察。集美的壮美、鼓浪屿的灵秀、石狮小商品市场的喧闹、崇武古城戚继光在此抗倭寇的故事，都深深地留在了我们的记忆中。此次泉州之行，我携妻女一起前往，爱女傅轶当时只有5岁，活泼可爱，嘴巴又甜，闲时这个老师抱抱，那个老师抱抱，有说有笑，增添了不少欢乐。

爱女知道海水是咸的，就是在崇武海边亲自品尝海水而知道的。夏老师后来在给我的信中，还这样回忆："记得在泉州的一天，我们从食堂吃饭回到宿舍，进不了门，你让小傅轶从窗户的顶端翻越而入，开门迎进我们，使大家转然为快，小亦乐乎？"

工作结束，我们一家三口随夏老师经福州回安徽，在福州，老师带我们去拜访了蒋铁生老师。在师大时，蒋老师教我们世界近代史，讲课身板挺直，声音洪亮，十分认真，喜欢吸烟，和我们交谈没有一点架子。那时，蒋老师已从师大退休回到福州。蒋老师一家设宴款待我们，两位老友相见，长谈不休，格外亲切，我在近旁，耳濡目染，深为两位老师几十年的友情所感动。蒋老师还陪我们参观了福州动物园等地。毕业后五年，竟在福州见到蒋老师，也是我不曾想到的。

同年8月，编写组成员集中来到岳西县石关乡的安徽省教师疗养院，这里是岳西著名的避暑胜地。这时，我们已各自写出了书稿初稿，在这里工作近半个月，主要任务就是对整个书稿进行研讨和修改。这么多老师来岳西，我高兴不已。在岳期间，我安排车辆接他们下山到县城看看，中午在家里设宴，傍晚再送他们回住地。尽管那时岳西还是全国贫困县，但绿水伴青山，环境没污染，民风又淳朴，长期在城市里生活的人，有机会到大山深处走走，会有不一样的感觉。大海有大海的风情，大山也有大山的壮美。我的妻女也曾去看望几位老师，特别是夏老师抱着爱女的几张合影，今天真是百倍的珍贵。

各部分书稿最后由夏老师统稿成书待送审。1990年9月初，夏老师来电，安排我携带书稿去上海送给主审金相成先生，还亲笔写了一封信要我面呈。我到安庆夏老师家中拿到书稿和信件，经苏州（专程拜访时在苏州党史办工作的赵晓明，他安排家宴，与我共酌，还陪我浏览了苏州古城墙、古运河和古楼等）、常州（专程拜访时在苏州师专工作的陈亚昌老师，苏州师专校址当时在常州）到上海。第二天，我按夏老师给我的地址找到金相成先生家，面呈书稿。金相成先生是我国历史教材教法的权威专家之一，我曾经听过他的学术报告，收藏有他与陆满堂等合著的《历史教学法概论》（安徽教育出版社）一书，这次有机会当面请教学习，是万分难得的机会。先生热情待人，严谨治学，著述颇丰，扶持后生，为国家培养了大批历史教育人才，我当年送稿请教先生的情景至今仍历历在目。我回程经安庆再向恩师复命后回到岳西。

1991年4月，夏老师主编的《中学历史教学法》由华东师范大学出版社正式出版，后来还有再版。五位编者中，我是唯一一位中学历史老师。此书出版之年，我32岁，中学一级教师职称。1992年6月，我因参编这本著作，获得了安徽孙超企业集团安庆市教育奖励基金会第三届授奖一等奖（全市只有4人）。此后，这本著作对我1994年12月晋升中学高级教师、1995年8月应聘调入海口市教育局教研室工作，都起到了"敲门砖""通行证"的重要作用，一路向前，顺风顺雨，只因手中持有这个"重器"。

四

回过头来，在参编《中学历史教学法》的同时，我的工作调动也在夏老师的策划下紧锣密鼓地进行。

1988年4月间，夏老师和安庆师范学院人事处一位汪姓处长，带着商调函来到岳西，专程找有关领导商调我去安庆师范学院工作的问题。我安排他们入住岳西县委招待所，向他们汇报了县里有关情况，他们根据我汇报的情况，决定了工作步骤。

来岳西的第二天，在我的引荐下，他们即去县教委找时任党组书记、主任面谈，希望县教委能开绿灯放行。夏老师回来告诉我说：县教委讲了很多不能放行的理由，还说即使县里同意调出，安庆行署教委也不一定能同意，这样看来此事会有一定的难度，我们做最大努力吧。当时地市还没有合并，人员调动还需要报送安庆行署教委批准。

在各方共同努力下，县教委最后研究同意我调出，但留了一句耐人寻味的话："县里虽同意，不知行署教委能不能放行。"我在安庆行署教委并不认识什么实权人物，也没有什么可以利用的人脉关系。虽然我也去找了一两位由县里调往行署教委工作的原岳西中学校长或老师，他们也只是口头答应帮帮忙罢了。

在我担心行署教委这一关可能过不了的时候，大约在8月上旬，夏老师又一次因公事来石关安徽省教师疗养院，我前去探望，夏老师见到我非常高兴，第一句话就对我说："元根，你调动的事，我给你办成了。"我听

第三编 教泽长昭

他告诉我说："昨天我在这里巧遇安徽省教委主任朱仇美，他是原安徽师范大学校长，我们的老领导，我把你的情况给朱主任说了，希望他能给安庆行署教委某主任打个招呼，在行署研究我的调动问题时给予关照。我当即写了一个报告，朱主任在报告上签字希望某主任能给予解决，朱主任的签字件，我已让人送到安庆行署教委了。"朱主任出面帮忙，我调往安庆师范学院一定是事成无疑了。

然而，事与愿违，安庆行署教委在研究人事调动时，最终把我卡下，没有同意我的调动要求。这是行署教委最后一次研究人事调动问题，因为第二年安庆市与安庆行署就合并组成新的安庆市了。夏老师虽然劝我回去好好工作，但我还是从心里感觉到他对此事没有办成十分不悦。其实，我对夏老师已是感谢不尽，仅他和汪姓处长来岳西商调我，就已在县里引起不小的震动，这让县里很多人知道，我还真是难得的人才！

调动不成，但很快引起连锁反应。县教委领导找我谈话说："大学都来要你，说明你是个人才，我们没有好好用你，现在想安排你去汤池中学任分管教学的副校长，下去锻炼几年，再把你调回来。你考虑一下，如果同意，县教委马上研究任命。"汤池中学离县城约15公里，是县教委直属的单列农村普通高中，说近不近，说远不远。然我调动之心未死，希望第二年再作努力，便没有答应县教委同意去汤池中学。事情总在变化中。1989年下半年，夏老师到了退休年龄，不得不离职退休，他对我说："元根，我退休了，你调动的事我已帮不上忙了，你可不要怪我哦。"大恩不言谢，哪有怪罪之理。这一年12月，安庆市历史学会会员代表大会在安庆召开，我又一次在安庆见到恩师，大家一致推选德高望重的他为学会会长。

这样，我在岳西中学又工作了一年，直到调动已无一点希望，我才答应了县教委去汤池中学任副校长，此时已是1990年8月，时年31岁。

我去汤池中学的第二年即出任校长。我每天骑着自行车往返县城家里与学校（有时也住校），辛辛苦苦工作五年，最终竟一直没解决一个副科级问题，想调回岳西中学也迟迟不予考虑解决。身处怀才不遇之境，心里又一次顿生"逃离"之想。1995年4月，我从《中国教育报》上获悉：海口市面向全国招聘历史教研员1名。我即投递材料，后经笔试和面试，我以总分第一的成绩，如愿调入海口市教育局教研室任历史教研员，三年后经过竞争上岗出任副主任。2005年，我又调往三亚市教育局教研室任主任，直到退休。

五

椰风海韵醉人，孔雀东南飞。我调来海口工作后不久，通过电话告诉了夏老师我南调的事。之后，一般在春节期间，我都会给夏老师打个电话问好，祝他和师母健康快乐。同时，也向他谈谈自己在这边工作的情况。

我曾多次热情邀请夏老师在身体方便时来海南看看。夏老师爱女一家在珠海工作，他告诉我，他与师母有时去珠海小住。于是我便建议他下次再来珠海时一定要转飞海口，我陪他在海南旅游观光。他也高兴答应考虑安排时间由珠海来海南。1999年3月29日，夏老师给我寄来一封信，信中说道："孔雀东南飞，乃当前年富力强者的专利。""说实话，我很想去海口一游，可是力不从心……如果我先到珠海，再打那儿转飞琼，花费也是可以承受的。"这是我来海南后，夏老师给我写来的唯一一封信，我至今珍藏着，每每读来，感慨万分。我感到特别遗憾的是，由于种种原因，夏老师来海南的愿望最终还是未能实现。

2001年8月，我的爱女傅轶考上了陕西师范大学旅游管理学院，我与夏老师通话报喜，并报告了送爱女去陕西师大报到的时间，他听后非常高兴，告诉我：小傅轶报到时，他正在陕西师大参加一个先秦史研讨会，要我到时与他联系。当年9月中旬，我和爱女在陕西师大见到夏老师，爱女一直叫着"夏爷爷好"。师生相谈甚欢，夏老师还邀请我们父女俩与他共进晚餐，晚上我俩还在他下榻的陕西师大宾馆住下，第二天才与他道别。

2003年春节，我们全家回岳探亲。正月的一天，我搭车专程前往安庆师范学院看望年事已高的夏老师，见他和师母精神挺好，身体还硬朗。在夏老师家，他与我长谈两个多小时，各自诉说这么多年所经历的不平凡的事情。我还清楚地记得夏老师又一次鼓励我说："元根，你是个人才，现在看来你去海南发展会比这边好，就在那边继续奋斗吧。"我很感动地说："万分感谢老师的培养和大力提携，虽然我现在身处天涯海角，但不论走到哪里，都不会忘记我的根在安徽，我的母校在芜湖，都不会忘记恩师对我的教诲。希望恩师和师母多多保重，身体健康，颐养天年。我下次回安徽

一定再来探望你们。"夏老师将我送到安庆师范学院大门口，看着我乘车离去。没想到这竟是我今生与夏老师的最后一别。

后来我与夏老师的联系断断续续。大约五年前，我试着给夏老师家打了一个电话，接电话的是师母，我向他们问好，师母告诉我夏老师身体还行，叫我不用挂念。再后来，夏老师家的电话不知什么原因打不通了，我的心里隐隐不安起来，担心老师家会有什么变故。

2021年3月，我在群里谈到与夏老师的交往，莫欣兄建议我写一篇回忆夏老师的文章，我爽快答应。然按年龄推算，如果他还健在的话，应有90岁以上高寿了。3月28日，我给先吉兄打个电话，询问夏老师的情况，他告诉我，夏老师已于前两年去世了，葬在老家。我一听，心里顿时涌起阵阵痛感，最后没能去送恩师一程，实在是天大的不敬！

饮其流者怀其源，学其成者念吾师。

在大学读书的青春岁月，幸遇恩师，为我等指明奠基的治学之路；在人生旅程的而立年华，再一次幸遇恩师，给予我最大的提携之力；在南下海南的奋斗长途，又一次幸遇恩师，继续给我莫大的鼓励之爱。

"老师亦称傅，其说自有元。叶茂须根深，教育实为先。"这是大学毕业十周年聚会时，杨国宜教授的赠诗。我查了一下中国历史上的傅姓名人，发现为官者甚少，为学者、匠人甚多。可能是历史遗传的关系，我出生于傅姓人家，一辈子当老师应是无愧之选择。一个人一生总会在学习或工作的某个阶段，遇见一位对自己影响最大的师者，在我工作阶段所遇见的这位师者，即是子贤恩师了。

可以这样说，没有当年幸遇恩师，定难有我往后相对顺利地向上发展。上苍有眼，让我成为您的学生；命运注定，让您成为我人生征途的引路人。

师恩恩重如山，师生情深似海！

星辰大海总在我身旁

——忆大学时期的老师们

高岳仑

1978年10月，我有幸成为安徽师范大学历史系的学生，来到一片人才汇聚的星辰大海旁。在这里，我有机会向光芒耀眼的"明星"老师求教，也经常向若隐若现的"群星"老师学习，从中获得宝贵的知识、智慧和能力，开启人生远航。

想当年，我除了求学4年在历史系，留校工作14年当中又有12年在历史系，前后累计在历史系学习和工作长达16年！这个数字在我们历史系一九七八级90名同学当中号称"无与伦比"，它被同窗好友解读为"高岳仑回忆和评价历史系老师有天然优势"。所以，当我写完两篇回忆短文之后，莫欣兄要我"发挥优势"，再写一篇专门回忆老师的文章。其实我好难啊，而且是"两难"。一难：不写就对不起莫老大哥，真要写却没有更多在咱们一九七八级"接地气"的材料啊，因为我在历史系多待的12年，真是一心一意面对学生做工作的，和专业老师们接触很少，远不如我当学生的那4年。二难：同窗兄弟姐妹已经"杀青"的回忆文章太棒了，凡对历史系诸位专业老师的描述都很生动、准确到位；而我思维迟钝、记忆力下降、文笔拙劣，怎么写都是班门弄斧。思前想后，写与不写都难，但，还是写吧。因为，写不写是态度问题，写得好不好是水平问题；态度要确保端正，水平请大家海涵。

在当年历史系学生的心目中，有一批明星般的教授很受追捧，但他们未必有空给每个年级上课。然而，我们一九七八级同学聆听"明星"教授讲课的机会最多！这个结论是时任历史系教学秘书的高素琴老师对我说的，她专门负责给老师们排课，并为全系教学活动提供基本保障，从订购教材、

印发讲义到密印试卷、抢登分数，全程忙碌，时不时还要为老师们临时调课和学生们因故请假履行规范程序。她对所有教学环节和师生的评价很真实、很权威。她认为，"历史系的老教授们普遍对一九七八级同学们印象比较好，愿意到一九七八级上课"。我听高老师这么说的时候，心里那个美就别提了！

我还可以从胡功箓兄这里验证一下：他的父亲是著名的历史学和古文字学专家胡澱咸教授，抗日战争时期就是执教于四川大学历史系的年轻副教授，自改革开放后老人家给本科生上课的年级仅有咱们一九七八级。我曾问过功箓兄："你爸怎么不给一九七七级、一九七九级开课呢？"他说："老爷子70多岁了，给研究生上上课还可以，给本科生上课不方便。"我想也是，拄着拐杖上讲台，坐着靠椅写黑板，确实不方便。

在我印象中，还有一些老教授给一九七八级上课后就告别三尺讲台了，如光仁洪、陈正飞、陶秀等等。一九七八级同学回忆他们的文章不多，但他们的学问功底与学者形象早已录入我们的课堂笔记中、深深印在脑海里。

我翻看同窗回忆，写的比较多且很生动的教授们有苏诚鉴、张海鹏、叶孟明、王廷元、万绳楠、杨国宜、须力求等，也有写的不多但被真诚点赞过的陈怀荃、夏子贤、杨邦兴、张少叔、蒋铁生、管敬绪、汪宏玉、徐正、罗超等老师，还有尚未评论的中青年教师如李运明、谭文凤、周美云等。对于以上老师我就不一一述评了，但有两点补充：一是杨国宜教授释疑解惑善待学生别具一格，他不仅为在校学生传授学习与研究的方法，还为返校聚会的毕业生每人赠送一首藏名诗。二是管敬绪老师敢想、敢说、敢认错，堪称男子汉的楷模；他勇敢地向汤晓华同学就"袋鼠"误解问题认错，并且是当着一九七八级全体同学的面公开认错、纠错，这是做人、做学问都不可或缺的求真精神。他曾对我说："小高，在给你们一九七八级上课之前，我给哪个年级都是那么讲袋鼠的，没哪个跟我讲那是错的，还是一九七八级同学好！"

每个学生的成长过程中，有很多老师在影响他（她），其中有的老师在某方面影响他（她）不是一阵子，而是一辈子；也许老师和其他人并没在意，但学生一直铭记在心。在这里，我举两个例子，说明柳仲文、吴振潮两位老师对我学习和工作产生的久远影响。平心而论，这两位老先生在历史系学生的心目中没放在"明星"位置，但这丝毫不会降低他们敬业、坦诚、慈爱的教师形象。

先说柳老师：他讲完"辛亥革命"后曾布置作业，要我们每人写一篇小论文。我之前从未写过论文，也没弄清论文有啥要素，直接写了一篇回忆"文革"前随外婆去南京中山陵的"游记"，其中还引用外婆的话，称孙中山为"国父"。交了作业后，我被柳老师叫去家中，他告诉我"游记"不能代替"论文"充作业，必须重写。怎么写？他简明扼要地将论文应具备的要素及写作方法说了一遍，最后还特别提醒我，我们现在是新中国了，建议写孙中山时免用"国父"二字。从那以后，我开始学着写论文了，即便是在工作最忙的时候我也思考着我想写的论文。由于在省级以上学术刊物上发表的论文数量达到了专业教师的标准，1993年上半年我拿到一本副教授职称证书，当时我再次想起柳老师教我写论文的情景。

再说吴老师：我聆听吴老师讲党史课时，最深的印象是他的记忆力超好，往往是整段整段的表述与教材完全一致。我还有一个印象是，他烟酒不沾，课间休息很少有学生请教他，他也不主动跟学生聊天。有一次，我主动请教他："吴老师，您对教材那么熟，讲课特别顺溜，是不是能背教材就能讲好课啊？"他对我这样"愣头青"式的提问居然不生气，笑着对我说："老师要讲好历史课，首先要能背，背熟了才能准确表达、据实分析、引发思考。所以，我讲课的首要任务就是将教材中经过精心打磨的表述与分析告诉你们，希望你们听了以后有所思考。"我惊诧地点点头，细细地琢磨琢磨，顿然觉得老先生说得有道理！在后来的工作中，我给学生开会、上课、对话、辩论直至大会演讲，看起来都是"即兴"的、脱稿的，其实事先都尽量做足了准备。2003年初，我进学校领导班子不久，为全校师生主持了电影《邓小平》首映式，与导演丁荫楠、主演卢奇等人进行现场互动，自然流畅。不久我又在欢迎西藏歌舞团进校演出的舞台上发表6分钟"即兴演讲"。事后，学生记者采访我："为什么每次听您演讲都那么感人、那么精彩？"我说："因为我知道自己是一个平常的人，若想在重要时刻表现得出色一点，就要付出比常人更多的努力。一句话，不打无准备之仗！"这句话是吴老师启发我思考的经典结论，后来也成了这位学生记者的座右铭。现在，这位学生记者已担任广东院士联合会秘书长多年，多次成功组

织了广东省和粤港澳大湾区的院士峰会、年会等大型活动，他经常对我说："高老师，您说的'不打无准备之仗'让我终身受益！"而我经常想到的是，吴振潮老师不仅影响了我，还影响了我学生的一生！

正当我准备收笔暂停回忆，忽然有个身影浮现眼前，他就是常年默默工作、不计名利得失的历史系党总支秘书盛茂产老师，为他应该再写几句。我作为"知青"，在农村插队时已经入党，按时交党费成了习惯。上大学的4年当中，每个月为交纳党费去盛老师办公室一趟。他对学生特别客气，每次收费、登记、开具收据之前，一定先倒一杯热水接待，办完事还送你到楼梯口。渐渐地我被他认真办事、热诚待人的言行所感动，每去一次都刻意多待一会儿，稍聊几句。1980年暑假刚结束，我去系办公室交党费，恰好看到他的桌面上摊开一幅尚未装裱的中国画，很漂亮，作者正是盛老师本人。我大吃一惊，"高手"就在眼前，于是由衷地赞美几句。没曾想，一个月后再去他的办公室，盛老师专门为我作画一幅，令我感动不已，说完谢谢之后补了一句："我回去就裱。"他哈哈大笑："业余爱好，玩玩而已，别太认真！"结果下个月他又"玩"一幅给我。这么慈祥可爱的老师带着"岳仑同学清玩"（见"红梅"画题字），多么纯洁而雅致！我毕业留校工作后，每个月继续去他的办公室交纳党费。慢慢地，在盛老师和许多领导、老师的身边，我以"两条腿走路"的方式逐渐取得进步：行政级别从科员到副科级、正科级、副处级，专业职称从助教到讲师、副教授，隔几年进一步，而他始终在原岗位扎扎实实地工作、工作、再工作，月复一月地登记着我和全系党员缴纳的党费、收发党内文件等，直至退休。我到南方工作后，我们的友谊依然赓续着清纯与真诚。

文章再长，总要收笔；感慨万千，归作一句：我在安徽师范大学历史系拥抱的这片星辰大海啊，很深，很大，走遍天涯海角，总在我的身旁。

1980年，盛茂产老师赠给高岳仑同学的中国画

旧典校注忆师情

贺宿芜

2021年6月的一天，朋友王东给我寄来安徽师范大学出版社出版的他父亲王廷元老师的史学论文选《困学集》。晚上，凉风习习，我端坐书桌前，点燃一支香烟，认真细致地读完第一篇：《论明清时期的徽商与芜湖》。我顿觉百感交集，当年王老师给我们讲授中国明清史的音容笑貌历历在目，宽大的脸庞，诙谐幽默的语言，略带时代特征的阶级斗争学说见解，抽着自制的喇叭烟，教室里弥漫着呛人的辛辣味给我留下极深的印象。而更使我永志难忘的是，毕业后在芜湖市地方志办公室工作时，配合协助王廷元老师点校《芜关榷志》的一段美好时光。

那是2003年初，安徽省决定编纂出版"安徽历代方志丛书"，芜湖市承担了《芜关榷志》的点校出版任务。《芜关榷志》是一部记述芜湖榷关史事的专书，明代刘洪谟纂，明万历三十一年刻印。该书流传甚少，但史料价值很高，当时市志办也只有一抄印本。如何确定点校人选，我们采取了两条腿走路的方法，一是在《芜湖日报》《大江晚报》上刊登公开启事，面向社会公开招聘。二是与安徽师范大学历史与社会学院联系，请其推荐专家学者。结果出现了难题，社会应聘共有近三十位热爱地方史研究的教师、干部、学者报名，其中就有王廷元老师。历史与社会学院推荐了另一位著名教授。两人都是我的老师，同为著名历史学者，真让

《芜关榷志》封面

人犯了难。最后，经过旧志整理办公室多次比较筛选，从明史研究这个角度考虑，确定了由王廷元老师承担点校任务。从此，时任旧志整理办公室副主任的我开始了为王老师服务两年的跑腿史。

第一次见面，我携着两卷本的抄印本，去王老师的家中（位于安徽师范大学老校区），老人家与师母陈老师十分客气，沏茶递烟让座，说话却直言不讳，意思大概有两层：一是我在师大读书时学习一般，努力不够，对我没什么印象。二是这次点校是他争来的，主要是出于研究明史和对芜湖地方史的热爱，否则不会接这吃力不讨好的活。我心知王老师有点气，嗫嚅着承认自己在校贪玩，得过且过，只图快活，不思进取。强调王老师是学院明清史教研室副主任，安徽师范大学徽学研究的创始人之一，点注明代专志是不二人选。老人家爽朗一笑：你少拍马屁，我们好好合作，一定要精准点校，不让人说闲话。

其后，在王老师的建议下，我们三次去原版本提供单位——中国科学院南京地理与湖泊研究所核对校准，了解到解放前时任浙江大学校长的竺可桢花五百大洋，从一家道中落的盐商手中购买一批旧书典籍资料，《芜关榷志》名列其中。新中国成立后，竺可桢出任中国科学院副院长兼中国地理研究所所长，这部分资料便随之收进了中国地理研究所图书馆。对竺院长抢救文化典籍的义举，王老师赞不绝口，点校信心和决心大增。王老师治学严谨细致入微的作风发挥得淋漓尽致。他通过自身的人脉关系，先后与省图书馆、复旦大学图书馆、上海图书馆、南京大学图书馆等多方联系，探询此书是否有新的刻本，结果功夫不负苦心人，南京大学图书馆还真有清顺治年间刊印的版本。王老师随即与我同去南京大学，将两种版本逐句核对，发现前面内容基本一致，但清版本增加了清初的些许内容，于是予以补录。

该志点校成稿后，王老师心脏病发作，住院做了手术。当我们去医院看望，并征询他可否安排其他人来完成续后工作，老人家一再表示，将善始善终将这项学术工程完成到底。2005年12月，该书经省古籍整理出版办公室审查批准付印出版发行。

我与王老师近两年的相处，偶尔也会发现其率真可爱的一面。记得书稿印刷时，他病愈刚出医院，我送样书去王老师家，并告知市地方志编纂

委员会准备为此书发行开个新闻发布会，请王老师重点介绍一下《芜关榷志》的主要内容和史料价值。老人家初露喜色，后又迟疑，沉吟半晌，缓缓说道：点校的史料性著述，一般要经历过三五年的时间检验，甚至更长的时间，才知有没有遗漏和谬误。发布会我看还是不开了。我们采纳了王老师的意见，此事作罢。但仅隔两三个月时间，芜湖电视台《政通人和》栏目约我们作一个芜湖地方史专题，我去邀请王老师讲一讲明清时期的芜湖，老人家欣然接受。那天在广电演播厅，王老师容光焕发，侃侃而谈，讲到得意处，兴奋之情，溢于言表。与先前对待是否举行新闻发布会之态度慎重判若两人。

《芜关榷志》点校完成，填补了芜湖地方史籍的一个空白，该书问世对芜湖地方史、安徽经济史乃至全国的明史研究具有相当高的史料价值。王廷元老师点校认真、功不可没，省旧志整理委员会对《芜关榷志》的点校作了全面和基本的肯定，并给予较高评价。作为其学生，能参与此项学术工程并受老师教诲，我感到幸运和自豪！

谨以此文纪念王廷元老师。

那些远去的肩膀

——大学老师留下的剪影

嵇成中

四年大学，最深的记忆在哪里？

几十门课程、几十本教材、几十本笔记，如果用竹简来承载，仅从量来看，说是"学富五车"，一点也不为过。

几十年过去，曾经的"学富五车"，已经被岁月的风雨吹打得星零云散，曾经的校园浪漫，也已经被生活的车轮碾压得斑驳陆离。

星零云散中，有一些记忆挥之不去；斑驳陆离里，有一些身影愈加清晰。

是的，你也许已经猜到，我要说的，是我的那些大学老师。

他们，为我们开启了知识之门，引领我们走进了学术殿堂。谆谆教诲，拳拳之心，感人肺腑，受益终身。

我这里只说说对那些先生们的点滴印象，或者一抹剪影。

一、善表达的光先生

"列强纵横捭阖、朝秦暮楚，国际关系交光叠影、瞬息万变，这是一战前后疾雷破空、惊风振海的国际风云。" 这是我国世界史学科的奠基人之一、学养极为深厚的光仁洪先生讲授"一战前后国际关系"课程的开场导语，言辞铿锵有力、语调抑扬顿挫，至今读起来仍然令人荡气回肠。20岁的我，被如此气势磅礴的精确表达所激发，虽然当面聆听光仁洪先生的教诲只有几周的时间，但在心底一直盘算着我怎样才能练就这样的功夫。40多年过去了，我虽然语言能力仍然平平，但已充分认识到，作为教师，不仅要"有内核"，还必须"善表达"，尤其是口头表达。

二、讲情怀的张先生

大四时作毕业论文，兴趣在明史，恭请张海鹏先生指导，于是有机会多次当面聆听先生的教诲。先生不断指出：师范大学历史系主要是为中学培养历史教师的，对于绝大多数人来说，终身唯一一次系统地学习历史，就是在中学阶段，其重要性不言而喻。先生还强调：历史教学要特别注重帮助学生形成正确的价值观念，学会区分历史事实和历史解释，尤其是家国情怀的养成。

1990年10月20—23日，由安徽师范大学、中国明史学会、蚌埠历史学会联合举办的全国首届朱元璋学术研讨会在凤阳县举行，来自全国二十多所高校和研究机构的近六十位专家学者出席了会议。中国人民大学的毛佩琦、中国社科院历史所的商传等在大会发言，主持会议的海鹏先生要我参会并给我布置两项任务：一是服务，二是记录。主要的服务对象一位是历史地理专家《明中都考》的作者王剑英先生；另一位是《洪武皇帝大传》的作者陈梧桐先生。为了做好服务，会务组安排我和王剑英先生住同一间房。会议休息时，在海鹏先生与专家的寒暄交谈中我得知："文革"前，海鹏先生担任历史系副主任，主要从事秦汉魏晋南北朝史的教学工作。"文革"结束后，历史系明清史的教学是个空白，他便改变了研究方向，补了这个缺。经过一段时间的摸索，他发现距离安徽师范大学只有两百多公里的古徽州，在明清时期其经济文化既有地域特色又具典型意义且资料极为丰富。20世纪80年代初，一些美日学者经常来徽州实地考察，收集资料。为避免"徽州在中国，徽学在国外"尴尬局面的出现，海鹏先生组建了明清史研究室，确定以徽学为主要研究方向，以徽商这个徽州文化的酵母为切入点，开展了全面、深入、系统的学术研究。学界一致认为，海鹏先生对于"徽学"的开创，具有奠基之功。

我在通读了先生关于马皇后、朱升和徽商等方面的论文后，感受到清癯儒雅的海鹏先生，不仅学养深厚、见解精辟、亲和力强，而且具有深厚的家国情怀。宋代大诗人陆游所言："功夫深处却平夷"正是海鹏先生学术风范的写照。当下教育部已将"家国情怀"列为21世纪学生必备的历史学科核心素养，我想先生在天之灵应当得以告慰。

三、重威仪的陈先生

陈正飞先生老矣，身躯已经有些佝偻，走路也颤颤巍巍。不过，一旦上课，先生一头银发，梳得平滑有型，一丝不乱；一件板正的白衬衫，一条老式的背带裤，俨然一派绅士风度；一根文明杖在手，依然是风流儒雅，飘逸不群。讲到得意处，先生锋芒毕露，双目神光四射，语气铿锵，不容置疑："1945年8月15日，日本根本不是无条件投降，而是有条件投降——保留天皇制，这就是投降的前提条件！"这完全与正统的历史观相悖，与中学教科书的判断迥异！原来，教科书也可以怀疑，教科书的结论也不是绝对真理！此时，我心底质疑的种子开始发芽，斗胆请教陈先生：教科书中对九一八、一二·八、七七发生的日军侵华事件均用"事变"来表述，似乎不妥，因为"事变"词义指意外突发事件，而我们教科书上又说日本侵华蓄谋已久，既然是"蓄谋已久"，怎能说是"突发事件"？这显然是个悖论。陈先生认为，这是一个有价值的问题，非常值得深入研究。后来，我在资料的研读中才发现"事变"是日本人的话语表达，有淡化侵略的潜在意图。如何用更准确的概念来表征那一段让人刻骨铭心的历史，至今仍然是个严肃而沉重的话题。

四、冷幽默的王先生

明清史专家王廷元先生是一个极具个性又非常幽默的人，他讲课时常用类比的方式和民间俚语，使听者轻松愉悦，而讲者却呈现出一副淡然超脱的神情。王先生曾长期在东北教书，对关外满族的风土人情了然于心。一次王先生讲课时，谈到张作霖的奉军乘火车、进戏院，凡是需要买票的地方从来不买票，只要说一句脏话"妈了个巴子"，再看看脑袋的形状如果"扁平"就可以畅通无阻。用东北话说就是"妈了个巴子是免票，后脑勺子是护照"。区域性的土俗口语和为生存而形成的生理特征，成为享受权利的评判标识，看似荒唐，但却生动有趣地反映了军阀割据时期，东北社会生活的混乱样态。这看似无关紧要的插曲，对我却有很大影响。从此我不但不缺王先生的课，而且每堂课都充满期待。从那时开始我似乎意识到，作为教师不仅要"有用"，还要"有趣"，教师必须有让学生锁住你的频道不

换台的功夫，才能成为合格的教师。"有趣"对于教师，不是高配，而是标配，从这个意义上说"有趣"比"有用"更重要。

五、爱首创的万先生

万绳楠先生是大家非常喜爱的学者。讲课中当他阐释一个新的观点、提出一个新的命题、作出一个新的判断、得出一个新的结论时，都要放下手中的粉笔，两手揉搓一下，面带微笑、手指天花板，非常高兴地说道："这是我的首创！"

万先生的研究有许多开创性观点，许多观点在我的记忆中已模糊淡忘了，但万先生关于"夏朝的建立在涂山而不是在中原"的论断却一直影响着我，这一论断激起了我作为蚌埠人的强烈自豪感，从20世纪80年代就开始琢磨淮河流域在先秦时期的历史地位。20世纪80年代初我参加了由蚌埠市市长龙念先生主持的"涂山开发研讨会"，被推荐担任蚌埠市淮河文化研究会的秘书长。那时到图书馆查阅资料、涂山实地考察，一度成为我生活的常态。

大禹在哪里治水？哪里会盟？众说纷纭，但归纳前人的研究，主要有三处。一是浙江绍兴会稽；二是重庆南岸渝州；三是安徽蚌埠怀远。会稽临海无河水可治，渝州会盟只是传说。但我发现众多研究成果都指向了蚌埠。著名历史地理专家复旦大学教授谭其骧先生在他主编的《中国历史地图集》中，把大禹治水标注在蚌埠；中学历史教科书是经过国家审定的、是反映国家意志的，几乎所有中学历史教科书都把大禹治水标注在蚌埠；《左传·哀公七年》关于"禹合诸侯于涂山，执玉帛者万国"的记载，被中国社科院考古所在蚌埠西郊禹会遗址的考古发掘基本证实。专家视角、国家意志、史料记载和考古发掘都给出一致的判断，大禹治水在蚌埠。

蚌埠不仅是大禹治水的地方，也是大禹建国的地方。如果我们认同夏朝是中国历史上第一个世袭制王朝的话，那么世袭制王朝的第一个王"启"就是蚌埠人；大禹娶涂山氏女为妻，表明夏族与淮夷开始融合，大禹控制的范围扩大了；"禹合诸侯于涂山，执玉帛者万国"，说明各路诸侯已经拥戴夏禹为王。蚌埠西郊禹会遗址考古发现一个南北长一百多米的T形人工夯土台基，上有南北一字排列的35个柱坑，这是个具有礼仪性质的建筑基址。这情景，让人联想到联合国大厦前一字排开的各国国旗，让我们似乎看到来自南北的兄弟打着自己的旗号、带着自家的特产、恭敬地列队站立，大禹代表天下的兄弟，庄重地宣读誓词。"夏兴之地在涂山"，涂山在蚌埠，蚌埠是夏兴之地。

1984年万先生在《安徽史学》发表的《安徽在先秦历史上的地位》一文，再次给我琢磨涂山会盟增添了动力。万先生在文中再次强调指出："夏朝既在涂山建立，既得到了以涂山氏为首的夷族人民的支持，那么，安徽与我国历史上第一个朝代的建成，或者说与我国国家的出现，关系就是至为密切的了。"基于以上分析，中国历史上最早的国家权力结构萌发并且形成于淮河流域的蚌埠就成为基本事实了。淮河流域面积广大，这里发生的影响中国历史进程的大事件，都是淮河文明所孕育。因此，不仅黄河和长江是中华民族的摇篮，淮河也是中华民族的摇篮。

我不是个历史研究者，勉强可能算是历史教学的研究者。30多年前，在万先生的启示下，我尝试探寻先秦时期淮河流域有趣的故事，试图发现背后的规律，意在训练史料实证和历史解释的能力，也曾幻想或许能提出某个首创。

回望四年大学，我如今虽已忘却许多，但留下的则更多！忘却的是浅层的、惰性的知识，留下的则是透过事实形成的贯通性理解，并庆幸这种理解已成为智力活动的习惯甚至是日常生活的方式。

安徽师范大学历史系一九七八级回忆录

那一张张难忘的脸庞

——回忆我的老师

莫 欣

师大毕业倏忽已四十年了，进入老境后，我常忆起当年的老师，有比我年轻的，也有如同父辈的，一张张脸庞在我脑海中叠印，一种幸福、一种感激油然而生，我信手写下他们中的几位。

一、年轻的老师

如今想起当年的老师，大多是两鬓萧萧、眼镜深奥的长者模样。可我上大学时，辅导员陈锡宝老师却是另一副形象：一个小我八九岁的青涩小伙子，风风火火，目光如炬，根本不需戴眼镜。

我是1978年考入安徽师范大学历史系的，已过而立之年。1966年合肥一中高中毕业，那时高考停止，我到农村和工厂度过了12个春秋，儿子都已经学讲话了，才又参加了高考。环顾我们历史系这一届90名同学，像我这样老三届的有20多人，占四分之

辅导员陈锡宝

一，个别的农村同学已有两三个孩子，老大已能带老小了。稀奇吗？在那个年代不稀奇，这是1977、1978那两届大学生特有的现象。这样的年级当然不好带，学生年龄差距大，难以聚拢，特别是这帮年龄大的学生，家里有老有小，一心挂两头，事特别多，难免请假。

陈老师原是插队池州东至县的上海知青，1975年推荐入学的工农兵学员，毕业后被选优留校。他虽来安徽多年，但仍带有明显的上海口音。第一次全班点名，一个庐江考来的应届生叫夏仕伦，他念起来，大家都听成

了"吓死人"，这位同学听到后毫不犹豫地挺身答到，逗得大家抿着嘴哧哧地笑，从此这就成为这位夏同学的绰号了。我们这帮老三届同学在那个特殊年代中都历经艰辛，十分珍惜上大学的机会，对于比自己小了许多的陈老师，不敢有一点马虎。陈老师也心里有数，对年岁大的同学，也能理解宽容。有一次来自含山农村的韩敬东请假一周回去收麦子，周一点名，队伍里一个小同学躲在后面应声代答，他只瞄一眼，就知这个老三届的农村同学没有按时回来，却也不点破。他在农村插队多年，春播秋收有体验，夏季麦子收上来就要翻地、起垄、赶雨天插山芋秧，误了季节就会短了一大家子的口粮。这些老三届同学都是家里的顶梁柱，遇到请假他尽可能网开一面，往往头一个星期的周末走，个别的要到第二个星期一才返回，他常常是问问情况提醒下次注意，却也不过分追究。有一次因学校有重要活动，他没有及时批准一个同学的假，那个同学心里怏怏不快，临出门时，恰好穿堂风吹过来，带得门啪得一声响，这个同学自己也吓了一大跳，心想，这下子可惹恼陈老师了。可事后他还没来得及解释，陈老师却笑着在他耳边嘟囔了一句：你脾气也还不小嘛。

陈老师善解人意，既坚持原则，又根据实际，在自己职权内灵活处事。有一位任同学，当知青时就有了姐弟恋，一起招工进城，女方瞅着他又考上了大学，家里老人等不及他四年毕业了，就催着他要成家。当时校规原则上是不允许在校生结婚的，陈老师了解他的情况后，体谅他们的困难和处境，亲自领着他跑系里和学校有关部门，说明情况，同意他回去办了结婚证。另一位王同学入学前就有了两个女儿，入学后妻子又有了第三胎，公社和大队来函要求学校严肃处理他。系里姜副主任接到函后，了解主要还是家里老人想要抱孙子，跟辅导员通报情况后就把函压了下来，陈老师也佯装不知道，没有给他任何压力。这位王同学的三个孩子读书都很上进，一个博士，两个硕士，都在一、二线城市发展，全乡老少都说他家老祖坟风水好，羡慕不已。

陈老师性格直率，大家私下议论，他除了讲话有点上海尾音像南方人，整个的处事风格倒像是北方人那样爽气，心无芥蒂。特别是对我们老三届这帮"胡子生"，如同亲兄弟一般。有一件事，我一直记在心里。我那年刚进校一个月，老父亲就得了癌症，急送上海做了手术，捱了两年，到我大

三时，父亲就走了。那段时间，我母亲心力交瘁，家里老老小小，原工作单位领导关心，就问我是不是还回来，与其毕业后不知分到哪里当个孩子王，还不如留在单位好照顾家。我也主意不定，踌躇起来。也不知道陈老师是否知道了我的心事，一天他见到我，直截了当就说，你的情况特殊，需要回去我给你批假，有什么困难就讲，可不要有什么其他想法。我的心里才逐渐安定下来。我们寝室有一位张同学，有一天他突发腰腹剧烈胀痛，头晕、呕吐、血尿，大家慌了手脚，急送校医院，诊断后说是急性尿路结石和肾结石，需立即转院，否则有生命危险。他家还在郎溪，远水救不了近火，怎么办？陈老师知道后马上决定用车往南京送。那时学校用车不易，需层层报批，为了赶时间，陈老师也不管那么多了，绕过系里和分管领导，直接跑到学校后勤部门协调，连夜用车把这位同学送南京鼓楼医院诊治，一周后他就安全出院了。至今回忆起来，他还连声说亏得陈老师当机立断。

如今我们这届同学当年最年轻的也已到了退休年龄，大家从毕业后每隔5年就换个地方相聚一次，陈老师每次都赶来参加，还带头捐款资助。他与我们一起回忆流金岁月、一起涌出欢笑的泪水。他在我们毕业后，又读了硕士研究生，后来调回到家乡上海，被提拔担任一所高校的校长，前

两年也退休了，仍留在学校发挥余热呢。

二、贴心的姜主任

不久前我们参加芜湖同学的聚会，远在大连的常斌夫妇和从广州返乡的岳仑夫妇都聚拢来了。忽在人群中听到有个声音在议论哪位老师在养老院里已不认得人了，我凑上去问是哪一个呀？岳仑告诉我，下午他们夫妇去看望了姜全三老师，老两口已在养老院多年了，现在老年痴呆，已不认得人了，哎，真是世事难料啊！

我眼前浮现出一张神逗逗的脸庞来。那是大一结束后刚考完试，我上街去买点东西准备回合肥，却不慎在公交车上被扒手光顾了，身上的钱和车票都没了，回到寝室不免沮丧。正在这时，走廊上传来不很熟悉但很响亮的淮北口音，告诫各个寝室正在准备行李的大家注意旅途安全。有人告诉我，这是刚调到系里不久的姜副主任。话音未落，一个中等个子，很壮实，约莫40多岁的老师进来了，看我正在收拾挎包，拍拍我的肩膀似乎很

神秘地说：小偷多，你们要把东西收好，不能麻痹大意，刚才有一个莫欣同学在公交车上就被窃了，损失不小，连回家的车票都没了。待他讲完后，我抬起头望着他，如实告诉姜主任，丢东西的就是我，我就是莫欣。姜主任一愣，他没想到有这么巧的事，胖胖的脸上露出几分不自然。但很快就关切地问我有困难吗，需要系里给你做什么？传递了领导的善意和温暖。这是我第一次认识他，大大咧咧，坦诚可掬。

熟识了以后，见面的机会就多了，系里大会上我常听到他布置教学或行政上的事项，早晨跑步，我看到他在旁边检查出操情况，还是那副包揽一切、指挥若定的神态。

后来，我听说他把先吉同学妻子怀了第三胎，地方上来函要求学校严肃处理的函压在抽屉里的事，心底里更钦佩姜主任了。事后我遐想，那一刻，姜主任这一副敢说敢担的作为，衬托得他那张满不在乎的面孔，多有神采啊！

我不了解姜主任是否历史专业出身，他和系里的檀书记、董光琨老师，还有董长生老师等行政政工干部，他们都是为了保证系里的正常教学管理秩序，作出了个人的牺牲，默默地承担着大量繁琐细致的事务性工作，他们都是背后的无名英雄。

三、"铁老"

1978年，我年届而立，回到家乡读大学。一辆芜湖钢厂的大卡车，顺路把我从合肥带到芜湖安徽师范大学门口。待我跳下车取下行李，有一与我年龄相仿的男子走进来，问清我是历史系新生，立即热情地自我介绍说是同班同学，帮我扛着行李，送我到了零号楼的学生宿舍，我问他住在哪间房，他大大咧咧地说住在家里，就在校园内。

后来我从别人口中知道他是系里老副主任、老教授胡澱咸之子，叫胡功篆。他1965年初中毕业就到祁门插队，当了十多年知青，这次才通过高考，跳出农门。彼此熟识了后，我们常在一起聊天。他家祖籍在保沙，我家在鲁港，正宗的芜湖老乡。他告诉我曾在山里被毒蛇"竹叶青"咬了一口，当时腿肿得像水桶一样，脉搏血压已测不出来，后来在医生抢救下才死里逃生。我听系里议论起他的父亲胡澱咸老师，是系里的国宝级人物，

先秦史及古文字研究大家，就总想跟着他去看看老师。

那是一张淳朴、泰然自若的脸，脸庞大大的，目光柔和，一副无怨无悔的神态。尽管他解放前后曾游学四方，张口讲话，却一口标准的芜湖口音，给人莫名的亲切感。我说起我母亲家也姓胡，他笑称咱们是本家。老师对他过去几十年遭受的磨难只字不提，只是称改革开放好，既解放了经济，也解放了人们的思想。功篆说他爸有逆来顺受的功夫，坦荡对待人生的不幸，全身心致力于学术研究，即使在最

胡澱咸老师

困难的时候，也不曾松懈对秦汉史、甲骨文的研究。

终于有一天盼来了胡澱咸老师的古文字学讲座。那天全班同学满怀崇敬，聆听老师的每一句话，在笔记本上刷刷地写着，生怕遗漏了什么。我翻阅几十年前的课堂笔记，老师早在1957年就考证出甲骨文"铁"字。他是中国最早考证出甲骨文中"铁"字的学者，这被公认为甲骨文考释中的一大贡献，他因此被学界尊称为"铁老"。同年，他还撰写了《殷代生产工具研究》，论证了中国在商代已有铁制工具，对商代的社会性质和中国古代史分期的研究产生了重大影响。老师34岁就被四川大学历史系聘为副教授，20世纪50年代担任安徽师范学院（安徽师范大学前身）历史系副主任。在课堂上我尤其注意老师讲课时的那张脸，瞬间变得神采飞扬，目光炯炯，具有挑战一切的激情。

老师1990年去世，终年八十。时隔多年了，我忘不掉的是"铁老"那张为学术而激情四射的脸庞。

四、苏诚鉴先生

20世纪70年代初，我到读高中时的苏淳学兄家去串门，看到一个清癯的老人，斜躺在平房门前的竹椅上，手执一本线装书，全神贯注，脸上线条分明，一头银发，衬托得仙风道骨一般，给我留下了很深的印象。学兄说他老爸是合肥师范学院历史系的老师。学兄在合肥一中高我两届，当年

是学生会副主席兼学习部部长，当之无愧的学霸。他当年高考高分录取到北大数力系，一时传为佳话。后来是那场运动中断了学业，被分回到合肥八中教数学，成了我小弟的老师，我和他一起送他们那帮学生去肥西高店公社插队。

转眼到了1978年，我从工厂考到安徽师范大学历史系，那时合肥师范学院已整体迁往芜湖，与皖南大学合并为安徽师范大学。第一学期开了"中国历史要籍介绍与选读"课，没想到踏着上课铃走进教室的竟然是苏先生：银色的头发梳得纹丝不乱，上着浅色的中山装，服帖、整洁、精神，腰板挺直，仪表堂堂，一派大学教授风度。先生第一堂课给我们讲解的是《尚书·牧誓》。他讲起课来声音不高不低，一板一眼，言之有物，逻辑性很强。他脸上少有笑容，却句句都是有感而发，很富感染力；板书也娟秀工整，一笔一画。苏先生的第一堂课就让我们领略到师大历史系教学传统的不同凡响。

苏先生那时住在校园北门附近的一幢筒子楼上的一个房间，在芜湖当教师的小女儿借住旁边一个小间陪着照顾。我因有学兄苏淳的渊源，常去先生处坐坐。那时苏先生心情舒畅，时隔多年，重返日思暮念的大学讲坛；长子苏淳考上了中科大研究生，是国家开始招收研究生后第一批18名博士之一，《人民日报》上曾刊出大幅照片。但先生生性不卑不亢，从不喜形于色。有一次聊天，他说起自己求学初始是在青岛学纺织的，属理工科，但因酷爱历史，毕业后又考入"中央"大学历史系，后在"中央"图书馆、重庆"中央"大学历史研究所、南京"国立"编译馆任副

苏诚鉴先生

编审。先生很年轻时就发表过《〈后汉书·食货志〉长编补》。先生做学问精神专注，矢志不移。在淮北那几年，他每次返肥探亲，都要从家里带一册明史回去研读，下一次回来时又换一册，把浩繁的《明史》在锄地放牛间隙中研读了一遍。先生做学问勤奋刻苦，曾说，读史不做卡片等于没读。先生的书桌、床下，到处都是他做的卡片，那娟秀的小字密密麻麻，一丝

不苟。先生毕生下功夫最多的是秦汉史，他曾说，那是一个风云变幻、大开大合的历史时代，值得研究的题目太多了。他的学术文章，论述严谨，文笔简练，要言不烦，富有开创性。20世纪80年代初，是先生史学研究的高产期，他一边带硕士研究生，一边发了多篇史学论文，他的一本传记性专著《桓谭》，1986年由黄山书社出版，引起史学界的高度关注。他的治学精神和学术追求毕生不懈，在历史系各位老先生中也是尤为突出的。先生晚年身患癌症住进医院时，还曾跟亲友说，他之所以选秦汉史作为其治史主业，主要是他感到对经学的研究还不够，因而先专攻秦汉史。如欲攻透秦汉史乃至以下整个中国古代史，却一定要通晓经学。在生病之前，他曾多方搜集先秦史籍史料，特别是《十三经注疏》等经学典籍，认真研读，力图从通经角度再研秦汉历史，以求获得更深刻的历史认识和治学途径。直至临终前，他还在憧憬，要在时机成熟时写一部秦汉史。事实上，20世纪80年代初苏先生已是中国秦汉史学界颇为活跃和有影响的学者。据不完全统计，自20世纪70年代末至80年代早期，苏先生先后发表有关秦汉史论文四十余篇，在当时秦汉史学界算是高产的。系里的老师们谈起苏先生，都钦佩他"画地为牢"的治史方法，多年如一日，不懈不弃地在秦汉史领域耕耘。可惜天不假年，史学界的一些先生说，老天如再给他十年，先生的学问功力则可更深，对我国秦汉史研究的贡献也会更大！

苏先生乐于肯定学生的长处，却极少当面夸奖人，即使对很欣赏的学生，也是如此。但我们年级有两个人是例外，一个是宋刚刚，先生欣赏他的思维敏捷，文笔如行云流水，倚马立成，称他是个很有才华的学生。苏先生对他可不是虚夸，他曾是上海插队利辛的知青，一度抽调到县里通讯报导组，苏先生当时就十分赏识他。另一个是冯有生，应届高中毕业，与他上高中时的老师陈文誉同时考进师大，泾县乡村学校里的一对昔日师生竟成同窗。冯同学的毕业论文《汉初的黄老之治》是由苏先生亲自指导的，阅审之后，抚掌慨叹，称之是少见的好文。先生不吝褒词，给予高度评价为最有灵气的论文，乘兴大笔一挥给了个"优"。

苏先生对乐于钻研的学生总是特别青睐。得知王圣宝同学对农民起义与"徙陵政策"的关系颇有兴趣，苏先生毫无保留地把自己多年来关于这个问题的研究心得单独与他交流，并把自己对西汉"徙陵说"的未刊稿长文交给他参考。多年后这位同学的学术论文《试探秦汉农民起义发生度》得以发表。回忆起往事，他至今对先生的教诲铭记不忘。

那年五一节，芜湖市政府举行各界人士茶话会，师大领导选派苏先生出席，并请他在会上做个书面发言，在别人看来这是个荣誉，谁知苏先生一口谢绝了，还说我从不习惯做遵命文章！先生颇有老知识分子的耿介之气。

苏先生于1988年在合肥逝世，刚跨过古稀之年。如今我们这班他教过的学生，已有不少都在七十岁上下了，当年他给我们上课时也才60岁刚出头。他在改革开放后那短短的八九年中，焕发精神，迸发出惊人的学术之光。他在历史教学与研究上，贡献出毕生的积累。至今我忆起他那习惯性紧抿着的嘴唇，翘起的下巴，微微昂起的倔强的脸庞，心底里涌出李白的两句诗：高山安可仰，徒此揖清芬。

回忆万绳楠老师

沈国余

我1978年考入安徽师范大学历史系，到大二时，为我们授魏晋南北朝史的是著名的万绳楠教授。

我还清晰记得那一天，上课铃响后，课堂静悄悄的，大家都在热切期盼，正在这时，一位五十多岁、个头不高、满头斑白短发的老师，满面笑容，不疾不徐地步上讲台。给我的第一印象似乎这就是一位来串门的邻家大叔，亲切，平凡。马上就有年龄大的同学在小声议论：万绳楠，这就是那位大名鼎鼎的万老师。当年的我只是不懂事的小学生，根本不知万绳楠的大名。

万老师，祖籍江西南昌。1942年考入国立西南联合大学历史系，1946年毕业，又考入清华大学历史研究所，师从清华四大导师之一的陈寅恪，为其关门弟子。毕业后投笔从戎，参加革命。解放后曾在安徽大学、合肥师范学院、安徽师范大学任教。"文革"结束后，拨乱反正，万老师重登讲台。

当年能聆听万老师这样的名家亲自为我们授课，真是我们这帮学子的荣幸。魏晋南北朝时期是中国历史上的大动荡时期，这段时期的历史十分复杂。写好这段历史不易，讲好这段历史更不易。

万老师在讲授这段历史时，我感触最深的是，他史论结合，提出自己的卓见，力求言之有理有据。他经常在讲到自己的史论观点和史实证据时，不自觉地面含自信的笑容，还配以手势颇为得意地说：这就是铁证！万老师还向我们传授治史方法，力求创新，不重复众所周知的东西，不拾人牙慧，同时还要保持一个完整的系统，以窥全貌。万先生的代表作《魏晋南北朝史论稿》在史学界有着重要的地位。万老师在治史方法上力求创新，不重复众所周知的东西，尤其切忌人云亦云。作为万老师的学生，我在这方面有深刻印象，受益良多。

万老师具有史家风骨，终其一生，探寻真知。他常说，真理越辩越明，学问越研越深。作为教授，他有着良好的师者风范，对我们可谓孜孜不倦，从未见他发怒批评过谁。他总是带着微笑，以商讨、启发的口吻与我们研究学术问题，以他的学养和人格感染每一个学子。

毕业以后，我在中学历史教学上，时时牢记万老师的教诲，学习他的教学风范，认真把握教材精髓，创新教学。当我在历史教学岗位上获得每一点进步和荣誉时，我总想起万老师，他是我教学和做人的旗帜和标杆！

春风教泽愧师承

王彩法

1978年10月10日，我以朝圣者的虔诚，携带简单的行李，从宿州的乡村迈入安徽师范大学的校门。在四年的求学期间，我得以接受老师们的"传道授业解惑"。历史系的学者和良师，在安徽省的高校中是崭崭一流的，即或在全国师范类大学，也是名列前茅。我能够在这些先生门下求学问道，应该说是一种运气和福气！

时值改革开放之初，先生们刚从"文革"时期的精神枷锁中解放出来，学术水准自有其时代的局限性。然而，先生们尽了最大的能力，上好每一节课，把自己的学术研究成果展示给学生，给我们指示了治学的方法与路径。四个学年的时间里，历史系多位先生为我们开课，只能就其中对我后来的学习与工作影响较大的，努力回忆他们当年的讲堂风采。

给我们上第一节课的是夏子贤先生。夏先生中等身材，面色红润。那时他年近五十，正是为学执教的黄金年龄。他开设的是中国古代史先秦至秦朝的那一段。夏先生授课口若悬河，滔滔不绝，把晦涩的上古史讲得活灵活现。令他纠结的是先秦社会形态问题。夏先生秉持西周封建论，遵从范文澜先生的学术路向。当时史学界占主流地位的是郭沫若先生的战国封建论。学校和历史系要求，必须按照郭沫若氏的观点授课，这真难为了夏先生，对有些问题的论述未免进退失据。尽管如此，他还是依郭沫若氏的观点尽量自圆其说，这真是常人难以为之的本领。我当时感到不解的是，他对于"铁"的强调，今天商朝有铁了，明天西周有铁器了，后天春秋时期有铁农具了。老师在讲些什么？我陷于懵懂之中。多年以后，我逐渐明白，先生是对生产力发展水平的强调，只有进入铁器时代，农耕文明才能真正发展起来。1979年秋天，夏先生带着我们这一届同学到南京作了为时十天左右的访学活动，师生同住南京大学学生宿舍。访学期间，在南京大学听了美籍华人学者居蜜女士的学术报告，考察了南京郊外的六朝胜迹和明孝陵、中山陵、栖霞山等地。夏先生在此期间，干练的办事能力得到充分的展示。

接下来是开设"中国历史要籍介绍与选读"的苏诚鉴先生。在夏先生的陪同下，中等身材、相貌清癯、白发皤然、精神矍铄的苏先生走进了课堂。夏先生首先介绍苏先生的学术成就，自豪地声称"苏老师也是我的老师"！苏先生是著名的秦汉史学者，早在1947年就由商务印书馆出版了奠定他学术地位的《〈后汉书·食货志〉长编补》。他撇开讲义，简述了这门课程的学术意义，接下来讲解《尚书》的学术史，选讲了武王伐纣的《牧誓》篇。先生的口音有些南腔北调，据张跃进同学说，先生所操的是歙县南乡口音。先生上课时经常携带一些古籍，以备随时查证。有一次，在课间我翻了一下先生的线装本《史记》，竟然是清乾隆武英殿本，每篇卷首赫然标注着"钦定史记"。先生治学之严谨，在教学中得到充分的体现。他曾三次为我们开课，除"中国历史要籍介绍与选读"之外，在大三时开设了秦汉史专题，大四时开设了"从商鞅变法到王莽改制四百年间的社会考察"。举两个事例可见先生见解的独到之处。一是指出陈胜可能是被楚国灭亡的陈国贵族后裔，不然的话作为"瓮牖绳枢之子、氓隶之人而迁徙之徒"的他，在大泽乡起义誓师时，何以能有那一番对时局分析透彻的战略性讲话？先生还考证陈胜的籍贯阳城，在今天的河南商水县。在1986年，先生在《安徽史学》上发表文章，再次申述了上述主张。二是指出了中华书局标点本《史记·商君列传》有关军功爵制的那一段标点错误。武英殿本原文是"明尊卑爵秩等级各以差次名田宅臣妾衣服以家次"，中华书局本标点为"明尊卑爵秩等级，各以差次名田宅，臣妾衣服以家次"，司马光《资治通鉴》卷二引用《史记》原文时把"以家次"三个字删去了，而中华书局本《资治通鉴》标点为"明尊卑爵秩等级，各以差次名田宅、臣妾、衣服"。苏先生指出，他们都出错了，中华书局本是标点错误，司马光则是理解错误，正确的标点应是"明尊卑爵秩等级，各以差次；名田宅臣妾衣服，以家次"。中华书局2014年修订标点本《史记》作"明尊卑爵秩等级，各

以差次；名田宅臣妾衣服以家次"，尚不如苏先生的标点准确晓畅，让读者易于理解。上述两个事例，看似无关宏旨，但没有精湛的学术功底和洞察幽微的见地，是不能为之的。先生这种极端严谨的治学风范，影响了我一生的学习和工作。每当我阅读古籍遇到晦涩之处的时候，也想要点小聪明而蒙混过关，但先生威严的形象立刻浮现在眼前，使我羞愧难当！我撰写文史类文稿时，再忙再累，即或为了一个标点符号，也要再三推敲，唯恐谬言流传。

　　讲授魏晋南北朝史的万绳楠先生，授课进入角色后往往神采飞扬，不禁舞之蹈之。万先生的大名，我在上小学时就听说过，那是被当作"安徽的吴晗"在报纸上批判的。先生在给我们开课时，一上来就说，"'文化大革命'，我是安徽的'第一炮'"，说罢开怀大笑！先生自云，他是江西南昌人，抗战时期考入国立西南联合大学历史系。1946年大学毕业后，他考取清华大学历史研究所，师从一代学宗陈寅恪先生。北平和平解放后，他从戎南下，后来转业到安徽高校工作，是安徽师范大学历史系的创办者之一。先生虽然身材不高，但讲课形象生动，到出神入化的状态，笑逐颜开的同时，像个羞涩的女童似的双手对搓起来。有一次，先生说，中国的音韵之学发轫于南北朝。那时候好像人人都对语音感兴趣似的。用今天的话来说，两个汉字词汇，语音声母相同者为"双声"，韵母相同者为"叠韵"。《洛阳伽蓝记》记载一则故事，北魏时陇西人李元谦爱说"双声语"，有一天他从冠军将军郭文远家门口路过，看见房舍华美，艳羡地说："是谁第宅过佳？"郭家一个名叫春风的丫鬟正在门口，得意地回答他说："郭冠军家。"李元谦不无嘲讽地发问："凡婢双声？"春风恶狠狠地答道："儜奴慢骂！"连一个丫鬟也懂得用双声说话，文人学士更不用说了。还没讲完这则掌故，先生就笑出声来了。万先生教导，治史要有一定的想象力，把看似不相关的零散问题通过"艺术想象与逻辑推理"，串联起来，就是一篇大文章。先生指出，东晋南朝士族姓名，第三个字往往带个"之"字，如王羲之父子，可能与信仰五斗米道有关。先生又说，"之"可能是"芝"的通假字，道士采药炼丹，教人长生不死之术，而服食"灵芝草"就是捷径之一。凡带"之"字者，可能都是五斗米道门徒。万先生固然有些"海派"，从他的学术成就来看，仍不愧为一代史才。这方面，我在后来读书为文的时候，感触尤多。先生对业师陈寅恪先生敬重备至，对陈氏提倡的学者须有"独立之精神，自由之思想"，奉为圭臬。学人的著述"或有时而不彰"，学人的学说"或有时而可商"，有无"独立之精神，自由之思想"，则是判别真假学者的试金石。由于先生的教导，这种思想对我来说，此生此世是"渗透骨髓、触及灵魂"。正因如此，这一辈子只能是一介书生。我就曾在课堂上向学生吹嘘，"我是义宁陈氏之学的再传弟子，你们荣幸，是三传弟子"。

开设元明清史的王廷元先生，身材高大，是先生们当中最有个性的一位。王先生毕业于山东大学，长期在辽宁高校工作，在我们入学后调来。王先生除了在课间开始使用长杆烟袋，后又改用"纸喇叭"抽老烟叶之外，就是上课时语言有些"咬牙切齿"。一是他对清史情有独钟，引用清代史料时，情不自禁地学着清人的语气，张口闭口"我大清"。二是侧重"阶级斗争学说"，他特别强调，"阶级斗争是阶级社会发展的直接动力"。因此，他对明清史上的"流贼教匪"评价都不低，认为南明抗清也是阶级矛盾的体现。凡此种种，不一而足。史观视角，见仁见智，且有明显的时代印痕，后生不宜苛责前贤。王先生还曾给我们开设过"满族史"讲座，谈了不少在东北工作时所见满人的风俗习惯。据说，后来他调整了学术方向，与张海鹏先生等从事"徽学"研究，是徽学学科的创建人之一，还取得了不少学术成就。我曾多次到先生家请益，听他讲如何读书治学。先生家中藏书甚富，他还是感叹书太少了。他的书斋中悬挂一幅清代"扬州八怪"之一李方膺的《松鹰图》，是太先生留给他的念想，他却打算卖掉换钱购书。有人出了四百多元的价格，他有所犹豫，似未出手。先生对于教学工作精益求精，师母陈老师告诉我，你们王老师为了上好课，每天写讲稿都持续到凌晨两点多钟。在我四十年的教学工作中，一直学习先生这种"课大于天"的精神，努力备好和上好每一节课，庶几不至误人子弟。

中国近代史先后由多位老师讲授，我受益最多的是分担清末民初这一段的柳仲文先生。柳老为我们上课时，大约已届古稀之年，讲话时间长了就有些气喘吁吁。那时有关这段历史的参考书稀缺，先生讲辛亥革命，多取用新出版的美籍华人学者薛君度《黄兴与中国革命》中的史料，也因此对黄兴作了很高的评价。柳先生上课，喜欢引用前人诗词，增添教学内容的文采和趣味性。在讲述"长沙抢米风潮"时，他在黑板上抄录多首时人

记述此事的"竹枝词"。这些"竹枝词",我依稀还记得几首,抄录出来,可能有误,聊作纪念。

一

斯民作剧太无良,缺食何须闹碓坊。

省却百钱茶一碗,也堪半日饱饥肠。

二

瓦片飞来势最凶,顿教白发染成红。

鳌山庙畔垂杨树,不系青骢系赖公。

三

一桶洋油一阵风,墨烟散尽火光红。

衙门顷刻成焦土,五载功勋一瞬中。

四

五载相诚出辕门,为怕东洋革命军。

试问者番诸暴客,几人曾识汉和文。

280　　　几首"竹枝词",把饥民在死亡线上挣扎、巡警道赖承裕镇压民变反遭报复、湖南巡抚衙门被焚烧、对即将到来的辛亥革命风暴的预判,描写得淋漓尽致。柳先生的流风余韵,泽及下愚。几十年来,但凡遇事有所感触,不免率尔操觚,依照古人规制涂鸦几首律绝,聊以自慰,兼博友朋一哂!

　　　进入大三以后,各种提高性质的专题课相继开设,先生们各就自己的学术专长相继登坛授课。著名历史地理学家陈怀荃先生讲授黄河中下游和长江中下游自然地理和人文地理的变迁。据说陈先生在民国时期做过军事地理测绘工作,长于实地考察。陈先生中等个头,身板健朗,国字型的脸上成天笑颜常开。先生授课到动情之处,自己首先情不自禁地笑语连连。他说到上海参加学术会议,拜会历史地理学界泰斗谭其骧先生,问及这门学科的意义何在?谭先生连声强调"为经济建设服务"。先生说罢,掩口而笑,似乎说谭先生把这门学科的意义看得过于狭隘了。说来也可以理解,改革开放初期,特别强调以经济建设为中心,谭先生也须跟上时代的脚步。有一次,先生就历史上的水文地理应如何研究时,特别强调既要充分利用文献记载，又要开展实地考察，还要利用考古学等成果。这一次，先生满脸庄严，没有像往常一样喜笑颜开。多年以后，我才有所感悟，这是先生对实事求是学风的传授，故而郑重其事。在几十年的读书治学生涯中，遇到需要解决的历史地理问题，我不可能具备先生所说的条件，但尽量按照前人"左图右书"的方式，把谭其骧先生主编的《中国历史地图集》置诸案头，以备随时查考。2007年，国家规划将"中国大运河"向联合国教科文组织"申遗"，责成沿线35个城市各写一部介绍本市大运河与历史文化变迁的书，我受命担负起《运河名城·宿州》的主要编著之责。在编写隋唐大运河汴水河段一章时，我读完全部相关史料以后，依然心中不踏实，坚持让宿州市政协帮助开展从洛阳到扬州的实地考察。经过两周多的考察，获取了大量的实物史料和影像史料，得以按照陈先生指示的方法对汴水河段作出全面研究。寒来暑往，春秋四易，终于向中国文史出版社交出了书稿。最后，35个市只有6个市完成了任务，而宿州做了安徽、江苏、河南三省应该做的工作，得到全国政协文史委员会和国家大运河申遗办公室的高度评价。该书校阅清样寄递到我手上的时候，我心中默念："陈老师，学生也为大运河申遗出了一点绵薄之力！"

陈正飞先生是老师们当中最具绅士风度的学者，当时他已是75岁以上的高龄了。在历史系全体教师中，陈先生的履历最具有传奇性，报人、军人、学人三位一体。先生人生最辉煌的时期，应是在抗战时期出生入死的战地采访。陈先生出现在校园，就是一道文化风景线。先生身着藏蓝色呢料中山装，手持一根光洁精致的文明杖，满头白发向后梳理得一丝不乱。尽管步履有些蹒跚，依然仪表庄严，给学生展示了师者的标准形象。先生是研究二战史的著名专家，听说东海舰队和南京军区都经常请他参加一些军事问题的研究。他给我们开设了二战史专题课，主要讲德国纳粹党的崛起与败亡。那时《第三帝国的兴亡》已被全本译成汉文出版，有同学说，先生的专题讲座利用了其中不少史料。先生授课，语速不疾不徐，娓娓道来，条理清晰，层次分明，如认真记录，连标点符号都不会出错。最令人感动的是，每次上课虽然给他设置了座椅，但他一直坚持站着讲课，两个钟点时间分秒不爽。高龄老人，站立授课两个钟点，既体现了坚忍不拔的毅力，也表达了对学生的尊重。教师是站立着的劳动者，先生以耄耋之年

给我等作出了示范。有了陈先生这根光华夺目的标杆，我在长达四十年的教学生涯中，每次上课前必先"正衣冠"，就是布衣布鞋，也力争像陈先生那样干净整饬。再者是坚持站立授课。近些年来，犬马之齿渐长，每次走上课堂，学生也给我设置座椅。我觉得我距离当年陈先生给我们上课的年纪还差早着呢，还是遵从先生的遗范为宜，做一个站立着的劳动者。

先生们当中最令人不易理解的是陶秀教授。此老身材矮胖，肤色黝黑，谢顶且不加冠冕，再加上一身玄色衣裳，简直就是一尊"生铁弥勒佛"。有关陶先生的事迹，我只是听了一些传闻，其中包括20世纪五六十年代毕业的一些老学长的回忆。陶先生在民国年间曾留学英法德三国，研修法学，有"三国留学、两国博士"之说。他的教授职衔，是新中国成立后从旧大学顺延过来的。据熟悉他的同学说，陶先生一年到头安居家中，吃肉、喝酒、抽烟，平时从不和别人长时间交谈，以防言多必失。对于他的学问，存在着一些争议，学生们感到神秘莫测。在大四的时候，陶先生给我们开设了"英国大宪章史"专题讲座。他在课堂上给我留下的印象，一是鄂东口音特别浓重，他把"英国的东北部"，念成"英拐的东biá部"，让大家笑不可支；二是老先生的时间观念有些模糊，有时还未到下课时间，他就会说："同学们休息一下，我要抽支烟去了。"老先生的这个讲座，我听了如坠云雾，多年后才有所领悟。其实，这个讲座寓意深远，《大宪章》不仅是英国宪法的组成部分，也是近代宪法的起源。老先生意在告诉我们，《大宪章》是十三世纪英国贵族与王权利益博弈和政治妥协的产物，初步划分了公权与私权的畛域，昭示着世界近现代法治的路向。

行文至此，不能不缅怀历史系的主任光仁洪先生和副主任张海鹏先生。先说张海鹏先生。张先生在诸多师长当中，岂止学识广博，更是"世事洞明"且"人情练达"。作为历史系副主任，他为我们开设了明史专题讲座。先生的讲座，我体会最深刻的有两个方面。第一，研究历史要从小处着手大处着眼。先生开设"《朱枫林集》评议"专题，从徽州名儒朱升与明太祖的关系入手，分析明初的治国方略和对文人的政策。朱升的全身而退与其子终究未能逃脱屠戮，反映了明初君臣的智慧博弈。先生开设"建文帝下落考"专题，力排众议，指出在"靖难之役"的尾声中，建文帝应是被燕王朱棣勾结叛降宦官纵火烧死于宫中，不可能在燕军重围中逃脱。燕王的用意，一是为自己登极扫清障碍，二是打消反对者借助建文帝正统地位兴兵讨伐的念头，三是为未来强制性"削藩"先行威慑。先生是在告诉我们，研究历史，首先要占有详实的史料，弄清历史的本来面目，再作分析评价。第二，对学术性与非学术性的文章，要加以辨析区分。当时作家姚雪垠出于撰写《李自成》这部小说的需要，撰文对郭沫若氏的《甲申三百年祭》大张挞伐，指责郭氏学风轻率，削古人之足，适同道者政治需要之履，把已经作古的郭氏骂得"一佛出世二佛升天"。先生为此还举办了一场全体同学参加的讨论会，意在说明二氏文章固然在当时报章上热闹一阵，终究是过眼云烟。张先生不仅指导我们读书为学，而且是旧伦理和新道德兼顾的典范。校园内流传，张师母是太师母为他选定的夫人，而先生事母至孝，不违母命。张师母长期在桐城乡下老家务农，直到先生评上副教授以后，才按政策把户口转到芜湖。我曾到先生家查阅一则史料，张师母热情欢迎，赐茶招待。告别时，师母嘱咐，有事尽管找你们张老师来问。在我的印象中，师母就是标准的慈母形象。先生对师母，是按照"胡适之模式"相伴一生的，堪称俯仰无愧！同时，这也是先生以一生的操守，教导我们如何做人。

光仁洪先生当年作为历史系主任，在大四第二学期给我们开设了"近代国际关系史"讲座。长身鹤立的光先生登临讲坛，霎时间教室里熠熠生辉。从先生那里受到的教益，既得之于课堂上，也闻道于毕业后。在课堂上，先生教导我们治史要把握学科的核心问题。以先生擅长的近代国际关系史为例，他认为近代国际关系主导因素在欧洲，从威斯特伐利亚体系到维也纳体系，再到第一次世界大战爆发前的协约国与同盟国的对峙，核心问题就是"均势结构"。先生主张从源头上探索"均势结构"的变化，可以明晰其中的来龙去脉，不致为外交假象所迷惑，构成国际关系的"全景视野"；揭示均势变化的症结，可以掌握国际关系变化的核心和趋向，求得对国际关系变化的最佳预见和最优对策。由于知识存量所限不足以听懂先生的高论，多年后才略有所悟，读书与治学，都要抓住其中的核心问题，然后才能登堂入室，分层展开。先生还教导我们对政治要有清醒的理性认识。在毕业后，1991年春天，也就是先生逝世前不久，我在《人民日报》上看到特约通讯员在医院里对先生的采访，要他谈谈对中国现行政党制度的认

识。先生说："我觉得中国共产党领导的多党合作和政治协商制度是符合中国国情的政治制度，是建设有中国特色的社会主义的一个基本制度。我是搞历史研究的，以历史的观点来看，这样的制度是中国历史的必然产物，是中国进入近代和现代以后在长期的政治斗争中形成的制度。中国八个民主党派，虽然有各自的历史，但他们与中国共产党所奋斗的目标是一致的，心是相通的，都是为了使国家富强、人民幸福，建设有中国特色的社会主义。既然有一个共同的旗帜，就要有一个举旗的核心力量，这就是中国共产党。新民主主义革命的历史证明，各民主党派正是在中国共产党的领导下才发挥了各自的作用，完成了建国大业；以后也只有在中国共产党的领导下，才能完成建设有中国特色的社会主义的大业。所以各民主党派对中国共产党来说，不是也不可能是反对党，而是参政党。从中国国情看，中国不可能套用西方的制度。"先生以历史学家深邃的洞见力，寥寥数语指明了中国政党制度的真谛和发展前景。三十多年后的今天，重温先生的宏论，依然感到浓郁的时代气息扑面而来。那时我初出茅庐，对政治知之甚少，就把先生充满政治理性的教语，诚惶诚恐且毕恭毕敬地抄录在笔记本上，一直珍藏到今天。

284　　　　40个寒暑穿梭往来，辛劳的脚步送走了青春岁月，我也到了该休憩于水边林下的年龄。然而，赭山云、长江水、镜湖月，依旧令我梦萦魂牵，仿佛我还是那个来自皖北乡村的青年学子。当年为我们"传道授业解惑"的先生们大多相继身归道山了，但"云山苍苍，江水泱泱，先生之风，山高水长"，谨以《读史忆师门》弹词一首，祭奠先生们的在天之灵。诗云：

少年绛帐侍传灯，垂老涂鸦扯葛藤。

立雪方知根底浅，闻经顿觉道心弘。

翻腾乙部成残卷，吟唱辛词献远朋。

仰望名山千万丈，春风教泽愧师承。

老烟儿

吴　凡

上大学时，我和两位先生最投缘。这两位先生一位是叶孟明先生，一位是王廷元先生。说起我和两位先生的缘分，除了我是他们的学生这一基本因素外，更缘于我和他们有共同的嗜好——抽烟。当然，从今天来看，抽烟是不良嗜好。但那个时候，多数人还没有这样的认识。要说两位先生嗜烟的程度，在我看来，两人旗鼓相当，各有千秋。王先生"烟不离手"，而叶先生"烟不掉口"。依照莫旗①老乡的说法，两位先生的嗜烟程度都上到了"老烟儿"②水准。

先说叶先生。教我们那阵儿，先生五十来岁，个头不高，有些许将军肚。先生脸上总带着真诚的微笑，厚厚的嘴唇似蕴藏着丰富的学识。先生脚蹬敞口圆头黑布鞋，身着深蓝中式暗扣短款对襟褂，站在讲台上，稳稳当当。先生授课，桐城话哝哝音很重，我记得费了一个多月才勉强听懂先生讲课。虽然如此，我以为先生的形象装束，以及先生的浓浓桐城口音，对应先生所教授的史部目录学，恰恰体现了中国传统文化的质朴、善良、敦厚和真挚。

先生嗜烟，"烟不掉口"，这正是先生的独绝之处。大三时，先生给我们上大课③。我记得，初见先生时，离上课还有十几分钟，忽然，闻到一股浓浓烟味飘进了教室。正奇怪时，只见先生不紧不慢地进了教室，嘴上的

---

① 莫旗：全名莫力达瓦达斡尔族自治旗，1968—1972年底我由北京赴该地插队务农。

② 老烟儿：我插队时，莫旗男女老少绝大部分人都嗜烟。当地人称极度嗜烟者为"老烟儿"。

③ 大课：就是两节课连着上，总共100分钟，授课教师一气呵成，中间不休息。

香烟也随着先生的笑脸轻轻跳动着。这烟味触发了我的烟瘾，于是，我赶紧上前就着先生的烟味共享起来。和先生面对面，我才发现，先生说话时并不拿下香烟。那香烟就像生了根一样紧紧吸粘在先生的厚嘴唇上，随着先生哝哝的桐城音，暗红的烟火忽明忽暗地闪动着。吸烟不碍说话，这太神奇了！云雾当中，上课铃响了，先生从容讲课。我又惊奇地发现，那颗香烟居然还稳稳地"定"在先生的嘴唇上，而且，这一"定"就是一堂大课，整整的一百分钟。当然，那颗香烟什么时候熄的火？我没有看见。只是见到课后先生掏出火柴，又就着那颗"定"在嘴唇上的香烟点燃起来……

就这样，唇"定"香烟，"烟不掉口"。先生用自己的抽烟一绝，伴着哝哝的桐城话音，给我们上完了整整一个学期的史部目录学。

再说王先生。大一下学期，先生教我们元明清通史。那时先生才四十出头，身材高大、魁梧。先生面庞宽阔，颧骨略突，而眉毛稍浅，唯独眼睛眯起来似连成一条缝线儿。我初见先生时，总感觉先生模样好像我在莫旗的达斡尔族老乡，有一种天生的亲近之感，但先生却说他是安徽本土人士。先生是山东大学毕业的高材生，可能是受此影响，先生讲课并不带有本土味，而是透着山东口音的普通话。先生讲课一板一眼，明明白白，有时又不拘小节，叙事吟唱尽兴而发。先生板书，字体宽大，虽不甚美，但却如同先生身躯，魁梧、厚重。先生说话，那尾音有点高扬的山东味普通话，说起来颇有余音绕梁之美，令人印象深刻，难以忘记。

和叶先生一样，先生也好烟，总是"烟不离手"。但不一样的是，叶先生是洋烟派，抽的是烟厂生产的卷烟；而王先生和我一样，是土烟派，烟是自己用烤烟叶卷出来的土烟卷。正因为这点，我和王先生更有烟缘些。

每逢王先生的课，我都早早盼着。先生和叶先生一样，上课往往早来10多分钟。但先生从不含烟进教室，而是到教室讲台前坐定后才从容掏出一个小扁铁盒，里面装满了碎烤烟叶，又拿出一小沓齐整的白纸条本，撕下一张……看到先生要卷烟，我急忙凑了过去。想必是先生闻到我身上的烟味儿知道我是同好，立即又撕了一张纸条递给我，于是师生二人撮着烤烟叶各自忙乎起来。

论道卷烟，我自诩先生不在我上。我和先生都卷喇叭烟，就是烟卷得一头大一头小像喇叭形状。但先生卷烟，总像差了一口气儿似的，整个烟卷得松泡泡的，既不紧实又不美观。而我，由于有莫旗老乡传授的真经，卷起烟来可谓"又快又好"。在先生卷烟还处于"平纸匀烟"的初级阶段，我的"小喇叭"已经稳稳地垛在了讲台上。一俟先生卷完，我擦的一声火柴凑了过去……正因为我卷烟快了一步，从此以后，凡是赶上我和先生在一起，都是我来给先生点烟。

和先生处长了，按说对先生应该越来越熟悉了，但有两点，时至今日我仍不得解。一是先生抽烟，不论课前还是课后，只抽到一半时就掐烟灭火，把剩下的一半收到铁烟盒里，过一阵子再拿出来续吸完。我当时就想，为什么先生吸烟不一气呵成呢？这算是先生嗜烟的特殊之处吧。二是先生卷烟的纸，柔韧结实，洁白卫生，且长短大小正合正规香烟的尺寸。我寻思，先生用的卷烟纸可能来自烟厂。但问及先生，先生总是笑而不答。问急了，先生就急甩出一两沓卷烟纸给我。虽然未解心中疑问，但有正规卷烟纸总比我撕练习本卷烟好了不知多少。这也是先生对我的厚爱吧。

我和先生都抽土烟，但芜湖这地界，烟民们多抽工厂生产的盒烟，抽土烟的很少，烤烟叶也很少有卖的。因此，我和先生抽土烟，免不了缺粮少食。我烟瘾不算大，没了土烟可抽盒烟，或忍几天不抽烟。但先生似乎不太行，没了土烟，急得不得了。不得已，只好改抽盒烟。先生似乎始终适应不了盒烟，他总对我说，"这烟没劲儿，忒不过瘾呀"。后来随着我们学龄的递升，先生抽盒烟的时候多了起来，我以为，先生终于适应了盒烟。

其实不然，记得毕业前的最后一个暑假，我回北京探亲，临行向先生辞行，先生忍了又忍但还是问我：能不能帮他买到烤烟叶？回北京后，我记住先生嘱托，直奔前门而去。那时的前门还颇有民国遗风，大小土烟店比邻而立，各种烤烟叶品类繁多。我记得达翰尔烤烟，烟味醇香而劲炽烈。凭着记忆，我沿着各烟店搜寻起来，还终于找到了。

返校后，我做的第一件事就是背着给先生买的两桃①达翰尔烤烟，兴冲冲地直奔先生家而去。这是我第一次到先生家，当然，也是最后一次。先

---

① 两桃：桃，过去专指烤烟的重量。两桃约相当于5公斤。

生见到烤烟后，宽阔的脸庞明亮起来，他笑着抱着烤烟闻了又闻，接着，迫不及待地撕纸卷了起来。"好烟！过瘾！过瘾！"先生连连赞道。那一天，炙热炎炎，先生大汗淋漓，但却执意留我吃饭。我记得那顿饭有道菜是先生亲自炒的——红烧田鸡。这是我第一次到先生家吃饭，当然，也是最后一次。难忘？不忘！

光阴荏苒，转眼四十多年过去了。如今，两位先生已经作古，而我辈亦是垂垂老矣。然两位先生的音容笑貌，对术业的执着和敬业，特别是对晚生的平易、真挚和殷殷期望，以及不拘小节、率真质朴的性格，都深深印在我辈的脑海里。长相忆，永不忘！

怀念叶孟明先生！

怀念王廷元先生！

回望赭山

安徽师范大学历史系一九七八级回忆录

岁在甲申之学案

颜玉强

甲申年成为一个有较深刻印象的纪年，是我在学校上"明史"时。当时教明史的王老师是从沈阳师院调来的，高高瘦瘦的，脑袋特大，有点弱不禁风的样子。他有一个习惯，就是上课前有5分钟与课程无关的开场白，基本上对当时社会上的新闻发表一通感慨，有强烈的愤世嫉俗感，不过也难怪，那还是1980年。一次王老师在参加一次学术讨论会回来后，在照例的开场白上说，这次学术讨论会，深受鼓舞，因为本以为自己的社会发展动力是阶级斗争观点已经很孤立，哪知会上大多数学者都仍然坚持阶级斗争说。

明史是由两个老师上的，王老师讲的是前半段，后半段由当时明史界较有名的张老师来讲。在张老师讲课时，出了一件事，就是写《李自成》小说的作家姚雪垠在《诗刊》上发了一篇文章《也评〈甲申三百年祭〉》，对于郭沫若1944年写的《甲申三百年祭》大加批判。

郭沫若当年写《甲申三百年祭》的主题思想是总结1644年李闯王进京后，放松了纪律。将领们大都纵情声色，甚至将在关外讨伐满军八旗的明朝将领吴三桂的爱妾陈圆圆收入帐中。郭沫若当时写这篇文章目的是警示共产党在取得胜利后，不要重蹈李闯王的覆辙。后来毛泽东将郭沫若的《甲申三百年祭》定为干部的"指定读本"。

哪知姚雪垠在写《李自成》时已经对有关李自成的正史和野史资料系统梳理，在笔耕不辍多卷本《李自成》间隙写成《也评〈甲申三百年祭〉》。最后姚雪垠的这篇文章发在了《诗刊》上，记得应该是1979年12月份的《诗刊》，我当时在家乡的邮局里还买过这一期。

哪知姚雪垠的这篇文章一登出，引起轩然大波。

就在史学界集中火力向姚雪垠开火时，教我们明史的张老师也让我们写有关这个事件的文章，并且暗示大家反驳姚雪垠的观点。

但问题是姚雪垠的这篇文章论证严谨，在文字上更有文学家的流畅，最具杀伤力的是，文章正捅到了郭沫若的软肋。我们很多同学一来很佩服姚雪垠，二来以我们的学识来找姚雪垠的不是，也自不量力。

就在此时，教我们明史前半段的那位"开场白"老师的一句话使我们豁然开朗。据说是我们班一位叫高岱的同学在图书馆找攻击姚雪垠的资料时，碰到"开场白"老师，在说明自己的苦恼时，"开场白"老师以一贯的口吻说："这个答案很简单，就是史学要不要为无产阶级专政服务的问题。"

顺便谈谈李自成和崇祯皇帝的命运。

李自成自清军入关后就一路退却，历史上说最后被追杀在商洛山中，但也有一说他没有被杀死，而是当了和尚。据说还有人曾经在一所古桥上看到已经落发为僧的李自成在斜阳中吟诗，大体是一种江山依旧在几度夕阳红的感慨。

崇祯皇帝的命运要比李自成悲惨得多，在位时想中兴，但国家已经病入膏肓，无力回天。唯一值得称道的是，崇祯皇帝最后自杀总算给中国历代皇帝挽回了一点"不成功便成仁"的尊严。不过，据说崇祯早在清军进逼和闯王席卷时，已经意识到大明气数将尽，于是早已让太监在河北平山附近的天桂山为自己造了一所退隐之地。我曾经两次去过天桂山，虽地处北方，但山形清秀，林木茂盛，山前流水终年不绝，有塞上江南的风景。只是当年本来就未修建好的离宫早已踪迹难寻，在皓月当空的夜晚，我在山下漫步，只有一种时空倒流的恍惚！

我记忆中的几位历史系领导

俞凤鸣

在安徽师范大学四年里，由于我在学生会工作的关系，与历史系几位领导见面机会较多些，他们给我留下了美好的记忆。

董长生秘书，历史系当时的行政秘书，相当于现在的办公室主任。同学们背后大多不称他"董秘书"，而是亲切地称他"小董老师"（大家很少称呼董光琨书记行政职务，都称他"董老师"，董秘书年龄比董书记稍小些，故称董秘书为"小董老师"）。董秘书个头中等，身材匀称，说话时语速相对较快，尾音带有明显的地方特色，行走时步伐也较他人快些，给人一种利利索索、为人耿直、做事不拖泥带水的感觉。他的一双眼睛特别明亮，炯炯有神，讲话直视对方时，给人一种威严，但他为人很谦和。我与董秘书直接打交道不多，但在系里经常遇到他，他都会主动与我打招呼。他写得一手好字，系里开展一些活动的奖品准备、奖状写字、加盖公章都是他负责。尽管他的工作较繁忙，但他忙而不乱，工作很细心。例如，有时候学生干部到系里开会，看到他把桌椅擦得干干净净，摆得整整齐齐，还会在桌子上放两瓶开水供大家喝。他办事讲程序，记得系里组织同学参加学校的歌咏比赛，用96贝斯的手风琴伴奏效果不理想，负责伴奏的一九七七级同学去系里想把唯一一架120贝斯的手风琴借来用，董秘书说你们借不行，至少要系学生会干部来借。那位同学告诉我后，我找到董秘书说明了原由，写了借条并请董光琨书记签了字，才将那架120贝斯的手风琴借出来。董秘书将手风琴从保管室拿出来时，反复叮嘱，一定要爱护好，这个很贵的，用后要及时归还。董秘书较强的工作责任心和爱护公物的优秀品德使我深受教育，也给我留下了深刻印象。

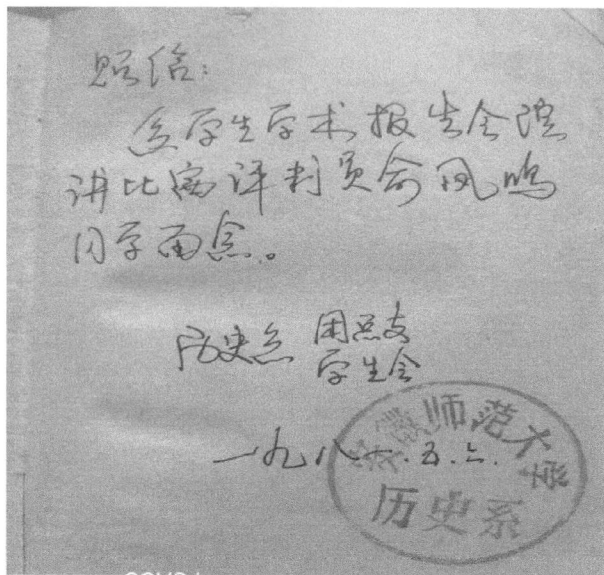

董长生秘书的墨迹

姜全三主任（时任历史系副主任，但大家都称呼他姜主任），个头不高不矮，身材不胖不瘦，看起来很壮实。他是淮北人，说话时声音较响亮，给人一种爽快的感觉。他说话时带有较重的地方口音，讲话快时，有的字我就听不太明白了。虽然他平时不苟言笑，但那严肃的外表里却揣着对同学们温暖与关爱的心。姜主任平时喊我时，大都不称呼全名，而是叫"凤鸣啊"，如同长辈叫小字辈一样的亲切。姜主任第一次给我深刻印象是我们到学校农场栽秧，姜主任也参加了。因我个子大，手臂长，栽秧的棵数较多，又相对快些，引起了姜主任的注意。待我那趟秧栽到田埂边时，从我身后传来一个声音："凤鸣啊，你栽得又多又快，技术不错呀。"我回头一看，姜主任高高卷起裤子，两脚是泥，一手提着秧苗，满头大汗地站在田埂上，笑嘻嘻地看着我。我向他说了我在农村干农活的经历，他听得很认真。听完后，他感叹地说道："你们一九七八级这些同学能考取大学，真的不容易呀！"姜主任工作兢兢业业，除了系里的日常工作外，有时也参加系里学生会组织的卫生大检查，到操场看各班学生的出操情况。学校或系里组织较大型活动，他的身影也会出现在那里。在工作方面，姜主任也给了我许多指导和帮助。他只问过我一次为什么不想留校，我说明了情况后，他只"噢"了一声，就没再说别的话了。我至今的理解是：这个"噢"字，是姜主任对我想法的理解与尊重，也许还包涵了惋惜与祝愿！虽然毕业已四十年了，但姜主任的形象却深深印在我的脑海里。

董光琨书记，原是历史系团总支书记，1981年任历史系党总支副书记，因工作上的关系，我与他接触较多。他个头中等，身材清瘦，说话总是面带微笑，讲起话来轻声慢语，给人以亲近感。他为人谦和，做事扎实，工作任劳任怨。系团总支和学生会组织的教室、寝室卫生大检查，他几乎每次都参加。他经常对各班级的早操情况进行巡查，有时早上或晚上就寝前到学生宿舍巡视，发现问题及时指出。学校或系里组织较大的集体活动，他都会亲自到场给予指导、鼓劲，协调解决相关问题，保障活动有序开展。我清楚地记得1979年元旦前夕，系里在校园内组织越野长跑，我跑到第二圈时已力不从心了。这时有个声音传来："小俞，加油！加油呀！"（他平时都称我"小俞"，不叫全名，我听了很感亲切）我抬眼望去，是董光琨书记。他后来就在路口看着同学们跑，为同学们鼓劲。每当我路经此处时，董书记都为我加油、鼓劲。他的声音给了我勇气，我最终得了男子组的第6名，系里奖给我一本16开大小的红色塑料皮笔记本。后来，每当学校举行运动会，董书记都会为我系运动员鼓劲、加油。董书记生活俭朴。他春秋季大多数时间都是穿一件蓝色涤卡中山装。他家住在校大门口高坡上的教职工宿舍区，条件简陋。几排房子是20世纪70年代初用红砖砌成的空心斗子墙体，屋顶也是红瓦铺盖，没有隔热层。董书记家住的两间面积也不大，家里陈设很简单。他被提拔为系党总支副书记后，仍然住在那里，从无怨言，体现了一个党员干部艰苦朴素、严于律己、高风亮节的精神。

在师大四年，董书记在团总支和学生会工作方面给了我很多的支持与指导，我从董书记那里学到了许多书本上学不到的知识。特别是在我是否留校工作问题上，他多次力劝我留下来共同工作，语言之诚恳、感情之真挚，我至今难忘。当我说明主要是父母的愿望（凤翔弟已留在安农大工作了）时，他表示理解与惋惜。这既是一个老师对学生的关心，更像是一个长辈对晚辈的真诚的关爱！

檀香元书记，当时是历史系党总支书记和安徽师范大学党委委员。他职务虽然较高，但没有一点官架子。他见到学校老师和认识的同学，都是

笑嘻嘻地打个招呼，给人以亲切感。他修长的身材，挺直的腰板，整洁的仪表，给人一种精干的感觉。他说话时带有明显的鼻腔音，声音很有特色。天冷时他会戴一顶深色的呢子鸭舌帽。学校或系里组织较大型的活动，他都会到现场。从我平时与师生员工接触中可以看出，檀书记在历史系师生员工中的威信是很高的。我平时与他直接接触不太多，在历史系办公楼偶遇也只是打个招呼。我与檀书记较长时间的谈话是在我毕业前，他得知我不想留校工作的信息后，找我谈话，这次谈话使我刻骨铭心。我向他解释不想留校的主要原因有两条：一是弟弟毕业已留在合肥安农大工作了，父母亲是农民出身，希望有一个儿子在身边照应；二是对象已谈好两三年了，在当地中学任教，以后两地生活有诸多不便。檀书记的答复使我非常感动，主要意思是现在交通较便捷，滁州与芜湖不太远，家里有事回去很方便；师大对政工人员很重视，在住房和配偶调动方面也有相关政策。他表态说，在3—5年内把你对象调来，3年不一定行，但5年内我保证把你对象调来芜湖。他说这话时那种亲切中肯和坚定严肃的神情至今印在我的脑海里。檀书记的表态也曾使我犹豫过。但最后我还是选择回到家乡工作，辜负了领导和老师的诚意，至今想来仍感愧歉！在我们毕业离校前，檀书记升任另一高校的校领导，我没有能当面与他作毕业告别，但那份真情，我始终没有忘记！

294

历史系领导与系篮球队队员合影

光阴似箭，日月如梭，四十年弹指一挥间。回首毕业后四十年的人生历程，我们可以自豪地向历史系的老师和领导们说：四十年前我们曾以是师大学子为骄傲，今天，师大应以学子们在各条战线上取得的可喜成就为光荣。我们始终恪守"厚德、重教、博学、笃行"的师大校训，秉承"厚重朴实、至善致远、追求卓越、自强不息"的师大精神。我们这些学子们，不论在什么岗位、不论在什么地方、不论遇到什么困难，都始终牢记老师和领导们的教诲，做到理想不变、信念不变、追求不变，奋力做好自己的工作。

正因为我牢记师大校训、传承师大精神，有改行的机会我都婉拒了，坚持在教育岗位干到退休。我调至滁州卫校时，卫校在全省排名很靠后，在市领导和教职员工的支持下，团结奋斗，改革创新，用6年时间，使卫校成为"安徽省文明单位""国家级重点中专学校""全省首批初中起点五年制大专班试点学校"。卫校在校学生数由1996年的630多人，增加到2004年的7300多人（含校外三个教学点），其中大专层次4000多人。卫校预算外年收入由20多万元，增加到2000多万元。因此，省卫生厅推荐我参加了教育部、卫生部2004年在澳大利亚举办的"优秀校长管理研讨班"，我还被教育部有关部门聘为"中国西部教育顾问"并参加了在西藏拉萨等地召开的会议。

现在，我们这一届同学可以无愧地向老师和领导们说：我们没有忘记你们的教诲！我们没有辜负你们的期望！我们为历史系和师大增添了光彩！

第四编

校园时光

毕业前夕的室友合影

陈文誉等同学在泾县参加
省中学历史教研会合影

二班一组部分同学毕业前在图书馆前合影
（后排左起：傅元根、胡晓鸿、王圣宝、
贺兆田、贾炳清、程光华、吴凡；
前排左起：吴正、李修松、黄忠超、刘哲、
赵晓明、高岱、高岳仑）

零号楼零号寝室集体合影

宋刚刚等同学的校园留影

夏仕伦、吴广安、方亚光三位同学在
赭山前合影

吴正等同学在南京研学期间
泛舟莫愁湖

一班团支部部分成员在零号楼前清理环境

一班一组部分同学
在教学楼西边留影

在母校教学楼前的合影

历史系一九七八级参加师大
第三次学代会的代表留影

翟厚良等同学在新落成的学校大门前合影

在芜湖八中实习的部分同学留影

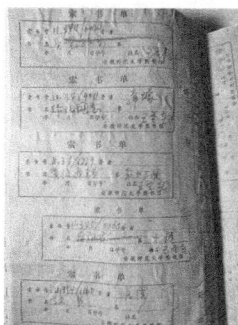

当年母校图书馆的借书单

王圣宝在校刊上登载的文章

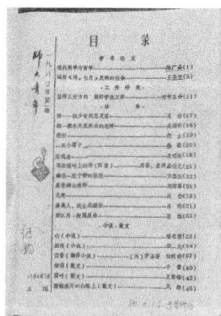

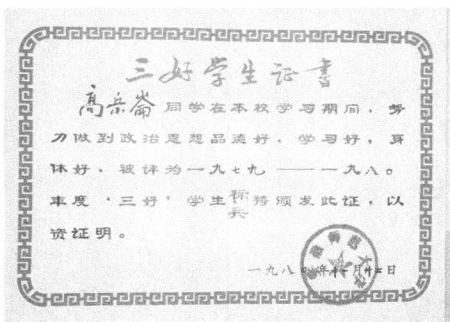
高岳仑获得三好学生标兵证

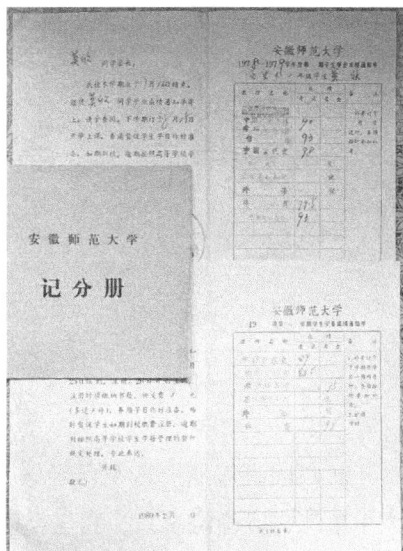
莫欣在师大的记分册

莫欣获"优秀学生干部"证书（1981年）

俞凤鸣获奖证书

王圣宝在师大的记分册（2）

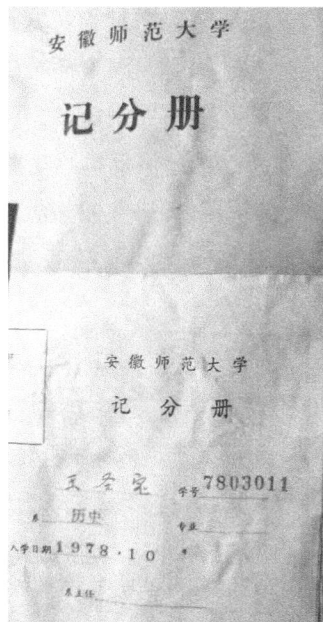
王圣宝在师大的记分册（1）

师大情愫

蔡绍宜

一、成为师大的学子

转眼间高考制度恢复已经四十多年，我大学毕业也已四十年了。回忆大学里那一段峥嵘岁月，我至今仍有着难舍难分的眷恋。

我是1978年参加高考的。1977年恢复高考后第一届招生，我没有报名。那时我已经二十八岁，孩子也已经两岁了。我担心这种情况没有多少被录取的可能。况且我在农村当民办教师，爱人是农民，我也担心万一录取了，大学四年家庭生活将面临的困难，所以没有报名。1978年春，第一届录取的新生就要进校了，我才发现这里面有我原来的同学和朋友，于是思想动了起来，但仍担心功课能否拾得起来，所以犹豫不决。直到四月间，父亲给我弄到一份登在报纸上的招生简章，那上面印着各门功课的复习范围。我如获至宝，从头看了一遍，心里有了底，觉得我能行，于是决定报考。

复习的时间是紧迫的，而且受着多种因素的制约和预想不到的干扰。当时我负责着村上的小学，这里对老师们要求很严，自己不可能脱岗复习功课，更不可能去参加县城里举办的高考补习班；家里有好多农活要干：耕种、抗旱等，都要占用大量时间；此外还有一些外差，一般都得应付。不过临考前的几天，公社通知我去给他们写小麦生产经验总结，那次我实在急得上火，就断然推却了。公社秘书恶狠狠地说：不管你考什么，将来都必须经过公社这道门槛。然而我已经全然不顾他的威胁了，决定孤注一掷，为命运而拼一考！而这一考，果然改变了我的命运。我如愿以偿地进入安徽师范大学，成为师大的学子！

我刚进校时对一切都感到很新鲜，报了到先逛校园：教学楼、宿舍楼、食堂、礼堂、小池塘、几个好大的操场……第一印象就是师大之"大"。有同学说还没有逛完，山上还有艺术系，于是我们就爬坡上山。曲径通幽，竹树掩映，果然又是一重洞天。又有同学说，老师都住在凤凰山，于是我们又去寻觅凤凰山。凤凰山那时尚无后来的教授楼，然而树木葱茏，幽雅谧静，那气望氛围，仍显得沉雄浑厚，高深莫测。这便是师大的"丹穴之山"，师大的"凤凰"们就住在这里！

先于我们半年进校的历史系一九七七级伙伴为欢迎我们举办了一个联欢晚会。晚会规模不大，在教室里举行。具体内容我已经记不清了，只有那热情洋溢的欢迎词和蚌埠籍学兄王肃的手风琴那高亢悠扬的旋律依然留在我的脑海里。

我们自己也需要抒情，王旭东同学代表了大家的心愿。他作了一首歌，教我们大家唱，并用他喜爱的小提琴伴奏。"走进绿树成荫的校园，激情在心中激荡，春风已将春天送来，理想之花纵情开放……"这首属于我们自己的歌，唱得大家心花怒放。

二、同学情深

师大四年，我和同学们建立了深厚的友情。我们历史系那一届总共90人，分作两个班，但始终在一个教室上课，且只有一个辅导员，和一个班没有两样。我们住一幢宿舍楼，一起在食堂就餐。课余时间，我们经常三五成群地跑图书馆，泡阅览室，看电影，上书店，逛公园，品味耿福兴的虾籽面。我们曾集体去南京大学实习考察，遍访金陵名胜，寻觅六朝遗踪。我们也曾集体去马鞍山春游，凭吊采石矶，拜谒李白墓。四年的学习生活，四年的朝夕相处，使我们相处的如同一家。而同住一室的几位弟兄那就更加亲近了。

记得刚进校时，我们住"零号楼"，十人一室。大二时转移到"二号楼"，房间小一点，改为八人一室。赵金辉、卫颂调到其他房间，而宋刚刚、汤晓华、俞凤鸣、汪占禄、曹钟声、王昶、任书智和我八人竟一起住了整整四年。真可谓情同手足、亲密无间了。八条汉子，各具个性，四年

之中，少不了一些趣事，不能尽述，略略撷取。故事一：上半身，下半身。汤晓华借书，他在"索书单"上将《我的前半生》填成了《我的上半身》，其实这算不了什么错误，却引起图书馆那位女管理员反复取笑："'上半身'，还有'下半身'呢！"她如是说，重复数遍，犹觉好玩。故事二：虾子在哪里？第一次去耿福兴吃虾籽面，伙计端上来后，我先用筷子翻了一下，不见一个虾子，心里纳闷。吃了一半忍不住去问老板："虾子在哪里？"老板说："在碗底，吃完就会发现。"我一头雾水，坚持吃完，碗底上果有几十粒菜籽大小的东西，乃恍然大悟。原来"虾子"这个"子"字，并不是名词后缀，而是指"虫鱼类之卵"。这个中趣味全在于汉字的玄妙。故事三：王昶的身手。有一次王昶在卫生间用水，他和生物系一同学发生冲突，对方自恃个子大，先向他进攻，他奋起反击，冲着对方肚皮一阵重拳，打得对方狼狈逃窜。1979年夏溧阳地震，波及芜湖。刚一有感，王昶便从宿舍楼二楼窗口纵身跳下，居然平安落地，毫发未损，成功实现高空逃生的"软着陆"。故事四：抢床之战。这是"集体事迹"。刚进校时我们系睡的是旧木床，臭虫猖獗。夏天我们光着身子睡午觉时，它们竟不惧光天化日，肆无忌惮地爬到我们的躯干上来。在它们的"冬季攻势"面前，我们完全被动。调查发现，铁床不生臭虫。大二开学时，趁着调整宿舍和新生尚未报到的机会，我们就筹划换铁床。擅自换床当然是学校不允许的。但我们一经商定，就果敢行动，偷偷潜入尚未入住的楼上去搬铁床。不知如何走漏了风声，陈锡宝老师迅速赶来制止。我们也不退缩，总觉得他像我们的"家长"，定会私庇于我们，所以合上气跟他缠，七嘴八舌，死磨硬缠，好歹将几张铁床搬回了我们宿舍。陈老师"威胁"说要处分我们，可后来并未处分我们任何人。那铁床我们也一直睡到了毕业。"偷袭"不成竟变成"强攻"，但毕竟也还取得了"胜利"！真是与虫斗，其苦无穷，与人斗，其乐无穷也！

那时是改革开放的酝酿与开始时期，经济尚不富裕，同学们聚餐的机会极少。但仅有的两次聚餐还是使人回味无穷。一次是非同室的同学聚餐——汪一江请我们吃兔子肉。汪一江是皖南医学院教工子弟，他从医学院买了几只做完解剖实验的兔子，自己烹制，这便有了这次"兔子宴"。兔子宴在周六晚上，设在医学院内汪一江的一个朋友的单身宿舍里，有十来个同学参加。汪一江的那位朋友也参加了，还算是半个东道主呢。不大的小屋挤得满满的。那天没有其他菜肴，唯有红烧的兔子肉，切成大块，装在盆子里。我们喝酒用的是碗，正所谓"大碗喝酒，大块吃肉"，颇有些绿林结义的畅快！再一次就是同室八个同学毕业离校前在鸠江饭店举办的那"最后的午餐"。"八仙"们开怀畅饮，直抒胸臆，盘点四年的收获，憧憬美好的前程，情绪十分热烈，把我们四年的友谊向更高点升华！而那一"聚"却是为了"散"，至今回忆起来，仍不免涌动几分豪壮，又掠过几缕凄伤！

　　友情忆，最忆是病中。那次我生病住院，同学们所给予的关爱和友情，是我终生难忘且刻骨铭心的记忆。1982年的春天，临近毕业的时候，我病倒了。那天中午我感到腹痛，逐渐加剧。傍晚时分，我坚持不住了，才去看的校医。校医说可能是阑尾炎，要我迅速转到师大的定点医院市第二人民医院。此时天已经黑了。宋刚刚听说我要转院，他没有耽搁，立即找了一辆架子车，要送我去。二院离学校较远，约莫二公里开外，他也没有喊其他同学，就独自拉着车，把我送到医院。接着，挂号，化验，办手续，送病房，楼上楼下，全是他跑。根据化验结果，医生诊断为急性化脓性阑尾炎，必须立即做手术。手术单要家属签字，宋刚刚又代表我的家属在手术单上签了字。——签字，这本是家人才能做的啊，而老宋，他真的当之无愧地代表了我的家人！当夜，医生为我做了阑尾切除手术。事后医生说，如果再晚来一会，就可能造成肠穿孔，后果就严重了！啊，好险啊！多亏了老宋，我才化险为夷。

　　同学们听说我生病住院，陆续来医院看望。有本宿舍的，也有其他宿舍的；有男同学，也有女同学。大家给我送来慰问品，并带来杂志，怕我寂寞。我非常感动，在病床上流下了热泪。五六天时间，我的伤口便痊愈了。出院那天，是俞凤鸣带着两位同学来接我。他拉着架子车，从医院一直把我拉回宿舍。后来我爱人来学校看我，又是王建岚、张香华等七位女同学不怕麻烦，忙着接待，给她腾出床位，安排住宿。生病本来是痛苦的，而今却变成了幸福的。这使我更加感受到学校如家庭般的温暖，同学们如亲人般的关爱。四十年过去了，我仍然牢牢地铭记着这一切，铭记着这份人间真情！我要真诚地道一声：谢谢你们，我的兄弟姐妹！

　　在回忆友情的时候，我自然会想起我的同桌杨志明同学，他是我同桌

四年的好友。四年啊，我们从来未有过任何矛盾、意见、冲突，真是比亲兄弟还要和睦。我比他大几岁，他喊我"蔡老"。当时我们班上，只有陈文誉、葛立云被称作"陈老""葛老"。二老之外，多出一个"蔡老"，这是杨志明的创意。他这么喊我，我也回敬他"杨老"，都是玩笑嘛！他很爱读书，偏爱法律，常常抱着《中国法制史》。他也喜爱诗文，我每吟"山不厌高，水不厌深，周公吐哺，天下归心"，他便接着吟"山不在高，有仙则名，水不在深，有龙则灵"。他戴着镜片很厚的眼镜，像个文雅的书生，却是很健壮。他光着膀子时，胸肌和臂肌都显出棱角。他坚持冷水浴——那时班上坚持洗冷水浴的只有他和班玮两人。寒冷的冬天，他光着身子进入卫生间，一大盆冷水披头浇下来，那英勇的壮举，曾经令我等肃然起敬。万万没有想到他竟早早地离开了我们。他可能留给我的想必是无法诉说的遗憾，我能够珍藏着的也只有那昔日的友情和绵绵无尽的思念。

三、师长恩重

师大四年，我受教于诸多良师。他们对学生的亲切关怀和高度负责，令我十分钦佩。1978年秋进校的时候，第一位接待我的就是辅导员陈锡宝老师，他帮我提着行李，引导我住进了零号楼。按常规，大学的辅导员不像中学的班主任那样天天和学生在一起，陈老师好像也并未给我们上过多少课，但我们还是能天天见到他。他不光常常到教室去，也常常到学生宿舍去，了解学生情况，过问学生的学习与生活。我因为家里困难，班上就每月给我发三块钱的助学金。当时的三块钱大约相当于现在的200元，能解决我不少小问题。这得感谢陈老师。当然，陈老师了解我，他也看到了我的弱点。记得毕业离校之际，他语重心长地对我说："你太内向了，以后要开放点，多和社会交往。"我心里明白，这是"徒弟"下山前"师傅"的最后交代。我嘴里连声诺诺，心里已是千恩万谢。后来我虽然不能在这方面做得很好，但"师傅"的话，我还是终身谨记的。1982年我生病住院时，陈老师也曾和系里的领导姜全三、董光琨到医院看望。不是亲人，胜似亲人。这也是我终生难忘的。

作毕业论文时，我的导师是叶孟明老师。叶老学识渊博，是有名的活字典。我汇报我选的题目是秦汉风俗，他思索片刻，便给我开了一串书目，而首推《史记·游侠列传》。写作期间，他曾多次给予指导，我也两次登门求教，有时影响了他的休息他也毫无愠色。论文成稿，近两万字，他又从头至尾审阅，作了眉批，提出不少修改意见。这篇论文后来被评为优等。这次论文写作，能得到叶老的直接指导是我的荣幸。我从他那里学到的不仅是他非凡的学识，还有他治学的科学精神和严谨学风，这些都使我受用终身。听说叶老已去世多年，这里，我谨以这几行朴素的回忆，以表达我对叶老的深切怀念！

我的实习导师是施兴和，他是系里的青年骨干教师。他对工作极其负责，也十分平易近人。在这次实习中，我捅了一个纰漏，给他带来不少麻烦。我实习的学校是芜湖某中学。实习之前，师大有交代：一方面要学习上课，做班主任；一方面也要考察中学教育的现状，调查存在的问题，并对教育改革提出建议。于是我在实习中就注意观察学校情况，发现学校有不少打骂和体罚学生的现象，后来我把这些如实写进自己的实习汇报中。这引起我实习的那个班的班主任的强烈不满。她不仅扣押我的汇报不予签署意见，还将材料报给校长，说是否定学校工作，否定全市教育，并把此事反映到市教育局。施老师跟校方交涉多次，校方方才签署了意见，但写得很差，分明刻意要毁坏我的前途。我跟施老师说："不必找了，随他们怎么写吧，反正我将来回到本县工作，谅地方也不会把我怎么着。"施老师说："那不行，这样的鉴定放在档案里，终究不是好事，我还是要找他们。"他在那个中学和市教育局之间来回奔波，终于挽回了局面，使那个学校给我重新写了鉴定意见。

四、离开师大的日子

师大毕业后的去向，理想的是什么，可能的是什么，这些我不是没有想过。按我的性格，进入大学教书应是理想的、合适的，但这没有可能，因为我不可能再读几年书，爱人和孩子都在农村等着我呢！因为顾及家庭，入学的时候我就没准备考研深造。那时候，像我们这些来自农村的学生，想进入城市也是相当困难的。所以唯一的可能还是"哪来哪去"。毕业后，我就回到了本县。为了顾家，我甚至放弃留在县城的机会，而要求分回到我们那个乡镇的中学，五年后才调入县城一中，这里便成了我的归宿。

嗟乎！离开师大四十年。四十年，说短，弹指之间；说长，近乎半个世纪。离开师大的日子，我怀揣着师大教给我的知识和精神，去履行师大赋予我的使命。离开师大的日子，我没有什么轰轰烈烈的业绩能够给母校争光增色，但自觉也还无愧于母校，更不曾有损于母校的光辉。离开师大的日子，我也常常思念母校。其间我两次回到师大，每次都有仿佛老八路回延安的感觉。先喊一声"千声万声呼唤你，母校师大就在这里"，接着便是"满心的话顿时说不出来，一头扑进亲人怀"！看到师大日新月异的发展、变化，我的心里由衷地高兴。师大已经走过九十多年的光辉历程，即将迎来百年华诞。随着改革开放的深入和教育事业的发展，这深厚的积蕴加盛世的良机，必将使她焕发出更加旺盛的生机活力，师大的前景必将更加美好！这也是万千师大学子的真诚祝愿。

大学 "心" 路

方亚光

一、走出大山的喜悦

收到录取通知书，意味着我要离开家乡，走出大山，跳出"农门"。这对我来说是人生的一次"改写"，一个质的飞跃。

国庆节过后，我不再出工了。父亲则忙于为我入学做准备。首先是按照通知书的要求，从大队到公社为我办理"粮油关系""户口迁移"等相关手续。其次是为我筹备入学用的"行李"。父亲为我准备了两只箱子，一只是很小的"洋油箱"（家乡的俗称，是由盛"洋油"的铁皮箱改制而成）。另一只是木板箱，大约是"洋油箱"的两倍大，用于盛放换洗衣服、被褥。木板箱的四个底角已有破损，父亲买来角托重新加固。

1978年10月11日下午，父亲送我到县城。当时，从歙县到芜湖每天只有一班车，早晨6:10分发车。我在县城住了一宿。当晚，我大姐上夜班，我就住在她的宿舍，害得大姐下夜班后也无法休息。第二天早上，父亲、大姐，还有舅舅、舅妈送我到车站。当汽车驶出车站时，我才真正意识到这是离开家乡了。尽管我上初中后就住校，独立生活，但学校离家才10里路，每星期都可以回家。这次可不同了，我是要到几百里之外去上学，是第一次远离家乡。因此，当亲人们向我挥手示意时，我"百感交集""愁惝涟涟"。然而，这种离家的别愁很快就消失了。一是我的性格比较坚强、刚毅，少有"儿女情长"；二是第一次坐上这样的长途班车，沿途风景让我目不暇接，欣喜若狂。那一村一寨，一山一水，是那样的新奇，那样的与家乡不一样。随着汽车的行进，我已把"愁"抛之脑后。经过6个多小时的

行驶，汽车终于"走出"皖南山区，进入芜湖地界。顿时，我眼界大开，心旷神怡。沿江大地是那样的宽广，那样的"一望无际"，对于我这个生长在山区，整天在"山中"转的孩子来说是多么的惊奇，多么的震撼啊！

大约是下午两点多钟，汽车驶进芜湖市汽车站。在学长们的迎接中，我来到安徽师范大学，住进零号楼的205宿舍，成了高等学府中的一员。我们宿舍的同学一共10人，算得上是"少长咸集"。从年龄上来说，小的只有17岁，长者已近"而立之年"。从阅历来说，有插队知青、农场之兵、工厂工人，还有体委干部、民办教师、大队支书。宿舍既有不谙世事的"毛孩子"，也有成家立业的"为人之父"。但无论少长，无论贵贱，"同室"便是缘，"同学"便无异。我们就像一个大家庭，互相关心，互相爱护，消除了陌生，拉近了距离。"欢声笑语"不时地透过窗户传到了对面的芜湖饭店。

二、吃不饱的烦恼

一进校，给我最新鲜的事就是吃饭"不要钱"。我们是师范生，一切由国家包。当时，学校对我们这一届新生实行"包伙制"，即"八人一桌，集体用餐"。一开始，这种就餐方式还挺有意思，但时间一久，大多数同学就很反感。一是太浪费，二是不自由。于是同学们开始酝酿抵制。当时，对我来说，对包伙的利弊并没有什么过高的认识，只是随着时间的推移，感觉吃不饱。为此，我不得不接受亲戚阿姨赠送的饭票，在吃完"包伙"之后，再到别的食堂买点馒头、饭菜"加餐"。当同学们掀起抵制包伙时，我也加入其中。在各种呼吁要求被拒绝之后，"组织者"采取了统一行动——绝食。从早餐开始，大家统一不就餐。当然课也上不成了。于是，各系的领导、辅导员纷纷来到学生宿舍，劝说同学就餐。经过交涉，学校答应了我们的一些要求，对包伙作了一些改进。不久，"包伙制"就废除了。

"包伙制"的废除，是学生们维护权利、争取自由的一次胜利。但许多同学特别是"组织者"，则为此付出了代价。从我们系来说，对两个班的干部进行了调整。我们205宿舍的人员也发生了变化，原来的小组组长调到二班去了，从二班调了一位同学，进驻我们宿舍，并担任我们小组的组长。

三、无头绪地学习

大学的学习生活本来与中学就不一样，再加上我们那一届年龄悬殊，我们这些从中学直接进入大学的"初生牛犊"，面对"自由自在"而又充满陌生的学习生活，往往是"找不着北"，不知如何"应对"。我们一是觉得要学的东西太多，二是不知道如何筹划学习。因此，在大一、大二期间，我的学习常常处于一种无序的状态。

说句实在话，在中学我对历史并无兴趣，历史知识对我来说几乎是空白。在中学，我的强项和兴趣是数学和化学，理想和愿望也是将来成为一名"治病救人"的医生。高考志愿是在"赌气"和"轻率"中填的，并不是我的真正选择。因此，刚上中国古代史和世界古代史的课，我仿佛在听"天书"，连笔记都不知道怎么记。看到其他同学笔记记得那么工整，那么有条理，我有一种说不出的滋味，甚至对自己的学习能力产生了怀疑。也许是在中学"出人头地"的机会太多，总感到自己很"优越"，很出众。如今在这样的一个集体里，自己的"现状"是那样的惨，那样的落后于同学，不免感到失落和苦恼。从大一到大二，我学得很苦，很机械，也很累。一是忙于记笔记。起初我是不知怎么记，随后是拼命地记下课堂上老师的每一句话，课后再整理笔记。因此，在记笔记的"训练"中，我的字也龙飞凤舞了，有的字后来自己都不认识了。二是开始"恶补"有关历史知识。每门课老师都要开列一些课外参考书。按照老师列的书目，我到图书馆去借阅。不管看懂看不懂，都借来。看不懂，翻翻目录再还掉。像《史记》《家庭、私有制和国家的起源》，我读起来如同嚼蜡，但还是强迫自己读。三是舍弃自己的爱好。尽管我对历史不感兴趣，但进了历史系，又无法自由选择，那就只好认命，只好去适应，去培养对它的兴趣。于是，我把更多的时间给了"历史"。为了学习历史，我舍弃了许多爱好；为了学习历史，我抑制了许多兴趣。我不再唱歌了，不再练习书法了，不再过多地参与集体活动了，也不再对小说、电影感兴趣了，一门心思地读起了历史书。

四、考研的抉择

大学时期的我，与中学阶段的我，可以说判若两人。中学阶段的我，

朝气蓬勃、阳光自信，深受老师、同学的厚爱和尊崇。而到了大学，我则是微不足道、不被人看重，特别是因"自身条件"受到老师、同学的讥笑时，内心非常痛苦。失落与自卑，长时间地缠绕着我，在同学面前我越来越不自信，总感到自己这样也不如同学，那样也不如同学，生怕说错一句话、做错一件事被同学看不起。于是，我很少与同学交往、交流，每天独自来往于"教室—寝室—食堂"之间，自己把自己早早地封闭起来，形成了寡言少语、不善交际的内向性格。

大一第二学期即将结束时，我听到一位学长考取研究生的消息，深受触动，激起了我学习生活的涟漪。我，开始盘算着自己的未来。大二开始，我就特别关注考研。一是打听考研方面的一些基本情况。比如专业、学校、导师等等。二是选择自己主攻的方向（专业）。对于世界史，我不敢问津，自己外语不行。对于中国史，近现代史我还没有学，不知深浅；古代史的几个断代，先秦史，我觉得很难，不要说甲骨文，就是《左传》《史记》我读起来都很吃力，无力问鼎；秦汉、魏晋南北朝，年代还是比较久远，特别是魏晋南北朝，乱哄哄的，研究起来肯定没意思；后面的宋元明清史，我还没有学，史籍也太多，读不过来，不易学。隋唐是统一的繁荣的时期，研究的成果也比较多。我思来想去，还是选择隋唐史吧。目标选定之后，接下来就是努力去实现。为实现这一目标，我付出了较多的时间和精力。一是充分利用时间。大学期间，我很少有星期日的概念，平时也几乎没有娱乐及课外活动，逛街、看电影等更是屈指可数。上街要么是买点生活用品，要么是到澡堂洗澡。为了弥补自己的不足，打好考研的基础，在大二、大三的两个暑假，我都主动要求护校（看寝室）。暑假期间，校园很冷清，食堂伙食也很差，有时还停电，我成天待在堆满物品的宿舍里，又闷又热。但为了实现自己的目标，我只得忍受。二是恶补考研必备的知识。当时的研究生考试，除了考专业课外，还要考基础课以及政治、外语。因此，除对隋唐史要全面掌握，我还必须熟悉中国古代史，政治、外语也要过关。对于我来说，英语，中学只学了A、B、C、D……26个字母。为了考研，我选修了英语，从A、B、C、D最基本的开始学起。由于缺少系统的训练（课很少，又没有收音机收听英语九百句等教学广播），因此，我的英语是"哑巴"英语，是"单词"英语，水平很低。后来的研究生考试，我的外语也是"复试"才过关的。政治课我还比较感兴趣，没有什么压力。中国古代史涉及范围广，没有什么捷径可走，除了认真听老师的讲授外，我只好老老实实地通读范文澜的《中国通史》、翦伯赞的《中国史纲要》。三是用时间和毅力来培养对"隋唐史"的兴趣。我选择隋唐史这一专业，很大程度上是"盲从"。为了尽快入门并熟悉隋唐史，我用了最笨的方法，跑到图书馆去查阅有关隋唐史的书目，"不管三七二十一"，一一记录下来，"按图索骥"，一本一本地借来阅读。像陈寅恪、岑仲勉、向达、杨志玖、韩国磐的著作，我都借来看过。但有的著作及论文，当时我根本看不懂，如岑仲勉的《隋唐史》、陈寅恪的《隋唐制度渊源略论稿》。比较通俗易懂的是韩国磐的《隋唐五代史纲》。我借来之后就基本不还（按图书馆借书的要求，每本书借期只有两周，为此，我经常续借。实在不行才还，但过一两周又借回来）。随着时间和精力的投入，我对隋唐史有了较多的了解，并被这段给整个中国历史带来重大影响的"历史"所吸引，从而对"它"产生了兴趣。也许这就是我为什么能考取隋唐史专业研究生的一个重要原因吧。四是自觉补习古汉语知识。学习中国古代史，"二十四史"是必读的。而要读懂、读通"二十四史"，就必须掌握古汉语知识。"中国历史要籍介绍与选读"这门课，老师讲授的角度侧重于史实，对于字词句并不作过多的解释。为了扫除古籍阅读过程中的"障碍"，我萌发了补习《古代汉语》的念头。在中文系一位老乡的帮助下，我到他们班旁听了一个学期的"古代汉语"课。

经过两年的准备，终于到报考的时候了。那时，我理想的学校是厦门大学或南开大学。选择厦门大学，那是因为我一直以韩国磐先生的《隋唐五代史纲》作为复习的教材，报考韩先生的研究生是理所当然的。青睐南开大学，那是受一位学长的影响，觉得如能像他一样，成为杨先生的弟子，是多么荣幸啊。但事与愿违，当年研究生招生简章公布后(当年全国招收研究生11000人，出国预备研究生1300人)，任我怎么仔细查阅，就是没有这两所学校，我十分沮丧。查来查去，招收"隋唐史"专业的只有曲阜师范学院（现为曲阜师范大学）历史系的李季平教授。怎么办？是放弃报考还是报考曲阜师范学院（当时我对曲阜师范学院及李季平先生不了解）？我有些犹豫。但思来想去，我还是觉得不能放弃，要报考。"山不在高，有仙则

名；水不在深，有龙则灵。"不同的学校有不同的优势，不同的教授有不同的专长。我相信，只要跟着导师好好地、刻苦地学习，就会有收获的。于是，我报考了曲阜师范学院历史系李季平教授隋唐史专业的研究生。1982年5月21日，我接到了研究生复试的电报，1个月后，我收到了研究生录取通知书。1982年8月26日，我离开芜湖，离开安徽师范大学，踏上了研究生的学习征程。

方亚光（右一）参加中国唐史学会年会

青春岁月　悠悠往事

傅元根

1977年3月，我高中毕业后，插队到离岳西县城约五公里远的原天堂乡石桥村当知青。我在农村参加劳动一个多月后，即有幸到石桥小学当起民办教师，直到考学离开，时间正好一年半。

1977年12月，我第一次参加高考并入围，当年只公布入围名单不公布成绩，入围名单张贴在县十字街的一面醒目的砖墙上，不知引来多少人观看。当年，我父亲是县防疫站的一名老驾驶员，这份入围名单还是县里派我父亲开车从安庆取回来的。父亲虽无文化，但一直督促子女好好读书，当他第一时间得知我入围时，感到特别高兴，同行的领导也一样为我父亲感到高兴。不过后来我未被录取，无果而终，估计是分数不够。

1978年10月，我以岳西县文科类总分第三名的成绩考上安徽师范大学历史系，记得总分为347.5分，其中政治82分、语文62.5分、数学55分、历史71分、地理77分。9月中旬一天清晨，我还在石桥小学宿舍的睡梦中，突然听到邮递员大声喊道："傅老师，你的大学通知书到了！"喜从天降，我终于等到梦寐以求的大学录取通知书！借着同事一辆破旧的自行车，我一路飞奔回家报喜，途中重重摔倒两三次，已全无疼痛之感。当日全家人高兴得不得了，邻居、老师和同学也都很快知道我考上大学。离开石桥小学时，学校领导还送我一本精装的《毛泽东选集》第五卷作为纪念。那个年代，多是送个笔记本和钢笔等，送本《毛泽东选集》还是少见的。

入学时，我正满19岁，风华正茂，按年龄排序，在全系一九七八级90个同学中排在后数第九。

我们同学中带薪上学的只有少数人，我和大多数同学一样，主要依靠

家里资助上学，据说还有同学借钱上学，实在艰苦。记得刚进校时，我们是多人围桌用餐，后来改发饭菜票，生活费标准也有所提高，每个月的饭菜票都是班生活委员去学校财务处领回发给我们。我特别喜欢买书，每月领到的3元助学金都拿出买书，在当时可以买到两三本书。为了攒钱买书，我就节省饭菜票，两角以上的菜，每周我吃上几餐。偶尔我还别出心裁，用完早餐后，再买上一份早餐留作中餐，这样一天能省下一点饭菜票，放假时，把节省的饭菜票拿去退了，一般都能退回20元左右。暑假回家，我再找点小工干干，一天也能挣个1.20元，这样可以减轻家里一点经济上的负担，对自己也是很好的磨炼。正可谓，"人生修得随缘性，粗茶淡饭也知足"。

四年大学，学习当为主业，虽然物质生活清贫，但学习生活却是丰富多彩的。

久旱逢甘露，沙漠见绿洲。在大学，我如饥似渴地学习，吮吸知识的琼浆。我早上到教学楼后的树林中读英语，白天上课，晚上去教室或图书馆上自习。历史系是学校师资力量很强的一个系，当时有一批在全国史学界很有名望的教授亲自给我们讲课。从大一到大三前半学期，主要学中外通史，大三后半学期和大四，主要学专门史和提高课等。最初除少数几门课有部分高校合编的非正式出版的教材外，其他各门课基本上都没有一套像样的教材，上课主要是听讲、记笔记，老师讲课又常常讲自己的学术观点。我印象最深的是讲授魏晋南北朝史的万绳楠老师，这位西南联合大学的高才生，是著名史学家陈寅恪、吴晗的学生。我们都挺喜欢听他讲课，因为他史学功底深厚，学术思维流畅，不人云亦云，有自己的鲜明观点和透彻分析。

老师的严谨治学和严格要求学生有口皆碑。1981年下半年，德高望重的苏诚鉴老师上中国秦汉史提高课，课程结束时布置了一道作业，题目是《法家政治和秦的兴亡》。对我作业中"对战国时代（对各国）虎视眈眈的秦国来说，法家政治正合乎其统一六国、独霸天下之需要"一句，苏老批语："法家的出现是适应一定的历史条件的，不是凭个人的愿望所要求的。"针对"商鞅变法第一次使法家思想与现实政治结合起来"一句，苏老批语："商鞅变法以前，山东六国先后都已实行变法。"文后苏老总的批语是："兴也何在？亡也何在？应在结论中指出。注意文中的批语：文字以流畅为好，力戒半文不白、诘屈聱牙。"自以为此文写得洒脱，没想受到苏老痛批。这篇作业我一直保留珍藏至今，它时刻警示我，学习任何时候都不可浮躁、华而不实。

毕业前一年，我对毕业论文的选题早有思考。当年日记记载：1981年6月22日上午，我起床后直奔罗超老师家讨教。罗老师主教历史教学法课程，同时对中国近代史很有研究，他给我提出的选题是：《试论孙中山早期思想》。他说："关于孙中山的早期思想，特别是对孙中山立志改良到立志革命的这一根本转变（过去）研究得很少，这个题目小，但有现实意义。"我请问这一论题需要抓住的重点是什么？他明确地告诉我："重点应抓住孙中山是如何完成这一转变的。"他希望我多读点书，做些笔记，写好初稿后再送给他看，我欣然许诺。

约在1982年寒假前，我曾主动到须力求老师家请教。须老师主教中国现代史，对中共党史研究颇深，赵晓明选择主修中共党史，与须老师交流较多。有一次赵晓明告诉我说，邓演达是中国第三党的创始人，很值得研究，须老师那里有一本刚出版的《邓演达文集》，你如果对邓演达感兴趣，可到须老师处问教，将邓演达作为毕业论文的选题。在须老师家，须老师向我谈到了邓演达研究的有关问题，也提出了一个关于邓演达研究的选题方向，具体论题我已记不清了。

然而，我有自知之明：不论是罗老师提出的选题方向，还是须老师提出的选题方向，都不是我所能驾驭的。值得记下一笔的是，1981年9月底，历史系为纪念辛亥革命七十周年准备出一个专刊，受到上次罗老师赐教的启发，我应邀写下《忧愤·改良·革命》一文，按时报送系专刊编写组。

最终，我毕业论文的选题是《试论五四运动中女学生的反帝爱国斗争》。为了写这篇论文，我从学校图书馆查阅了大量的书刊资料，做了近百张文摘卡片，还和同桌四年的赵晓明去南京林业大学图书馆找资料。功夫不负有心人，这篇毕业论文获得了优秀等级。

1982年元旦后，我也曾参加研究生英语提高班学习，准备参加当年的研究生考试，拟报专业是中共党史。然而到正式报名时，我感到自己基础太差，信心不足，最后还是放弃了。又因此生不进一次研究生考场有枉来

人世之感，1983年春，我虽已到中学任教，但还是毅然报名参加了吉林大学中共党史专业的研究生考试，专业课和综合课都有七八十分的成绩，英语成绩太差，最后名落孙山。自此我转向专注于中学历史教育。这是后话。

1981年5月5日晚和6日下午，历史系举行"学生学术报告演讲比赛"，一九七七、一九七八、一九七九、一九八〇级各出两位选手，我和莫欣代表一九七八级参加。比赛开始前，系学生会主席、一九七八级一班的俞凤鸣同学致辞。比赛结果，我和莫欣均获得一等奖，得到系领导和老师的赞许。

1982年5月12日下午和晚上，历史系举行"学生学术报告演讲比赛"，各年级选派两名选手，我和汪幸福同学代表一九七八级参加，又均获得一等奖。这是我在校最后一次参加演讲比赛，上台好几分钟情绪都没有稳定下来，右腿颤抖得格外厉害，何以至此呢？因为我很快就要毕业离开母校了，想起四年来匆匆而逝的青春岁月，想起欢乐与艰辛、成功与挫折交织在一起的经历，心境难平。这就是当时真实的自我。

大学的业余生活也是丰富多彩，这里撷取几个花絮回望。

揣音乐梦想。在高中和知青时，我发愤自学作曲，也曾拜师学艺，还于1977、1978年报考安徽师范大学艺术系音乐专业，然蜗居大山，起点太低，终未能如愿。入大学后，我还常去艺术系请教同年考取专业作曲的一个马鞍山同学，至今仍保留有他帮我修改过的一些作曲的手稿。1981年8月，我所作《迎新之歌》，请宋刚刚同学代转《安徽师大报》编辑部，主编审查同意发表，后因故搁置，当年历史系迎新晚会上，郭良美同学演唱此曲，我和高岳仑等为其伴奏。1980年10月21日，我从系办公室小董老师处借来一部旧的手风琴，还从校图书馆借来《手风琴演奏法》自学弹奏，不亦乐乎，这可爱的手风琴伴我度过许多美好的时光。

1980年10月中旬，刘咏红、刘继红、王建岚、郭良美、俞凤鸣、高岳仑、吴雷、王俊祥、黄卫三和我共10位同学入选由近40人组成的系合唱队，一九七七级学兄王肃担任指挥，合唱曲目共两首：中国革命歌曲《游击队歌》和《没有共产党就没有新中国》。11月1日晚，合唱队参加全校歌咏比赛并获得一等奖，学校奖励我们系一部漂亮的手风琴。比赛结束后某日，系领导和我们全体合唱队队员在图书馆下面的体育场一起合影留念。

常泡电影院。那时，文化生活匮乏，看场电影已算是小小的"奢侈"了。我们寝室同学大多喜欢看电影，赵晓明是电影迷，每每看场电影，而我与他几乎形影不离。工人、大众、和平、百花是我们去的最多的四个影（戏）院，胜利和劳动电影院离师大较远，我们去得很少。经常是我们在这家影院没买到票，就急跑下一家影院。直到现在同学间还传说我们有时一晚看三场电影，那非事实，其实最多一晚看过两场电影，连跑三家电影院倒是有的事，因为有时一票难求呀。

不时卖校报。《安徽师大报》是当时有一定影响的校内报纸，我们班宋刚刚、黄忠超等才子们常有大作见诸报端。在他们的影响下，我平日也喜欢写点小文章投稿，曾在校报上发表《像马克思那样对待厄运》《浅谈资料积累》等。1983年1月底，我意外收到校报编辑部寄来的1982年12月出的一期报纸，上面刊登有我所写《"最多"与"最少"》一文，署名校友。我在师大所写文章很少，但卖报多多。我去卖报，全为忠超兄所鼓动，忠超与校报编辑部的人较熟，便主动邀请我同他一起去卖报，并说这也是"勤工俭学"呀。我虽出身寒门，却也想保持一点面子，开始不太愿意去，在他的再三鼓动下，又觉得他说得有点道理，最终还是去了。后来，我与忠超两人大大方方地卖报，又成为要好的报友，从中也分享了不少的乐趣。

常跑篮球场。当时靠女生寝室一侧、劳动路围墙旁是学校篮球场，大约有10个场地，是除体育系外其他各系学生篮球运动的主要场地。我们系篮球队在学校赫赫有名，王幼生、高岱是系、校篮球队主力队员，我和朱沛铭、张新华等是班队队员。1980年10月，系里举行男子篮球赛，我们班队最终以四战三胜一负的成绩获得第二名，第一名是一九七七级一班队。大三、大四下午课程不多，有时五点前后，我和朱沛铭、赵金辉、张新华、杨志明、黄卫三等是篮球场上的常客。

赭山静美，镜湖欢歌，情牵梦中校园。

青春岁月，悠悠往事，仿佛就在昨天。

老相册里的故事

高岳仑

我们曾经是五月的花海，用青春拥抱时代；我们曾经是初升的太阳，用生命点燃未来；而今我们老了，只能凭借记忆回味曾经的年轻跃动和豪情满怀。

2021年的五一劳动节期间，我拍了几张自己喜欢的照片，质量虽不能和我们安徽师范大学历史系一九七八级的摄影大师王旭东同学的作品相比，但保存记忆的作用还是有的。为使现有相册给新照片腾出适当空间，我调整、合并了部分相册。不过，有一本厚厚的保存黑白照片的相册我是不会动的，它是我大学毕业时，同班同学刘继红和她的丈夫王立宪先生亲笔签赠的，这本相册存放着1982年以前的黑白照片，一张一记忆，挑三张说说吧。

第一张：献给回忆——安徽师范大学历史系一九七八级党支部合影

党支部书记陈锡宝老师坐在第一排中间（左三），这一排还有五位同学（左起）：胡青、张健、孙国强、牛志强、施建华；第二排站着七位同学（左起）：宫为端、沈建华、俞凤鸣、莫欣、王幼生、高岳仑、吴雷。在十二位学生党员中，有九位入校前入党，有三位入校后入党。

在陈老师带领下，一九七八级党支部的党员们是真心实意为同学们服务的，他们不论在校、系、班级、小组和寝室担任什么角色，都甘愿为公共事务和同学们的利益而付出时间和精力，积极工作、勇于担当。其中，我对最不怕"吃亏"的沈建华同学印象特别深刻，他真是一位初心不改的共产党员。即使到了2007年我们毕业二十五周年聚会上海时，作为陈老师的得力干将，他仍是一如既往、不辞劳苦地为同学们服务，冒着酷暑、汗流浃背地驾驶汽车，在多次往返奔波中接送外地同学及其家属，完全不知疲倦。

第二张：享受体育——安徽师范大学足球队队员与老红军校长合影

1972年12月，中共安徽省委同意将安徽工农大学正式更名为安徽师范大学，并委派一位20世纪20年代参加革命的"老红军"张俊杰同志任副校长（1972—1983），恰好与我们的大学生活有四年交集。这位老红军干部分管体育工作多年，但他锻炼身体的方式却算不上体育：他坚持多年的晨练就是在校园里扫地，维护公共卫生。他对学生特别是爱好体育运动的学生非常关心、非常友好。我们在大一、大二体育课程教学中涌现出一些足球爱好者，后经公共体育教学部的林祖明老师（20世纪80年代中期调至蚌埠

财贸学院工作）遴选，成立了非体育专业的"安徽师范大学足球队"，林老师用业余时间精心训练这支来自文理科各系的"乌合之众"。从平时训练看，队员们衣着五花八门，名副其实的"乌合之众"；不过对外比赛时，统一穿上印有校名的队服，也还像模像样的。值得一提的是，我们对得起那身"安徽师范大学"比赛服装啊，凡邀请外校、外单位足球队来我们主场比赛，我们赢多或赢少，反正都是高兴。令我们亢奋的是，张俊杰老校长每逢对外比赛都会亲自到场督战，直到终场胜利的哨音吹响。

有一天，林老师（照片中第三排右三）通知大家在足球场（东大操场）集合，与慈祥可爱的老红军校长（第三排右四）合影留念，这是18名足球队员共同的心愿！那天，队员们穿上比赛服装，无一缺席地来到球场见证美好时光的凝固。我想补充说明的是：当时安徽师范大学除了体育系之外，共有10个系（其中艺术系含音乐、美术2个专业），如果平均分配校足球队队员的名额，每个系不超过2人，但我们历史系居然进去4名同学：一九七七级王肃（第三排右一）、一九七八级贺兆田（第三排左一）、姜保民（第一排左二）和我（第二排左二）。最有趣的是，历史系一九七八级3名队员竟然来自同班、同组、同寝室！他们在足球场上都是中、后卫角色，喜欢开大脚、踢远球、化危机，不断为前锋送去一枚又一枚随时可能制胜的"炮弹"。

第三张：赢得荣誉——获全校歌咏比赛第一名的历史系合唱队合影

如果说大学体育活动可以用一个"健"字来概括，那么文艺活动就可用一个"美"字以蔽之。1980年9月，随着一九八〇级同学的到来，我们历史系和全校各系一样，终于结束了20世纪70年代在校学生没有"四世同堂"的历史。我眼前这张照片拍摄于1980年11月1日，共有四个年级三十四位同学与历史系党总支书记檀香元（二排左六）、副主任姜全三（二排左五）、行政秘书董长生（二排右五）、团总支书记刘海（二排右四）等四位老师合影。那天，合唱队成员没有到齐，我所知道的起码有一九七七级三位男同学缺席：拉小提琴的李成磊，打爵士鼓的张明，合唱歌手毛翔和。

我们一九七八级参加合唱比赛的同学应该到齐了，在照片中占有10席，分别是傅元根（后排左二）、吴雷（后排左三）、俞凤鸣（后排左五）、高岳仑（三排左一）、王俊祥（三排左二）、黄卫三（三排右二）、王建岚（前排左五）、刘咏红（前排右五）、郭良美（前排右四）、刘继红（前排右一）。代表全校合唱比赛最高荣誉的奖状（镜框）和奖品（手风琴）就躺在席地而坐的王建岚和刘咏红面前。

为了赢得荣誉，历史系合唱队队员们也是拼了，课余时间不厌其烦地哼唱各自声部；我不仅练唱，还要练习大提琴演奏，非常投入。由于学校大礼堂的舞台面积有限，能上台的合唱队队员也有限，各系为了展现放声高唱的气派，尽量多上歌手，不愿组建"浪费"舞台空间的乐队。学校规定，准许各系请一位音乐专业的同学在舞台一隅提供钢琴伴奏。我们历史系合唱队与众不同，组建自己的微型"交响乐队"，因此减少了登台合唱的人数。有幸保留在合唱队的同学们勤学苦练，艺术水平迅速提高，发声效果"非同凡响"。当然，我们选择的歌曲也很讲究：第一首《游击队歌》是在全场安静下来之后，歌声伴随着小军用鼓敲打成的行军脚步声由远而近传来的，引人入胜，当合唱进入高潮时，我们的混声合唱，加上管弦乐刚柔并济、浑然天成，怎一个美字了得！接下来，《没有共产党就没有新中国》非常抒情的旋律悠然飘出……当历史系啦啦队带头鼓掌欢呼时，台下观众方知演唱结束。

青春聚会的记忆

高岳仑

1978年10月12日，星期四，秋高气爽，阳光灿烂，我满怀千军万马挤过独木桥的喜悦，作为秋季入学的新生跨进了安徽师范大学校门。意外的是，我可以报到，但暂缓注册！原因：户口迁移证上姓名末尾的"伦"，比录取通知书上的"仑"多了一个单人旁。处理办法：迁移证退回铜陵市，核准户口簿存根与入学通知书的姓名同为"高岳仑"后，再补办注册手续。

一、婚恋：学校"多重标准"，学生"各守"校规

开学第一天下午，我注册不成，但报到有效，领到了宿舍钥匙，在女友晓华的陪同下，将一个小木箱和铺盖卷拎到男生宿舍零号楼（后改为一号楼）116室。当时，这个10人一间的宿舍内只有一位身穿的确良绿军装、中等个头、留着小胡子的微胖青年，见我进门便问："你也是这个宿舍的？""对，我叫高岳仑。"他又问晓华："你是谁？"我抢答："她是我表姐。你呢？""我是姜保民，就住这儿。"随后他补充道："这年头，表姐、表妹都一样，就那么回事儿。"说完他对我挤了挤眼睛。

那时上大学有些规定真是"空前绝后"，比如：一、年龄不足25周岁的，在校期间不提倡谈恋爱；二、年龄不足30周岁的，学校不批准结婚；三、入学前已婚、已育的，在校期间须经批准后方可在有限的次数和天数内回家探亲。

纵观宿舍内各位弟兄和我的四年表现，基本遵守了对应自身条件的规定，比如：其一，我24岁入学时属于"不提倡谈恋爱"的学生，即使入学前已经谈了对象也要"注意影响"；其二，Z兄入学时刚刚30岁，在校期间

可以结婚、生孩子，他美滋滋地按规定办事，并就孩子的取名情况及其内涵向弟兄们作过详细说明；其三，H兄虽然比Z兄年龄略小，入学时尚未进入"而立之年"，但此前已婚、已育，加之芜湖去蚌埠的火车相对方便，他常常以"想孩子"为由向辅导员请假，全寝室弟兄对他请假理由的深入解读完全一致："想孩子，更想孩子他妈……"

二、学习：求知如饥似渴，"恶补"超乎寻常

正式上课第一天——10月16日（星期一），我递交了新的户口迁移证，注册成功。从这一天开始，作为安徽师范大学历史系一九七八级90名同学中的一员，我参加了为期四年的青春大聚会，主要内容自然是学习、学习、再学习！

我上大学之前的知识学习"先天不足"，将近"小升初"时从北京转学至南陵县，1973年春季因"高中毕业"成为"知识青年"，插队落户于石铺公社其林大队公一生产队，1976年被招工至安徽省冶金厅铜陵调运处专事汽车修理。1977年冬季恢复高考时我没敢报考，1978年夏季应邀陪工友高考意外"中举"。我心里清楚，自己的知识储备非常贫乏，因此，入学后奋力"恶补"各种知识成为不二之选。以大学一年级为例：我同时学习三种语言，除古代汉语、英语外，还坚持每天跟着收音机自学日语；在专业学习方面，老师按教学进度开列的参考书目，就是自己的必读内容，虽有"精读"与"泛读"之别，但千方百计做到一本不落。强烈的读书欲望，还促使自己"快速浏览"了十多本古今中外的"大部头"文学名著。我当时恨不得一个晚上就能补齐基础教育和高等教育"学龄期"的所有"欠账"。

三、友情：相处情同手足，卧谈没有禁区

大学四年，我和同寝室的弟兄们相处时间最长，虽说平日里偶有争吵甚至肢体冲突，但不论哪位弟兄在外遇有困难或被别人欺负，大家肯定"两肋插刀""一哄而上"！其中，冲在最前面的总是黄忠超。某晚在工人俱乐部看电影，见有小偷伸手掏Z兄的口袋，他迅速出击，把不务正业的"芜湖墨浪子"打得抱头鼠窜；当同寝室老大哥因小手术意外流血不止时，他忙前忙后不辞劳苦并愿意献血。同学情谊就是通过这些区区小事逐渐深

化、牢固、伴随终身的。

　　学校为了学生的健康，每晚十一点就会拉闸熄灯，嘟嘟囔囔丢下书本的年轻人转而躺在床上卧谈交流，直至"自然睡"。卧谈会上弟兄们一个个口无遮拦，畅所欲言。为什么如此放肆而不用设防？因为彼此间有着胜过手足之情的宽容与信任！

　　1982年8月10日，系里宣布了毕业分配方案，并将派遣（报到）证发给每位应届毕业生，大批同学当天就出发了。那天晚上，大学四年回家颇多的H兄居然不舍得离开学校了，我和他举行了本寝室最后一场卧谈会，他如同往常一样听我扯淡时会有几声叹息。而我心知肚明，那绝不是想孩子和孩子他妈了，一定是想重复弟兄们夜夜卧谈、无拘无束、青春聚会的美好岁月。

魂牵赭山　梦绕镜湖

宫为端

回忆今生，一向魂牵梦绕的只是赭山脚下的四年大学生活。

那令人垂涎的仲春饭堂里的油焖笋片、三千米晨跑后偶尔滋润我干裂嘴唇的一碗甜豆浆和一根油条、卫颂同学播放的震撼我心的迪斯科音乐、文科教学楼下大厅内晚自习前后贺兆田等同学喧嚣的舞声、熄灯后汪幸福和高岱的高谈阔论、校黑板报上中文系一同学抄写的《论雷峰塔的倒掉》和那些如泣如诉的伤痕文字、唐德刚和邢贲思先生既妙趣横生又发人深省的演说、二街上一毛二分钱一碗的虾籽面总不时浮现在我脑海，且挥之不去。

因小时候没吃过什么像样的东西，我对实习时的一次聚餐终生难忘。那次每人出两元，由刘继红买菜并主厨，在王圣宝家烧，做了十几个菜。其中多是我所未见过的，尤其是拔丝苹果。记得为了腾出肚子，嵇成中至少两顿没有吃饭。

为省点伙食费且又能增加点营养，母亲在我上大学期间，常常让我假期从家里带一大搪瓷缸黄豆烧肉或鸡或鸭。因为怕坏，所以较咸。天冷能吃一星期，天热只能吃两三天。有时变味了我也不舍得扔。母亲在高考前几天特地为我炖的一只老母鸡作用很大。因为我那几天喝了老母鸡汤后精神抖擞，头脑特别清醒。可令我无地自容的是，母亲时刻都在思念我爱我设法帮助我，而我却在她活着的时候很少思念她爱她更遑论帮助她。今天，母亲早已升天，我也逐渐老迈，才有此近乎无耻的忏悔，岂不晚矣？

秦汉史苏诚鉴先生讲的张衡推算出东汉国祚只有200年；魏晋南北朝史万绳楠老师讲的诸葛亮在冬季的赤壁之战中之所以能借到东南风是因为

掌握了气象学知识；世界古代史杨邦兴老师讲的斯巴达人大战温泉关；宋刚刚同学讲的莫斯科保卫战中德军败于零下四五十度的严寒。以上知识都如久渴甘霖，极大地重塑了我可怜的三观。

校门外一百多米处是小巧美丽的镜湖。圆圆的，像一面镜子。岸边垂柳的倒影将湖水变成嫩绿色。只有在冬季，湖水才是瓦灰色。湖边有一家名字很古雅的餐厅，里面的一道菜叫平地一声雷，是肉汁浇锅巴，既鲜又脆还不贵。镜湖平时很恬静，但也有凶的时候。记得一次周末的晚上，下着大雨，我和黄忠超到王圣宝家侃大山路过镜湖，湖水伴着雨水疯狂跳跃，那样子很奇妙，也很怕人。本世纪初我重游镜湖，岸边多了许多现代化雕塑，往日的意境竟然全无。

有一次我在赭山上散步，碰见了戴安澜将军的墓。当时对他不甚了解，后来我看了抗战期间国军远征缅甸的几部电视剧，才发现戴将军是罕见的民族英雄。和都死于38岁且公元纪年尾数都是42的民族英雄岳飞相比，戴安澜星陨野人山，岳飞惨死风波亭；戴安澜的伟绩在死后的大陆光辉了几年被埋没了几十年现在又开始为众人所知，岳飞的伟绩在死后被埋没了几十年接着被风光大葬至今为世人景仰。

花费我大学时光最多的是学英语。我粗算了一下，连回家路上和厕所里，每天三小时以上在学英语。尽管英语是选修课，但我仍对它穷追不舍。大一下半年，一次全校英语竞赛，我得了18分，竟因为自己的小小"成就"而窃喜了许久（自己的原来基础几乎为零）。由于现代汉语和英语的语法基本相通，我又下大工夫背单词，所以英语考试成绩渐长，但口语一直很糟。学习英语是为了走出国门了解世界，而我至今对此两桩都不甚了了，细算起来得不偿失。

大学四年走得比较近的同学是杨辅仓。他是班级生活委员，喜喝酒，爱抽烟，常与我结算班费。一次，漂亮的花小惠同学跑到零号楼203寝室门口堵住我，不依不饶地责问我为何背后说她与俞凤鸣同学关系好。我虽感蒙冤，但百口莫辩，只有找辅导员陈锡宝老师诉苦。后来偶然得知，这事也许是赵金辉那小子干的。其实，我当时内心巴不得他俩关系好，不希望他俩关系不好，只是不敢和陈老师说。还有一次，一向与我没有往来经常笑嘻嘻的王昶同学当面单挑我在毕业分配问题上说了他的坏话。他的态度很严厉且不屑，我只有苦笑，因为我根本就无权参与有关毕业分配的会议。再有一次，是有人看见我在赭山小道上与二班的胡青大姐散步，以我有严重生活作风问题写了一封举报信寄给我的准研究生导师。此信差点改变了我往后的人生轨迹。其实那是陈老师委托我找胡青谈话，动员她入党。同样目的的谈话我还找过班玮，但被他婉拒。

夜静时，在思虑许多尘世琐事后，我的魂常在赭山顶上翱翔，梦常在镜湖边上徜徉，怀着四分之一的幸运、四分之一的敬佩、四分之一的懊悔和流着四分之一的眼泪，回味着校园内的一切。

大学四年让我基本明白了什么是天意、民心、勇敢、学而优则仕，基本解放了我的思想，奠定了我的思想，放飞了我的思想。而思想的解放才是人类真正的解放。

下笔千言，难尽往事几念。

就此打住，尚能百回千肠。

我永远怀念四年的大学生活！

当年明月在　弦歌忆旧游

何玉杰

现实那么骨感，一路走来，满途的慵懒与平淡，也没有养成记笔记的好习惯。最近，我多次独坐星空下，默然闭目，让记忆之舟溯流而上，努力打捞大学校园里那些有意思的人和事。然而，随着岁月的流逝，许多大学生活期间的事情已经淡忘。我费尽心力，也只掬到几朵微小的浪花，自觉有的清凉，有的晶莹，有的温润，甚或芬芳。

一、是"死"还是"洗"？

1978 年 10 月份，安徽师范大学一九七八级新生才到校报到。从季节来说，已是秋天，但阳光灿烂，天气还是有些干热。新生们几乎带着全部的生活用品，从被褥到水瓶，一应齐全。新生及陪同的家人带着大包小包的行李，有肩扛，有手提，校园里来来往往，川流不息。许多人的脸上、额头都是汗涔涔的。

父亲向学校请了假，陪着我从全椒的乡下赶来芜湖。报完了名，我们拿着行李和条子，来到零号楼寻找寝室。走到寝室门口，见门开着，这时已有两三个人先到了。只见一个人（后来才知道是冯伟华）正端着一个盛着清水的搪瓷脸盆进来，满脸阳光地请早到的人洗脸。照例，彼此推让，这时忽然有人说："你先 si。"（声音有点像：你先死）对方仍然坚持："你洗。"他又说："不客 ci，你先 si，我后 si。"（声音有点像：不客气，你先死，我后死）冯伟华来自南方，听了有些懵懂，问旁边的人，他说什么。于是，听懂的人给他解释。顿时，大家笑成一团。接着，同宿舍的其他同学陆续到齐，总共十人，分别是莫欣、张皖生、沈国余、张健、冯伟华、

安徽师范大学历史系一九七八级回忆录

张新华、吴忠琪、白石羽、盛益武和我。大家来自不同的地区，地跨长江、淮河南北，彼此之间的方言差异还是很明显的。

这"十大金刚"中，莫欣同学来自省城，在同寝室人中，年龄最长，入学前在合肥一家国企上班。他说话沉稳，做事认真，待人热情，乐于助人，有老大哥的气度，深受大家拥戴。张皖生来自安庆，比莫欣略小，一头乌发，白皙的脸上总是戴着一副高度近视镜，说话声音响亮，喜欢开玩笑。沈国余来自合肥郊县长丰，脸庞白净，文静安详，语言不多，但待人诚恳。张健来自郎溪县城，圆圆的脸庞，双目有神，性格活泼，爱运动。冯伟华来自黄山，留着平头，阳光、自信，凡事有主见。张新华来自北方的泗县，肤色略深，但英俊、平和，天性乐观，待人和善。吴忠琪军人出身，穿着讲究，梳发重型，说话温和，为人正直。白石羽出身于知识分子家庭，善于言辞，文学修养极好，喜欢臧否人物。盛益武来自铜陵，身材显瘦，聪明爱学，知识面广，喜欢留着平头，常常表现出一副乐天派的样子。

二、疯狂的"上课笔记"

1978年，高等教育还处于百废待兴的状态，几乎没有公开出版的大学教材。我们上课用的教材基本上都是由任课老师编写出来的。记得是大开本，蓝色封面，油印，刻印的字体叫钢板体，形状有点扁，但教材中的字体笔画工整、排列好看，颇见功力。说实话，同学们刚走进大学，个个踌躇满志，人人上进好学。

恰好，那时的安徽师范大学集聚了一大批著名学者，他们教书育人，身体力行；学养深厚，学界闻名。如风度翩翩的光仁洪、德高望重的胡澱咸、气质儒雅的苏诚鉴、自信可亲的万绳楠、闻融敦厚的夏子贤、热情洋溢的杨国宜、知识渊博的张海鹏、特立独行的王廷元、诲人不倦的张少叔、见多识广的陶秀、朝气蓬勃的徐正等诸位名师。

开学不久，不记得是哪位老师说的，教材是学生学习的依据，也是考试的主要内容。但考试不限于教材。因为老师在课堂不是照本宣科，除了要讲授书中的重要内容外，还会补充一些内容。这些内容包括：历史研究的最新成果、授课老师的研究心得，以及其他一些书中没有的内容。老师

在讲课时会在黑板上板书这些内容要点。如果考试考到这些内容，你回答不出来，老师就会知道你可能没认真听课，影响评分。所以，同学们普遍注重上课时的课堂笔记，记得越全越好。通常，每堂课上，老师言归正传后，全班同学几乎个个记录。整个课堂上，除了老师的声音，就是写字声。没有谁会在课堂上"玩忽职守"。但这还不够，下课后，还要立马"瞻前顾后"，相互对照，防止一不留神，漏记了某些内容。

当时，我坚持两个原则：一是课外时间要大量阅读国内外文学名著和人文社科著作；二是专业考试中，每门不能低于85分。所以，凡是专业课，不论什么考核形式，我坚持每堂课必记笔记。毫不夸张地说，我每堂专业课几乎都是在奋笔疾书中度过的。因为速度要快，字写得有些龙飞凤舞。不过，也没关系，是供自己学习用的，只要自己看得懂就行。经常是老师上完两节课，自己的手腕和胳膊便因为长时间的记录酸痛得不行。尽管如此，我还是发扬一不怕苦二不怕累的精神。因为下两节课还是专业课呢！没想到，长此以往，我渐渐地练就了自己的速记本领，到后来，差不多能把老师上课所讲的每句话都记下来。有一次，一位同学在和我对笔记时，竟发现连老师的口头禅也被我收入笔记中，称赞我"武功高强"。我想，那个时候，一个记者的速记能力也不过如此吧。

可是，互联网的到来，将我速记的"武功"基本上给废了。

三、"谈恋爱了"？

在紧张而愉快的学习中，大一的第一学期很快就结束了，寒假开始。

那个时候，通信工具还是很落后的，主要的通信方式还是书信。至于电话，绝大多数家庭是没有的，况且通话费也高，一般学生消费不起。

我和盛益武同学是上下铺。他出身于会计之家，比我年长几岁，从小受到较好的家庭文化熏陶。上大学之前，他已经毕业于铜陵县的师范中师班，是一名中学教师。他细长的身材，清瘦的脸，说起话来，常常带着笑容，语调抑扬顿挫，很有感染力。此外，他的阅历相对丰富，知识面又广，仿佛是一部活的百科全书。晚饭后，我们常常一起散步，他总是滔滔不绝地给我说各种知识，让我大开眼界。

假期中，闲来无事，我就给益武同学写了一封信，主要是讲述我和家人准备过年以及学习上的情况，并致以节日即将到来前的问候。不久，我也接到了他的回信。他在信中告诉我，他很高兴地收到了我的信，没有想到引发了一场意想不到的小风波。原来，他看完信后，就随手将信放在了书桌上。却不料，两天后，他爸爸问他，是不是在学校谈对象了？益武否认。他爸爸说，谈了就谈了，不要不承认。刚上大学就谈对象，会影响学习。益武仍然否认。他爸爸见他见招接招，就急了，最后抛出"杀手锏"：你是不是认识一个来自全椒的同学？益武承认。他爸爸说：是呀，那个姓何的女学生都给你写信了，你还嘴硬？此时，益武才突然意识到，原来是名字引起的误解。于是，他赶忙向父亲解释：这个叫何玉洁的人不是女生，而是一名男生，来自全椒。我们住一个宿舍，睡在上下铺，关系很要好。听了益武的一番解释，他爸爸这才释然。

后来，班上还流出这样的戏说：何玉洁的名字让不认识他的人会浮想联翩，贾炳清的名字会让不认识他的人想入非非。因为他们两个人的名字合起来就是：冰清玉洁。

大学本科毕业后，我后来又考到上海交通大学读书。在校期间，我一反当初在安师大时的低调文静，变得比较活泼。不久，通过激烈的竞聘，我当上了上海交大有名的共青团报《益友报》主编。那时，主编的名字是用铅字印在报纸的右上角。我在学校有一间自己的办公室，我白天学习，晚上和周末开编辑会，编选稿件，常常忙到深更半夜，后来就干脆给自己取了一个笔名：夜归人。别的学校报纸一般都是免费赠阅，而我们的报纸是放在学校图书馆一楼公开出售，很受师生们的欢迎，在整个上海地区高校中也有很大影响。也许正因如此，我们的报纸稿源充足，特别是本科生和研究生的稿件最多，也有教师及其他高校学生的稿件。

我当了主编之后，几乎每次打开信箱，收集稿件的时候，就发现许多来稿信封的封面上写着："何玉洁小姐收"或是"何玉洁女士收"，看了之后，真是哭笑不得。后来，我仔细一想，也怪不得投稿者。因为他们根本不认识我，只能根据中国人的造字规则和约定俗成的起名规则来判断对方的性别。玉洁，一般情况下，那不就是只有女性才用这样的名字嘛！

由此，我懂得了一个人名字用字的重要性。后来就想，我干脆来个验

明正身，把名字中的"洁"改成了"杰"①。

四、书店"赶海"

我们班的学习风气十分浓厚。一般而言，吃过晚饭，大部分人都会自觉上教室自修。当然，也有少数同学喜欢在寝室学习。

书籍是那个时代我们最珍贵的精神食粮。学校图书馆藏书比较丰富，但借阅麻烦。有时候查了半天藏书卡，填写借阅单，递给管理人员，得到的回答是书已没有。到书店去买吧，书荒严重。真是没办法，我出生于教师之家，从小就喜爱读书，说嗜书如命，也不算太过分。但我生活在偏僻落后的农村，又逢特殊年代，好书难觅。偶尔见到，我便爱不释手。至今我还记得，在上小学四年级的时候，也不知道从哪搞来一本没头没尾的《西游记》，许多字还不认识，我竟也读得津津有味。后来，我在同学家里见到一本《工农兵字典》，欢喜的不得了，翻来翻去，最后花了几个月把它手抄了一遍。上高中后不久，偶见父亲带回来一本商务印书馆出版的《现代汉语小词典》，竟让我一连三个月背诵得兴味盎然。不经意之中，这些书对于我的语言学习起到了极大的帮助。

芜湖市新华书店位于市中心的中山路上，离师大不远。我几乎一有空，就跑到书店，查看有没有新书到货。虽说我当时是穷学生，手头十分拮据，但还是千方百计省钱买书。那时的书店，真的很火。我每次去书店，都看到人们进进出出，一派热闹景象。如果是周日，书店柜台前总是挤满了人，最多的时候，可谓里三层外三层。若是新书到货，那更是挤得水泄不通，排队购书的人一直延伸到书店外的马路上。每当看到这种情形，我就心想，一定是在卖好书。于是，我不管三七二十一赶紧排队。最令人沮丧的是，有时排了老半天，快轮到你的时候，售货员说：书卖完了，请下次再来。当然，如果买到了新书，则如猎人获得猎物，一路哼着小调，步履轻快地返回学校。放到床头，左右翻看，喜不自胜。

由于我经常跑书店淘"货"，渐渐地就与社科柜台的一位姓张的服务员认识了。她中等个头，圆圆的脸，梳着两只小辫子，散发着青春的朝气，

田里趟山 安徽师范大学历史系一九七八级回忆录

---

① 为行文需要,除本节外,均用"杰"而不用"洁"。

善良而又热心。我几乎是书店的常客，与她经常照面，大概是已经脸熟的缘故，偶尔我们也会简短地交谈几句。她见我是那么地爱书却又常常空手而归。也许是出于同情吧，有时候新书到货了，她会悄悄地帮我留上一两本，见到我时问我要不要。对我而言，那真不异于雪中送炭啊。宗白华的《美学散步》、秦牧的《艺海拾贝》、王朝闻的《美学概论》、海涅的《罗曼采罗》等，就是在这一期间购买的。

为了表示自己的真诚谢意，在大四那一年的一天傍晚，我邀请了吴广安同学一道，去了她家拜访，受到其热情接待。

五、一颗"好头颅"

记得上隋唐史课的时候，杨国宜老师讲到：公元616年，各地纷纷发生叛乱，隋炀帝杨广在万念俱灰的情况下，带着萧皇后，乘龙舟第三次经大运河来到江都，整日酗酒浇愁。他预感末日将到。有一次，隋炀帝杨广拿起一面铜镜呆呆地照了好久，忽然对他的皇后萧氏说："好头颈，谁当斫之！"萧氏闻听大惊，隋炀帝杨广又强作笑容说："贵贱苦乐皆身外之物，砍头也不算什么！"中午吃完饭后，大家回到宿舍，七嘴八舌的，就议论起隋炀帝起来。这时，只听张新华笑着说道："我在高考前复习文化课的时候，有时也拿起镜子照照，左看右看左看右看，怎么也不像地球修理工和矿井修建工的。于是，又摸摸脖子。心想：我这颗头颅这么好，怎么能因为上不了大学而默然一生呢！"大家听了也是一脸惊讶：难道他会相面术？不过，张新华考上大学实在不易。

当时没有全国统一编写的教材，使用的都是各省的自编教材，而且人都已经毕业离校了，那还有什么课本！没有资料，他就靠自己从前用过的初高中课本，把母亲从她们医药公司拿来的黄色包装纸订成一个个厚厚的本子，对照着报纸上公布的高考复习大纲，不分昼夜地自己编写复习题，共整理编写出语文、数学、政治、历史、地理5大本复习题，几乎将教材中的内容全都手抄了。真是功夫不负有心人，新华最终蟾宫折桂。

六、唐德刚先生的校园演讲

1981年初夏的一天，忽然传来一个消息：著名美籍华人学者、美国纽

约大学历史系教授唐德刚先生来我校讲学。演讲主题是美国基本概况，地点在学校礼堂。此前，我们很多人都读过他的著作《李宗仁回忆录》，还听说过他的《胡适杂忆》《从晚清到民国》《从甲午到抗战》等著作。所以，一提起他的名字，真是如雷贯耳，兴奋异常。

系主任光仁洪老师
（1918—1991）

讲座开始的那天下午，偌大的礼堂里座无虚席。讲座由系主任光仁洪主持。他的主持词简短而风趣，大意是说：唐德刚先生是安徽人，中央大学历史学系毕业，1948年赴美国哥伦比亚大学攻读博士。现在是美国纽约大学历史系教授、著名的美籍华人学者，他的著作在国内广受欢迎，尤其是在"口述历史"方面贡献很大。我们很多人都知道他，但没见过他。这次他到中国来讲学，于百忙之中莅临我校为大家做报告，从而让我们有机会共同目睹他的风采。

唐先生的演讲内容大致有：

（1）美国的独立与发展过程。主要讲美国的独立与南北战争对美国历史发展的影响；两次世界大战对美国发展的影响。尤其是说，美国的现代农业十分发达，一个农业工人能够养活许多人，让同学们大为吃惊。

（2）现代女性解放运动。美国的妇女解放运动开始较早，到了20世纪60—70年代，更是如火如荼。妇女解放运动也波及美国校园，一些大学生要求男女生同住等，闹出许多乌龙之事。

（3）胡唐之交。唐德刚说胡适先生是："谦谦君子，温润如玉"。胡适当时经常到哥伦比亚大学的图书馆借阅书刊，而唐德刚则在哥伦比亚大学的图书馆里勤工俭学，两人因此而相识。由于是老乡的缘故，胡适和唐德刚走得很近。那时，胡适已从叱咤风云的圣人的位置沦落为穷困潦倒的寓公，生活境况窘迫。唐德刚说："胡先生那时同我的关系，是一个穷困潦倒的乞丐老和尚和乞丐小和尚的关系。"因为与胡适有这样的缘分，当哥伦比亚大学"中国口述历史学部"在福特基金会赞助下渐次形成后，唐德刚被指派为胡适的助手。从此，唐德刚便自称胡适的小门生。《胡适口述自传》一书既是胡唐高情厚谊的见证，也是唐德刚的第一部口述史。海外一度流行"先看德刚,后看胡适"之说,足证这部作品的影响之大。

"胡适大名垂宇宙,夫人小脚亦随之。"在说完胡适的婚姻生活趣事之后,唐德刚评价了胡适对中国白话文的贡献。他说,1916年8月,胡适创作了一首白话诗叫《蝴蝶》,说着说着,他把全诗背诵了出来。他说,你们别小看这首诗,它完全打破了中国沿袭一千多年的格律诗,是中国文学史上第一首白话诗,是中国诗歌发展的一座里程碑。唐德刚先生演讲中自然而然地描述与胡适的交往趣事,如数家珍,让我们这批仅仅看过批判文章,而无缘见过胡适真容,更无缘阅读过胡适作品的青年大学生受到了强烈震撼。

七、访"鸭舌帽教授"

哲人其萎乎!广安同学辞世已经有二十年了。他是一位喜爱读书、待人诚恳的好同学。我每当想起他,一幕幕往事便会浮现眼前。我感到:丧失的好友不是安息在大地胸膛,而是深埋在我们的记忆中,永远陪伴着我们。

大三的时候,有一天,一个身材敦实、中等个头、皮肤有些黝黑的中年老师走进课堂,给我们讲授史学专题。他叫陶秀,1937年毕业于法国南锡士大学法学院,获得博士学位。他常常戴着一顶褐色的鸭舌帽。因为他曾经留学法国,也游历过德国等国,所见所闻其多,学生都很崇拜他。

那时,同学们已进入高年级,有的同学已经在默默地复习冲刺,准备考研。受他们的影响,我也蠢蠢欲动,想报考法国史方面的研究生。在历史学科中,我比较喜欢世界现代史,尤其是法国史。从大二下学期开始,我就耗"巨资"购买了一台上海产的"红灯"牌收音机,收听上海外语台的法语广播教学节目,一年多下来,有了一定的基础。同时,我从学校图书馆也借了几本法国史专著,准备应考。

一天下午,吴广安向我建议,去看望一下陶秀老师。我表示同意。其实,我这个人天生有些内向,不擅交际。再者,我平常对老师总是充满敬畏之心,不敢贸然打扰老师。大学四年,我就是一个不谙世事、老老实实、安静学习的学生,自己课余时间的大部分都用在了读书上。这次既然吴广安提出来,心想:那就去吧,说不定对我考研有帮助呢。我们问到了陶老

师的住址。几天后的一个下午，我和广安一道穿过西门，向学校的后山走去。叩门之后，陶老师热情地把我们迎进家中。

记得当时我们向陶老师请教了一些历史问题。比如，他都到过哪些国家？当时西方的高等教育情况怎样？希特勒为什么能够发动那么大规模的战争？陶老师都一一为我们做了解答。例如，他说，希特勒发动战争之前，德国人的生活是很富裕的，住房条件也很好。德国的制造业相当发达，军事化程度高，有很多看起来是生活用具，一旦组合起来就是可用于作战的武器。我们听了，大为惊讶。

从陶老师家出来，我们两人都很兴奋，因为我们既得到了知识，又完成了第一次成功的拜访。

八、橱上"照妖镜"

我们班同学中，有好几位都来自芜湖本地。按照当时的规定，本地学生只能走读。所以，刚上大学时，芜湖市的同学一般是白天到校上课，放学后即回家中，所以我们彼此接触较少。

在芜湖同学中，王圣宝年龄稍长。他为人低调，说话平和，阅历丰富，才思敏捷，有很高的人气。我还听说，他曾经在医药单位工作过。大三初夏的一天晚上，我和几个同学一道去他家拜访。当时他刚结婚不久，小夫妻俩和母亲住着两室一厅的房子。见我们到来，夫妻俩很开心，引我们几人到他们夫妇的卧室就座。房间不大，于是，我们有的坐在凳子上，有的坐在椅子上，有的坐在床沿上。吃着瓜子，大家嘻嘻哈哈地谈笑着，天南地北，不拘一格。我大约记得，圣宝谈到自己以前的生活经历，他与嫂子相识、相恋的经过，好像还说到，他打算写一部宫廷政变史，已经搜集了很多材料。我们先是听得津津有味，继而瞠目结舌：宫廷政变，那不是一般人能研究得了的，好厉害哦。

他们房间的一张双人床边挂着一顶白色的蚊帐，帐口两边卷起，旁边有一张镶着长条形的镜子的乳白色大衣橱。我说："你家大衣橱上的镜子真不小。"没想到，圣宝的夫人一下子接过话茬说："那是我家的照妖镜，能照出王圣宝的心是红的还是黑的。"突如其来的一句回答，一下子将我们在场的几个人给将住了，大家不知如何回答为好。但当我们发现嫂子说这话后，依然面带笑容，很快我们就又开心地笑了起来。原来是开玩笑呢，是嫂子向老公传递的一种夫妻恩爱的亲昵信号！

在返回学校的路上，我们边走边回顾、讨论刚才的那个场景。大家越讨论越激动，不知谁说了一句：古人所谓的红袖添香也不过如此吧！其他人纷纷称赞这句评语说得好。圣宝的人生太励志了，不但考上了大学，还能在大学阶段抱得美人归，真是羡煞我们这些毛头小伙子了，有人恨不得马上组建自己的小家庭，像他们一样享受二人世界的自由与幸福。不过，直到师大毕业为止，都还停留在梦想阶段。

以上是我四年大学生活中所见所闻之琐记。

马尔克斯说："生命中真正重要的不是你遇到了什么，而是你记住了哪些事，又是如何铭记的。"这样的问题我实在回答不了。唯有深深地感谢大仲马，是他告诉了我答案："灵魂也像肉体一样有它的视觉器官，肉眼所看到的东西有时会忘记，但是灵魂所见过的东西却是永远铭记的"。

快乐的师大时光

贺兆田

打开回忆的纪念册，就像打开一段尘封的历史。虽然珍贵的东西总是埋藏在心里，但是生命中最快乐的四年大学生活却是很值得回忆的。

作为一名在中学从事五年多教学工作，三十多岁的教师，在恢复高考后被安徽师范大学录取，我感到十分幸运。安徽师范大学当时作为一所流芳半个世纪的高等学府，培养了一大批颇有建树的学术人才，也诞生了无数的思想斗士、文化名人和杰出的艺术人才。这些举足轻重的精英人物完好保留了安徽师范大学良好的精神和传统，留下了大量的金玉良言和智慧箴言，并身体力行地诠释了安徽师范大学的风范，让我们这些安徽师范大学学子在充分领略了安徽师范大学丰富知识的同时，也净化了我们的心灵。

作为安徽师范大学富有特点和具有魅力的历史系，一直以其独特的影响力引领着时代的潮流，影响了师大学子一代又一代人。历史系大师如光仁洪、张海鹏、胡澱咸、万绳楠等为历史学术的传播作出了杰出的贡献，他们的智慧至今启迪着我们。当我们感到困惑和迷茫时，他们庄严的思想就像黑暗中一盏盏明亮的灯光，照亮了我们的心灵，为我们指明了学习前进的方向。他们的谆谆教诲就像润物细无声的春雨一样滋润着我们的心灵，使我们的学识像幼苗一样成长。

安徽师范大学重视文体活动，记得大二的时候，学校成立了足球队，派一九二五年参加革命工作的张副校长任领队，体育系足球经验最丰富的林老师担任教练。我有幸被选拔到足球队，成为一名队员。足球队训练很刻苦，每天早晨五点钟起床，五点半集合，沿着镜湖跑五公里，下午放学后在校足球场由林老师带我们集中训练。我从小就喜欢运动，什么踢足球、打篮球、打乒乓球等，只要能把别人比下去，我就很高兴。我和队友们在师大绿茵场上奔跑、腾挪跳跃，疯狂挥洒着汗水，不仅不感到累，反而热血沸腾。

我父亲去世很早，母亲一天到晚工作很忙，且我是独子，没有兄弟姐妹，生活虽然很孤独，但我每天看看小说，跟着收音机唱歌，觉得生活很充实。到了安徽师范大学以后，我把当时流行歌手的歌曲听了一遍又一遍，学唱了一遍又一遍，那些优美的歌让我如痴如醉。同时，唱歌是一种清洗，也许还是抗拒。肚子里的憋屈，日子里的无聊，前头的迷茫，随着丹田的一股气，奔涌而出，生命可以从中找到欢欣。因为热爱唱歌，所以每年系里举行文艺会演我都积极报名参加。当我在舞台上进行男高音独唱，台下同学给我以热烈的掌声时，我感到无比快乐。

我的四年大学生活，是充实的、丰富的，就像躺长江边的一条长椅上，在睡梦中结束了。如今梦醒，回味无穷。

大学四年我的学习

李修松

1978年金秋十月的一天，秋高气爽，风和日丽，我怀着空前的喜悦和对未来的憧憬，携带衣被等生活用品，从含山县关镇公社苏滩村步行五里，乘上父亲开的运货往芜湖的解放牌汽车，来到赭山之麓的安徽师范大学历史系报到入学，开启了我大学四年的学习。

说起来，我与安徽师范大学历史系真有缘分。我于1975年高中毕业回乡后，即于次年1月任小学民办教师，随后还被评为公社优秀教师，我想这是我被安徽师范大学录取的重要原因。至于选学历史专业，是由于我平时喜欢读历史类图书。再加上填志愿前，我在含山中学任教的舅舅刘立芬陪同我去那时在县教育局工作的孙维涛老师家请教，孙老师帮我分析认为，安徽师范大学历史学有优势，且历史研究有许多空白点，学习研究历史将来会有所创新，填补空白，成就可期。所以我填的志愿虽然按家人的意愿将安大汉语言文学专业列于前，将安徽师范大学历史专业排其后，但是私下里我还是希望上安徽师范大学历史系。

我们历史系一九七八级共90人，分为一班和二班，同学们来自全省各地，出身各不相同。同学之中，不仅年龄悬殊，知识水平差距也相当大。有的入学前已从事高中教学多年，送毕业了好几届学生；有的父母为高级知识分子，从小家庭学习环境便好。与他们深入交流，我每每会因知识水平的差距而感到羞惭。记得有一次我将"侍从"说成"待从"，被说破后面红耳赤。回想我中小学都是在"文革"时期度过的，且农村的学习条件更差。我除了初中三年学习尚可外，其他大部分时间几乎不能正常学习，且未学过地理和历史课程，外语也基本没学。我之所以能考上大学：一是由于我爱好读书，积累了不少知识。例如高考试题中的官渡之战、孟良崮战役，我就是用读小说《三国演义》和《红日》所积累的知识回答的。二是因为两年多的民办教师教学，倒逼我将与教学内容相关的知识充实，融会贯通。记得我任民办教师期间，积累了一大箱子书，还订了《诗刊》和《人民文学》杂志，在当地也算是有学问的人了，附近的乡土文人多喜欢与我结交往来，对我也算是有所促进。然而，如今我来到安徽师范大学，才知道自己是如何才疏学浅。为此，我只有扎实学习，迎头赶上，才不负韶华。

得益于我上安徽师范大学历史系的初心，入学之始我便制定了大学四年的学习规划。大体说来：大学一年级，打牢基础，补缺补差，广阅博学。为此：一是扎实完成课程学习，注意从中研习授课老师的教研长处。那时先后给我们授课的夏子贤、苏诚鉴、万绳楠、杨国宜、王廷元、张海鹏、光仁洪等老师，无论学术研究、还是教学水平都堪称一流，对我影响很大。记得苏诚鉴老师给我们讲授"中国历史文选"课，有一次在我提交的《〈诗经·豳风·七月〉学习心得》文稿上批语称，"此文写得好，说明作者善于钻研，分析深透，继续努力，大有前途"。还有一次，学生会组织学术报告会，我申请作了一场题为《戮韩（按：指韩信）之因果初探》的报告。那天晚上，生化楼阶梯大教室座无虚席，报告会相当成功。这两件事，坚定了我走学术研究之路的决心和信心。二是利用课余时间补充学习相关历史知识读本，每天熟读甚至背诵一首唐诗宋词。三是尽可能多地阅读中外文学名著。为提高学习效果，除系统阅读重要名著外，我还利用每次去图书馆阅览室刚坐下的半小时，完成一部名著内容情节的翻阅。这样一年下来，我的知识深度和广度都大为拓展。

从第二年开始，我便为报考研究生作系统准备。胡功策兄对我很欣赏，他告诉我安徽师范大学历史系正在申报中国古代史硕士学位授予权，鼓励我早早准备报考他父亲胡澱咸教授先秦史方向的研究生。胡先生是此时历史系两位教授之一，解放初便是副教授、系领导，发表了一系列重要研究成果，在先秦史和古文字学界都具声望，也是历史系老师们的老前辈。我当然要抓住这次考研机会，力争拜师入门。但研究生考试必考外语，当时功策正在跟着中央人民广播电台学习日语，已经学到第一册课本第13课。

我便及时向他学会了日语五十音图，随后自学猛追，赶上了广播电台教学进度，跟进学习，高质量完成了四本日语教材的学习。其后，我又先后从图书馆借出更高级别的日语教材以及日语版学习资料，认真学习。结果，我的研究生外语考试取得了75分的较好成绩。

与此同时，我制订了学习计划，将课程学习、日语学习，还有精读一部中国通史、多部先秦史专著、王力主编的四大本《古代汉语》、周予同主编的《中国历史文选》（上下册），以及当时我能够找到的所有研究先秦史的学术论文，特别是胡先生已发表的研究成果等学习任务，全部分解到每年的学习计划之中，具体落实到每学期、每月、每周乃至每天的学习计划之中。每天都必须按照既定计划完成学习任务，如果完不成，挤占休息时间完成。如果因故耽搁未完成，则用计划中的机动时间和休息时间予以补充完成。为了将更多的时间用在学习上，几乎每天早上，我都背着书包、提着热水瓶、兜着餐具去食堂，饭后有课直接去上课，无课则去图书馆阅览室。晚上我则早早去教室占座位，进行晚自习，且基本上都是最后离开。我可谓是一心一意扑在学习上。

对于系里开设的专业课和专业基础课，我努力在专心听讲、做全课堂笔记的同时，吃透讲课内容。考试前，我利用计划预留的时间对照课堂笔记和教材融会贯通，每次考试多能取得较好的成绩。这样，我的史学功底逐步打牢，后来考研中的中国通史考试，我取得了相当好的成绩。我还重视哲学与经济学课程的学习，考试时注意结合史实和实际分析回答问题。政教系派出的授课老师说，同样的题目，历史系学生答得比他们系学生好。这样，我的理论功底也打得较为扎实，从而为我从事学术研究打下了这方面的基础。我的毕业论文题目为《试论灭商前先周社会的发展》，指导老师夏子贤评价为优秀论文。我后来在《安徽大学学报》（哲学社会科学版）1986年第3期发表的《牧野之战并非以弱胜强》的论文，就是摘取这篇论文的一部分修改而成的。在先秦史方面，我不仅学习得深入系统全面，而且了解几大家的学术体系及其观点，对于该领域一系列学术问题的不同观点及其主要依据都能回答。后来考研，我对先秦史所有试题都了如指掌，回答的得心应手，一气呵成。胡澱咸老师判给78分，我却相当满意。因为胡老师阅卷十分严苛。历史系一九八一级硕士研究生考试时，报考他的有十几位，他们的先秦史答卷都被胡老师判为不及格。其中有位姓赵的高校青年教师，已发表不少学术论文，还有一位姓徐的某重点大学的老师，其爷爷是胡老师的师长，二人当时在史学界都已小有名气。但胡老师却因他俩先秦史专业课考试得分不及格，坚持宁缺毋滥的原则，不顾当时系主任张海鹏先生的委婉劝说，在他招收研究生的第一年，竟然一个未录取。第二年，他在报考逾20名的考生中，也只根据考试成绩择优录取了我和于琨奇。琨奇兄比我大7岁，应考前已是扬州师院历史系的教师。

通过对王力先生主编的四大本《古代汉语》的学习，不仅提高了我古代汉语的阅读水平，为我研究生入学以后阅读史料打下了功底，而且还弥补了我在历代文学、古代文化知识、古文训诂、音韵学，乃至诗词格律等方面的不足。通过对周予同先生主编的《中国历史文选》等书的学习，使我在了解历史典籍、史学史、史料学，以及提高阅读史料和分析史料的能力等方面大有长进，为我下一步的学习研究打下了必要的基础。

在上述过程中，我是锚定目标完成计划任务不放松，既争取挤出更多的时间和精力用于完成学习任务，又有所为有所不为。例如：在课程学习方面，我适当放松教育学、教育心理学等一些与我报考先秦史方向研究生关系不大的课程的学习。学校开设的英语和俄语课，我一门都未选修（这在当时是允许的）。在生活方面，我尽可能缩短休息时间，使生活简单化，并提高效率，从而挤出时间学习。不过，这里也有如何科学调整时间、调和精力的问题。为此，我在制定计划时便预留有机动时间和放松自己的时间。大体上每周都会与一两位好友去同庆楼打一次牙祭，遇到好看的电影或文艺演出也能去看看，还曾去采石矶、九华山等风景名胜玩过，间或松弛一下，尽可能调适心情。其实，我在紧张的学习中并未感觉苦累，而是乐在其中。每天完成学习任务，达到预期效果，就会感到快乐。至于完成阶段性学习任务，且效果很好，就会大乐，随后便要放松一下自己。在处理人际关系方面，为尽量集中时间学习，我只能与志趣相投的数人深交，对于其他同学，待之以诚则已。

总之，大学四年是我学习最专心、收获最多的四年，圆了我攻读研究生的梦，为我此后进一步的学习和研究打下了坚实的基础。四年学习的经验成果，对我此后人生历程的一次次进步大有裨益。

一、养成我根据自己和所处环境的实际准确制定阶段性目标，并按此目标制定规划和具体计划，严格按计划完成，从而如期实现目标的方法。高中毕业后，以我在农村任民办教师的实际和所处的环境，只有通过高考，靠自己的努力，严格制定和完成高考复习各科计划任务，才能实现我上大学的梦想。上大学后，以我的实际和所处的社会环境，如果不考上研究生，毕业后恐怕连含山中学都分配不了，大概只能到偏远的农村中学任教，前途自知。正是基于这些分析，我制订了更上一层楼、考上研究生的目标，按照这个目标先后制订了第一年和后三年的学习计划，并严格按计划完成各项学习任务，从而如期实现了这个阶段性目标，使我成为大学老师。这个方法，使我这个出身农村的孩子，在此后的人生旅途中，能够完成一个又一个阶段性目标任务，取得一次又一次成功。

二、四年的大学学习确定了我以学问为立身之本，使我终身受益良多。一是历史学作为一门综合性学科，打下了我坚实的史料、综合知识和理论功底，训练了我调研取证、无征不信、严密思维和深入分析的能力，为我后来向相关领域包括为官参政的不断拓展，打下了很好的基础。二是历史使人智慧，对我来说，这养成了我遇事分析其原因，理清其发展过程，预测其结果和影响的习惯，从而预先扬长避短，不打无把握之仗。这对我后来从政处事很有用。三是从历史看，时势虽不同，变化虽万千，但基本道理则一，所以我遇事能看透，内心能明静，善于从复杂的事物中抓住本质，既要通人情，达世故，又要能清白做事，干净做人。四是立身学术，不断取得新的学术成就，使我后来在安徽大学历史系的科研教学水平不断提高，提升了干事创业的底气和敢于担当的勇气。

流淌的歌

刘继红

　　1982年7月下旬的一天，当最后一个同学与我挥手告别后离开了寝室，孤独与寂静包围了我。看着空荡荡的房间，我不知如何是好，原来那个充满了欢歌笑语，像家一样温暖的寝室，此刻只剩下了我。我强忍了几天，越来越浓的离别情绪终于爆发，站在屋子中央，孤零零的我放声大哭。我们毕业了，同学们都走了，不知何时我们才能再见……

　　1982年注定是一个不寻常的年份。这一年，恢复高考后的首批大学生一九七七级于年初毕业。紧接着7月，一九七八级也毕业离校。一九七七、一九七八级大学生，注定成为了中国高等教育史上一个特殊的群体。四十年来，这一群体，不仅亲身经历了中国改革开放的伟大实践，亲眼见证了祖国天翻地覆的变化；而且他们其中有很多人在日后，都当之无愧地成为了这个国家的中流砥柱和骨干力量，他们的命运也深刻影响了中华民族伟大复兴的历史进程。

　　我有幸成为了其中的一员。1978年，在拨乱反正、改革开放的艰难探索中，我考入了安徽师范大学历史系。我们历史系一九七八级一共有90人，分为2个班，辅导员是陈锡宝老师。90人中只有7个女生，人称"七仙女"。同学中有的人已经是3个孩子的家长，有的人却还未成年；有的人是带薪学习，有的人却是靠家里人七拼八凑地借债来读书。同学中有当工人、农民、教师、干部的；还有更多的是待业青年；而我们的班长孙国强竟然是来自部队的。想当年，他穿着一身绿军装，戴着红领章和红帽徽，在校园里"晃荡"的身影，不知吸引了多少人羡慕的眼光。

　　班里大概有一半以上的同学年纪比辅导员陈锡宝老师还大。记得每每

在一片嘈杂的嬉闹声中，只要听见某一个同学压低声音喊："锡宝来了！"教室里即刻就像皇帝出现了一样鸦雀无声。只见锡宝老师戴着他那张永远不变、不老的、青春洋溢的脸庞走上讲台，用他那略带柔软的吴侬软语，开始了对我们的"训话"。

班上男同学经常举行篮球赛，有时就直接冠名叫"父子对抗赛"。一边是结过婚的同学，一边是未婚的同学。更好笑的是，每当我们两个班的男生进行比赛时，场边除了几个自动来观战的男生之外，就只有被强制动员而来的我们7个女生组成的啦啦队。结果开打没一会儿，场上的男同学倒没怎么，可我们7个女生，却已经开始疯狂地为各自的队伍摇旗呐喊。我们送水递毛巾，前拥后簇地围着那几个骄傲的像公鸡一样的男生，给他们加油鼓劲。这成为篮球场上一道靓丽的风景线。

记得系里有一次开晚会，83个男生的年级竟要我们7个女生表演节目。最后在刘咏红同学的忽悠下，我们一致同意表演《北风吹》。经过精心分工，胡青、郭良美和张香华负责唱，刘咏红、花小惠、王建岚和我负责跳，匆匆排练了两次就算成了。可是演出时不知怎么的没有协调好，当我们一帮人呼啦啦地冲上舞台后，却没等来以一九七七级来自徽州文工团的李承磊同学为主的乐队伴奏响起，结果我们在台上面面相觑，一会儿就转身呼啦啦地冲下了舞台。过了一会儿，迟到的音乐声响起，我们转而又在满堂的哄笑中呼啦啦地冲回了舞台。在以后的四十年中，每当想起那个情景，我都笑的不能自已。在中国的教育史上，从没有哪一届大学生像我们一九七七、一九七八级这样，年龄跨度这么大，构成这么复杂，阅历那么丰富，而思想又那么单纯。

安徽师范大学地处安徽省芜湖市，校园虽小，学校却在全国的教育界声名显赫，历史悠久。民国时期的刘文典、周建人、郁达夫、陈望道等一大批风云人物，都曾在这所学校著书立说，弘文励教。我们所在的历史系，其前身可追溯到1928年4月省立安徽大学设立的社会科学预科班。在经历了文史、史地、历史等科系的不断发展后，至今已有九十多年的办学历史，是安徽省高校办学历史最悠久的学科之一，2020年底更名为历史学院。

中国著名的历史学家吕思勉、汪治荪、光仁洪、陈正飞、胡澱咸、万绳楠、张海鹏等一大批名师，先后在我们历史系执教。现任中共十九届中央委员、十三届全国政协副主席刘奇葆，曾任最高人民法院院长、中央政法委员会秘书长、首席大法官、十二届全国人大常委会副委员长王胜俊，中国社会科学院古代史研究所所长、中国社会科学院研究生院教授、博士生导师卜宪群都是我们系的著名校友。

我们既是不幸的一代，又是最幸运的一代，党的十一届三中全会的胜利召开，让我们赶上了国家改革开放的好时代。我们赶上了末班车，走进了大学，聆听到了一大批青春不再的老专家学者给我们上课，传道解惑。

至今我还记得，年已古稀却神采奕奕的光仁洪教授给我们讲授国际关系史和二战史；胡澱咸教授给我们讲授甲骨文和考古学；著名史学家陈寅恪、吴晗的弟子万绳楠教授给我们讲授魏晋南北朝史；极具人格魅力的徽商研究资深学者张海鹏教授给我们讲授明清史和徽商。他们与苏诚鉴、叶孟明、杨国宜、蒋铁生、周家骅、张少叔、徐正、王世华、裴士京等一大批知名教授和专家学者，在课堂上妙语连珠，侃侃而谈，挥斥方遒，指点江山。

在那个物质极其匮乏的年代，我们没有网络，没有笔记本，没有手机，却如饥似渴地在课堂上、在教室里、在图书馆、在寝室里学习。老师们严谨治学，潜心耕耘，言传身教，总想把他们的知识再多一些传授给我们这些迟到的"少年"。课堂上，我们一笔一笔地记着笔记，听到的永远只有老师讲课的声音和笔在桌子上记笔记而发出的一片咚咚的响声。下课后，我们焦急地对着笔记，核查着还有没有什么遗漏，然后冲向图书馆，按老师给出的参考书单一本一本地借出，再一本一本地读完。我们深知，这一切是多么的来之不易。努力不一定成功，但放弃注定失败。所以我们满心谦恭，生怕遗漏，不敢懈怠；努力在学海中淬炼自我，在拼搏中收获快乐。

我敢说，没有哪一届学生能像我们一九七七、一九七八级那样，以近乎自虐的方式来汲取知识，读书学习；也没有哪一届学生能像我们一九七七、一九七八级那样，能在亲身经历的社会变革中，痛入骨髓地反思过去，思考未来；很难再有哪一届学生能像我们那样，普遍地严谨自律，坚韧不拔，形成了有坚毅个性，有吃苦耐劳品质，有拼搏进取精神的一整个群体。

一个时代有一个时代的印记，一个时代有一个时代的使命。课堂上，留下过大师们神采飞扬的豪迈，也留下过我们这些学子观点迥异的辩论；

会场中，记录过学校老校长沙流辉、张海鹏，学校党委书记沈家仕，副书记袁起河，历史系老书记檀香元、姜全三，副书记董光琨，辅导员陈锡宝等一大批干部和老师对我们的精心呵护和谆谆教诲。

通往艺术系上山的林荫小路上，撒满了我们最快乐的时光。荷塘旁的石桌石凳上，印证了我们徜徉的足迹和舍我其谁的勇气。足球场上，刻下了我们声嘶力竭的骁勇呐喊。大礼堂的墙上，镌刻下文工团员们青春的倩影，也印下了我和政教系何小刚同学表演《再见吧，妈妈》的优美舞姿。篮球场上，更有以我们历史系8名同学为主的校队主力军（一九七七级王朔柏、王跃、冯志勇、王丽珍、顾巢陵，一九七八级王幼生、高岱、刘继红），一霸天下，叱咤了整个学校球场四年的激荡风云。

我于1982年夏天毕业后留校任教，先后任历史系一九八二级和一九八六级学生辅导员及德育课教师。后来我又在学校党委书记沈家仕和校长张海鹏的举荐下，出任安徽师范大学外事办公室负责管理外国留学生的科长，创建了安徽师范大学第一个外国留学生工作部，迎来了学校第一批外国留学生。1997年我调到华南理工大学思想政治教育教研室任副教授。在改革的浪潮中，1998年至2008年通过竞聘上岗，我连续十一年出任华南理工大学党委宣传部部长和学校新闻发言人。在从事繁忙的行政工作的同时，我一直不忘本行，坚持上课和带研究生，2004年我被学校评为硕士生导师。2009年我离任后转到华南理工大学新闻与传播学院任教，同年被评为新闻传播学教授。

斗转星移，日月如梭，岁月的车轮从未在历史面前停下过脚步。四十年似水年华，悄然已逝。回顾走过的路，我的前半生在安徽师范大学，后半生在华南理工大学。两所学校，四十年教书育人，日复一日，年复一年，学生遍布海角天涯。我生命里所有的灿烂与辉煌，都与学校有关。教书育人，薪火相传，已成为我的责任和使命。四十年的汗与泪，撒遍了我走过的路，但我的心像大海一样学会了海纳百川，知足而快乐。四十年的情与憾，虽已渗透了我的心，但我早已学会了平静面对，感恩岁月，仰望星空。

如花美眷，似水流年，"人生无处不青山"。四十年后的今天，当我们已不再青春，一切都回归了平静和自然。在这清风徐来、岁月静好的季节，我们又回到了四十年前的校园，仿佛又回到了四十年前我们大学时的美好时光，回到了我们绝美芳华的青春岁月。但我们知道，在时光的滤镜中，四十年的岁月已经随风而去，曾经浓墨重彩的甜蜜过往，也早已变成了流淌的歌……

女生们在学校新大门前合影

刘继红在师大校园

赭山岁月

宋刚刚

一、差点儿上不了师大

我本来应该是一九七七级的大学生。恢复高考的消息公布以后，我和几位好友着实激动了一阵子，于是抓紧时间复习功课，朋友之间你问我答，忙得不亦乐乎。高考分数下来，据说我考了全县前三名，上第一志愿复旦大学应该没问题，但我心中惴惴总不踏实，因为还有政审这一关。之前因为政审，我招工被打下来两次，上"工农兵大学"被打下来一次，后因当地严重缺乏师资而叫我去当了一名代课老师，开学不到一个月就派我到离县城100余里的展沟中学代课，后来几经波折总算解决了"商品粮"，成为一名正式的中学教师。因我在《解放日报》《新安徽报》上发表过几篇文章，后来又被调到县文化局创作组当"专业作家"。

果不其然，我在这次的政审中被又一次刷下来了。"大学梦"破碎了，对我来说是又一次沉重打击！我送走几位好友上大学，心中颇不是滋味。好在不久老婆分娩，为我生了一个女儿，我整天忙于当"马大嫂"，洗尿布，也不想再做什么大学之梦了。

那时，我妻子小张在远离县城60多里的柳西公社卫生院当化验员，我们牛郎织女两头跑。好在我不用天天坐班，老婆生了孩子，我借口到基层"体验生活"，理所当然地在老婆那里一住就是两个多月。虽然听说大学又招生了，但我根本没想到去报名。因为我认为无论我考得再好，我的政审也是绝对通不过的。

也是鬼使神差。高考报名的最后一天（我其实不知道），我吃早饭时突然想去县城拿工资。坐车到利辛县城已经快中午了，我遇到两个朋友，都在紧张复习迎考。我被他们一说，冷却的心又热了起来，马上去领了一张表格填好，找局长盖公章（那时高考须单位同意）。到了局长家里，我把来意一说，王西成局长不屑地说："就你那家庭出身，我看你别白费劲啦！还是在利辛安心工作吧。"我只好同意："好，好。算了，不考了！"

我不甘心。下午上班时，我又缠住王局长，表示"今年再让我考一回，政审再刷下来，以后永远不考了。你放心，我今年肯定考不上的，复习的书也早已送人了"云云。他大概估计我不可能考上，乐得做好人，勉强给我签了意见，盖了公章，并郑重说明"下不为例"。

我是在毫无希望的心情下参加的考试，又没怎么复习，成绩自然不会理想，但也不是特别差。且由于邓小平拨乱反正，政策有了松动，这一次我居然通过了政审关，被安徽师范大学历史系录取了。

收到师大的录取通知书，我却又准备放弃了。因为那时的政策是工龄满五年才能带薪上学，而我还差两个多月，放弃好不容易得来的"干部身份"去当一个大学生怪可惜的。我那时工资虽然才34元，但比起那些招工到厂里仅20元左右的上海知青，还算是"高薪"阶层，如放弃工资去上师大，家庭生活必然大受影响。此外，那时女儿出生才三个月，双方父母均未退休，不能帮我们带孩子，老婆又上班又带孩子，怎么办？还好老婆高瞻远瞩，多次动员我走。我踌躇了两天，最后拍板决定："带薪就上，不带薪就不上了。"

带薪问题成了我上大学的关键！那时，工龄严格从吃"商品粮"的时候算起，知识青年插队算工龄是1980年以后的事了。还好，我曾当过几个月代课教师，按规定是不能算工龄的，但我胡搅蛮缠，专门给县教育局打了个报告要求带薪。经过与县教育局多次交涉，又通过县教育局找到阜阳地区教育局孙局长家里。孙局长满头银发，挺有风度，是个解放前参加革命的老干部。他听完我的陈述后深表同情，当场给县里打电话，最后文化局才勉强同意我带薪上学。

临行时，老婆抱着女儿到汽车站送我。我背着行囊，安慰泪眼婆娑的老婆："你带孩子上班辛苦了，我上完大学，一定把你们娘俩从这地方调出去！"

为了实现这个誓言，在师大我虽有机会结识了几位非常优秀的漂亮女同学并保持较深友谊，但抱定"糟糠之妻不下堂"的古训而从未心猿意马。

二、卖报生涯

安徽师范大学是由原皖南大学与合肥师范学院合并而成，是安徽最早创办的高等学府之一，坐落于长江边的芜湖市中心，背靠赭山，面临镜湖，风景优美，环境幽静。从学校大门出去走三分钟，就是芜湖最繁华的商业街中山路。

开学不久，我给《安徽师大报》投了几次稿，居然大都被刊用了。一来二去，我就与编辑部主任詹老师混熟了。有一天，他说要找一个同学帮助卖《安徽师大报》。我自告奋勇地担任了这个差事。就这样，大学四年，我大约卖了三年半报纸。

《安徽师大报》是一张4开小报，每周出一期，每张5分钱。我的劳务费是卖掉1张报纸拿1分钱。每期我的卖报任务是500张，卖完了有5元钱报酬，每月有20来元。这点钱在当时也是一笔不算少的收入，因为我们一个月的伙食费才10多元。卖报其实是有风险的。那时安徽师范大学总共有学生4000余人，8个人要有1个买报，我才能完成任务。此外还要看天气，如果碰上下雨天，同学们一手拿饭盒一手拿伞，买报的几率明显降低，有时报纸只能卖出200多份。那就比较麻烦了，我还要晚上到学生寝室"推销"报纸，不走运时要卖两三天才能卖完。

每个星期天中午，是我卖报的日子。我在学生食堂前的大路上摆了一个报摊，下雨天就摆到食堂大门里边。上午10点半左右，我就赶在第一批吃饭的同学前面，找两块砖头当凳子，把新出的报纸摆在地上，既不吆喝也不讲价钱，只管找零钱。因吸取零钱找不出的教训，我一般总要事先准备一堆分币。

卖报一般要到中午12点左右，等我卖完报，食堂里的饭菜也卖完了。我饥肠辘辘直唱"空城计"，只好步行到街上的鸠江饭店吃小笼包子。芜湖小笼包子好吃，皮薄肉鲜，一咬一包汤。那时一两粮票0.18元，5两才9毛钱，可以大快朵颐，因为那时肚子实在缺少油水。有时邀请几个要好的同学点上几个菜打打牙祭，也是一大乐事。

我还卖过《师大青年》。那是校学生会编的一本油印 16 开"杂志",里面通讯、小说、诗歌、散文、评论、论文、图画什么都有,均是各系同学的杰作,也不分文科理科,像个大杂烩。每期约 60 页,不定期出版。中文系黄元访是主编,我和艺术系李向伟是副主编,一起编辑的还有学生会宣传部的刘迎和。她也是上海知青,与我一样插队在利辛县,后招工到县文工团,集舞台美术、拉琴伴奏、演员、场记于一身,多才多艺,气质高雅。《师大青年》每本卖 0.20 元,挺受同学欢迎的,每期也能卖掉几百本。后来,校方生怕我们政治上"出格",勒令我们停刊,只好半途而废了。

大四那年,我还卖过安徽师范大学彩色明信片,一套 10 张,0.5 元一套,我还是受学校之托专门到上海印刷的,运回师大时把我累得够呛。明信片虽然印刷得比较粗糙,但很受同学们欢迎,成为抢手货。我先后卖掉了 2000 多套。在学生食堂前销售时,大家争先恐后把钱往我手里塞,有的同学要买好几套,弄得我应接不暇,在混乱中把手指都扳伤了。

三、义务誊抄员

我自认不是一个好学生。我虽是近视眼却老是坐在教室最后一排,连黑板上的字也看不清,为的是能躲在后面看看小说或打打瞌睡,还好有同桌四年的俞凤鸣打"掩护"。我的课堂笔记像天书,连自己也看不明白。到了期中或期末考试,我则临时抱佛脚,突击个两三天,连分析带估摸,居然还经常名列前茅。有一次是苏诚鉴教授的考试,我做不出来,情急之下胡诌了一首 100 多行的歪诗权作试卷,引得苏老哂笑不已,大笔一挥竟然给了个 95 分,还专门约我去他家里聊天,认识了他花容月貌的女儿,也真是歪打正着。万绳楠教授更绝,期末考试破天荒地给我打了 98 分,创造了安徽师范大学文科考试分数的最高纪录。还有一次全校文科 7 个系的政治经济学统考(历史系的政治经济学这门课竟然授课 294 学时),我考了 93 分,名列全校第一。实际上我对政治经济学根本无兴趣可言,天晓得怎么考那么高的分。

学生请假,学校规定批准权限是辅导员 1 天,系里 3 天,3 天以上必须学校批准。我经常是先请 3 天假,再续 3 天假,实际上回家一次总要十天半个月,回到校园看赭山都觉得陌生。这也难怪,那时女儿老生病,交通又

不便，路上就得折腾三四天。在所有同学中，可能我缺课累计堪称第一。好在辅导员陈老师知道我家庭有特殊困难，特别对我网开一面，不但不批评，见我回校总是关心地问："回来啦？家里怎么样？"关切之情，使我感激至今。

其实，我在师大还是学到不少东西的，当义务誊抄员就学到了许多知识。万绳楠老师毕业于西南联大，是全国著名的魏晋南北朝史专家，和我是忘年交。他写了一部《魏晋南北朝史论稿》，里面有很多独树一帜的新观点，在史学界很有影响。他原稿删改得十分凌乱，面目全非，请我帮他誊抄一遍后交给出版社。他称赞我的字写得漂亮，编辑最喜欢看这样的字。

接受了这个任务，我只得改变了课余喜欢逛街的爱好，一本正经地当起了誊抄员。我每天都要花上几个小时，有时一抄到深夜，以每小时1000多字的速度抄写，还得仔细一字一句校对无误。因手稿上有些字太潦草或一些古僻字看不清，我经常要跑到坐落在赭山半山腰"教授楼"的万老师家里去询问，经常一谈就是个把小时。就是在这抄写、闲谈中，我不但学到了许多新的历史知识，还领略了一个著名大学者的治学真谛和创新思路，受益终身。

356

我当了大半学期的义务誊写员。大功告成之后，万老师一定要请我吃一顿饭，被我婉言谢绝了。后来，此书由安徽教育出版社出版，万老师送了我一本留作纪念。1997年春，万老驾鹤仙逝，我写了一篇《忆万绳楠教授》的散文，登载在《安徽日报》上，表示对万老师的哀悼。

四、开讲座品三国

厦门大学易中天教授在中央电视台《百家讲坛》栏目开设"品三国"讲座，大受观众欢迎。该书出版发行量超过百万册，易中天名利双收，真是如日中天。然而，我在安徽师范大学当学生时就开过"品三国"讲座，可惜不是在中央电视台，而是在赭山下的师大校园。

那是在1981年冬天，师大校园的文科教学楼前面和学生食堂大门旁边贴出了醒目的海报。那是开设讲座的我自己贴的。那时候，学生开设讲座还是一件稀罕事。

讲座安排在一个大阶梯教室，晚上7点开始。还没到7点，教室的座位

望赭山

安徽师范大学历史系一九七八级回忆录

已经全部坐满了，真是座无虚席。"赭山史学社"的弟兄们基本都来了，我们班许多同学都来为我"撑台面"。历史系其他年级和中文系、政教系、艺术系、外语系也来了一些同学，教室后面都站满了人。历史系还来了几位老师，我只好与坐第一排的同学商量，请他们把座位让给老师。万教授乐得合不拢嘴。

在诸葛亮的《隆中对》中，称赞吴主孙权善于用人，即"贤能为之用"，那只不过是东吴政权初期的事情。我的新观点是：以229年孙权称帝为界，把东吴的吏治大体分为前后两个时期。前期孙权确实是求贤若渴，善于用人，但到后期则"性多嫌忌，果于杀戮"（《三国志》作者陈寿评语）。我用了很多史料说明自己的观点，其中有许多人物和事迹为《三国演义》所未提。如东吴后期吏治十分腐败，选曹尚书暨艳（组织部部长）和选曹郎（副部长）徐彪在太子太傅张温的大力支持下，曾搞过一次大刀阔斧的吏治改革，把大批贪鄙之官撤职法办，但结局是暨艳和徐彪被斩首，张温被罢官。孙权杀起人来，动不动就是"夷三族"，真是一个暴君。讲座一个多小时，基本无人退场，结束时赢得了一片掌声。

《论东吴吏政》作为我的毕业论文，成绩得了个"优"。万老师是指导老师，他亲自帮我仔细修改，后来发表在《安徽师大学报》（哲学社会科学版）上。以后，我又在杂志、报刊上先后发表了《论东吴商品经济的发展》《论东吴币制改革》《东吴时期的一次吏治改革》等有关三国的文章。

五、翻墙头的"教师"

在安徽师范大学四年的大学生涯中，我有两年先后兼职在芜湖铁路中学和师大附中当代课教师。

有一天，圣宝同学忽然来找我，说铁路中学请他去教高中历史，每节课8毛钱，但他不想去，看我是不是想去。我正闹"经济危机"，一听有钱可赚，当即就答应了。

铁路中学在芜湖火车站南边大约500米，有两条路可通：一是在芜湖饭店门口坐4路公共汽车到火车站，然后沿铁路步行南下；二是芜湖饭店东面有一条小路可直达铁路中学附近，但无公交车，全程步行。不管走哪条路，都得花个把小时。如果不走学校大门，从零号楼旁边的围墙翻出去，

就是芜湖饭店对面的4路公共汽车站，大约可节约15分钟路程。

因我上午自己要上课，所以要求铁路中学把我的历史课全安排在下午，但一般都是下午第一节课。这样一来，我就十分紧张。我11点半下课，要赶快到食堂排队买饭。吃过午饭已是12点多了，我如果不翻围墙，下午上课就可能迟到。我别无选择，只好翻围墙。

安徽师范大学的围墙很高，大约有3米，里面高外面低。从学校往外翻比较容易，爬上围墙用手抓住墙头，身子往下"嘟噜"就行，但从马路上再往回爬就甚为不易，须助跑几步，跃起1米左右，借助上冲之力伸手抓住围墙上缘再用大力攀爬，我经常爬墙失败从上面掉下来。还好，我一次也没摔坏。

就这样，在路人惊奇的目光中，不管炎夏寒冬，还是刮风下雨，我旁若无人地在围墙上翻来翻去，每个月能挣20多元代课费。因怕学校追究，开始还保密，只有同寝室的同学知道，但纸包不住火，时间一长，系里也知道了。这一来，就带出了下一个学校。

大四上半学期刚开学的一天早晨，辅导员陈老师对我说：师大附中有一个女教师要生孩子，历史课没有人上。附中王校长找到历史系，要求派一个学生去临时代课。听说你在外面上历史课，那你去附中代课吧。

当天下午，我就去附中报了到，第二天就开始上课。这下子，我就不必偷偷摸摸代课了。不管是上午还是下午，我缺课都是"理所当然"了。有时是我们班的考试时间，但我刚巧要给附中学生考试，经请示系领导，说我是"因公缺考"，另外安排时间补考就行。补考在系会议室，只有我一个人。任课老师也都知道我补考的原因，也不监考，抓几个糖给我，说："你慢慢考吧，不算时间了。"有的课，干脆闭卷改成了开卷。按学校规定，补考成绩再好也只能算60分，可对我是例外，考多少分算多少分，让我占了不少"便宜"。在附中上课也不按课时发代课费，每月固定工资28.5元，是那时中学代课教师的最高标准。这样，老婆就不必给我月月寄工资了。

师大学生毕业前都要参加一段时间的实习，要求很严。1982年春，我们班同学都分到芜湖各个中学实习去了，我是唯一没有参加实习的学生，连实习表格什么的都没填，但最后实习成绩却给我打了个"优"。

大概我的历史课讲得还不错，毕业时铁路中学教导主任和一位副校长专门到师大来找我，希望我分到铁路中学去。他们诱导我说，铁路中学工资比地方高一级，还可以把我老婆调到铁路被服厂去，云云。那时毕业分配个人无权过问，我又有留校希望，此事遂没有下文。附中王校长也多次找学校领导，要求把我分到附中，后来也不了了之。

六、留校逸事

我本来是没有资格留校的。当时学校规定有三种情况不能留校：一是夫妻分居的，回到配偶所在地；二是带薪上学的，回到原单位所在地；三是留校者必须在28周岁以下。我呢，老婆在利辛，带薪，34岁，这三种情况都占齐了。哪有什么留校的希望呢？而且，一九七七级毕业生已经留校不少，一九七八级根本没有多少名额了。

但是，事情似乎总有特殊例外。校报、附中、宣传部都明确表态要留我，但学校领导也有不同意见。校长沙流辉在会上"将了一军"：宋刚刚要留校，他老婆调动工作怎么办？还好我有点"先见之明"，事先请家住天河羽绒厂的高岳仑同学帮我老婆联系接收单位，那几天正好说调到芜湖色织厂有希望。我便煞有其事地拿此搪塞，居然蒙混过关。

在毕业前夕的关键时刻，我后院又起火了。大四时孩子生病，老婆多次打电报催我回家，我因代课实在离不开而一年没请假回家。这下可惹了祸，老婆跟我闹情绪不说，大舅子也从中推波助澜。他们经过认真分析，断定我在师大有了"外遇"，是个"当代陈世美"。于是，大舅子以我老婆名义写了一封人民来信寄到学校，准备把我告回利辛县去。

还好，历史系领导水平高，经过调查好像不是这么回事。檀香元书记亲自找我谈话，详细问清情况，最后给我结论：系里经过调查，没听说你有外遇嘛！他还安慰我不必紧张，家庭有点矛盾要处理好。这样，我总算虚惊一场。

我留校了，在学校宣传部工作。我们一九七八级毕业生，学校直属机关一共只留了两个人。有了在安徽师范大学工作的履历，我以后再调动工作就比较顺利了。1983年底，我调到马鞍山，老婆同调，还分了一套房子。1993年初，我又从马鞍山调到国家建设部直属的苏州城建环保学院。

我感谢历史系一九七八级的兄弟姐妹们！在涉及自己前程命运的毕业分配关键时候，90名同学中竟然没有一个去学校或历史系提我意见的。假如有一点异议，我留校的事情八成就泡汤啦。

人生，也就是一片云

汪一江

一

我上大学而且是考上的大学（367分），不仅出乎自己意料之外，凡是熟悉我的人（甚至我的父母）都惊掉了下巴。原因很简单：刘项原来不读书。小学五年级之前，我按部就班、波澜不惊地上学，不是好学生，也不是坏学生，属于几天不去也没人注意的那种。懵懵懂懂跟班上课的节奏，在1966年被突如其来的"文化大革命"给打断了。学业的中断却有点歪打正着，我内心挺喜欢争争吵吵、打打闹闹的纷乱，终于可以不去背呀算呀记呀，堂而皇之地演绎"天高任鸟飞，海阔凭鱼跃"，下池塘，钻树林，想干嘛就干嘛。所以我上大学前真正的学历也就是小学五年级。我上大学是时势造化，就像一片云，不经意间被风推上了一个层端。

一纸大学录取通知书拯救了我，安徽师范大学郁郁葱葱、人文荟萃的校园培育了我独立的人格，使我有了一个真正意义上的人生，我的时间是从1978年开始的。从此我开始认知个体存在的人、尝试思考"我是谁"、学会懂得感恩。尽管后来我发展得不如同学那样枝繁叶茂，花果满地，但聊以自慰的是，因为上了大学而支离破碎地拼凑了一些知识，逐渐生成了属于自己的价值观，"我思故我在"，对好与坏、是与非有了独立的判断。若有风浪，我相信自己会坚定地站在文明、进步、公正这一边。

随着岁月的流逝，年岁的增长，我愈发感谢推动我行走的"时代之风"，20世纪70年代末的改革开放成就了今日的中国，也使我成为人之我，没有改革开放，我什么都不是。如今我已经"怅然身已老"，生命进入衰年，只希望自己这片薄云在"新时代"漂浮的平稳久远一些，并祝同学们人人康健安好。

"念己勿念欲，行己知行义。相离莫相忘，且行且珍惜"。

二

真别说，事情就是那么巧。当我排队买饭时，她竟站到我的身后。食堂的队伍少说也有十几条吧，她偏偏跟上了我，莫非……我有些想入非非了。于是，我鼓足了勇气，回过头，和她轻声地打了声招呼。

就在我开口说话的那一刻，发现她的脸蓦地红了。我那"清且涟漪"的心海顿时波涛汹涌。她难道就是我苦苦觅寻的那一半？我近距离地望着她那光闪闪的大眼睛，黑黑长长的睫毛，骨子里涌出酥酥的奇妙快感。

名义上我和她是中学同学，实际上高中三年里没说过一句话。那个时代男女界限分明，楚河汉界，秋毫无犯。男生女生恪守"三八线"，彼此说话是件遭人笑话的事。我所以记得她，还是因为她眼神里总是带有几分忧郁。她是文文静静的一个女生，不张扬，爱读书，上课时总是坐前排。她全神贯注的样子，挺惹人喜欢的。

她是一九七七级，早我半年进校，专业是数学。在这个抽象的男人的国度里，她居然占有一席之地，我很吃惊。我进校后不久就认出她，她也认出我，只是互相装得跟没事人似的，偶见，也都垂下各自的眼帘。自食堂巧遇后，表面上的矜持烟消云散，我们见面总要随便聊上几句。说来也怪，那段时间，我每天都要遇到她，有时还不止一次。

我们迅速地走近。我知道她在男多女少的校园里，不乏追求者，尤其是她所在的系，不少男同学虎视眈眈，凭借近水楼台之利，频频发射爱的羽矢。我得当机立断，择时下手。在食堂邂逅半年后的一个月色朦胧之夜，我向她表白了自己的心迹。不出所料，她是有些许抵抗，但很快就缴械了。

1981年的初夏，我吻了她那似秋水般明澈的眼睛。在此以后，一切就顺理成章了。

往事可以回味

——大学毕业四十年回忆录

夏仕伦

一、走在曲折的路上

少年时，我差点踏进了"官场"。

1976年12月，我在庐江县同春附中快初中毕业时，大队书记了解到我在学校的表现后，满有信心地推荐我到公社去当通信员，公社书记也基本敲定了这件事。这在当时，对于一个普通农民家庭来说，是一个改变命运的好机会，不管怎么说，也是出了干部的，以后家里在村子里的地位就会有很大的变化，至少比那些即使考上高中，毕业后只能当个民办教师的学长强多了。我的父母和兄长都为此高兴，我也就打消了上高中的念头，偷偷计划着去公社后，如何听从领导安排，打好开水、准确送信，也憧憬着一步一步往前走，直到能当个真正的干部。

但是，一张高中录取通知书，打破了我"少小为官"的美梦，把我从纯粹的乡下，送到了白山镇的白山中学，又开始了在黑板上"种田"的生涯。当然，这离我和诸位大学同学的约定还有一段距离。因为，青少年时代的我，一直有一个军人梦。

记得那时我接触过几本描写战争和军营的书籍，如《欧阳海之歌》《战地红缨》《南征北战》《小兵张嘎》《地道战》等。不知为什么，自己受其影响太大，日里梦里总想去军营，去体验军人的坚韧、崇高和伟岸。军营的集体生活，军队的纵横驰骋，以及"满城尽带黄金甲"的宏大场景，对一个青春少年来说无疑是一个巨大的磁场。况且，20世纪70年代的中国农民家庭只能顾及眼前，认为儿子当上兵，娶媳妇容易些，所以鼓励孩子参军，仅此而已。我自己对当时紧锣密鼓的高考宣传也漠不关心。对我来说，大学只是一个空洞的符号，甚至连大学有哪些，大学在哪里，上些什么课程我都一无所知。所以，高考、上大学对我来说并没有太大的诱惑。

　　恰巧在高二要毕业时，一年一度的征兵通知下发。大哥得到消息后，让二哥匆匆赶到白山中学告诉我。那天，疲惫的二哥坐在石块上，赤着脚，一脸灰尘，破烂的外衣上沾满了泥浆水渍。我心头一酸，暗下决心，将来若能当上兵，一定要给二哥买一双黄军鞋。就这样，我去公社报了名。我体

我们两个班的七位女生

检时一路顺风，一直选拔到县里，作为空军飞行员的后备人选。家里人又很是高兴了一番，对门邻里也给予真诚的祝福。大家都听说，当上空军，就可以离开农村，享受"皇粮"的待遇了。

　　只可惜在政审时，因为我是在校学生被取消了资格。我心里很不服，找到公社武装部长说理。武装部长说了一大堆道理，什么你们是国家培养的人才啦，现在政策变了，国家鼓励上大学等等，总之就是一个意思，不让走。

　　后来我想，今年不给参军，明年我再报名，只要身体素质好，不信我不能到军营。现在想来，那只是一厢情愿，命运从来就没有掌握在自己手中。

　　并不是每个人都能有选择的机会。我当时有可能是回乡务农，或是当个民办教师、大队会计，将来终老于田野，甚或是再圆军旅梦。

　　好在我还是在校学生，还有读书的资本，在某种程度上，我有一定的选择余地。既然当兵的门槛未迈进，那只有专心复习，走一步算一步。刚好那时高考制度改革，将春季高考改到了秋季。

　　按照当时的学习情况，我被学校分配在理科班。我对数学学科情有独钟，从初中到高中，我的数学成绩排名一直靠前，甚至我上大学的分数还

第四编　校园时光

是靠数学拉分才得以过关的。我当时朴素的想法是，将来在自己喜爱的数学领域有一些发展。高考前三个月，老师考虑到我的化学成绩几成空白，于是劝我改学文科。否则，我真要和安徽师范大学历史系一九七八级大学同学失之交臂，那可真是终身憾事。

1978年高考如期而至，没想到，语文学科的作文却是个拦路虎，给我当头一棒。当年的高考作文题目是：将《速度问题是一个政治问题》，缩写成一篇五百至六百字的短文。

这是一篇1600多字的政论文章，应该是出自大家之手，字字句句都透着纲领性的问题，用笔老道，文字干净，论述透彻。像"有了高速度的思想，才有高速度的行动"，"一定要按照唯物论、辩证法办事，实事求是，埋头苦干，尊重科学，鼓实劲，不鼓虚劲"等等。这样的文字，对于高中生来说，不仅理解不透，更谈不上如何改动，特别是缩写，这种从来都未接触过的文体，简直无从下笔，只能把可有可无的字句删掉，你想想，这样缩写出来的文章如何得分？我们这一届考生倒是为后来人做好了铺垫，在我们后面的多届考生真是练足了本领，什么改写、缩写、扩写、倒写，各种文体练了个遍。

按照语文学科的考试情况，我被录取的可能性很小。好在1978年高考揭晓后，虽然我语文不及格，作文基本没得分，但万幸的是总分够了。区政府出了高考红榜，据说我考了白山区文科第一，但我当时并不感到太大的快乐，仿佛迷迷糊糊地高考，不知不觉地被录取。没有曲折，没有起伏，也没有拼搏的激情。考试地点就在当时的白山小学，好像就是一次期末考试，没有赶考的辛苦，没有异地的新奇，没有家长的接送。吃饭还在食堂，睡觉还是寝室，遇见的仍是同学……

高考填报志愿，我们什么都不懂，完全是听老师的意思。班主任王焕长老师开导说，安徽师范大学在芜湖，前有镜湖，后有赭山，风景秀丽，是不错的选择。在征得我同意后，他直接填报了，连我的名字都写错了（我原名叫夏士伦，被填成了夏士仑，大学毕业后恢复了本名，1988年填报身份证时，又被单位填成了夏仕伦，沿用至今）。我本人选的是中文、政教专业，鬼使神差地被调剂到了历史专业。

历史往往如此，你想走进左边的门，却偏偏走进右边的门。这正是，任你怎么选择，都在冥冥之中向着主线靠近，那块属于历史系一九七八级90名同学的圣地，怎么能不去？

印度大诗人泰戈尔说："在哪里找到了朋友，我就在哪里重生。"告别中学，告别乡村，使我仿佛失去了生活的勇气，我觉得那些纯真的友情丢失了，那些无邪的思想幻灭了，那些似是而非的爱情更加朦胧了。那些曾经坐在同桌的、走在一路的、吃在一起的男孩女孩，那些在蜡烛下互洒蜡油的场景，那些熟悉的名字：程建球、夏大银、夏名宏、王常宝、张东生、夏立志、董照荣、丁旭光、艾立安、吴晓瑜、潘晓宏、程晓华等等，都随着大学录取通知书的到来，似乎渐渐远去。我真的感到从未有过的失落！

带着不尽的思索，带着对麦地、水田的畅想，1978年10月，我在舅舅的护送下，第一次出远门、第一次坐火车、第一次过轮渡、第一次到达大码头，在安徽师范大学，我来到了属于我们的零号楼213寝室。

二、缤纷多彩的213寝室

20世纪70年代，安徽师范大学的大门是对西面开的，走进大门向右，有一条顺着围墙的水泥路，走过破旧的教师住宅楼、女生宿舍，通过运动场南端，跨上台阶便是连排的男生宿舍楼，零号楼靠最南边，属于第一栋。

零号宿舍楼是筒子楼，213寝室朝向南边，共有10名同学，他们是我接触最多、对我影响最大的一些人。

汪幸福，一个戴着深度眼镜的同学。我刚上大学时，委实惊叹他的睿智、健谈与深度，他对大家哲学的阐释直叫我目瞪口呆，窃以为大学生中竟有如此教授般的同学，不由敬之、畏之。后来在相处中，我逐渐发现他原来也是既有思想也很温和的知识型人才，他在很多方面都要强、重修饰。他特别爱读马克思恩格斯的著作，说起理论来是一套一套的，同学们称他为"汪克思"。有一次他烫好头发去红艺照相馆照了一张标准照，我们都误认为是华侨，后来他又有了"汪华侨"的美称。他喜欢朗诵高尔基的《海燕》，声情并茂，如醉如痴，同学们又送他一个外号"汪海燕"。

钮昕华，是典型的夫子或大哥型大学生，个子不高，身材微胖，戴着一副黑边眼镜。他学习很用心，成绩也很好，就是体育考试有时通不过。他说话不紧不慢，平时也很少言辞，我见到他时，总有见到老师的感觉。

说真的，他的沉稳经验和骄人的书法都给我们留下难忘的印象。有一次，他信笔写下了一行字"野渡无人舟自横"，其用笔、手势、眼神都似一幅跃动的画。他总是用旁观者的姿态对待周围发生的一切，在表态和发言问题上，他总是用很高深很中庸的话语轻轻点过，在和谐中说透道理。现在想来这不仅是中年干练，也是他历经风雨的写照。

施建华，一个身材微胖的二十几岁干部模样的同学，在我们寝室的时间并不长，别的同学可能不大记得，而我却不能忘记。

我上大学的当天晚上，送我上学的舅舅突发急性盲肠炎，是施建华在我沉睡的时候叫醒了我。说实话，那种场面我是从来未见过。施建华一面帮我搀扶舅舅，一面叫我一起带舅舅到学校医疗室就诊。他那种遇事冷静、不慌不忙的行为，不仅给了我勇气，也给了我人生的感悟。事隔多年，我舅舅还一再念叨，你那位施同学是一个了不起的人哪！

宫为端，上大学前是大队书记，是大一时的班长，也是一位有了妻子、孩子的大龄大学生。他有种不甘寂寞、不甘落伍的进取精神，他以成熟、老道的作风，从骨子里渗透着赶超别人的理念。我至今记得，在一次小组讨论会上，我为了反驳他的观点，竟用了很刻薄的话，至今我都耿耿于怀，有点对不起老大哥的味道。后来他主编了几套中学复习资料，我为此在庐江跑了不少学校，也算是对自己过错的一点补偿。听说他办了学校，又下海经商，在西北那一片，弄得风生水起，我们要为他翘起大拇指！

黄卫三，给我最初的印象是"油滑、阴暗、狡诈"。刚到寝室，吴广安的哥哥和我的舅舅怕我们人小吃亏，都暗中告诫，与此人交往要慎重。你瞧，他第一天上学就把箱子钥匙弄丢，还在街上兜圈子，证明他是一个不踏实、喜好动的人。真是有点好笑，黄卫三后来不仅成为我们的好朋友，而且跟我还坐同桌，有一手好书法，有一副好心肠，有一双好腿脚，是一个很阳光的小兄长。他在学校组织的运动会上，用万米长跑的骄人成绩，征服了一众女生，我们都很羡慕啊！1987年，在参加泾县召开的省级历史教研会时，他穿着时髦的紧身裤，说，小夏，我和你不一样，我要抓住青春的尾巴。

高岱，我与其说记得北大教授的他，不如说记得篮球场上的他。高岱有一米九的个子，一身腱子肉，一看就是搞运动的。他来大学不到一个月

田里趙山

安徽师范大学历史系一九七八级回忆录

就进了系篮球队，后来又进了校篮球队，令很多人羡慕。他经常是肩搭衣服手托篮球到寝室。有时他喊，小夏来一杯水吧。我赶紧给他倒上满满一碗水，看着他一口气喝下去，真有股爽劲。有一次，好像是说高岱与哪位同学有什么过节，惹得他在打球回来后，一拳打到桌上，好长时间桌上都有痕迹，我们全寝室的人都不敢作声。同学们背后说，那是因为爱情，可惜我当时不懂。其实，高岱的个性是大大咧咧的，没有任何心眼，喜怒哀乐全在脸上，为人也很豪爽。刚上大学的那年冬天特别冷。我从农村上大学，衣服不够，整天冻得不敢出门，高岱毫不犹豫地把学校篮球队发给他的绒裤送给了我，使我度过了一个难忘的冬天。后来，我每每提及这事时，他早已经忘记了。

高岱不仅篮球技术高超，也喜欢下象棋，技术也很棒。我当时作为小不点是不大敢和他较量的，但后来我赢了他的棋后，他却很大度地说，小夏象棋技术蛮可以的。

有一次，高岱请我们看电影，那是一个大雨滂沱的春天，晚上七点跑到大众电影院时只买到晚上十一点的《王子复仇记》。回寝室太远，不回去时间又太长。于是，高岱就领我们几个从中山路逛到新芜路，又到海员路，直到把十里长街都跑了个遍才到十一点。大家几乎成了落汤鸡，只得在电影院里焐干衣服。那种体验和感受以后恐怕再也没有了。我常常和学生说，大学生的冒险、体验、感悟不是一般人都能体味到的。说到这里，我心里情不自禁地说，高岱，哪天再带我们看电影去！

方亚光，是一个来自徽州的很认真的年少同学。个子不大，一脸腼腆，为人诚恳，就像他曾说的那样，"平平淡淡地生活，诚诚实实地做人"。在同学相处中，他不与人计较，不争强好胜。有一次，听说他在图书馆与别人发生了不愉快，他没和人家争执，回到寝室，一言不发，汪幸福要替他打抱不平，说要找那个人，方亚光赶紧拦住。他每天总是背着书包准时到教室或图书馆，在知识的海洋里尽情地吸纳。终于在大学毕业时考上了研究生，实现了他最初的梦想。方亚光有一口浓厚的方言，是古徽州文化的陶冶和传承。毕业后，我们来往甚少，黄山同学会时，他送给我们几本著作，从中我们能读到方亚光的内心独白。

吴广安，来自合肥市的高中应届毕业生，学习不紧不慢，生活有条有

理。一副八百度的眼镜给他绣上憨厚的面庞，偶尔他说上一两句幽默的话，总是令人忍俊不禁。有时，我和他一同上街闲逛，他给我讲很多城市里弄的故事，给我许多无端的遐想，仿佛自己走进《上海的早晨》，突然就挽了女孩的手，在长长的灰色巷子里漫步……后来，吴广安与姜保民对调，换到别的寝室，但我们同龄人的沟通一直未断。大学毕业后，吴广安分到庐江县境内的白湖农场，与我交往较多，他主动到我曾经工作过的两个地方，我也与他的单位领导打过多次招呼。只可惜，他工作与生活一直不如人意，几至心血耗尽，惜哉，痛哉！

王旭东，讲到213寝室，不得不提到我人生中的同学兼导师——王旭东（此处见另文《一束阳光的照耀——我与王旭东同学的点滴》）。

三、未来依然还有梦

不知不觉，人生走着走着就到了60岁，写着写着就完成了大半生。有一个帖子很有意思，"错把陈醋当成墨，写尽半生都是酸"，虽然过往不一定都是酸的，有甜有苦有辣，也在一定阶段有过激情，有过欢笑，有过泪水。但60岁仿佛是一个界，也是一道坎，跨入60岁之后，一切都将归于平淡，那些为名利而争斗的，那些为情感而伤痛的，那些为琐事而烦恼的都将随风而去！唯有想到同学之间的往事，有时不免感慨万千！

想想自己从22岁到60岁，38年的工作生涯，一晃就过去了。当年读到毛泽东的诗句"三十八年过去了，弹指一挥间"，觉得不可思议，时间怎么会这么快？没想到，自己也这么迷迷糊糊地过来了，仿佛大学生活还在眼前。

1978年10月，十八岁的我，带着懵懂，从江北跨到了江南，迎来了人生的飞跃。1982年7月，大学毕业时，我又从江南回到了江北，开始了崭新的生活。记得张新华送我上轮渡，麻利地用一根绳子捆住了全部行李，也捆住了大学的全部回忆。情感丰富的李沛明把构想三十而立时写给我的一首诗悄悄塞进我的口袋：

一个炎热的夏日，他和我分手，我与他别离，
青春的心灵拥抱着对未来的希冀。

忽然，我想起他，一个燃烧的生命，

他，还在原野里苦苦地寻觅？

也许，他继续着一个新的憧憬，

也许，他被纷乱的生活所欺，

不过，我要用沙哑的歌喉把信息传递，

你是否还记得早年的生活和那纯洁的友谊。

是的，"送你离开，千里之外"。然而，三十岁已成记忆，友谊还在发芽，青春不能常在！

2002年，我第一次参加了同学会，见到了众多同学，感到特别亲切，好像有一种找到家的感觉。因为我被分配到乡镇工作，远离喧闹，也疏远了同学情感，这次，我好像离开家的孩子，乘着一叶孤舟，终于登上了久违的海岸。老大哥们一声"小夏"，喊得我涕泪双流！莫欣同学见到我时，俯下身子关心地问道，小夏，工作还愉快吗？有什么困难和我们说，同学们可以相互帮助的。就是这样淡淡的话语，让我如沐春风！

2007年上海同学会，我再次感到，同学的情谊，时间的飞逝。吴正同学的一篇《六十抒怀》，让我大吃一惊，怎么一眨眼，就有同学60岁了！我也快到知天命之年。那从零号楼到教学楼，从一食堂到三食堂，从图书馆到体育场，拿着凳子参加实践是检验真理的宣讲会，课堂上同学们的自由辩论，老师们的精彩分析和讲解，寝室里大家的开怀畅饮，荷花塘埂追着女孩远去的身影，中山路上的散漫独步，南京街头与外国友人的随意攀谈，采石矶边的潇洒拍照……不都是眼前的事吗？这就是眼前的事呀！

而今，我也跨过60岁的门槛，为此曾写了系列文章《为了放下》《有一种感慨叫花甲》等，过去的许多东西都在放下，名誉、地位、权力、金钱，甚至梦想。唯有青春岁月，总是萦绕在我心头。当我看到春夏秋冬的花开花落，就会想到四年大学的年轮变化；当我偶尔从学校门前经过，仿佛听到师大教学楼的琅琅书声；当我拿着碗筷准备就餐时，好像又一次来到了有着一排排长桌的一食堂；当我看到韩磊高歌《向天再借五百年》时，就想到了酷似韩磊的老大哥同学翟厚良……

我想到了年轻豪气的诸位同学。

　　我想到了眼神深邃的王圣宝，温文儒雅的陈文誉，特立独行的沈建华，长者风范的莫欣，豪侠仗义的赵金辉，勤勉好学的何玉杰，沉稳干练的高岳仑，聪明睿智的宋刚刚，挥洒自如的张小平，文静智慧的李绪文，桀骜不驯的杨辅仓，刻苦研学的李修松，思路清晰的吕爱民，闯劲十足的傅元根，沉默善思的嵇成中，乐观向上的任书智，不拘一格的王幼生，助人为乐的汪一江，英俊威武的孙国强，毅力顽强的班玮，潇洒帅气的卫颂，风度翩翩的常斌，积极向上的王昶，大智若愚的黄忠超，谦逊虚心的俞凤鸣，洒脱不拘的贺兆田……

　　我想到了青春靓丽、成熟风韵的七位女同学花小惠、郭良美、王建岚、张香华、刘继红、刘咏红、胡青。我想到了同届中文系同学、上海知青郑爱勉，他在我上大学的第一时间，给了我人生的第一次启迪！

　　我想到了甘于奉献的各位恩师。

　　我想到了虚怀若谷的夏子贤老师，银丝飘拂的苏诚鉴老师，笑口常开的万绳楠老师，不苟言笑的杨国宜老师，和蔼可亲的王廷元老师，思维缜密的张海鹏老师，风采照人的光仁洪老师……

　　当然，我肯定会想到我们的陈锡宝老师，一个同我们一样拥有青春、富有爱心、积极向上的年轻辅导员……

　　我还想到了倾斜的零号楼，老旧的女生宿舍，灰色的201教室，镜湖的碧波，赭山的绿树，中山路上的人潮汹涌，二坝码头的浊浪排空，我想到了许多许多……

　　春去春还回，花谢花再开！

　　歌里唱道："你的泪，晶莹剔透，心中一定还有梦"，我的梦是什么？

　　我梦想回到年轻时，坐在煤油灯下，紧张地抄写着复习资料，准备着一场人生的大考；我梦想夹着课本走向热闹的课堂，与我的学生们唱着开心的流行音乐；我梦想牵着孩子，陪着妻子，没有目的地漫步在某个街头……

　　我梦想有一天，我们回到从前，回到师大，还嬉笑着走在师大的石子路上，畅谈着对未来的美好憧憬；我梦想我们还坐在201教室，聆听老师们的亲切教诲；我梦想又到了新年晚会，再次看到同学们击鼓传花的热闹场景；我梦想同学们备考的紧张局面，为一道论题激烈论争的沙龙聚会；

我梦想盼着放假、盼着开学，盼着回家又盼着见面的热泪拥抱……

我还梦想着，我们能够再办毕业60年、70年、80年的大学同学聚会，我们在没有地位、权力、等级，而只有同学情谊的草地上或者旷野上交流着、畅饮着，你扶着我，我牵着你，你指着我的白发，我笑着你的齿豁。我们就这样挽着手、相拥着，看那一抹夕阳渐渐地远去天际，而我们的身影渐渐地拉长，终于组成了一道不可摧毁的永久雕塑！

师大记忆

俞凤鸣

  拿到安徽师范大学的录取通知书，我看到被录取在历史系，心里很高兴。上师范院校是父母亲的愿望，学习历史是我的选择，算是两全其美，如愿以偿啦！

  当初在填志愿时，我还是拿不定主意的。受"知识分子是臭老九"流毒的影响，教师的社会地位比较低，社会上流传着"供销社的花衣裳，粮站的底脚粮，食品站的猪大肠，苦了学校和银行，银行还比学校强，学校真没啥名堂"的顺口溜。教师被冠以"太阳底下最光辉的职业""人类灵魂的工程师"的美誉，那是后来国家重视教育、重视知识分子时候的事了（我1982年分配到滁州师范工作，当时学生还戏称"师范"为"稀饭"）。父母亲是旧社会过来的，吃过许多苦，他们认为我有个稳定工作，端上"铁饭碗"，他们就心满意足了。他俩反复强调"当老师就是好，工作稳定，历朝历代只要自己安分守己，老师都有一口饭吃，一年还能休息很多天"。我觉得父母朴实的想法有道理，就报了安徽省教师的摇篮、基础教育工作的"母机"——安徽师范大学。通过复习迎考，我对历史产生了浓厚的兴趣，于是选择了历史专业。

一、学校印象

  1978年10月，我与其他同学一样，挑着行李，满怀着梦想成真的喜悦心情，高高兴兴地跨入了安徽省师范类的最高学府——安徽师范大学的大门。当时的学校大门既不气派又很破旧，门前的主干道还没有修建，高坡上是几排较旧的教工宿舍。因有几条弯曲的小路进入校园，故有人戏称师大是"歪门邪道"（到我们毕业时，新大门建造得很气派，但主干道仍未修建，旧楼也还没有拆除）。四年的学习生活，师大给我留下了美好的印象。

首先，师大校园面积是很大的。赭山校区占地面积800亩左右（现在的花津新校区占地面积2700亩左右），这在当时的芜湖市区占地是很大的，相当于我们农村两个较大生产队的土地面积。校园内教学区、运动区、生活区、休闲区、教职工宿舍区功能齐全，布局合理，楼群矗立，道路纵横，简直就是一座小城市。我第一次看到这么大的校园，心里充满了惊奇与欣喜。

其次，师大校园地理位置是独特的。它坐北朝南，北高南低，依山傍水。校园北部坐落在赭山的南面，校园南边隔条马路就是镜湖。按农村"风水先生"的说法，这里是块风水宝地：北有靠山（赭山），南有聚宝盆（镜湖）；由校大门往校园后面走，地势越走越高，意味着师大和师大学子的前景越来越好。事实也如此，师大是每个学子人生转折的平台，许多优秀学子在这个平台上又重新"起飞"，达到人生价值的新高度；如今师大的规模扩大了好几倍。这是党的正确领导、改革开放政策和社会主义制度优越性带来的"红利"。

最后，师大校园景色是秀美的。据说师大校园当时是全国十大环境最美校园之一。校园内树木很多，春夏季树木枝繁叶茂，道路旁绿树成荫，许多房屋（尤其是艺术系的教室、琴房）都掩映在绿树丛中，同学们有时在树荫下背书；秋冬季苍松翠柏等树木仍然郁郁葱葱，校园仍披上一层绿装。校园东操场北边有一口池塘，夏季盛开着鲜艳的荷花，使人不禁想起"映日荷花别样红"的诗句和文豪朱自清的名文——《荷塘月色》。每次我路经此处，不自觉地就放慢了脚步，总想多看几眼这季节性的美景。男生宿舍全部在东操场的东边，女生宿舍全部在东操场的西边。我们住在东边宿舍最南边的零号楼。

在学校所有系科中，历史系属于中等规模。随着改革开放的深入，学校的整个氛围也发生了变化，学生的衣着打扮开始追赶着时代的潮流。特别是艺术系、外语系的学生在这方面比较明显，从穿着到发型（女生）都比较时尚，体育系有些男女生打扮得也很"摩登"。而历史系学生还是循规蹈矩、古板沉稳。也许正因如此，历史系各项工作在学校各系中是名列前

茅的，所以，他们就把历史系学生称之为"出土文物"。1981年下半年，学校团委和学生会联合举办交际舞培训班，校学生会一学生干部通知我参加，我说我没有艺术"细胞"，不参加了。他说，你是系学生会主席，要带头参加。我说，主席不干了也不去"献丑"。他很不高兴地说道，难怪其他系同学讲你们历史系同学是"出土文物"呢！

二、同学情深

历史系一九七八级共有90名同学，虽说分为两个班级，但上课和大的活动都在一起，是个名副其实的大家庭。虽然我们来自不同的地方、不同的家庭、不同的岗位，年龄差距也较大，但在这个大家庭中彼此尊重、相互关心、团结友爱，能够感受到"同学好比亲兄妹，学校就是我的家"的亲切氛围。同学之情，情深意长，有几件事情令我终生难忘。

一是同宿舍8位同学和睦相处、情同手足。我与来自利辛县的宋刚刚、淮南市的汪占禄、合肥市的任书智、铜陵市的汤晓华、怀远县的蔡绍宜、马鞍山市的王昶、灵璧县的曹钟声同寝室四年。在8位同学中，只有我与蔡绍宜是从农村走出来的，但其他同学从未在我俩面前表现出他们的优越感，大家融洽相处，相互尊重，亲如兄弟。宋兄、汪兄是老三届，已参加工作多年并带薪上学，有了家庭。他俩始终像老大哥一样呵护着我们，从未摆过老资格，有时我们对某个问题有不同看法，他俩也不以大压小。他俩年龄最大，却睡在上铺，把下铺让给我们年龄小的。曹钟声年纪最小，大家都把他当小弟弟看，但他也从不要性子、占巧。王昶年龄比曹钟声稍大些，他是个意志很坚强的人（这可能与他插队吃过苦而经受磨练有关），几年来一直坚持冷水浴；他对英语学习抓得很紧，为了不影响大家的休息，不论是炎热的夏天，还是寒冷的冬天，他都是到不影响别人休息的地方背单词，听英语广播。每逢放假归来，大家都把各自家乡的特产带给各位品尝。我们吃得最多的是王昶经常带的"采石矶茶干"。哪位同学有点不舒服，其他同学都会嘘寒问暖。寝室卫生谁有空谁就主动打扫。相互带饭、打开水是家常便饭，有时饭菜票都不要，不分彼此，亲如一家。晚上就寝，大家会就当天老师讲课的内容或所见所闻闲聊，或者轮流讲一个故事、一段笑话，那种氛围在一般家庭中也是少见的，至今令人留恋。大家若对某个问题有争议，也不会争吵不休。我们寝室流行一句"算你赢"的口头语，即在双方争议有点僵持时，会笑着说"算你赢"而结束争论。这不是谁怕谁，而是为了不伤害这难得的兄弟之情，珍惜这来之不易的同窗之缘！

二是我母亲来芜湖时住在女生宿舍，受到"七仙女"同学的热情接待。父母为供我兄弟俩读书吃了许多苦，尤其是母亲身体一直不好，为了少欠生产队的钱而带病劳动挣工分。她老人家县城很少去，大城市更没有去过（父亲去过南京、上海等大城市）。我兄弟俩商定在我毕业前，让母亲分别到芜湖、合肥玩一次。为了省钱和方便，在母亲来芜湖前夕，我试探性地跟王建岚、郭良美、花小惠三位女同学说了我母亲来时住在女同学宿舍的想法，她们都很爽快地答应

与母亲在新大门前的留影

了。母亲来自农村有的习惯不太好，我又跟胡青姐等人打了招呼，她们都说没关系，欢迎来住。1982年5月7日，年过花甲之年的母亲来到学校。母亲到我的寝室时，同学们表现得非常热情，使我很感动。晚上，母亲到女生宿舍休息时，几位女同学把她热情地引进了宿舍，并受到七位女同学的热情接待。当晚好像是王建岚、郭良美两人挤到一起，让出她俩中的下铺供母亲休息的。母亲洗脸、刷牙、早餐等，她们都安排得井井有条，还把各自有的糖果、饼干等给我母亲带着。后来每提到此事，母亲都会说，你那些同学都是好孩子、好姑娘、懂礼貌、有教养。为留住记忆，我买了胶卷，向王旭东同学借来照相机，我不会用，旭东同学帮我上好胶卷，耐心教我怎样调焦距、光圈等。之后每每翻到母亲在师大校园、赭山公园等处的留影，一种感激之情油然升起。借此机会，再次感谢热情接待母亲的兄弟姐妹们，尤其感谢让出床铺、安排丰盛早餐的女同学！

三是我一提起就会心痛而又不得不提的事。2008年7月下旬，毕业于合肥工业大学、考入省委组织部"选调生"、已在共青团安徽省委工作的我的儿子不幸病逝，这对我们家庭的打击可想而知。合肥的莫欣兄、金辉、书智、修松、玉杰、小惠、辅仓、石羽、刘哲、国余等同学得知消息，冒

着炎热的天气、带着慰问金到我们夫妇住的旅店来看望。后来，莫兄夫妇一直关注着我们，他俩回定远县探亲或来滁办事都要来看望，在滁的三位同学对我们倍加关心，外地同学得知消息也通过各种形式表达关切，铜陵市的吕爱民、黄山市的冯伟华、芜湖市的汪一江等同学几次来滁看望我们夫妇。同学们的关心给了我们精神上极大的安慰。特别令我感动的是，当年10月某一天的上午，宋刚刚兄突然来到我在滁州卫校的办公室（我于1996年7月调任滁州卫校校长，后兼任党委书记），我感到又惊又喜，问他为何不先打个招呼。宋兄解释道，陈锡宝老师和上海同学听说你家遇到重大变故后，就委托我代表他们来看望你，我是昨晚到的，就住在学校对面的旅社，怕打扰你，所以就没事先跟你说。接着，他用他自己与病魔作斗争的亲身经历开导我，并一再邀请我们夫妇到苏州、上海去玩玩。我留他吃个便饭，他坚决不肯。每当想到此事，我深感歉疚。几年前，芜湖的王圣宝、王建岚、汪一江和贺宿芜等同学来看望幼生兄时，他们特地邀我一叙，表达惦念之意。深厚的同学之情，我终生难忘。值此机会，我向关心我的所有老师和同学再次表示衷心的感谢！

"文革"结束了，我国恢复了选拔人才的高考制度。我们成为最初的幸运者跨入了高等学府的大门，并幸运成为安徽师范大学历史系一九七八级的学生。更加感到幸运的是，我们亲耳聆听了许多在省内、国内，甚至于国际史学界有名望的老教授的课。如曾任安徽省政协副主席和中国国际关系史研究会副理事长的历史学家光仁洪教授，安徽师范大学历史系创办者之一的历史学家万绳楠教授，曾任安徽师范大学校长、中国明史学会副会长和安徽省历史学会会长的历史学家张海鹏教授，还有胡澱咸、苏诚鉴、陶秀、杨国宜等教授。这些老师具有崇高的思想境界和良好的师德师风。他们知识渊博，眼界宽广，教学内容娴熟，问题分析透彻，语言表达流利精确，板书条理清晰，大多不是照本宣科，从中可以看出他们扎实的基本功和严谨的治学态度。他们讲课风格各异，有始终面带微笑的，也有总是面无表情的；有轻声慢语的，也有慷慨激昂的；有平铺直叙的，也有抑扬顿挫的；有基本一个姿势讲到底的，也有善用肢体语言助力的。其他老师

（包括几位年轻教师）讲课也都各有特点，这使我们这些即将走上讲台的师范生，从中受到潜移默化的影响。老师们为人师表的风范，令人毕生难忘。

　　陈锡宝老师是我们的辅导员，他比我稍大，是老师，但更像兄长。他总是未说话先微笑，态度和蔼可亲。他说话语速虽有点快，但语句清晰、铿锵有力。陈老师对工作非常认真，考虑事情十分细致、周密，并以身作则。他的身影经常出现在教室、学生宿舍、操场上。白天上课，陈老师有时无声地站在教室门口，看着上课时的课堂秩序。他经常早上到男生宿舍楼催同学们按时起床，到操场上做广播体操。有时在我们就寝前，他也会到各寝室查看一下就寝情况，并叮嘱大家注意安全（尤其是睡在上铺的同学），对偶有没按时回来的同学，他都要等到那位同学回来或问明情况后才放心回去休息。陈老师对待同学们是关爱的、包容的，管理是宽松的，用历史知识中的一句话，可谓是"无为而治"。他的管理原则是，同学们（包括年龄大的同学）只要在自觉遵守校纪校规、无违法乱纪行为、不损害集体荣誉和他人利益的大前提下，可以做自己喜欢做的事。他很注意维护同学们的个人尊严，我从未见到陈老师当着许多人的面批评指责某个人，他甚至为保护某个同学而在上级领导面前为学生"打马虎眼"。每次班级或系里组织的教室、寝室卫生大检查，陈老师都要先去检查一遍，及时指出不足之处。学校或系里组织有关活动，他都要召开相关人员会议，精心布置，细致安排。运动会期间，他对每一个环节都不断进行巡查、督促，确保不出安全问题，并为同学们鼓劲、加油。同学们生病，他都亲自到场问清情况，妥善安排，使生病者得到及时救治。

　　陈老师在政治方面十分关心学生的成长。学生中党员的预备期到了，他及时给予履行转为中共正式党员的手续。平时他很重视入党积极分子的培养，毕业前，在本届中发展了几名表现优秀的同学加入中国共产党，给了他们政治生命，为他们今后更好地进步打下了基础。我们一班的吴广安和另一位同学在毕业前还不是共青团员，我把团支部想在毕业前解决他俩的入团问题向他汇报时，陈老师十分赞成。吴广安和另一位同学在1982年上半年光荣入了团，成为历史系一九七八级一班最后一批入团的共青团员。陈老师为我们树立了做人、做事的典范，得到了一九七八级同学们的尊敬和爱戴。刚入学时，陈老师安排我担任一班的团支部书记和系学生会副主

席（后任系学生会主席），并对我的工作给予悉心指导。我每次到他宿舍汇报工作时，他都立刻丢下手中的书，倒上一杯茶，然后交流工作情况，指导工作方法。四年的指导和帮助，使我在工作心理和工作能力上得到了很好的锻炼，为我之后走上工作岗位干好工作打下了良好的基础。毕业时，陈老师推荐我留校工作，我向他说明不想留校的缘由，他也没有批评指责我不识好歹，而是几次心平气和地为我分析留校与不留校的有利因素和不利因素，那种推心置腹、兄长般的交谈，我至今想起仍极为感动。当我决定不留校了，他把滁县地区当时四个指标中最好的一个给了我。我离校时，陈老师把我送到零号楼的围墙边。看到陈老师说话哽咽，泪水在眼眶里直打转的时候，我的泪水不禁夺眶而出，与陈老师挥泪告别的情景我至今仍历历在目。2008年7月，我家遭遇重大变故，陈老师知道后，因工作忙走不开，委托宋刚刚兄带着他与上海同学的关怀来滁看望我夫妇。在这后来的十多年里，陈老师利用出差机会又多次来看望我们。这样的恩情，我怎能忘记？！

　　现在我提起留校之事，并不是为了表明自己的能耐。除了我个人的努力之外，首先是全体同学对我宽容与友善、支持和帮助的结果。班级团支部和系学生会开展的活动，同学们都积极参加，评助学金，同学们都推荐我为一等，评先评优时，同学们都极力推选我。正因为有了大家的谦让，我每年都被评为"校级三好学生"或"优秀学生干部"。也正因此，1981年我被评为"安徽省三好学生"，毕业时被安徽师范大学授予"优秀毕业生"称号。工作上取得的一点成绩，都是大家共同努力的结果。其次是领导和老师关心的结果。我来自于农村，是一个地道的农民的孩子，与师大的老师和领导都是素昧平生，我既无家庭背景，又没有给过他们分文的好处。他们对我的关爱，表明他们对学生的爱是公正无私、真心诚意的，把教育者拥有"大爱无疆"的胸怀充分展现了出来。每当想起同学们的关心和支持，想起老师和领导的教诲与指导，我的心中立刻涌起一股暖流。感谢同学们！感恩老师们和领导们！

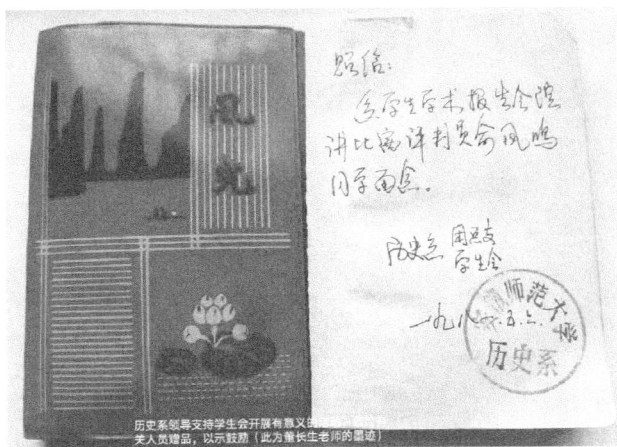

历史系赠给俞凤鸣的物品

　　时间的脚步在不断地前行，而我们都已慢慢变老。转眼间毕业已四十年了，我们在师大时，正值青春年华、活力四射，而逝去的青春像小鸟一样一去不复返了，只给师大和社会留下一个惊艳的身影。失去的东西越来越多，而记忆永恒！老师们讲课时的神采奕奕、系领导们忙碌的身影、同学们的音容笑貌、师大校园秀美的景色、学校广播舒心的音乐、艺术楼悠扬的琴声、食堂里勺盆碗筷的碰击声和披上霞光的幢幢楼房……都深深留在我的记忆里。

校园之夜

俞凤鸣

夜幕徐徐降临到师大校园。秋风微微，明月初升。校内外的一切喧闹声都伴随着夜幕的降临而渐渐地消失了，除了偶尔传来几声汽车喇叭声外，四周的一切都是静悄悄的。夜，多么平静啊！

晚饭后，我照例背起书包向文科阅览室走去。由于我有事耽误来迟了一点儿，阅览室里已是座无虚席。同学们有的在温习功课，有的在看报刊，也有的用低得别人几乎听不见的声音在互相议论着什么……

我无奈地回到了历史系一九七八级的教室。我的座位已被别人坐上了，好不容易才在一个光线暗淡的后墙角找到了一个空位。教室里也是静静的，只有偶尔翻书的"哗啦"声和低微得像蚕吃桑叶的"嚓嚓"的书写声。

由于光线较暗，看书有点儿吃力。我看了一会儿，起身来到教室外的小阳台上休息一下。这时，天空中的一轮明月已经升得很高了，那美丽的银辉洒满了大地。校园的一切都像镀上了一层银，显得格外秀丽、可爱，一种自然美的魅力深深地吸引了我。看着这皎洁的月光，不禁使我想起了李白的"床前明月光，疑是地上霜；举头望明月，低头思故乡"的这首脍炙人口的五言绝句来。我忽然又想起了一件事：今年春天的一个上午，我曾登上师大的制高点——赭山脚下的艺术系教学楼顶，俯瞰了芜湖市的湖光市容，事后还写了一首《楼台观光》的诗歌呢。然而，在这明月朗照的夜晚，将又是怎样一个景象呢？想到这里，我疾步下楼，踏着洁白如霜的月光，顺着宽阔不平的山路，向艺术系教学楼走去。一阵秋风吹过，使人感到有点凉意，接着是一阵"沙沙"的落叶声，好像在提醒我——现在已是深秋了。

我还没到艺术系的教学楼，从教室、琴房里传出来的笛子、二胡、钢琴、手风琴等乐器声就迎面飘来。同学们虽然是在各自练习演奏曲调，又不很整齐，但听起来却是那么悦耳动听，给人一种音乐美的感受。我刚踏进教学楼的大门，一间教室里突然传来一阵欢笑声，我不禁探头一望，原来是一位老教师正在辅导几位姑娘的舞蹈动作。她一边讲述基本要领，一边纠正姑娘的舞姿。她的声音不高，但却是那么亲切，充满了活力。她不断纠正姑娘舞姿的情景，恰像一个辛勤的园丁，正在扶植一株株刚经历过一场暴风雨后的幼苗。怎么不是呢？我们这些师大学子们，不正是一棵棵正在接受园丁培育的幼苗吗?！

　　我顾不得多看，也来不及多想，一口气登上楼顶。顿时，一幅美妙的壮景展现在我的眼前：整个校园像罩上了一层乳白色的薄纱，淡淡的秋雾，虚掩着楼房和树木，又像隔着一层薄薄的幔；市区的万盏灯火，如同满天闪烁的繁星，校园内一盏盏牛乳色路灯照射下的秋雾，恰似朵朵飘荡的白云……多美的校园，多美的环境，多美的夜啊！

　　看着这一切，我仿佛置身于仙境，来到了天堂：那秋雾缭绕的楼房，不是云端里金碧辉煌的天宫吗?！那悠扬动听的音乐，不是天宫仙女弹奏的天乐吗?！那脚下的无数灯火，不是天空中灿烂的星斗吗?！我的体重也好像减轻了许多，感到飘飘然了。

　　那源源不断的音乐声随风飘荡着。而教室、阅览室里的"哗啦""嚓嚓"声和老教师的话语，也仿佛在我耳边回响着，与这动人心弦的音乐声交融在一起，成为一支优美的交响乐。我又仿佛看到，这声音化作彩笔，把"四个现代化"蓝图描绘得光彩夺目；化作金桥，通向 2000 年。

　　夜，多么美丽、多么平静啊！我深深地呼吸着清凉而又新鲜的空气，欣赏着这迷人的夜景，久久沉浸在幸福的遐想之中……

写于 1981 年 10 月

难忘的四年

翟厚良

在安徽师范大学上学的四年，可以说是我这辈子最快乐的四年，那是我人生的一个转折点。

和许多同学一样，我能上大学，实实在在是来之不易。从1977年11月起，我已在一所农村中学担任代课教师，教初三物理、化学。当时，我一边尽力帮助一帮农村孩子学习物理、化学迎接中考，一边自己挤时间复习文科准备高考。那时农村的条件差，没有电，蚊子多，晚上我只能在昏暗的煤油灯下，把两条腿放在装满水的桶里，拼命复习。

1978年的高考是7月20日开始的，天气很热。在和县中学的考场里，监考老师似乎发现我答得不错，对我比较关注，经常在我身边走来走去，还特别去考场外搓了毛巾给我擦汗。22号上午最后一场考的是语文，当考试结束的铃声响起，我和其他考生带着几分疲惫走出考场，想着终于可以松一口气时，一位可能是监考组负责人的老师拦住了我，说是我的孩子病了，我妻子抱着孩子找到考场，被他给拦住了，让我赶快去医院找她们。这是我的第一个孩子，是女孩，当时还不到7个月大。我急忙赶到和县医院，她们母女俩已不知去向了。那时大家都没有电话，直到第二天早上我才得知，妻子已带着孩子赶到了巢湖四康医院。孩子得的是肠套叠，不及时手术有生命危险，而和县医院做不了这种手术，妻子于慌乱中拦车去了巢湖，当时她身上只带了仅有的7元钱。等我赶到巢湖四康医院，手术已做完，总算为孩子捡回了一条小命。后来我想，若不是那位监考老师拦住了妻子，我上大学的美梦或许又泡汤了（我是巢县中学1967届高中生，本应在1967年考大学）。

1978年10月，我终于跨进了安徽师范大学的校门，一下子变成了人人羡慕的大学生，心情之愉悦可想而知。此次高考，我的数学满分，其他各科平平，历史稍好点，所以就报了历史系。对于我来说，从相对落后封闭的农村来到美丽的大学校园，和这么多有文化有品位的青年朝夕相处，成为同学，我觉得眼前的世界一下子开阔了起来，感到无比的快乐和欣慰。同学之间年龄差距有点大，这是这届大学生的一大特点，可能也是一种优势。就我们寝室而言，年龄相差便有十好几岁。同学之间年龄虽有不同，却各有所长，都很了得。王彩法不到20岁，记忆力令人惊叹，知识面也宽；颜玉强那么小，晚自习后的"卧谈会"上常有独到见解，颇见深度。当然我们这些年龄大点的同学，阅历较广，也有长处。后来大家觉得，大学同学的年龄有差距，相互影响，取长补短，也有好处，不亦乐乎。

上大学的机会来之不易，同学们都倍加珍惜。大家都有着强烈的求知欲望，恨不得把天下的知识都据为己有，用如饥似渴来形容毫不为过。那些年，许多古今中外的名著相继出版，各种杂志也如雨后春笋般出现。我们是什么书都想读都想买，什么杂志都想看都想订，只觉得钱不多时间不够。我没有工资收入，老婆孩子又在农村，家庭经济比较困难，也自不量力地订了全年的《历史研究》杂志。同学们学习都特别勤奋刻苦，无论上课还是自习，二楼那间属于我们的大教室总是座无虚席。大家听课做笔记极为认真，生怕漏掉老师讲的每一句话。很少有人缺课，偶尔有人因故缺席，事后也要想方设法把笔记给补上。几年下来，我记的听课笔记大大小小的有好几十本，后来带到长春，又带到武汉，算是大学四年的一点记录。给我们上课的老师大多很有学问，认真负责，把给我们传道授业当作一种事业来做，倾注了全部的心智。在这些老师中，给我留下深刻印象的有苏诚鉴老师、万绳楠老师、杨国宜老师、张海鹏老师、宋佩华老师等。其中宋佩华老师对我后来考研给予了不少的指导和帮助，我很怀念她。

1981年国庆节前后，我突然想报考研究生。一是我从《历史研究》等杂志中，读到吉林大学李时岳老师的好几篇文章，很欣赏佩服李老师的学术观点，而那一年他正好招生。二是我从一九七七级外语系一位已考取研究生的老乡那里得知，研究生一届要招收1万人。我想报考人数不会超过10万，录取率不低于1：10，比我们高考高多了，考取并非毫无希望。这

时距研究生招生考试只有不到半年了，我的英语不好，必须要用至少一半的时间来学习，剩下专业课的复习时间实在不多，必须加班加点。为此，我电影不看了，中午不再午睡，晚上也要复习到12点。同寝室的同学给了我很大帮助。韩敬东每天帮我打开水，几个月如一日，使我可以在晚饭后直接去教室复习。晚自习后教室熄灯，我只能回宿舍复习，每晚要亮灯到12点以后，同寝室的9名同学睡眠大受影响，但无一人有怨言，令我觉得十分过意不去。

1982年9月，我终于要离开母校安徽师范大学，去遥远的东北了。这时候同学多已离校奔赴工作岗位，是考取我们师大研究生的李修松同学，找来板车帮我把行李拉到芜湖火车站，修松弯腰用力拉车的情景我至今历历在目。

在安徽师范大学历史系读书的这四年，是我一生中最快乐的四年，我几乎每天都生活在爱和欢声笑语之中，觉得自己越活越年轻。后来翻看旧相册，我在师大毕业时的照片，显得比四年前刚入学时的还要年轻。

赭山青青镜水平

——毕业四十周年追忆

张小平

　　记得四十年前的夏天，某日下午的天气和现在一样炎热，我在系里拿到了毕业证书和工作派遣证后，又到各教研室拜别恩师尊长，再回零号楼宿舍和朝夕相处四年的同学互道珍重，就匆匆地收拾好书籍行李踏上回家的路程。

　　坐上已经熟悉了多年的公交车，透过车窗回望着很快消失的师大校园以及渐行渐远的赭山，内心瞬间涌上了许多留恋与难舍，四年的大学生活如影视画面一幕幕涌入脑海。正留恋时，车厢里传来售票员轻柔的声音，"新市口站到了，下一站，八号码头"。我突然意识到，现在不是回忆的时候，赶快收拾行李，赶上最后一班过江轮渡，明天还要到县教育局报道。此时最重要的是找一所理想的学校，安身立命、谋划前程。

　　时光荏苒、逝水如川，四十年弹指一挥间。人生的拼搏奋斗、悲喜荣辱随着时间的流逝都已渐渐淡去。但青青赭山、漾漾镜水总是不断浮现眼前、四载的校园书声汇成的壮丽的青春之歌时常萦绕耳畔，成为挥之不去的心中永久记忆……

　　1972年我高中毕业后，回乡当上了本地村小的民办教师。当时城市居民和农村居民在社会地位、经济条件、文化生活等方面有着天壤之别，我们村小的十几个青年民办教师也存在着根本不同的前途命运，几个下放知青当几年民办教师很快就会被推荐上学、招工进城，而我们回乡知青还是要一辈子留守农村，纵然你心有天高，也改变不了你的命运。

　　正值此万念俱消之时，1977年国家恢复高考制度，这一消息如惊天之雷震醒了我早已麻痹的心田。那个时候全国的各类青年，下放的、回乡的、

高中生、初中生一起卷入到高考的洪流中。我也不例外，义无反地顾参加备考，几经艰苦曲折，1978年高考我幸运过关，被安徽师范大学历史系录取，成为当时我们公社唯一考上大学的人。

带着兴奋、带着期盼，1978年10月，我们才来到心目中神圣殿堂——安徽师范大学报到。那个时候，天是蓝的、山是绿的、水是清的，眼中的安徽师范大学校园一切都是那么新鲜美好。放下行李、安排好住宿，第一件事就是跑到学校大门外红卫照相馆照了一张照片。

在新中国的高考历史上，一九七八级学生真可谓是一个奇特的群体。安徽师范大学历史系一九七八级90名学生平均年龄25岁，男生83人、女生7人。其中包括工厂工人、农村农民、知识青年、民办教师、现役军人、在职干部、学校学生。有结婚多年儿女满堂的大叔、也有稚气未脱的高一学生、还有过去的师生现在同堂就读。

同学们被分为两个班，每班各45人。一班班长宫为端入学前是大队党支部书记、八年党龄，二班班长孙国强入学前是现役军人、排级干部，二人都是思想成熟、政治可靠、组织有序的干将。党团员占绝大多数，无需发展，党团支部就自然建立起来。

一般而言，青春是爱情的温床，但历史系一九七八级则是爱情的荒漠。老三届同学都已经结婚生子，未结婚的不少同学家中已有对象，七个女同学除个别以外，不是已为人妻就是名花有主，如果偶有花边新闻，那多是家乡妻子、女友怀疑其丈夫、男友变心而来学校状告"陈世美"的吵闹。因此释放青春只有用刻苦学习来消磨旺盛的精力，由此也演绎出许多奇特而精彩的励志故事。

上大学时的张小平

陈文誉和冯有生上学前是一对师生，高考前老师带着学生一同报名。作为应届生的冯有生思想轻松，而老陈则压力山大。因为学生冯有生年轻且成绩优秀，无所畏惧，而老陈同学此次再落榜，就无颜见江东父老了。好在苍天仁慈，两人都顺利过关，而后师生二人又相约填报师大历史，就这样昔日师生变成了同班同学。此后四年，师生二人互相帮助、相互促进，都以优秀成绩毕业分回

原籍。老师后来当了宣城地区历史教研员而成为业务权威，学生也进步很快，而立之年就担任省级示范高中宣城中学校长。这是班上由师生而同学再同事的故事。

为人谦和、英俊文雅的裘士京老师当时教授"先秦史"，某次我发现班上王圣宝同学和裘老师格外热络，两人称兄道弟，一问原来他俩中学是同班同学。1966年高中毕业后裘老师经下放后被推荐上南京大学，1975年毕业后分配至安徽师范大学历史系任教，而圣宝同学则历经坎坷，1978年终于考入安徽师范大学历史系，两人由同学变为师生。此后两人各自努力，在自己的岗位上都取得了骄人成绩。裘士京老师后为安徽师范大学历史系的系主任、中国古代史博导，著作等身、名满江淮；而圣宝同学也成为知名教授。世殊事异、造化弄人，二人由同学而师生再同事，也属旷世奇闻。

比起以上同学，翟厚良同学更是经历从囚犯到军校大校、教授的特殊命运。厚良同学出身贫寒，"文革"时被错判入狱。厚良同学释放后反复申诉，1978年高考前夕，案件得到复查、平反。厚良同学得以参加高考，并以高分被安徽师范大学历史系录取。入校后厚良同学倍感珍惜、刻苦读书，大四毕业前又考取吉林大学历史系研究生，并在研究生毕业时被解放军通信指挥学院特招为教员，直至大校、教授退休。

凡此种种，不一而足。

安徽师范大学"前临镜湖晨可畔读、背依赭山夜能闻鸡"，真是一个读书的好地方！校园有山有水，整个校园自南向北阶梯分布、逐级抬高，到处都是树木葱茏、绿荫掩映，间有荷塘碧水、赭石亭台，曾被称为全国十大最美校园之一。清晨薄暮，赭山亭下，满眼皆埋头学子；节日闲暇，镜湖堤边，充耳是琅琅书声。

雄伟的师大校门和美丽的校园

　　基于新安学派、桐城学派的历史文化传承，当时的师大历史系汇集了一大批蜚声中外的史学名家。除了学术上造诣极高外，其人格魅力也是熠熠发光。他们除了以精湛的学术惠及弟子外，更给学生们以人格上的春雨润物。

　　胡澱咸先生是古文字学大家，对甲骨文和金文都深有研究。一天上课偶然说到他的家受到了鸟虫的骚扰，细问原委原来是他刚刚分到的教授别墅里野蜂结了一个足球大小的蜂巢，使得他家人不敢进屋。听课听得昏昏欲睡的我们，顿时来了精神，下课之后我们立即赶往凤凰山教授楼，找来梯子竹竿，三下五除二，捅下马蜂窝，扔在地上当作足球玩耍，直踢得它粉身碎骨，方尽兴而归。

　　万绳楠老师当时名头最响。他是史学泰斗陈寅恪的学生。万老师教授"魏晋南北朝史"，课堂上谈笑风生、从容自信，凡与之相左的观点一概嗤之以鼻，一派大家权威风范。先生对宋代文天祥极为推崇，曾著《文天祥传》，课堂教学中，经常引用文天祥诗句"丹崖翠壁千万丈，与公上上上上上。"来鼓励学生努力学习、不断进取、勇攀高峰！

　　教授"史部目录学"的叶孟明先生和教授"明清史"的王廷元先生是老师中著名烟枪，两人抽烟各有所好且各有绝活。叶老师抽机制卷烟，几乎是烟不离口，我们经常看见叶老师嘴角挂着一支青雾缭绕的香烟，轻松自若讲完一节课内容而香烟不掉不灭，这种绝活到今天仍未听说过有人能够模仿复制。与叶老师相反，王廷元老师从不抽机制卷烟，每次上课王老师除讲稿外，必须带上一小口袋东北土烟丝和自制卷烟纸，上课时，不用眼看、不误讲课刹那之间一枝卷烟就叼在口中。王老师的课堂高潮，一定是兴致之时一根手卷土烟把课堂渲染得笑声咳嗽声连成一片。

　　教"隋唐五代史"的杨国宜老师是四川人，课堂上总是操着一口高亢而浓重的四川话，45分钟不看讲稿，一气呵成。杨老师对同学非常亲切随和，一个学期下来每个学生姓名一口叫出。尤其难能可贵的是，在我们一九七八级十年聚会上，杨老师现场给每个同学作藏名诗一首，居然都十分生动贴切。送我的一首是：

　　　　无为无不为，

张我中华威，

小康岂不美，

平易最可贵！

　　还有，光仁洪先生的大气，陈正飞先生的豁达，苏诚鉴先生的严谨，张海鹏先生的谦和，都给我们留下了难忘的印象，成为定格下来的永久珍贵记忆。

第五编

回望
萩山

多彩人生

一班一组同寝室同学在马鞍山
采石矶合影（1982.5）

部分同学在南京研学时与
外国学者合影（1982.6）

一班团支部在南京博物馆前留影

二班一组部分同学在南京栖霞山上的
合影

何玉杰、刘哲、杨辅仓登上天柱山顶（2022.1）

王圣宝在做学术报告

李修松在母校做报告

傅元根在做教研报告

高岳仑在母校做报告

于志斌在澳门大学做
学术报告

王旭东在做学术报告

高岱在台湾大学讲学

班玮和他的日本学生在一起

王圣宝、李修松主编的著作

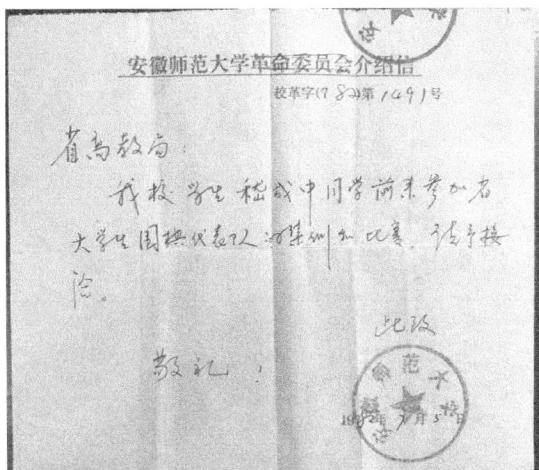

嵇成中等人的教研著作

嵇成中参加安徽省大学生围棋集训和比赛的介绍信

傅元根的教研著作

杨辅仓的教研成果与著作

李修松的学术著作

王旭东的著作

高岳仑的著作

方亚光的著作

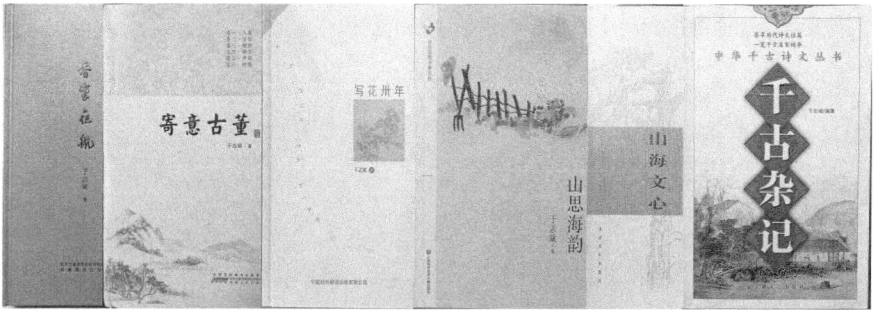

于志斌的著作

高岱的著作

何玉杰的译作与专著

何玉杰获奖证书

傅元根的特级教师证

刘哲的获奖证书（1）

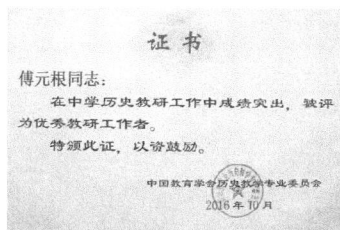

傅元根的教研获奖证书

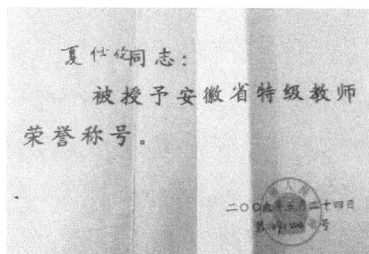

夏仕伦的特级教师证

刘哲的获奖证书（2）

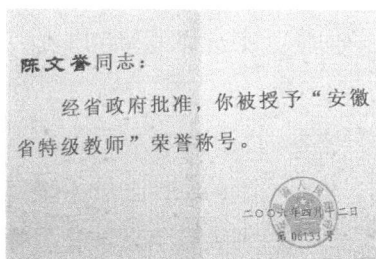

陈文誉的特级教师证

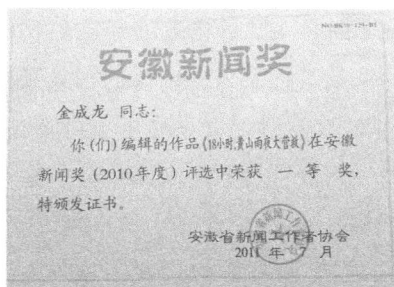

金成龙的获奖证书

吴正荣获的全国优秀教师
奖章

甘　蔗

蔡绍宜

　　我家门前有一片隙地，若是苏东坡，定会栽上竹子；若是许地山，定会种上花生，而我则栽下一片甘蔗。这是我老婆的"顶层设计"，我当然是拥护和执行的。

　　那时候，我在村上的学校当民办教师，并管理着那所学校。民办教师是什么？记得报纸上登过一幅题为《民办教师》的漫画，那是一个把子末端带着笔头的锄，或者说是杆子末端装着锄头的笔。形象极了。民办教师就是这种笔与锄结合连体的不伦不类的"怪物"。

　　我的老婆是一个大字不识的农民。她淳朴，善良，能干活，会持家。她什么都好，就是不尊重脑力劳动，从来不把我在学校的工作视作"干活"。经常的情况是，我放学回到家里，她便说："干活！""你在学校一蹲一天，回来还不干点儿活？"我们那里的方言，站、坐、走、跑、做、打，这些字眼都可以用来指干活，唯独这"蹲"字指的是闲着没事干。我在学校里上课是站着的，办公是坐着的，处理事情是走着的，她全然不管，却一口咬定我是"蹲"着的，而且是"一蹲一天"。我从不和她争辩，自知"蹲"着的理亏，所以只要她发话，我二话不说，立马抄起家伙干活。

　　春暮了，零零落落的关于高考的消息不时传来，撞击着我矛盾而彷徨的心，也牵动着她那敏感的神经。镇上的李某某报了名，南村的杨某某报了名，塘东的杭某某也报了名……听说报名就要截止，我终于不再犹豫，赶紧跑到公社的教办室报了名。没有和老婆商量，没有经老婆批准，这是我一生中所做的最为独立自主，最为干脆利落，最为胆大妄为的事情！

　　老婆知道了，没有责怪我，只说了一句话："支持你，我不拖你的后腿!"话虽这么说，但我知道，她不是不想拖，怕的是终究拖不住我。

一九七七级的新生是在过完大年后入学的，我们村就有一位。他是我的朋友，叫小健。他考的是滁州师专①，拿到通知书的当天，他就步行几十里跑到未婚妻家中辞了亲，而后毫无牵挂地上路，前往学校报到。这件事在我们村里传作头条，岂能对她没有影响?

我报名没几天，就隐约听到这样的事：队里的女人们对她说："五姑②，你不该让他考，他走了，你带着孩子，四年哪，你怎么过?""熬呗，"老婆说。"熬也不是不能熬，但那外面花花世界，能保得住他还能回来?你看那前郢的小健!""不会的，他不是小健。"老婆说，"我相信咱们老三③!"她虽然这么说，但心里还是免不了七上八下的。

麦收之前，甘蔗长起来了，虽然个头还没有长全，也算是长了大半截了。齐刷刷绿油油的一片，十分喜人。论观赏价值，它不亚于苏东坡的竹子。我想，到秋后，其食用价值也一定不亚于许地山的花生。

麦忙假过后，天越来越热，人也越来越忙了。她那边，生产队的活抓得正紧，锄豆、耘秧、抗旱、堆绿肥，忙得没个扎针的空，身子也累得像是散了架。我这边，学校复了课，高考也日益临近，工作又不能停，急得要命，只好抓住零碎点滴的时间，没命地复习。我们两个都快撑不住了，不得已，只好将孩子暂时送给她外婆照看。

天旱得厉害，板结的土地开始开裂，门前的甘蔗也开始卷叶，急需浇水灌溉。

我完全应该拯救那些绿色的生命。但权衡轻重，还是决定舍鱼而取熊掌。不过，说舍也还是有些舍不得，毕竟那是老婆领衔的作品。

好久没有听见老婆说我"蹲"着，唤我干活了，我知道她是有意成全我。而我也体谅她，知道不管是"鱼"是"虾"，这片甘蔗若是旱死，她会很心疼。为了安慰老婆，我还是想尽可能救救那片甘蔗。这天吃过午饭，我未去摸书，提着水桶准备浇甘蔗。"老三，放着吧，我来浇。""当真?""当然当真!""好吧，那就辛苦你了!"我本来有点矛盾和纠结，既然老婆

① 那时名为"安徽师范大学滁州教学点"。

② 她在堂姐妹中排行第五。

③ 我在胞兄弟中排行老三。

发了话，正好乐得个"就坡下驴"。可是她并没有行动。第二天，还是大晴天，丝毫不见雨的影子。吃过午饭，我又提着水桶准备浇甘蔗。"老三，放着吧，我来浇。"老婆说。可是她仍没有行动。第三天是难得的星期天，我觉得有了整块的时间，所以决定切割出一小块分配给可怜的"鱼儿"。天没亮，我就起了床，拿着水桶悄悄往外走，不慎惊醒了老婆。"老三，放着吧，我来浇。"老婆还是那句话。我心里好笑：怎么我像是祥林嫂，她倒成了鲁四老爷家的那位"四婶"了！她总不让我浇水，总说她来浇，其实她也并未浇。因为她也分身乏术，实在顾不过来。尽管她无力去浇，任甘蔗旱着，但还是不让我浇，这局面尴尬得有点别扭。这一天，她终于把话挑明了："老三，你有空就看书吧，家里的活都不用你干了，那点甘蔗，又值得了什么？是死是活，就由它去吧！"

我感激她的深明大义，从此不再牵挂那片甘蔗，一有空就找个地方"蹲"下来，在"偷闲"中抓紧复习。而那片争气的甘蔗，也终于顽强地熬过了干旱，在奄奄一息中等来了降雨。

秋天来了，甘蔗还在生长，尚未成熟，所以并没有过早砍割。我先行收获的硕果便是那份沉甸甸的师大录取通知书。我心里高兴，但竭力掩盖着对她娘俩今后四年生活的担忧。她也高兴，但难以隐藏住对未来命运不确定性的疑虑。

我本没有提前到校的打算，一直挨到了开学报到的前一天。临行，我们又看了看那片甘蔗。老婆说："干得那样，竟然能活过来，这是天意吧？"我点点头，知道她相信天意总会给善良带来美好。老爸听说我要走，给我送来八块钱，她也给我准备了八块钱。我带着十六块钱上路了，她和孩子为我送行。她给我提着背包，我抱着我们的孩子。没有一句话，默默地走着。走过三里路，过了这路上的第一座桥，按照家乡的风俗，应该分手了。她把背包放在地上，从我怀中接过孩子。我把孩子交给她，从地上捡起背包。我们相对站着，良久。孩子的哭打破了沉默，她嚷着还要爸爸抱。老婆狠狠心说："你走吧！"接着又说："咱们要讲良心，别忘了！"她说完，未等我回话，搂紧孩子转身就走。我知道转过身去的那一刻，她一定落泪了。

我和她不可能通信，分手后，我们就断了联系，家里后来的情况我也全然不知了。

这个学期其实很短，我却感觉很长。寒假终于来了。同学们归心似箭，我心犹在箭之前也！回到家中，孩子已不敢认我。乡亲们说这是爸爸，慢慢推着让她靠近我。我拿出糖果，她才怯生生地扑到我的怀里。我走之后，老婆种地，带孩子，养鸡，养猪，又喂了一条看家的狗，这时已经长成半搭个了。它不认识我，开始时向我瞪着眼睛，看到大家跟我亲热，才知道定然不是外人，于是便向我摇着尾巴。

前来看望的乡亲们逐渐坐满了我的小屋。女人们对我老婆悄悄地说着恭维的话，眼里投过羡慕的目光。男人们也议论说，别看五姑现在艰难，将来她会有好日子过的。老婆听着，也忘记了往日的辛劳，脸上洋溢着幸福的微笑。

我是早晨到家的。送走了乡亲，老婆便忙着给我张罗早饭。吃完饭，她拿上来两节黑乎乎的东西。"这是咱们的甘蔗，冬天怕凉，放在灶膛里烤的。""甘蔗！"我惊讶。"是的，"她说，"秋后砍了，还好，卖了九块钱，留着你下学期作盘缠吧！——留了两棵，给你留的，你尝尝。"我心里莫名的高兴，老婆的两句话，眼前的这一幕，把我回到家后的感受由温馨迅速地推向感慨：我的老婆，多么伟大的女人。为了我，她独自在家中操持了一切，又在我第一学期结束之际，为我的第二学期做好了"打算"。我真幸福，有她，我就有了可靠的后方根据地。不容我多想，她催着说："快吃吧，别凉了。——你尝尝甜么？我是觉得它甜，比往年的都甜。"我大口大口地嚼着："嗯，甜，是甜！""为什么干得那样还比往年甜呢？"她问。"也许是天旱水分少，糖浓度更高吧。"我这样解释。她点头，又摇摇头，似乎认同又不完全认同。其实我清楚，——或许她也意识到——她嘴里感觉到的甜，源于她心里酝酿着的蜜。

虎跳峡散记

高　岱

　　我第一次听到虎跳峡这个地名，大概有十来年了。那时它与漂流长江的勇士们是联系在一起的，青年探险家尧茂书就在这儿献出了炽烈如火的生命。我从心里钦佩和敬重他，为他那一往无前的勇气所折服。然而，直到我去虎跳峡的前几天，还不知它的确切方位，只是模糊地觉得它在长江上游的某个地方，却根本没有想到它竟然躲在云南，躲在滇西北的深山峡谷之中，更没想到此次虎跳峡之行，给我留下了那么多回味隽永的记忆……

　　我在昆明开完一次学术会议后，并未匆匆踏上归途，而是和几位师长同仁，一起驱车前往大理。我进大学之时，正值"五朵金花"重见天日，那"苍山脚下找金花"的歌声，曾引起多少青春的遐想。所以我很想去那儿看看苍山洱海，以及娇艳的白族"金花"。确实，大理之行给我留下了深刻的印象。挺拔深沉、云遮雾绕的苍山，浩渺柔美、风情万种的洱海，古朴淳厚的民风，爽朗大方的"金花"，还有那热气腾腾的砂锅鱼和三道茶，都使人产生了一种遁身世外的感觉，使内在情感得到了净化和升华。尽管如此，我心里总隐约有种不尽兴感，这倒不是因为大理风光还未使我感到满足，而是由于这些满足，才激起了我去追求更新更美的欲望。就是在这种心态中，我在金花定情蝴蝶泉边，偶遇一位当地的老者，经他一番点拨，使我奔向了神萦梦绕的虎跳峡。

　　从大理去虎跳峡并不方便，要先到滇西北的丽江，才能辗转到那儿。大理每天只有早上一班过路车去丽江，并且不进站。乘客只得在路边等。由于时差的关系，大理初秋早晨的六点多钟，天仍然很黑，并渗着阵阵的

安徽师范大学历史系一九七八级回忆录

凉意。候车的人不多，除了我之外，只有两三个当地人。我打听一下，才知道虽然他们都去过丽江，却没有一个人去过虎跳峡。正在惆怅之际，从寂静的街道上走来一位外国姑娘，简单地寒暄之后，我得知她叫艾丽丝，是一个美国人，刚从大学毕业，想在工作之前出来看看世界，长长见识。她还告诉我，多年来，她一直向往着中国的虎跳峡。可她不会说一句中文，故而从香港入境后，沿途遇到了不少麻烦。因此，在大理遇到一个会说英语的中国人，使她感到很开心，就这样，我结识了同闯虎跳峡的第一个游伴。

车抵丽江时，已经是下午三点多钟。艾丽丝叮嘱我要帮她找一个便宜的住处。我也不知哪儿便宜，便把她送进了车站附近的国际旅行社。这儿条件比较简陋，价格也较公道。但即使这种"公道"的价格，我还是住不起的。我得找更便宜的旅馆，好在国际旅行社的隔壁就是一家公办的招待所，一问价格，还真的挺便宜，也挺干净，很符合我的要求。

草草安顿后，艾丽丝便来了。她让我陪她上街去看看，体会一下丽江的风情。丽江是滇西北历史悠久的重镇，距昆明有600多公里。因金沙江流经其境，有"金生丽水"之说，故称"丽江"。薄暮时分到丽江，有一种独特的韵味，漫步古城，但见清澈晶莹的雪水，形成潺潺溪流，穿街绕巷，入墙过室；岸边垂柳成行，柔枝婆娑成舞；还有那古貌斑驳的石孔桥，灵巧地跨在溪流之上，更给丽江平添了几分江南的特色。当我问及丽江为何有此风貌时，丽江人都会兴高采烈地"摆"自己的见解。其中一位杂货老板的看法颇有道理。他认为丽江之所以像江南，是因为它就是江南人建的。早在明清之际，大批戍边江南人便在此落户。他们修建自己的家园时，当然是按江南的式样建造啰！

第二天上午，我们遇到了去虎跳峡的一个重大难题。原来丽江距虎跳峡还有90多公里，并且没有班车直通。在国际旅行社的接待大厅里，接待小姐告诉我们，通常去虎跳峡都是包车前往。国际旅行社专门备有一辆越野中巴，供包租之用，每天的费用约人民币800元。对于我和艾丽丝来说，这是一个始料未及的问题，我们都没有足够的心理准备和经济安排。就在进退两难之际，我遇到了同闯虎跳峡的第二个游伴。他是英国人，名叫乔治。在弄清事情的原委后，他提出了一个很好的建议。他让我们现在就把

国际旅行社的这辆车租下来，然后再写个告示，说明我们包租一辆车去虎跳峡，车上尚有少量空位，如有愿意同行的，请签上自己的姓名，明天清晨在国际旅行社门口上车，车费均摊，等等。

这一建议刚"出笼"就博得了我和艾丽丝的赞同。乔治立即从身上掏出纸笔，很快便写成一张告示，并签上自己的名字。我和艾丽丝办好租车手续后，也签上了自己的名字。这样一张不太起眼的英文"告示"，很快便贴到了餐厅的门上。到下午就餐时，我老远就发现那张告示上已签上许多名字了。我细数一下，又多了十来个同伴，这下子不仅圆满地解决了进峡的交通工具问题，还大大降低了进峡的"成本"。

次日清晨，我们相聚在国际旅行社的大门口，乔治身上还背着一个大旅游行囊。车开过来了，是辆日本的丰田。我们三人上车后，其他的入伙者也陆续抵达了。就在车子要开的时候，急匆匆地跑来一个哥们，他用蹩脚的普通话问谁是这辆车的"老板"，我当仁不让地点了点头，表示有话可以与我说。这位哥们告诉我，他是一个香港人，一行三人来到丽江，昨天也在我们的那个告示上签了名（他们的英文名字），但在下午登山时，一位兄弟把腿摔坏了，为了陪这位兄弟看医生，今天他们便不能去虎跳峡了，特此表示歉意。他边讲边从腰包里掏出二百元钱递给我，说是要交租金。

香港哥们这一招，倒是大出我的意料。在我的印象中，香港人是够吝啬的。1984年在九寨沟，我就亲眼看到四五个港客因买到了高价门票而大闹不已，哪有这样的便宜事呢？也许是另有计谋，千万得小心。因此，我连忙推辞道："你们既然不去，那就不用交钱了，先生不要客气。"然而，这香港哥们坚持要我把钱收下，他说："只要我们在那告示上签了名，那我们就得付租金，这不是钱的问题，而是信誉问题，我们中国人在外，就是最讲信用和义气的。俗话说，在家靠父母，出门靠朋友，就算交个朋友吧！"他说这些话的时候，表情极为诚恳，丝毫没有市井油滑之气，让人不得不相信他的坦诚。

这位哥们的一番话和举动，使我很受感动。我怎么也没想到，他这个香港人竟把此事和中国人的基本道德联系在一起。看来，我要不收下他这两百元钱，他会和我没完的。于是我一把接过他递来的钱塞进口袋，同时模仿香港武打片中的动作，挺豪气地向他拱了拱手，很"江湖"地说道：

"既然老兄一片诚意，小弟再推让就有些却之不恭了，权且收下你这两百元钱，咱们就算交个朋友。山不转水转，来日方长，以后有什么用得着的地方，但说无妨。"接着，我把自己的地址抄给了他，再次向他拱了拱手。

在那位香港哥们的"拜拜"声中，汽车开动了，车内的气氛随之活跃起来。也许是去虎跳峡的梦想即将成为现实，大家都显得挺兴奋。这时，我才感到，我们这个赴虎跳峡的旅行团，是地地道道的国际旅游团，不算司机，共有八人组成，却分属四个国家。我是中国人，艾丽丝是美国人，乔治是英国人，此外还有两位丹麦女士和两位英国女士，以及一位留着小胡子的英国先生。英语自然成了"团"内的官方语言。

车行不久之后，"团"员们便开始偃旗息鼓，闭目养神了，只有艾丽丝和乔治还在滔滔不绝地谈着话。通过他们之间的谈话，我得知乔治是从印度而来，经尼泊尔的加德满都进入我国西藏。然后沿滇藏公路来到丽江，探访虎跳峡。此后，他还要去安徽的黄山，再经由上海返回英国。乔治在谈他的旅游经历时，表情很轻松，给人一种爬高山如履平地的感觉。但我深知他这一路来的是何等的艰辛。仅就其入滇方式而言，便是许多老外甚至我们这些国人都难以忍受的。因此，我对这位乔治有些刮目相看了，并欣然加入他们的谈话，结果又有了意外的收获，原来我们三人竟然还是同行。

乔治毕业于剑桥大学，是学历史的，研究方向为拉美史，后来改修法律，现在既是教师，又是律师。艾丽丝告诉我们，她是学俄国史的，论文写的是俄国中世纪的宗教问题，在探访虎跳峡后，她准备从北京前往莫斯科，实地体察一下俄罗斯。我则对他们讲，本人在国内一所大学获得了博士学位，专业是英国史，现正在一所大学教书，不久将赴英做访问学者。经过这一番介绍，我们的谈话便成了学术交流，因而更加有趣、融洽。

大约九点钟，车子抵达虎跳峡外的一个小镇，司机把车停在镇口，回身说道："在此停车半个小时，大家在这个镇上吃点东西再进峡谷。"我听完他的话，习惯性地便打算开门下车。这时只听后座有人在大声抱怨："怎么不给翻译一下？"声调很不友好。我循声望去，见说话者是那个留着小胡子的英国人，本来我心里也为一时疏忽而感到有些歉意，然而经他这一叫，我不但没有了歉意，反引起几分恼火。心想，哪来这么个不懂事的老外，

在中国的虎跳峡边还敢对我颐指气使。我决定狠敲他一下，便有意加重语气回敬说："先生，我不是你的翻译，和你一样是游客，付的钱和你一样多。况且，要不是我，你还在丽江街上打转呢。所以，你没有权力这样和我说话，你真要想知道司机说些什么，去把中文学好再来吧！"

我这几句一出口，但见那个英国"绅士"的小胡子翘了几下，便耷拉下来了，脸色由红转白，不知所措。大概他此次来华，被一些同胞惯坏了，没想到在此遇到我这么个主。此时，与他同来的两位女士出面打了圆场，连说几声"对不起"。乔治和艾丽丝也请我不要介意，这才换得我硬邦邦的一句英国话："司机说了，在此休息半小时。"至于休息的目的是什么，我也懒得说了。

不想，这一省略可苦了车上这些老外，其中包括乔治和艾丽丝。他俩随我下车后，拿着照相机到处"咔嚓"去了。其他的老外也都以为在这儿停车，是为了让他们领略一下中国的乡村风情，全然不知这是为他们填肚皮提供的方便。半小时后他们回到车上时，除我之外，谁也没有吃东西。这下倒使我感到有些内疚了。不管怎样，总不能让"国际友人"饿肚子吧！我连忙请司机稍等一会，然后跳下车去，在最近的一个商店里买回几袋饼干和面包，分发给这些同闯虎跳峡的伙伴们。为防止引起误会，我干脆宣布这是车上提供的免费中餐。结果他们全收了。那个小胡子在接我递过去的面包时，说了句"thank you"后面还加上了一个"very much"。

车子离开小镇后，便沿着山边一条极简易的公路向峡口驶去。我们的司机挺老练，尽管在一些险要之处，激起了几声外国人的尖叫，但他全然没有在意，而是平静自信地驾着车子，颠颠簸簸地向峡口开去。大约半个小时后，他在一个转弯处把车子停了下来，又回身对我说："路到头了，虎跳峡也到了，请下车吧！希望你们在下午四点钟之前一定要赶回来，记住，下午四点钟。"这回我很主动地把司机的话译成了英语，将这一激动人心的消息传达给车上的每一个人。可想而知，换来的是一片欢呼之声。大家纷纷拿起相机跳下车，直往峡口奔去。

峡口的景致十分壮观，对面是冰峰闪烁的玉龙雪山，脚下是滔滔的金沙江水，头顶是一片湛蓝的天空，我们置身其间，顿感天地之壮阔，自然之神奇。只听一片赞叹之声从各人的口中喷射而出，仿佛要把各个国家的赞美词汇全搬出来。但我觉得这样表达不过瘾，于是便用一句地道的中文大吼一声："真他妈的棒极了！"

哪知我的这句中国话引起了艾丽丝的兴趣，她立即便问我这句话是什么意思。我微愣片刻，随口糊弄她说，这是中国的土话，意为特别特别的好。不期艾丽丝偏要我教她说这句话。无可奈何，我只得教她几遍。她得到真传后，也对峡口大喊了几声。但由于她火候不到，功力尚浅，这句话经她一说，听起来就像"真……麻烦……"似的，使人忍俊不禁。我想，没准她回美国后，还要向其同胞夸耀，在虎跳峡口，她学会了一句地道的中国话呢！

峡口还有一块朴素的纪念碑，那是为了漂流勇士而树立的。当我介绍完这块纪念碑的来历后，"团"员们纷纷在此碑前拍照留念。然后，我们便沿着一条挂在山崖上的小路，向峡里走去。大约走了半小时，我们便看到了奔腾咆哮的上虎跳。

整个虎跳峡全长约十七公里。因金沙江流经这儿时，江面特别狭窄，而江中又有块大石头，据说，以往常见到有老虎借助这块石头跳到江对岸，故此峡被称作虎跳峡，江心的那块石头也被称为虎跳石。由于这样的虎跳石在峡内共有三处，从而便形成了上虎跳、中虎跳、下虎跳。据有关资料介绍，虎跳峡上下口落差达200多米，从江面到玉龙雪山的峰巅高差竟达3000多米，这在世界上是绝无仅有的。正因为如此，它才具有如此慑人的魅力。

上虎跳是虎跳峡中第一个惊心动魄之处。我们无法到达江边，只能从近五十米的悬崖上向下俯视。只见这儿的江面仅20多米宽，中间是一块褐色的巨石。它板着铁青的面孔，无所畏惧地迎击着浑黄的江水，将它一劈为二，分撞在两岸的石壁上，形成如雷的涛声，滚滚的白浪。在江对岸，冰峰融雪所形成的数股瀑布，挂在浅灰色的峭壁之上，飞流直下，喷洒江中，与被虎跳石挤碎的江涛融为一体，使虎跳峡更具雄浑、磅礴的气势。

在"拜访"上虎跳后，大家便抓紧时间朝中虎跳奔去。乔治和艾丽丝是"尖兵"，那几个后入伙者是"大部队"，而我则是"后卫"。路越来越难走，有的地方与其说是路，倒不如说是在悬崖上所开的槽子。它一侧是陡峭的石壁，一侧是咆哮的江水。稍不注意，便会遗恨千古。整个峡谷之中，

很少见到人的踪迹。只有那巍巍雪山，悠悠白云，伴随着那威严的声息，主宰一切。这使我似乎觉得，自己不仅仅只是行走在崎岖的山道上，而是迈步于洪荒年代的历史中。

由于时间的关系，我到达中虎跳后，便没有继续往前走了，上虎跳的壮丽景色已经使我异常陶醉。我来中虎跳，主要是为了凭吊心目中的英雄尧茂书，他就是在这儿献身的。望着那滔滔的江水和屹立江中的虎跳石，我第一次深切体会了"中流砥柱"的真正内涵。在静静地默哀3分钟后，我从身边摘下一些野花，草草扎成一束，抛进湍急的江中。目送它带着我的崇敬和哀思，我的悲切和惋惜，流入彪炳的史册。

归途中，我与两位丹麦女士结伴而行。她们具有典型的北欧风格，身材高大，面色红润，英语讲得很标准，对欧洲的历史也有所了解。我以为又遇到了同行，以至冒昧地问了一下她们的职业，结果却令我大吃一惊，这两个谈吐风雅的女士，竟是一对海上渔姑。望着这两位丹麦打渔女，听着她们的环球旅游计划，我不禁感慨万千，一种难言的滋味漫上心头……不过转念一想，也就释然了。毕竟，虎跳峡是在我们国家，她们国家再有钱，总不能造个虎跳峡吧。要想见见它，她们只有不远万里，不辞辛苦前来。再说，以后等咱们有钱周游列国时，说不定还不想去丹麦呢！虽然我清楚地知道自己的想法不免有些阿Q，但这样想过后，心境确实开朗多了。

我们回到中巴车边，时间已近四点。那三位英国人也已回来，只是乔治和艾丽丝还不见踪影。大家在翘首等待，心情都很焦急。直到四点半左右，才看见艾丽丝一个人从山口转来。我们都吃了一惊，忙问乔治上哪儿去了。艾丽丝急切地告诉我们，乔治决定今天不回去了，他要单独地在下虎跳过夜，明天自己再想办法回丽江……

我还没听完艾丽丝的话，内心就又一次为乔治对大自然的酷爱所震颤。想着这样一位万里之外的英国青年，伴着金沙江，枕着虎跳峡，在星光月色之下躺在这高原旷野，的确富有诗意。然而，在人迹罕至，野兽出没的峡谷之处，独自生存一宿，没有坚强的毅力和勇气，没有忘我的探索精神，是根本不可想象的。我自知没有他的这份执着，所以非常钦佩这位英国青年。望着虎跳峡的深处，我心里在默默地为他祝愿：愿他一切顺利，愿他一切安好，愿他在这神奇的虎跳峡中，度过他一生中最难忘的一夜。

返程了，落日的余晖正抹在雪峰之上，更增添了它的辉煌和瑰丽，长着不同颜色头发的脑袋，都不约而同地转过来，恋恋不舍地望着峡口。艾丽丝的神情尤为特别。我知道，她是在为乔治担心。也许，就在这虎跳峡里，她也找到了自己最珍贵的东西。

（原载于《清明》1995年第3期）

历史系（外一首）

何玉杰

这是一条古老的河流
曾经从孔夫子的脚下流过
溯游从之
可以发现壮丽的大海
溯洄从之
可以看到清亮的源头
如今的岸边
教授们的头发都花白了
弟子们鱼贯而行
拿着贝母草和车前子
在泥泞的《国语》中跋涉
在崎岖的《史记》中往返
用马鞭子和蓑衣等候
多雨的《资治通鉴》
贾湖骨笛发出远古的回声
暗藏古今之变、天人之际的奥秘

这是一条浩瀚的河流
连绵的典籍伫立两岸
宽广的胸膛
流过伊利亚特英雄们的悲怆

划过莱克星顿的呼喊

飘过甲午战争的硝烟

飞过两次世界大战的风云

在谎言与罪恶倒下的地方

正义抽枝发芽，郁郁苍苍

鸟儿落满枝头

像繁星缀满夜空

这是一条澎湃的河流

阳光和风雨竞相弹奏

导师在领航

手中的金羊毛闪闪发光

我们劈波斩浪，豪情万丈

望皓月当空

击楫中流

想佼人僚兮

扣舷而歌

每一思，思接千载

每一行，行远自迩

当离别的酒杯紧握手中

粼粼的波光摇动心旌

那是历史不舍的眼神

作于2022年7月18日

如　果

如果，

如果我告别了这个世界

上帝啊，葬我于河谷之阳

让清晨的第一道霞光为我徜徉

我要看，熟睡的婴儿

躺在摇篮中绽放安详

我要听，微风绕过墙角的轻响

当串串绿枝

覆盖我的躯体

丝丝暖意

流进我的肝肠

我将苍翠欲滴——

滴下淳朴善良的

晨露雨珠

滴下不屈不挠的

墨迹翰章

如果，

如果我告别了这个世界

上帝啊，葬我在高岗之上

让黄昏的第一缕山风为我巡场

我要看，乳白的月光

在长城上婉转地流淌

我要听，黄河的排浪

在风雨中嘶哑地激荡

当声声号子响彻我的耳边

粼粼波光划过我的脸庞

我就引吭高唱——

唱柔肠寸断的

古老情歌

唱夕阳涂抹的

血色沙场

安徽师范大学历史系一九七八级回忆录

作于2013年10月

宝岛，并不遥远
——台湾散记

花小惠

我儿时对台湾的认识，源于《台湾同胞我的骨肉兄弟》这首歌："我站在海岸上，把祖国的台湾省遥望，日月潭碧波在心中荡漾，阿里山林涛在耳边震响……"我青春年少时则是在琼瑶剧和台湾流行歌曲的伴随中度过的，《一剪梅》《几度夕阳红》的剧情仍然记忆犹新，《甜蜜蜜》《阿里山的姑娘》至今还会吟唱。由于历史的缘故，感知中的台湾，似乎离我们非常遥远，那时以为亲眼看看阿里山、日月潭，今生只是一种梦想。

2011年4月，我的梦想成真了！应中华全球洪门联盟总会的邀请，致公党合肥市委会代表团赴台湾进行了为期6天的访问，当一张浅绿色的台湾入境许可证拿在手里时，我仍有种梦幻的感觉。

夜色浓重，波音飞机飞越台湾海峡，窗外一片漆黑，瞬间，我想起了过去常喊的口号："我们一定要解放台湾！"历史深处的经历仿佛是一个流传很久的传奇故事，没有什么力量可以阻挡同胞握手言和、血脉共同奔流。

飞机开始下降，只用1小时40分钟，宝岛即在眼前，机翼下出现点点星光闪烁，下面就是台湾桃园机场。台湾，我终于来了！当我的脚踏上这片魂牵梦绕的土地时，内心的感觉是那么复杂，又那么亲切。台湾曾经在祖国母亲身体虚弱时被活生生地从其怀抱中抢走，在日本统治下生活了五十年，刚刚在二战以后回归祖国，却又因国际、国内原因同大陆分割了六十余年，台湾到底是一种什么状况呢？

"欢迎各位贵宾前来观光，我们这也是'国共合作'"，台湾导游风趣的欢迎词，立刻拉近了彼此的距离。大巴载着我们向台北驶去，耳边，听到的是导游的介绍："国民党到台湾后也进行了'土改'，使200万农民受

益，客观上促进了台湾的城市化。台湾是县管市，大陆是市管县"；眼睛，则被窗外那活脱脱的繁体字、大门两边的石狮子、酒店门前的红灯笼深深地吸引，令人无处不感到中华文化的力量所在，入住台北的第一晚我兴奋了很久才进入梦乡。

在台北我们游览了101大楼、士林官邸等地，观赏着台北市容，孟庭苇那首《冬季到台北来看雨》的歌曲又萦绕在我的心头。我整体感觉台北的现代化大楼远不及北京、上海、广州、深圳多，整个城市映入眼际更多的是斑驳老厦，一排排、一座座，犹如逝去容颜的贵妇，比起大陆的大小城市尽是工地，少了些活力，多了份安详。

台北街道的名称很有意思。据导游介绍，它是以全中国城市的地理位置为依托，结合台北街道位置来命名。例如，中原街、开封街必定是在台北的市中心，吉林路、锦州路必定是在台北的东北角，酒泉街、西宁路都在台北的西北角。台北市的街道名称还与中华传统文化有关，如"仁爱大道"，"忠孝大道"等等，让我觉得：谁要在这块土地上"去中国化"，任务确实太重了点，他可以毫不费力地把所谓"总统府"门上的蒋记色彩的牌匾换掉，但要在台湾这块中华文化浸润了多少代的土地上完全抹去中国印记，就让人有点蚍蜉撼树的可笑之感了。

如果要在台北找一个地标性建筑，非101大楼莫属。在阿联酋迪拜塔建成之前，台北101大楼是世界上最高的建筑物，这幢造型宛若劲竹节节高升的建筑，给人带来了一场视觉的盛宴。大楼由华人建筑师李祖原设计，建筑高度为508米，台湾同胞在谈起101大楼时都分外自豪。如果你经济条件允许的话，还可以在这里"血拼"一番，大楼里荟萃了世界顶尖名牌的旗舰店，同样的国际名牌，在大楼里买绝对比外面要贵得多。怪不得有人调侃说：在101大楼买的不是商品，买的是身份！巧的是，在101大楼门口，我们居然遇到了以花建慧副省长为首的安徽省经贸代表团。

士林官邸是当年蒋介石和宋美龄多年居住的地方，近年来才对游客开放。走进大门，蒋宋夫妇当年乘坐的轿车依然还在。园内鲜花缤纷，古木参天，中西风格的花园各具特色，争奇斗艳，令人有移步换景、美不胜收之感。蒋宋夫妇当年居住的两层小楼背依青山，掩蔽在一片浓浓的翠绿之中，虽历经风雨，仍然给游人留下几多神秘的色彩。曾几何时，这里还是警卫森严的"皇家禁地"，转眼间游人如织，令人空怀"昔人已乘黄鹤去，此地空余黄鹤楼"之感慨。在园中我们还偶遇一位80多岁的安徽籍台湾老兵。老人家听说我们来自合肥，很热情地与我们交谈，告诉我们他去过合肥，他的叔叔现住在合肥，听口音他是淮北人，真是"乡音未改鬓毛衰"啊！

台北"故宫博物院"是中国著名的历史与文化艺术博物馆。我们走进大门，人潮如涌，摩肩接踵，每人在入口处可以免费领取一个听筒和接收器，只能听到自己导游的轻声介绍，因此虽然人多但很安静，不会出现人声鼎沸的状况。展馆每三个月更换一次展品，价值连城的极品更是数以千计，其中的翠玉白菜、肉形石、毛公鼎为台北"故宫博物院"的镇馆三宝。翠玉白菜据说是慈禧太后的玩物，用一块半白半绿的玉雕成，把绿色的雕成菜叶，白色的雕成菜帮，"白菜"鲜嫩的好像用指甲掐一下就会出水。肉形石，顾名思义，是像肉之石，"肉"的肥瘦层次分明、肌理清晰、毛孔宛然，酷似一块红烧肉，令人叹为观止。毛公鼎系西周青铜器，有着2800多年历史，鼎内铸铭文497个字，是迄今为止发现的铭文最多的青铜器，自然便成了文物精品。联想到前段时间媒体报道的分隔在海峡两岸的元代《富春山居图》，让人感慨骨肉同胞分离两地，历史文物也难逃此运，不知何日可将两地文物合二为一，让洋洋大观的华夏文化，以更为完整恢宏的全貌示于世人。

2011年是辛亥革命一百周年，虽说两岸至今仍有一定的分歧，但对孙中山的丰功伟绩都是充分肯定的。台北中山纪念馆是一座黄顶红墙的唐朝风格建筑，我们参观时，恰遇仪仗兵换岗，阿兵哥身手矫健让人印象深刻。不过，换岗仪式近40分钟，太繁琐了。

进入纪念馆内，孙中山的铜像映入眼帘，正襟危坐显得十分威严。瞻仰孙中山铜像，回想起他在清末为"驱除鞑虏，恢复中华"，屡败屡战，不言放弃，终于取得了武昌起义的胜利，结束了中国两千多年的封建帝制，创立了亚洲第一个共和国，彻底改变了中国历史的进程。缅怀孙中山的事迹，令人心潮澎湃，浏览着大厅墙壁上镌刻的孙中山名言，我最喜欢的一句是"思想产生信仰，信仰产生力量"。先辈们正是靠着信仰的力量，叱咤风云创造了辉煌的历史。

　　由于受歌曲的影响，到了台湾我就想看一看阿里山地区"美如水"的姑娘和"壮如山"的少年。导游告知：如今阿里山哪还有什么姑娘，蒋介石时代的姑娘已经变成老太婆了！经过阿里山地区还真没看到姑娘的身影，却喝到了大妈们泡制的高山茶；"壮如山"的少年也被一些忙前忙后的大叔所取代。导游解释说：阿里山的姑娘和少年现在都到大城市打工了，家里留下的都是姑娘、少年的爹和妈。

　　台湾的标志除了阿里山就是位于中部的日月潭，它是台湾唯一的天然高山湖泊，潭中有一个小岛，远看好像浮在水面上的一颗珠子，故名珠仔岛或叫拉鲁岛。以此岛为界，北半湖形如一轮旭日，南半湖状似上弦之月，得名日月潭。日月潭之美在于环湖重峦叠嶂，湖面辽阔。如果说，杭州西湖淡妆浓抹，水光潋滟，显得柔媚；日月潭则幽静绝尘，湖水澄澈，显得矜持。

　　在日月潭边有位从18岁开始，一直卖了60年茶叶蛋的老太太，她做茶叶蛋的手艺非常讲究，不仅放卤料，还放灵芝、香料等其他东西，由于中央电视台《岩松看台湾》节目介绍了她，大陆游客去日月潭时都争相购买，从当初一天卖100多个，发展到现在的一天卖一万多个。现在老太太已光荣离岗，取而代之的是她的家人全家出动，在日月潭旁边设了一个小房子专职做茶叶蛋生意。我找到这个店铺时，门口围满了人，好不容易挤进去，买了两个尝尝，确实很香。

　　距日月潭只有半小时车程的中台禅寺，是台湾规模最大、最现代化、最气派的佛教庙宇。该寺拥有百万信徒，其中许多是海归的硕士、博士，在台湾具有相当的影响力，号称东南亚最大的禅宗道场。车子进入禅寺停车场时，映入我眼帘的，是一处耸入云端、金碧辉煌的建筑群落。我临门而立，不禁为它糅合了传统与现代、中式与西方的建筑风格所折服。小小的台湾，居然建造出规模如此宏大而又现代化的寺庙，不免令人啧啧称奇！禅寺设计师是设计101大楼的李祖原，他在该寺设计上，以佛法理念为根本，融科技、艺术、文化、宗教、建筑为一体，呈现出新时代宗教建筑的特质。进入寺门后，我便见院中一荷池上架着一座纯铜建成的"同源桥"，这是杭州灵隐寺赠送的。同源者，文化同源、种族同源、宗教同源。桥的一侧刻着中台禅寺创始人、主持惟觉长老的诗："金桥庄严通两岸，迷悟即在一瞬间。悟时登桥到乐土，迷时寻找桥不现。"指明了两岸人民"迷""悟"两种状态、两种前途，真是令人醍醐灌顶，豁然开朗。惟觉和尚师从基隆的灵源长老，灵源长老承法江西永修的虚云和尚，因此，惟觉是虚云的再传弟子。看来，台湾的佛教也源于大陆。人们常用"香火鼎盛"来形容一座寺庙的香客云集，整个中台禅寺，清雅敞亮，美轮美奂，没有普通寺庙那种香烟缭绕、嘈杂拥塞的感觉，禅寺不设香案，不点香火，以避免污染空气、损坏建筑，佛像前敬献的是鲜花，完全符合如今大力提倡的低碳环保理念，这样的礼佛方式着实值得推广。

台湾寺庙虽多，但香火最旺的还是妈祖庙，有近四分之三的台湾人信仰妈祖。由于妈祖庙也是从福建莆田传入台湾的，所以莆田妈祖庙中的妈祖金身出巡台湾时，每到一处，万人空巷，县、市长都要沿途跪拜迎送。

到达台南的那天中午，电视里播出阿里山小火车翻车事件，死伤了一些游客，真是天有不测之风云，半小时后我手机就传来合肥朋友的询问短信，说是刚从网上看到了。信息时代两岸消息传播之快、相互关注度之高由此可见一斑。

在历史课上我曾多次给学生讲过台南的赤崁楼，建筑精美，庄严典雅，没想到我终于可以和它零距离接触了。抚摸着它的大门，我感慨万千，导游说荷兰人称这里为普罗民遮城，当地人称作"红毛楼"。郑成功攻占后设承天府并将其改名为赤崁楼，隔台江与安平古堡相望。

安平古堡原名热兰遮城，荷兰人建于1624年。1662年郑成功将荷兰人驱逐出台湾，接收了该城，将指挥部从赤崁楼移至此地，改名为"安平"，这就是"安平古堡"名称的由来。安平古堡文物馆陈列了郑成功和荷兰人揆一签订的条约，沦陷38年的台湾终于回到了祖国的怀抱。这次胜利，使得台湾摆脱了像印尼那样被荷兰殖民统治三百多年的命运，扭转了东亚海洋势力发展的轨迹。站在受降图前，看着郑成功接受荷军献降书的历史画卷，每一个参观者都会心灵震撼，思绪万千，民族自豪感油然而生。

高雄是台湾南部最大的港口城市，也是岛上仅次于台北的第二大城市。穿城而过的爱河，似乎就是合肥的南淝河，同样是不宽的河道，同样是沿岸的垂柳，没有一点陌生感。地处高雄鼓山上的"打狗英国领事馆"是台湾目前尚存的西洋建筑中年代最久远的一栋，号称"台湾第一洋楼"。领事

馆地理位置十分优越，西临台湾海峡的西子湾，是货轮出入高雄港的必经之路，东望高雄市，可以俯瞰高雄市区和港口。这里原是平埔人居住地，因盛产竹子而得名"takau"（平埔语，意为竹林），汉语音译为"打狗"，因此"打狗"便是高雄最早的名称。日据初期，日本人认为"打狗"这个名称不雅，便将地名改为"高雄"，因日语中"高雄"发音为"takao"，与"打狗"之音相近。领事馆依山临海的优势，造就了西子湾的浪漫情调，时近黄昏，波光粼粼，渔火点点，"西子夕照"成为高雄八景之一。

晚饭后，中华全球洪门联盟总会刘会长打来电话，邀请我们去唱卡拉OK，唱到子夜又邀我们去吃夜宵，大家都说太晚了，要回去睡了，刘会长大手一挥，潇洒地说："到台湾来还睡什么觉啊！"于是大队人马又到酒店，吃海鲜，喝金门高粱酒，最后刘会长喝醉了，喊我们团里的黄大律师为"大力士"、杨先生为"杨大帅"，并说"明晚再喝"。不论在台北还是高雄，台湾同胞的热情好客真让人感动！

离台前一天我们去了台湾最南端的垦丁公园。垦丁被称为台湾的"天涯海角"，导游介绍说，清末从大陆来了一批壮丁到此开垦，因此得名。其东临太平洋，西靠台湾海峡，南望巴士海峡，伸出去两只"鼻子"：鹅銮鼻公园和猫鼻头公园。看着犹如百褶裙般的海岸线和成片的珊瑚礁，望着海水在台湾海峡和巴士海峡之间恣意穿行，我的思绪也跟着起伏……

1871年，一艘琉球船只遇风翻船，船上54人在垦丁上岸，后因与当地的少数民族发生冲突而被杀。日本乘机介入，派兵入侵台湾，迫使清政府赔偿50万两白银，并夺走了琉球群岛，将其变成了日本的"冲绳"，这就是所谓"牡丹社事件"。清朝钦差大臣沈葆桢因此深刻认识到垦丁战略位置的重要性，决定在鹅銮鼻建一座灯塔，起到警示和导航的作用。这座24.1米高的灯塔，是目前台湾光力最强的灯塔，被称为"东亚之光"，站在塔顶，可以饱览海天一色的秀丽风光。

猫鼻头公园里出售红珊瑚项链，光泽艳丽，让人爱不释手。一位女售货员自称嫁到台湾前是合肥市第一人民医院的护士，当我带着怀疑的眼光说了该院一位医生的名字时，她立即说出了这位医生家庭的详细情况。我没想到在这里见到了真正的合肥老乡，不过我们没有"两眼泪汪汪"，而是笑嘻嘻地聊了一会。

回来的路上，我们顺道去参观了邓丽君纪念馆，里面的展品都是她生前用过的原物。邓丽君唱遍了东南亚，唱红了整个华人世界，如今歌声还在，美人已去，我心里只能感叹："好花不常开""何日君再来"？

晚上我们去逛高雄著名的六合夜市，小吃遍布，蚵仔煎、大饼包小饼、生炒花枝羹、青蛙下蛋、木瓜牛奶等令人眼花缭乱，经过改良后的水果口感极好，像莲雾、番石榴、释迦等都是我们一路走来百吃不厌的品种。

我曾和一些台湾人私下交谈，感到他们没人愿意为所谓的"独立"而战，他们只是希望在现有的体制下生活得更加富裕。我们的导游反复说的话就是："感谢大陆同胞，如果不是大陆鼎力相助，在这次金融危机中，台湾的经济就破产了。过去来台湾旅游的主要是日本人、美国人，现在来台湾旅游的基本上是大陆游客，是大陆救了台湾。"

"小时候，乡愁是一枚小小的邮票，我在这头，母亲在那头。长大后，乡愁是一张窄窄的船票，我在这头，新娘在那头……而现在，乡愁是一湾浅浅的海峡，我在这头，大陆在那头。"台湾诗人余光中跨越半个世纪的《乡愁》，现在读起来更加意味深长。那枚小小的邮票，如今被 Email 所取代；那张窄窄的船票，如今被机票所取代；而那湾浅浅的海峡，何时才能变为统一的坦途？

几天来浮光掠影看台湾，我感到台湾虽小，却散发着浓烈的文化芬芳。若把台湾比拟为一位男子，让我看到了儒雅；比拟为一位女子，则让我看到了温柔，这似乎是先秦诸子百家最想看到的。两岸同根同源血浓于水，文化背景一脉相承，台湾文化就是浓墨重彩的中国文化的一部分，宝岛，你并不遥远！

我的教坛生涯

刘咏红

我毕业后分到巢湖一中任教，直到22年后突然重病才被迫离开教坛。

2004年8月的最后一天，正逢新学期开始，我早上送走了在上大学的女儿李晓。我爱人李正，当时是巢湖学院体育系主任，带几位老师去合肥出差。那年我们老校长退休，年级的分管副校长在行政楼没下来，高一年级20个班文理分科教师配备的担子都落在我这个政教处分管主任的肩上。那年我还带了一个补习班，当晚刷牙洗脸以后，我还要给补习班备课，一整天忙得头昏脑胀。当我刷牙的时候，突然觉得后脑勺轻轻响了一声。我感觉不好，就赶紧给我爱人打电话，又给我楼下的政教处主任打电话，他也不在家。我就跟我公公说我头有点疼，他说头疼就去躺一会，这一躺就改变了我后半生的命运。

我爱人赶回来后看我浑身冒汗，人事不知，就拨打了120，送到地区医院抢救，诊断为脑出血，手术后送重症监护室。半月后转南京进行高压氧舱康复治疗，我思维有所好转，20天后回含山母亲处休养。我逐渐清醒后，开始小范围的活动。2005年12月份我不慎摔倒致右腿骨折，回巢手术后卧床三个月。由于我脑出血小脑萎缩平衡能力差，从此自己不能独立行走，在家人的搀扶下才敢行走。我生病后，学校给予很好的照顾，大学同学也有多人来看望我，使我对生活充满希望，谢谢大家。

我人生的三次大考

——为大学毕业四十周年而作

汤晓华

自上学起，经历了多少场考试，我记不清了。但人生的三次大考，我从来没有忘记。

我人生的第一次大考，是"高考"。1978年，那天下午，邮递员高举通知单，一路大声吆喝：大学通知！大学通知！不出一个时辰，我考上大学的消息传遍了县城那条幽深的老街，瞬间刷新了当天"老街新闻"的头条。

我的考分虽不高，可我们县的考生考的普遍不好。我和后来同校同系的盛益武成了矮子中的"将军"，全县文科，益武第一名，我第二名。

我人生的第二次大考，是考党校。1982年毕业我回县城母校教历史。一年下来，尽管"故事"讲的受到学生的欢迎，但我没了新鲜感，竟感到中学教学的"乏味"。终于，机会来了：1983年底，铜陵市委党校招聘教员，我偷偷地报了名。因为不是党员，我不能报马列和党史建，只能报"文史"。复习了一周历史，可结果考题是"试论社会主义精神文明建设"。我那时不关注政治，见到考题直发愣。好在大学时出过一期墙报，抄过"精神文明"的词意解释。凭着这点"旧学"的现场"发酵"，我居然得分第一。还有一场是讲课：考茨基的超帝国主义论。我得分也是第一。我以为这下成了："小县民"可以成为"小市民"了。可没想到，县里先下手为强，一纸调令，将我调往县委党校，美其名曰：防止人才外流。市委党校当然不依不饶。招聘组长（市委副书记）面告县委书记：此人必须在3月12日前到市委党校报到（当时只剩我没报到）。县委书记立马表态：县委服从市委。什么叫"官大一级"，什么叫上级的权威，我这个"书生"是第一次真真切切地领会了。

报考市委党校前，我曾找过那位县委书记和组织部部长，想调往县委党校。他们都以一通"大道理"锁住了我的那点"不安分"。现在，真的要走人了，他们却又宛然若失并"半路打劫"。我的这点事，后来被县两会多次提及。有政协委员还以"我等"为例，郑重提出"防止人才外流"的提案。我想：对待所谓"人才"，人们往往是这样：得之，不惜；失之，方醒。世间很多事，道理都明白，可做起来却又糊涂了。不是不明"理"，而是不舍"利"。过去是这样，现在是这样，将来或许还是这样。

我人生的第三次大考，是报考铜陵市副市长。1998年，省里招聘厅干，我压根没想过报名。报名截止那天，市委组织部打来电话，希望我能参加，说了不少鼓励的话。我当然不糊涂：他们估计我可能会"挣分""挣脸"。组织的"美意"我当然不好拒绝。当时我正感冒发烧，一边打点滴，一边啃书。临考前两天，烧退了。笔试在任书智任教的合肥九中。考场出来，我感觉良好。一周后，接到省委组织部电话，通知我去合肥面试。面试在兰亭宾馆。五道题，半小时。我的考试感觉依然良好。又一周后，《安徽日报》刊登入围考核名单：张庆军、张南和我。两天后，省委组织部副部长张耀文来铜陵考核。张部长找我单独谈话。说是谈20分钟，结果谈了两小时。看得出，张部长对这次谈话很满意。临别，他告诉我：你已进厅干后备库了。再后来，就是张庆军来铜陵就任副市长。

考核名单公布后，《铜陵日报》副刊头版刊登了记者对我的采访。一下子，我成了当地坊间的"谈闻热点"。短短几天，我接到了近百个"祝贺"电话，有不少是多年"失联"的连姓名、面貌都已模糊的"故人"。我的办公室和家里也空前地"热闹"起来。有朋友给我出主意，要组织力量攻关。我吓了一跳，明明是阳光下的事，不要弄得见不得人。我当然谢绝了。这事对我触动很大，我又一次真切地感受到权力的"灼热"。尽管它离我还十分遥远。

落选后，一些朋友为我"把脉"。他们认为我未能"修成正果"，就在于"人情"不够练达，"世事"不够洞明，缺了"圆通"的"火候"。我当然不敢苟同。妻倒是坦然地说，不成也好，我家还安静些。岳父是南下干部。这种家庭背景，似乎有助于她对我的"仕途"一直持"平常心"。我完全认同她的话。在我人生的所有节点上，妻与我一直是风雨同路。

其实，我自己清楚：我本"书生"，并非"官料"。尽管我早已"入场"，也明白"道道"，也有不薄的"人脉"，但，我有自己的"信仰"。我在党校二十多年，接触的大小官员成百上千。我深知，在当下中国，为官并非易事。我不止一次地问：你能拒绝"美意"吗？你能拒绝"人情"吗？你能在白花花的"银子"面前，"脸不变色心不跳"吗？你能在美女缠绕中"坐怀不乱"吗？你能在阵阵赞歌中不飘飘然吗？你能在上司面前不吹不捧不折腰吗？你能"众人皆醉我独醒"吗？你能坚守一事，还是事事？你能坚守一时，还是终生？这些拷问，实践没让我作答：我只处在"官"的边缘，与"要职重权"相距甚远。但我把这些拷问送给了党校每期的"新进领导班子"和"中青年干部班"的学员。我知道，他们中许多人是有志向、有能力、有情怀的"好官"。可令人痛心的是，隔三岔五，就有"熟悉的身影""进去了"，其中有与我私谊不错的朋友。这些年，我们亲眼所见的难道还少吗？

现在，我已年近古稀，人生的大考小考都已烟消云散。剩下的是：健康身心，关照老妻，祈福苍生。

记我教学中的一次"得意之笔"

汪幸福

"英国政治家帕默斯顿说:'我们没有永恒的盟友,也没有永恒的仇敌,只有永恒的利益。'这句话概括了英国长期以来的外交思想。联系从法兰西第一帝国建立到20世纪20年代英法关系的变化及其原因,说明英国的对法政策怎样体现了这一思想。"

"概述1840—1949年间主要资本主义国家在华侵略势力的消长及其原因和结局。"

上述分别是1991年全国高考历史卷第49题、第50题,均是大跨度、高概括的综合性问答题,分值分别是9分和14分,为全卷次高和最高分值,这两题回答的好坏对考生最后的得分关系极大。

我当时任蚌埠二中高三文科班历史课教师,在指导学生复习时,由于深化了历史教材的相关内容,竟然令人不可思议的同时押中了这两道问答题,从而极大地提高了学生的高考历史成绩。总分100分的试卷,全班50多人参加高考,80分以上的达到了8人(全省数万考生也仅50多人达到80分以上),其中一人达到92分,成为全省高考历史单科最高分,全班历史高考平均分、及格率和优秀率为全省25所省重点学校第一名。同时,蚌埠市中学历史学科教研员方昌林(安徽师范大学历史系一九七七级学兄)采用我提供的中国近代列强侵华史试题并稍加修改,作为当年全市高考第三次质量检测考题使用,对全市高考历史考生成绩的提高具有显著的帮助作用,蚌埠市当年高考历史成绩史无前例的居全省17个地市的第一名。这段教学往事令人难以忘怀,个人将此视为30多年高中历史教学生涯中的一次"得意之笔"。

押中高考题之事，看似偶然，实则必然，因为必然性寓于偶然性之中。在历史教学实践中，我在处理教材上本着源于教材、高于教材的精神，努力深化教学内容，做了许多有益的尝试，才最终造就了上述的奇迹。

押中第49题得益于我成功地运用了大学所学的一段知识。

在高三历史复习最后冲刺阶段，需要突出复习重点。在综合研判的基础上，我把"近代欧洲国际关系"列为复习的重点之一，而近代欧洲国际关系的重点则是英国的"势力均衡"政策和英法关系。而高中历史教材中，对此着墨不多，仅是一笔带过，于是我在大学的听课笔记就被派上了用场。在大学读书时，安徽师范大学历史系主任光仁洪教授曾给我们历史系一九七八级学生开过"国际关系史"讲座，在讲座中光老师详尽地阐释了英国势力均衡政策的内涵和外延及其产生的背景、实质和推行过程，使我们聆听讲座的同学受益匪浅。其中我同班同寝室的高岱同学受影响最大，高岱同学毕业后，以此为研究方向，先后考上了南京大学英国史的硕士生、博士生和北京大学的博士后，现已成为北京大学著名的历史学教授。作为光老师的学生之一，我亦受益良多，该课程的听课笔记直接帮助我卓有成效的进行专题教学，并押中了1991年的第49题，对学生的高考起了不可或缺的指导作用。

问答题第49题是考查英法两国自拿破仑称帝以来一直到20世纪20年代期间的两国关系史，涉及中学世界近现代史教材五个章节，史实多，跨度大。还需分析原因，从中说明英国与法国时而结盟，时而敌对，时而关系微妙，但一切都是以英帝国的利益为转移的。要求考生将有关知识串联，认真思索分析，作出正确的答案和结论，对学生的分析、概括、综合能力要求极高。我在教学中把大学所学知识进行一定程度的整合，利用大学上课的笔记，形成专题，在课堂上讲授。在该专题的高考复习时，我尽可能做到了以下四点：其一，把英国长期以来的外交思想与势力均衡政策加以区别，防止学生发生概念混淆，理解势力均衡政策只是英国实现外交思想的手段，英国利益至上才是实质和根本目的（即一切以英国的利益为转移）；其二，以英国为主谈英法关系，避免学生把英法两国同等对待甚至以法国为主谈英法关系；其三，把英德关系变化对英法关系的影响在教学中突出出来，防止学生就英法关系谈英法关系，机械地理解错综复杂的国际

关系；其四，把19、20世纪英法关系中的重大史实加以罗列，如英国组织和参加"反法同盟"、英法联合发动第二次鸦片战争、克里米亚战争、三国协约包括英法协约的订立、巴黎和会、道威斯计划、洛迦诺公约等等。我的以上几点做法，开拓了学生的视野，锻炼了学生的思维能力，为其后参加高考回答该题奠定了坚实的基础。

综上，师教传承的神奇作用令人感叹。大学时光仁洪老师的教学指导帮助了作为弟子的我，我又作为老师指导帮助了诸多学生考上自己所心仪的高校。这种无限的循环往复就是师教传承的永恒魅力所在。

押中第50题则得益于我对历史教材精华的提炼。

在教学中，我首先明确中国近代历史上存在过两次列强共同支配中国的时期，这是从历史教材中提炼出来的结论。因为教材中虽没明确讲述早于华盛顿会议之前的那次列强对中国共同支配局面的形成，但在高中《世界历史》下册第186页引用毛主席的话指出："一九二二年华盛顿九国会议签订一个公约，又使中国回复到几个帝国主义国家共同支配的局面。"从毛主席的话可知，在此之前这种共同支配中国的局面是存在的，否则毛主席就不会用"回复"这一字眼，此其一。其二，由于各种教学参考资料中，一直没有明确这一时期的存在，因而不能很好地概括它的形成原因和表现，这是没有居高临下"俯瞰"教材的缘故造成的。它的形成原因和表现在教材中可概括为：19世纪末列强间的实力发生了此消彼长的变化，即美、德实力相继赶上并超过英国，导致英国在华优势地位被改变，帝国主义列强掀起瓜分中国的狂潮，美国提出了对华门户开放的政策，八国联军还发动了侵华战争，等等。其三，第一次几个列强共同支配中国的局面在第一次世界大战中被日本打破，日本利用欧美列强无暇东顾之机，通过对德宣战，占领了胶州湾和青岛，并提出了灭亡中国的二十一条，又在战后巴黎和会上，正式取得了德国在中国山东的权益，从而独占了中国。一战后，欧美列强卷土重来，日本实力不济（与欧美列强整体实力存在差距），被迫放弃胶州湾和青岛，接受了华盛顿会议通过的《九国公约》，中国再次回到列强共同支配的局面。

为了使学生掌握上述历史知识概念，我设计了"19世纪末到20世纪30年代，历史上曾出现过两次几个帝国主义国家共同支配中国的局面，试评述其形成、变化及影响"这一综合性极强的思考题，在课堂上讲授。其结果不仅大大深化了教学内容，而且锻炼了学生的思维能力。在上述基础上，我为囊括教材中的全部相关内容，把列强侵华史分成六个阶段和一个结局，六个阶段分别为：19世纪中期，英国在华占优势阶段；19世纪末，第一次列强共同支配中国阶段；第一次世界大战前后，日本在华占优势阶段；20世纪20年代，第二次列强共同支配中国阶段；20世纪三四十年代，日本发动全面侵华战争，日本在华势力占优势阶段；抗战胜利后，蒋介石投靠美国，美国扶蒋反共发动全面内战，美国在华势力占优势阶段。一个结局为：1949年中国人民解放战争获胜，建立新中国，所有帝国主义势力被驱逐出中国。为使学生整体把握，系统掌握上述概念和知识点，我又拟写了"中国近代列强在华势力演变发展呈现哪几个阶段？各阶段交替的原因和表现如何？最终结局怎样？"的思考题，要求学生全面掌握。我这样提炼处理教材的结果是，帮助学生找到了一条列强侵华势力起伏消长，直至最后灭亡的答题线索，几乎等于完全押中了1991年高考历史第50题，即和高考原题要求考查的知识点完全契合。

我通过这样层层递进地分析教材，囊括教材，将知识点串连起来，使学生的知识具有系统性、完整性，收到了较好的教学效果。另外，单单囊括教材的相关内容还不够，在归纳教材知识的同时，还必须从知识的相互联系中升华教材内容的含义。为此，我把列强共同支配中国局面的形成、打破、再形成、再打破分别与教材中提到的革命事件对应起来，即把中国近代屈辱史、抗争史、探索史三者有机结合，分析说明它们之间的因果关系。如第一次列强共同支配中国的局面是在19世纪末20世纪初，此时期的人民群众为挽救民族危亡，掀起了义和团运动和辛亥革命，还发生了戊戌变法；在第一次世界大战前后，日本强占山东和提出二十一条，前者导致了五四爱国运动的爆发，后者引发了讨伐袁世凯的护国运动；20世纪20年代第二次列强共同支配中国局面的形成与反对北洋军阀的第一次国内革命战争存在必然联系；日本20世纪30年代发动全面侵华战争，就为抗日民族统一战线的形成，以及中国神圣的抗日战争的全面发动，提供了必要的契机；抗战胜利后，美国扶蒋发动全面内战，中共领导人民通过波澜壮阔的人民解放战争赢得最终胜利。这样教学的结果，学生不仅获得了历史知识，而且受到了深刻的思想教育。

　　三十年前的这段教学往事，对我日后的教学生涯产生了深刻的影响，使我深切地感悟到：必须在教学中打破僵化的思维模式，避免照本宣科，在源于教材的基础上，要敢于开拓、升华教材，善于引申教材，并且处理好那些不显眼的知识，由某一问题延伸的间接问题，教学参考书上没有涉及的知识，教学中容易被忽视的问题，等等。这样深化教学的结果，必将使学生获得历史知识的能力大为提高。

　　高考结束后，我有幸参加1991年安徽省高考历史阅卷，并被安排为阅卷指导组成员。当时省阅卷指导组成员由安大历史系主任、部分大学教授、部分地市历史教研员、部分省重点中学历史教师等组成。在阅卷指导组成员中，由于我来自高三教学第一线，对主观性试题掌握理解的程度较高，参与了评分标准细则的制定。我对参考答案适度增减的多条建议被采纳，还被领导指定负责解答各阅卷小组发现的具体问题，负责当年评分标准的尺度掌握，对阅卷任务的顺利完成起到了一定的作用。鲍一樵和我在阅卷期间起草的《谈谈一九九一年高考历史试卷》一文，其后发表在1991年第11期《历史教学》刊物上，为我当年教学中的这一"得意之笔"画上了句号。

菘园杂咏两组

王彩法

一、涉故台怀古

宿州东南四十里许刘村集一带，秦汉时曰大泽乡。集南约三里处有古堆曰涉故台，乃陈胜吴广以九百戍卒反秦首义旧址。地方文献云，涉故台亦名射鼓台。民间故老相传，陈胜发难，适逢一麋鹿奔突台下。胜张弓搭箭，祷于上苍，曰："若射中，此举必成！"矢甫离弦，鹿应声仆地。以此故，又称射鹿台。同地异名，足见其文化色彩之斑斓。台前柘树一株，躯干遒劲，瘿瘤斑驳，乡人曰柘龙，抑或大泽潜蛰之夔龙化身耶？举义始末，太史公书缕述详备，无须后学浪着笔墨。然台名列文物保护，雕像巍峨，碑碣林立，松柏挺拔，禾草葳蕤，亦一方胜迹矣。数十年间，余凡五往，怀陈吴之壮举，叹刘项之博弈，究秦汉之兴亡。聊为追记，以志鸿雪。

（一）

荞麦盈田柏笔森，寻幽访古又登临。

高台覆斗凌原野，大泽流波奏石金。

射鹿盟天弓矢劲，揭竿撼地鬼神钦。

柘龙翘首长空啸，絮语低昂道昔今。

（二）

贾傅挥毫论过秦，守攻势异入迷津。

扫除六合车同轨，焚毁诸家政不仁。

兵俑阵严民怨怒，阿房瀚漫士吟呻。

沙丘鲍臭权阉肆，只待山东戍卒屯。

（三）

阳城垄亩起耕佣，接踵重华冀九龙。

氓隶常怀鸿鹄志，帝皇难犯虎狮锋。

亡秦计策来闾左，张楚旌旗复旧封。

谪戍途穷淫雨助，鱼蛇潜跃任从容。

（四）

王侯将相谁传种？袒右高呼大楚兴！

暴雨渔阳成绝路，丹书鱼腹指明灯。

义旗浩荡干戈舞，盟誓铿锵正气升。

回首狐鸣篝火处，古台危槛一凭陵。

（五）

披坚执锐推三户，燕赵公孙剑戟忙。

无道终将宗绪断，有功还应目光长。

夥颐宫阙威难重，逸豫身家性悖狂。

城父何期车驾祸，尚留芒砀葬陈王。

（六）

八千子弟起江东，垓下重围泣路穷。

巨鹿已歼秦主力，渑池岂逞楚威风。

矜功吝赏陈平去，轻敌无谋亚父终。

休怨别姬天灭我，从来仁智胜枭雄。

（七）

谁惧阵前烹老父，愿分兄弟一杯羹。

宫城玉帛加封锁，图籍钱粮到汉营。

帷幄子房筹算定，沙场韩信指挥赢。

高皇韬略真天授，大事终须俊杰成。

（八）

沛公仗剑定咸阳，赤帜炎刘耀未央。

灞上已图秦社稷，乌江休叹楚苍黄。

纵横一统山河梦，功罪千秋简册藏。

涉故台前瞻拜后，坐听野老话兴亡。

二、戊戌端午怀屈子

（一）

蒿艾气氤氲，灵均五内焚。

戎秦威势逼，荆楚乱云纷。

靳尚唯知诮，怀王不解军。

庙堂如累卵，无处献心芹。

（二）

离骚忧故国，天问发悲音。

司命巫风劲，东皇楚俗深。

涉江频拭泪，惜诵屡萦心。

哀郢抽思罢，怀沙独自沉。

（三）

龙翔竞渡舟，勇士国殇讴。

云梦忠魂舞，湘沅浩气浮。

言行堪式范，衣冠足风流。

角黍沉江底，英灵应释愁。

（四）

端午蛾眉月，招魂故里愁。

江流喧昼夜，祠庙立园畴。

崇祀香烟盛，瞻观士女稠。

秭归闻橘颂，叹息汨罗游。

宿州赋

黄忠超

皓北古邑，徐南形胜①，东周列国，元和始名。徐豫襟喉，古来百战之道；江淮唇齿，历代兵家必争。卧虎藏龙，人文积黄淮之重；平畴沃野，物产极中原之丰。质实斯民，蕴韧涵勇；俗尚古今朴悫，文崇圣贤之风。

原夫文明发祥，古原石器物语；图绘史迹，浮雕汉画遗踪②。襄陵怀水，禹会诸侯铸九鼎；劈荆凿涂，徐并淮夷导浊洪。志存鸿鹄，王侯无种。借鱼腹以传书，燃篝火以狐鸣。筑台盟而揭竿起，陈胜王而大楚兴！拔山扛鼎，英豪盖世，悲歌"虞兮"，羞过江东，生作人杰死鬼雄；风起云飞，垓下逐鹿，"安得猛士"，威加海内，竖子成名歌大风③。分疆宋梁，刘寄奴、朱全忠南北曾割据④；鏖战金军，韩世忠、梁红玉符离再点兵。沙场亮剑，彭雪枫东进抗日血染战旗；淮海决战，刘邓陈南克宿县腰斩孽龙⑤。弦

---

① 徐南：宿州自隋至中唐属徐州郡，因位于州治徐州之南，古称"徐南"。周庄王十四年（公元前683年）宋国在此建宿国，唐宪宗元和四年（公元809年）建制宿州。

② 古原石器：指宿州古台寺新石器早期文化遗址，距今8000余年。浮雕汉画：指萧县出土的160余块汉墓石版浮雕，内容涉及诸多上古神话传说和史迹。

③ 垓下逐鹿：即刘邦与项羽决战垓下（今宿州灵璧境内）。功成返乡唱《大风歌》等事迹，见《史记·高祖本纪》。魏晋人阮籍登广武山，见楚汉战争处，有"世无英雄，使竖子成名"之叹，见《晋书·阮籍传》。

④ 刘寄奴、朱全忠：即南朝宋开国皇帝刘裕和五代后梁开国皇帝朱温，二人分别是宿州铚（今临涣）和宿州砀山人。

⑤ 彭雪枫：淮北抗日根据地创建者，在抗日战争中牺牲的我军高级别领导人。腰斩孽龙：淮海战役第一阶段，中原、华东野战军所部攻克宿县，拦腰切断国民党军的"长山之蛇"阵，使其首尾不能相顾。

歌铮铮，前委会蔡凹草庐；车轮滚滚，民心乃胜利引擎①！

礼义之邦，民性敦厚；灵秀之地，文运昌明。诸贤或生于斯，或于斯行；春秋畿圣，鞭打芦花车牛返，闵子骞孝道不匮；徐墓松风，心许践诺挂佩剑，季公子诚信可风②。涉故古柘，勃发闾左千秋浩然之气；符离晓渡，激荡朱葛万夫不当之勇③。瑞云古寺，峪中藏皇石掩洞；斜阳青冢，美人如玉剑若虹④。嵇刘诸贤，气度流誉竹林；戴氏父子，风流折节王谢⑤。李太白醉吟燕嬉台，白居易诗赋原上草。流水平桥，王无功身隐大五柳；绿树绕檐，苏子瞻毫挥扶疏亭。铁券金书，胡大海戎马垂勋业；徐园芳树，马皇后故里遗贤名。赛珍珠《大地》，榜列文学诺尔；刘开渠浮雕，壁立英雄纪念碑⑥。李月华杏苑播春雨，孟二冬教坛铸师魂。埇桥马戏，远绍秦汉角抵；龙城书画，挥洒盛世丹青。虹乡拉魂腔，婉约淮海情韵，灵璧钟馗画，长砺廉正清风！

若夫胜概川原，文藻江山，何其土沃宜禾，风物万种！黄河故道，万树梨花凝汇芳香雪海；运河新渠，千帆廒船同唱碧浪欢歌。乌金煤海，肩

① 蔡凹：宿州萧县蔡凹村，淮海战役华野指挥部驻地。1948年12月17日，总前委刘伯承、邓小平、陈毅、粟裕、谭震林五人在此召开唯一一次总前委会议，研究淮海战役决胜及渡江战役相关问题，并合影留念。车轮滚滚：表现淮海战役中民工支前的电影名。陈毅曾说："淮海战役的胜利，其中很重要的一条，它是200万民工用小车推出来的。"

② 畿圣：指孔子弟子闵损，字子骞。鞭打芦花车牛返：村名，位于宿州萧县城南，是《中国地名》记载的全国最长的村名，来源于闵子骞之父鞭打出闵子骞衣中的芦絮，其父欲休其后母，闵子骞劝父，留下后世"孝行"传说。徐墓松风：旧时"宿州八景"之一。春秋时，吴国公子季札为守诺言，挂剑于徐国国君墓前的故事，见于刘向《说苑》等书。徐公墓在宿州市泗县大庄镇。

③ 涉故古柘：涉故台上千年古柘树。陈胜起义旧址名"涉故台"，位于宿州市埇桥区大泽乡镇。朱葛：指参加陈胜起义的勇将朱鸡石、葛婴，二人均为宿州符离人。

④ 瑞云古寺：萧县名胜皇藏峪中的古寺，始建于南朝梁代。因刘邦曾避难于山峪石洞，洞前有一巨石掩护洞口。斜阳青冢：指虞姬墓，位于宿州市灵璧县。墓碑刻有"虞兮奈何，自古红颜多薄命；姬耶安在，独留青冢向黄昏"的联语。

⑤ 嵇刘：指名列竹林七贤的嵇康、刘伶，二人均为宿州人。戴氏父子：指东晋艺术家，宿州人戴逵、戴颙父子。《世说新语》载有戴逵论、谢安倾服以及王子猷（王羲之之子）雪夜访戴的佚事。

⑥ 赛珍珠：美国女作家，曾在宿州生活执教五年多，她以宿州农村为素材创作的《大地》，于1938年获诺贝尔文学奖。刘开渠：宿州萧县人，当代艺术家、雕塑大师、天安门广场人民英雄纪念碑底座浮雕创作的领导者，并亲自从事主体浮雕的创作。

挑两淮之轴；绿洲粮仓，手牵蚌徐之臂。磬云奇石，开鬼斧神工之巧；乐石古砚，侪《石谱》《砚笺》之编。夹沟贡米，入《本草》《群芳》之谱；符离烧鸡，调钱厨尧帝鼐鼎。萧县葡萄，沁酒仙食客朵颐；砀山酥梨，融领袖果农挚情①。酥糖甘传秦宋邮路，汤味出彭祖之羹。嗟夫！改革开放，大潮奔涌；特色理论，引领崛升。当年榛莽草泽，今朝广厦华庭。新兴工业城：开发新区，厂房鳞栉，锻造脊梁，构筑支撑；现代农业市：粮棉基地，果菜绿洲，生态环保，水秀山清；皖北商贸城：商贾云集，诸业咸享，货流通畅，市场繁荣。修高速，筑高铁，车水马龙，交错纵横；古汴浍，新航道，百舸争流，江达海通。坚持科学发展，践行宿州精神：弘尚贤尚信美德，树和睦和衷新风，敞大志大器襟怀，秉决战决胜信念。紧盯先进，全面追赶，凝聚力量，重点突破，发挥优势，局部超越。

歌曰：俯仰千秋，登楼台而怀古；周流八荒，驰平川而揽胜。指点江山，古韵今风；与时俱进，振飞潜龙；扬帆展旗，举翼鹏程！

---

① 砀山酥梨：1956年国庆节前夕，砀山县刘集寨丰棉三社果农精选25只酥梨寄给毛泽东主席。1958年8月8日，毛主席到砀山视察，被视为对送梨果农的回访。

苦去甜来这些年

王　昶

1976年3月，不满十七周岁的我来到了安徽省固镇县任桥公社宋庄大队许庙生产队插队。从此，开始了我的知青生活。

农村劳作，我也还努力，代表公社知青光荣地出席了全县知青代表大会，还被选作赤脚医生培养对象到公社医院受训，甚至顶替有病的乡村教师在村小学代课一学期。

未想竟等到了恢复高考！1977年底的首次高考，我仓促上阵失败而归。

我家虽称不上书香门第，但父亲早年读过私塾，1938年加入八路军，后因有点文化被安排做军医，新中国成立后在合肥军队的105医院为内科主任；母亲在上海刚解放时入读华东军区高级护校，后转业到了宿县地区人民医院做院长。父母脑海里根深蒂固的理念就是：万般皆下品，唯有读书高。所以，他们对我们从小的要求就是好好读书，再困难、砸锅卖铁也要供我们读书。在家庭的影响下，我的哥姐读书都很努力且优秀。恢复高考前，我们兄弟姊妹四人有三人在农村插队。1977年首次高考，我哥姐三人同时考上大学，分别录入厦门大学、安徽机电学院、山东大学。名落孙山的我压力极大。但我小时顽皮、不思读书，十余岁就去了少年业余体校游泳队，1972年十三岁的我就代表安徽队去天津参加全国比赛，省体委有选调我入职专业队的打算，但因我身高不够而落选。

首次高考落榜后我即卧薪尝胆，苦读恶补数月。我的基础极差。请老师辅导，他问我一题关于巴黎公社的，我回答说我插队在任桥公社。入学后，记得夏子贤老师给我们上先秦史，第一节课就出了一个很基础的常识考问大家：二十四史的前四史何所指？同学多对答如流，我则丈二和尚摸

不着头脑。我考入大学，四年虽很努力，但学业始终很一般，直到毕业后的多年还经常做噩梦，考试不及格毕不了业被吓醒了。

1978年的火热夏日，我天天步行十余里守候在公社邮局，盼望着高考录取通知书。拿到时我喜出望外。那一年，全公社460多名知青只有三人高考过关，我考上了安徽师范大学。

恢复高考，我一家兄弟姊妹四人都考上了大学，在马鞍山这座钢城反响不小。更值得骄傲的是，我们兄弟姊妹四人的孩子庆幸生活在一个好时代，他们分别就读于美国的宾夕法尼亚大学、哥伦比亚大学，英国的牛津大学、剑桥大学，获得硕士学位。

大学毕业时，同学们都很单纯，多数人以回到家乡教书为满足，几乎没有想入仕途为官发财的。我则由冶金部第十七冶金建设公司作为需要的人才引入，安排去了党委宣传部从事干部理论教育工作。那时，似乎也没有公务员的概念，只有干部身份的区别。只要身份是干部即可跨区跨部门和单位调动。我到了国企后，很受重用，也如鱼得水，在企业电大、中专等兼课，讲授哲学、历史、政治经济学和科学社会主义，颇受好评。企业又迎来了改革，实行百元产值工资包干，极大地调动了职工的积极性。我的收入颇令人自豪，每月安全奖、质量奖、提前竣工奖等等让我欣喜不已。当时的市委常委、宣传部部长就说他这位厅官的月工资还不如我高，让我沾沾自喜。这点略高的工资阻碍了我进步与发展的念头、小富即安。当时，市委宣传部拟调我去做理论教育科科长，团市委拟调我为副书记，市委政研室拟调我去为领导做助手、搞政策调研等等，并由市委书记出面向企业要我，却为企业领导婉拒不允，明确说本企业要提拔使用。可就在这年初，也就是1991年，我辞职后毅然去了深圳，开始了一段闯荡的人生。这年，我若服从组织安排，就会成为钢城最年轻的处级干部，或许会有另一种人生的轨迹。

1991年，我赶在邓小平南方谈话的前一年来到了深圳，毫无目标和归属，四处寻找工作机会。深圳不相信眼泪也不讲人情，讲的是竞争和价值。我从工作之日起就对政工干部的饭碗心有疑虑，感到有危机。于是，我报名参加了法律专业全国自学考试，取得了安徽大学授予的法律大专文凭，又通过了1990年的全国第三次律师资格考试，取得了律师资格。我这才有点底气去闯深圳。果不其然，我在四处找工作时看到了《深圳特区报》1991年3月4日的招聘广告，有一家公司招聘一位办公室文员，要求懂法律、熟悉企业管理，于是前往应聘。应聘那天吓我一跳，这一职位来了五十余人竞争，其中有江门市检察院的检察官。但我的优势是有多年的国企经历，结果成功应聘。

我入职的这家小公司是深圳赫赫有名的科技工业园下属的公司，又是当时深圳市试点的几十家股份制企业之一。同我一起入职的几位员工，他们告诉我深圳遍地都是黄金，来深圳就是来捞金的。可我所受的教育与此有些格格不入，也看不到商机和黄金，干到年底，虽已做了办公室主任，还是果断地辞职了。

在科技工业园打工时，我看广告得知深圳拟组建动产拍卖行，招聘拍卖师，主要考法律业务。于是我应聘考试，笔试法律业务考了第一，入选面试。面试用英语。结果我书到用时方恨少，败北落选。可见，若英语好，在深圳就有极大的竞争优势和机会。

我本已想打道回府，感到这样漂泊、与家人两地分居不是长久之计。可距春节尚有时日，于是我去人才市场看看有否职位可选。不料，被一家台资企业看中，聘我做管理课长。试用不到一月，老板极中意，可我要辞职回皖了。老板苦心诚意相劝挽留，并给出了几乎高于员工十倍的薪资，让我心动留了下来。这家台企乃是家族企业，为全球最大的网球拍、羽毛球拍、高尔夫球杆、钓鱼竿、碳纤维自行车等体育用品生产商，国际网球明星所用的球拍多为该厂生产。老板私下里希望与我签十年的雇佣合同，许诺服务满十年会给我一套住房云云。为了留住我，老板让我动员太太也来公司工作，我只同意太太来这里的学校工作，老板就出面找到当地政府推荐我太太去学校任教。不料，事与愿违，太太任教后深圳教育系统大规模招聘教师，也把我招聘入教了。

1993年，邓小平南方谈话的次年，深圳迎来了大发展。这一年，深圳市的老宝安县撤县设区，东部宝安成立龙岗区。这年九月，经过调干考试，我夫妇两人调入了深圳市教育系统，我辞职下海后又回归体制内。我先在横岗中学任政教主任，1996年我夫妇双双调入区重点龙城中学。任教期间，我习惯于将我的教育心得写出并向报纸投稿。这一发就不可收拾了，《深圳

特区报》《深圳商报》《深圳法制报》《特区教育》等不断刊出我的小文章，这引起了市、区教育行政部门的注意。1998年，我调入龙岗区教育局任办公室主任。市教育局两任局长都曾经欲调我去市教育局任办公室副主任，市教育督导室主任也曾经欲调我去做专职督学，我都没有响应。

在区教育局工作七年，我颇得民意，有两次被民主推荐为副局长的人选。后又有一次局长全力推荐、组织部考察通过，拟安排我去一所副处级中专学校做校长，我硬是不领情，不去。结果我去了这所九年一贯制的平安里学校，让很多人不可思议。

这是一所城中村的学校，生源多是来深务工的平民子弟。我希望能像先辈陶行知那样办一所平民孩子就读的优质学校。于是，我与我的同仁们规划用八到十年办出这所名校。怎么办？当然是建立奖教奖学机制，形成不用扬鞭自奋蹄的氛围，用干事创业的机制去激励教师和学生教学相长。

还记否，2002年毕业二十周年芜湖聚会时编有纪念册，我们每人留言一句人生感悟。我的感悟是：随机而遇，因缘而生，清静无为，知足常乐。

夕阳近黄昏，却是无限好。晚年，我同太太可能会在加拿大多伦多久居时日，也会尽可能地多回国看看、走走。因为，祖国有我充满回忆的山河之美。

接　力

王俊祥

我曾经是一片无知的荒漠

曾经是一块待垦的绿地

是老师多年的辛勤耕耘

把我从愚昧的王国领进理性的天地

当老师抹着汗水

在金秋季节喜获丰收时

我庆幸成为一颗沉甸甸的果实

而今，我也站在高尚的讲台

双手催动老师扶过的铧犁

笔耕在充满希望的沃野上

从那一双双渴求的眸子里

我终于，终于发现了自己

这不正是进行伟大的接力

（原刊于《蚌埠日报》1987 年 3 月 29 日）

狂歌铜陵游

王圣宝

安徽师范大学历史系一九七八级回忆录

曾经的铜陵，留给我不可磨灭的记忆。

第一次路过铜陵，也是第一次去铜陵，我险些丢了年轻的生命。

那是1968年的山花烂漫时节，我与裘士京等几位一九六六届高三毕业同学，爬车远游。我们幸运爬上一辆货车，直抵黄山。登鳌鱼脊，过一线天，上天都峰；黄昏时分，由后山羊肠小道直奔太平。太平风光旖旎，却无一辆可爬之车。我们徒步至石台，发现一辆卡车，满载高高耸立的毛竹。管他滑不滑，险不险，先爬上去！上车了，我们松了一口气。我平生喜看异地风景，故独坐毛竹根与车挡板的前沿，裘士京等同学则坐车后。车至铜陵爬坡时，忽然熄火，停在半坡。司机不停地发动，车子却犹如一头疲惫不堪倒地的老黄牛，千鞭万抽，就是不起来。猛然间，车头轰隆一声，向前一冲，满车的毛竹哗啦一响，瞬间向后拉开了一个大大的空档。同一时刻，我被弹上了半空。千钧一发之际，毛竹急剧回复，撞着车挡板，嘣的一声山响！而我的回落，仅仅迟了千分之一秒！救命的千分之一秒，避免了万竹穿胸！裘士京等同学坐看死神的作恶，吓得哇哇哭叫。车进铜陵市区，我们惊悸未定，看到的尽是低矮破旧的楼房，狭窄脏乱的街道，败兴无味，乘大轮回芜。此行，铭刻终生！

第二次去铜陵，是1984年的徐徐西风的日子，我与宋刚刚等同学参加一个学术研讨会。汤晓华腌制的白嫩的生姜，进口香脆，无渣而化，我记忆犹新。从此我得一知识：铜陵的生姜，天下尤物！因此，铜陵的生姜，植入了我脑海的记忆库中。

第三次去铜陵，是我当系主任的头一个月。新"官"上任，我想烧三把火，欲将系里各学科乱得不能再乱的教学计划，重新厘定。我去铜陵财专取经，可是人家视教学计划为宝贝，秘不示人。无功而返，陪同者牢骚满腹："铜陵人，小气鬼，井底之蛙，不知共谋教育发展的道理，干不出大事来!"其实，我们自己何尝不也小气，小气到难忘这一次丢面子。

第四次，闹不清何事去铜陵。我兴兴冲冲，昏头昏脑，像头呆雁蠢鹅，乱入人丛，被猛击一掌而后幡然醒悟：其一，铜陵人变化无常，瞬息万变；其二，铜陵街道窄，马路凹，垃圾多，正如邓小平20世纪80年代初批评芜湖的一样："路窄，路少，脏。"回程时，我口中老是念念有词地吟咏两句唐诗："朝真暮伪何人辨，古往今来底事无。"

第五次，是吕爱民同学擢为铜陵一方"诸侯"时。芜湖同学闻之欢悦，要去祝贺，说去就去。突如平地乍起的龙卷风，眨眼间卷进了铜陵。空手一双，空口一张，空话一腔，也算祝贺？殊不知，那是心底的肺腑的祝愿！那笑，那闹，那放浪形骸的一切一切，那抛弃尘世间一切束缚的礼俗禁锢，每一位同学的真挚，玻璃人似的透亮！然而，令我又说不出的煎熬，是返程时小腹不是时候的绞痛。下意识：糟糕，是不识时务的内急，腹泻的先兆！开始欲"坚持到底就是胜利"，谁知要出洋相了。可是车子找不到茅厕，忍着，忍着，再忍着，牙关咬得格嘣响！饕餮之过，理应受此惩罚！是故，这一次铜陵之行，难忘啊！

第六次，是两年前送侄儿上铜陵学院。吕爱民同学闻之，立即邀汤晓华同学盛情款待，且将侄儿托付学院领导，解其父母娇生惯养的悬心。惟饕餮稍逊，太不敢忘前车之鉴了。

前六次铜陵之行，或见一孔，或睹一角，或聊之室，或享之宴，是故铜陵的印象，浮光掠影；若无同学之间的欢娱，印象简直糟透了。

唯独这一回，狂歌铜陵游，纵横百十里，更有一番新体验。

多年以来，我们想去游而未游的大通古镇，因吕爱民同学有意无意地描述，更强化了非去游一游不可的愿望；汪一江、管天文、贺宿芜等同学都期待着愿望的实现。而且，大通古镇直接隶属吕爱民同学的管辖，我们去游更方便了。于是，我们相约"五一"游铜陵，目标大通古镇。合肥的刘哲、沈国余、杨辅仓、任书智夫妇，广德的王建岚，芜湖的管天文、贺宿芜，汪一江偕女友姚小菊，王圣宝携妻谷春燕，都直奔心仪久之的大通

古镇。王建岚带两部小车，载芜湖同学沿江南进，至则空车返芜；合肥同学则东南驰骋，因事由安庆赶来的杨辅仓几乎同时抵铜。吕爱民、汤晓华两同学迎接于澜溪山庄；吕爱民夫人则守望铜陵大桥，恭候合肥一路。

　　"快，上车，马上喂食，去迟了，看不到，机不可失！"我们未遑站稳，吕爱民心急如焚地催促，亲驾其刚刚买的心肝宝贝，嗤一声，箭一般飞去。车至大江边，我极目楚天，好一个茫茫九派流中国的气象！横亘在我们眼前的是江心洲，名和悦洲，正是元人汪广洋看到的景色，"大通港口柳如烟"，依然一片葱茏滴翠，赏心悦目。和悦洲由长江的一条支江相隔，融汇了青通河的清流。青通河发源于黄山、九华一脉，清澈见底，滋绿了山川原野，洗涤了世俗人心，画出了人间仙境："清溪清我心，水色异诸水"，"人行明镜中，鸟度屏风里"。正当汤晓华、吕爱民两同学如数家珍，滔滔不绝地介绍大通的时候，渡船已靠了和悦洲。和悦洲乃一弹丸之地，凭轩一望，尽收眼底，犹如一片碧绿的荷叶飘浮江面。然而，非比寻常的这江心洲，罕有其匹：曾有过三街十三巷的江中古镇的奇景，曾有过八方来风、商贾辐辏号称十万人众的繁华，曾有过钟鸣鼎食、流金淌银、灯红酒绿、醉生梦死的奢靡，连洋人都垂涎三尺，迫使清政府开放为通商口岸；当然，也有过衰落，而今更是江河日下，大江东去，往日的雄风不再了！

　　说话间，吕爱民同学领我们来到了国家级江豚繁殖研究中心，先参观标本陈列室。我们不自觉地停止了脚步，凭吊白鳍豚的一具骸骨。中国政府邀请世界七国的专家，利用现代最尖端的科学仪器，进行地毯式搜寻。惊骇的是，未发现白鳍豚的蛛丝马迹。白鳍豚啊，你害怕人类了，故意藏身不现是么？别怕，我们都会保护你的。听见吗，我们正千呼万唤呢：回来吧，白鳍豚！

　　我们从标本陈列室出来，恰巧遇上饲养员喂食江豚。多少游客等待的，就是一日两次的喂食时刻，因为唯有此时才能一睹江豚的芳容，怪不得吕爱民同学那么急如星火地催我们呢！我生于长江之滨，成群结队的江豚翻滚前行之状，幼时天天想见天天见；如今却成了"相见时难别亦难"了。我们飞奔河边，那里围聚了一群游客，纷纷举起照相机、摄影机和手机，对准河面。只听王建岚同学不停地埋怨："来不及按快门！"江豚，俗名江猪，通体油光黑亮，椭圆状，织梭体形，犹似一条拖着尾巴的彗星，憨态可爱，而翻转腾跃极其敏捷。江豚从水里冲出，张口吞鱼，再复入水中，不过一眨眼工夫，几乎不予摄像拍照的机会。饲养员抛完了小鱼，江豚马上遁迹，无影无踪了。于是，吕爱民、汤晓华同学领我们游大通古镇的"三街十三巷"。

我们一进大通古镇，悲怆顿生、心灵震撼，笑容马上变得凝重。也许，是我们学历史的缘故吧，才油然迸发出全然不同的感受。且行且看，碎砖破瓦散落，层层叠叠，仿佛向游人诉说着往日的辉煌，孰知落了个任人来往踩踏的命运；杂乱芜生的丛树，蓬勃疯长的荒草，淹没了残垣断壁，肃杀了千年的风采。哪里去寻"三街"，又哪里去觅"十三巷"？映入我们眼球的，满是荒凉萧条地，瓦砾堆积不见镇。"十三巷"早已销声匿迹，唯脚底间的瓦砾，透漏了一丝捕风捉影的气息，提供给大脑驰骋的想象力，方能勾勒出一轴曾经有过的画幅。一街、二街也不知何时悄然隐去，只留下两条平常小巷般的小路，零星地兀起破败的矮屋。

倒是断腿缺胳膊的三街骨架，顽强地挺拔着残缺不全的身躯，任凭风狂雨骤，不肯低下骄傲的头颅。两排秦砖汉瓦的精巧别致的二层楼房，相对而立，又相对而泣，断断续续地延伸着三街，竟然一眼难收尽头。青黛的砖墙，黑褐的瓦房，飞檐翘角，努力保持着一枝黄花的昨日风韵；鳞次栉比的房屋，都砌了一道风火墙。而每一间房屋无不千疮百孔，无门无窗无人，主宰的是一堆堆垃圾，散发的是一阵阵臭味。街心，由一块块横卧的长条石镶嵌的青石板路，凸凹起伏，想必是千万足迹的印证；而眼前却受杂草的欺凌，遮盖了坚强不屈的面容。罗隐名句："芳草有情皆碍马，好云无处不遮楼。"如今是：杂草无情绊人足，好云故意不遮楼。过去号称十万人众的繁华，如今放眼望去竟不睹一人！苍凉、破败、衰落，落花流水，无可挽回的颓势。假使你未见过什么是历史的苍茫，大通古镇斑驳陆离的三街，承载的正是历史苍茫的物质再现；倘若你不知道什么是历史的无情，大通古镇风烛残年的哀怨，正向你诉说着历史的风刀霜剑的残酷。来吧，朋友，赶快来吧，身临其境，看一眼，感受一下，必然受益匪浅。千年古镇的鼎盛，转瞬即逝的消亡，岂止苍凉与无情可以概而论之？

历史的无常，人生的无常等思绪，会一齐涌上你的心头。不过，萌生的纷繁思绪里，必有一个独占鳌头，而且越来越根深蒂固，挥之不去：浪

什么虚名，争什么货利，斗什么强弱，抢什么权柄，贪什么财物，受什么贿赂，谋什么诡计，占什么便宜；一切皆如长江东流水，"功名富贵若长在，汉水亦应西北流"。活着总是好，平安就是福，就像我们狂歌铜陵游，快活就行！当然，此时此地，我们快活不起来，凝重的情绪，铅一般重压心头。我们驻步怅望，我们抢拍镜头，我们合影留念，我们带着不可名状的心情离开了。

人生欢笑能几时，相逢必须图一醉。吕爱民同学的盛情好客，驱散了我们游览大通古镇的伤感。他安排我们在澜溪山庄最大一间包厢就餐，17人共一桌！包厢的富丽堂皇，轩敞明亮，无与伦比。同学们之间，先是文质彬彬的互敬互酌，三巡过后尽开颜，无所顾忌的狂欢谐谑，蛮不讲理的找借口灌酒，引发的阵阵爆笑，直冲澜溪山庄的屋脊。有一笔值得一书：吕爱民同学助我实现吃河豚的儿时英雄梦。孩提时代，我被乡亲谬誉为"鱼鹰"，捕鱼时常逮了许多河豚。家乡顺口溜云："河豚肉，天下鲜，尝河豚，上西天"；只有英雄人物，才敢"拼死吃河豚"。游和悦洲的路上，我与吕爱民同学闲聊，从江豚忽而话及河豚。他告诉说："吃河豚，必须专门的厨师做。我们这里就有这样的厨师，想不想尝尝？"我犹豫，可心里痒痒的。不料，上菜时，居然报出了一道河豚！众皆惊愕而欣喜，一阵骚动。我心里不免几缕悸颤，事已至此，岂能怯懦。豁出去了，我借着大喊大叫来壮胆，"拼死吃河豚，我带头吃了！"说罢，端起送到我面前的一小碗河豚肉与汤，咕噜咕噜几口，倒进了肚子里，很骄傲地"啊呀"了一声，伸直腰杆大声感叹："多鲜啦！"跟着，他们都放胆一饮而尽。可是，吕爱民同学偏要打击"拼死英雄"的良好感觉，低语笑道："厨师先尝过了。"干嘛呢，你？充一回英雄的机会也不给，多坏呀，一个比一个坏透了！英雄当不成没什么大不了，平生第一次吃河豚，够了，足了，不枉生于水乡，长于水乡，不枉来了人间跑一趟，也不虚铜陵此回行！

铜陵天井湖两次游，前后二十年两度秋。前番来此，游人寥寥，水色、山光、林荫、黄叶铺地，西风潇潇，似曾相识。天然湖泊到处是，比他湖未显异样，也只是一般而已，见多不鲜；虽广阔无垠，却一览无余，兴致不起，连描绘得奥秘如谜的湖中天井也懒得去观看，便匆匆返回。此次游天井湖，则另有一番景象，简直是今昔两重天的感觉。环湖的林荫，傍湖的青山，错落着新建的水榭楼台、亭阁别墅，犹抱琵琶半遮面地不露真容，隐隐约约，幻化为一幅曾经见过的湖光山色图。纵横交错的湖畔道路，光洁得一尘不染；花坛丛树，修剪得整齐划一。人行其间，顿觉清新舒畅，能不悠悠然，欣欣然？湖岸，游人如织；湖面，游船似梳。我们也乘坐一条游艇，犁开碧澄的绿波，溅飞串串散落的翡翠，穿梭游船间，让眼帘尽情地收获绿色的营养。湖中的一条长堤，仿佛将苏堤移了过来，我也仿佛置身西湖之中。当然，我们的目的地是不足半亩的湖心小岛。吕爱民、汤晓华两同学早已说了一遍又一遍天井的神奇：井水高出湖水！上岛后一看，果然不是吹牛皮，井水不但高，而且高出两尺许，不停地向湖中流淌。奇了，同一湖，水位有高低，难道独此地壳之下有喷泉？若是地下喷泉，水是温的，而一摸，井水凉凉的。那就怪了，世间哪有如此神奇之物？莫非铜陵人太聪明，暗设机关使然？桐城、池州、安庆、铜陵一带人，素来聪明，世皆共知。因此，我们分头寻找机关，机关未寻着，反落吕爱民、汤晓华笑，只得带着未解的谜底怏怏离别湖心岛。

我们来到幽雅如佛寺的湖滨宾馆，依然可眺湖景。吕爱民同学还安排了晚餐，浓浓同学情义，油然而现。而且，吕爱民同学派车邀来了汤晓华妻女，更增添了融融之乐。汤晓华之女凝聚了父母最优秀的部分，风姿绰约，楚楚可人，她依偎着汤晓华，笑容可掬地轻步而来。"还是养女儿好呀，"我羡慕不已地笑对汤晓华说："儿子一大，就不沾你边了，跑得远远的，哪会同你这般亲热？"汤晓华夫妇一脸的春风，更羡煞我了！天伦之乐，与同学之情，水乳交融，何其亲切呀！

我们膳罢出来，已是夜色的湖光。湖上万家灯火，与满天星斗相辉映，交织相融，水天一色，分不清哪是湖水，哪是昊天，"醉后不知天在水，满船清梦压星河"。徐风吹拂，飘飘欲仙。可是，吕爱民同学要带我们去另一处观光。

别有天地的不夜天，是横陈直插云天的铜陵市政府办公大楼门前的市政广场。真乃名副其实之"广"，或许因夜色之故吧，我环顾左右前后，竟看不清广场的边际在哪里，不能不惊诧其大手笔、大气魄、大工程和大气势！地灯、壁灯、柱灯、形形色色的路灯和五颜六色的霓虹灯，闪闪烁烁，映照了整个城市的上空。其间几处音乐喷泉，夹带着赤橙黄绿青蓝紫，比

赛般的往天空冲刺，一柱升天，其他水柱不甘落后，也敢于争锋向天冲击，回落的水花如大珠小珠落玉盘；飘荡的雾气，似蔼蔼的紫云缭绕。人行其中，如游蓬莱。恐怕玉皇大帝见了也汗颜，自愧天宫莫如。人造的美景，胜过天设的自然。也许离长江路、淮海路、北京路的闹市区较远之故吧，游人并不多，三三两两，悠哉游哉，而这正是美妙之处。设想一下，如果人比潮涌，拥挤堵塞，那还有什么情趣！美啊，铜陵！美的吸引，我们流连忘返！

白天来临，吕爱民、汤晓华同学带我们继续游览美丽的铜陵。令我们惊叹不已的，是我们目睹了之前未曾遇过的珍奇。我们先参观1997年才重建的大阁寺，因吕爱民同学的关系，主持师太允许我的摄影机镜头对准任何一尊菩萨，随心所欲地拍摄任何一个角落。忽然，妻谷春燕大喊着向我招手："快来！"原来，养生池那边聚集了一群惊奇不已的游人。池中一个露出水面的尖石上，正匍匐着一只伸长了颈项的小乌龟，昂首向天，并不惧怕指指点点的游人。尤其是，随着主持师太的呼唤，小乌龟的头循声摇转，特别的逗人。自然，我不会放弃这个镜头。更奇的，更令游人叫绝的，是另一侧养生池里的锦鲤鱼群。它们首尾相衔，鱼贯而游，游出的图案是一个大圆圈，比圆规划的圆圈还规整；一圈又一圈，周而复始；圆圈或大或小，偶尔圆圈变形了，马上就有一条自告奋勇的鱼，带头恢复了圆圈。这时，充当导游的主持师太笑得格外欢心。大家都急不可待地拍下这一稀世之奇，我的摄影机，也久久地瞄准游圆圈的锦鲤鱼。我以为，这是悉心驯化使然。可主持师太不以为然，说是得到了佛教的灵气。

主持师太还介绍了大阁寺的另一奇：以九华山为核心的佛教寺院分布图，不知出自何时，亦不明出自何人之手，仅存一幅，因而极其珍贵。图中线条示意了山川形势，用黑色三角标明佛寺的分布。有名有姓有身份有地位的上海某游人，用照相机拍摄这幅图时，大出意料的奇迹显现了：从图中化出了一位僧侣的半身影像！而且，唯独这位上海游人的相机里显现奇迹，他人皆不显。这位上海游人欣喜异常，按主持师太的说法，因为积善之故，所以佛来现身，佛来保佑。听主持师太这么一介绍，围上来的游人唰地一下都举起了手中的各类相机，我的摄影机也不例外地盯紧了地图。不经意间，我的摄影机屏幕上隐隐约约地显现了僧侣的身影，"看见了，出来了！"站我身后的吕爱民同学欣然地喊道。而其他所有在场的游人相机里，拍来拍去，均未出现影像。众人为我欢呼，我也有些欣欣然，飘飘然。

从大阁寺出来，上车，吕爱民同学驾车长驱数十里，我们去看了奇树。岭南的红豆，千百年来，文人骚客吟咏歌唱，已不足为奇。而我们看的这株"相思树"就奇了：一树两腿，横跨小溪两岸，共拥一身，即只有一径粗大的树干，经风历雨三百余年。你见过吗？也许，莽莽大森林里，诸如此类奇形怪状的树并不鲜见，而在这里便是珍稀的宝贝了。一树两腿的原因，无非是机缘巧合的偶然。譬如洪水时长出了许多根须，其中一二条伸进对岸的泥土，久而粗壮；或者一开始便是人为的培植。人们对考察其产生的原因不感兴趣，兴味盎然的是杜撰凄美的爱情故事。这样一棵罕见其匹的命名为"相思"的树，能不有一则爱情故事相得益彰吗？奇树与爱情相结合，吸引了天下好奇的人们跑来，哪怕道路崎岖，也要一睹为快。

上午的奇闻逸事，喜得我们喋喋不休，笑逐颜开。加上吕爱民同学中午安排的一餐别出风味、货真价实的"土菜"，更把这次狂歌铜陵游发展到了"狂"的地步，也为这次铜陵游画上了圆满的句号。这次狂歌铜陵游，彻底改变了我前六次铜陵行产生的小而脏、杂而乱、清而冷的印象，眼见的是一个崭新的鲜活的生机勃勃的铜陵。

我回程路上，一个思想一直萦绕脑际，那就是暗自佩服铜陵人的聪明才智。江南铜的历史分布，主要是在繁昌、南陵、铜陵与池州一线。据考古学者说，南陵古冶铜遗址最早发现，仅露天炭渣、废铜矿石就达十万平方米。唐朝时，池州冶铜业十分红火，乃至李白记云，"炉火照天地，红星乱紫烟。赧郎明月夜，歌曲动寒川"，却也变成铜陵冶铜的证明。而且，铜陵历史上曾受南陵管辖。可是，铜陵今天稳坐了古铜都的交椅。这就是铜陵人的聪明所在，做足了铜文化的文章，抢得天下者便为王。有没有古铜都，姑且不论，也不重要。而今的铜陵，主题鲜明，理念清晰，满城现铜色，飘铜味，真真实实的铜都。没有古铜都，创造一个新铜都，当然是件功德无量的好事。铜陵人做到了，一个独具特色的城市出现了。

忆旧安师大

王效光

青青赭山，镜湖潋滟。

浩浩大江，天门中断。

莘莘学子，备尝苦艰。

学海苦读，三点一线。①

古今兴亡，过眼云烟。

汗牛充栋，研史论变。

月光如银，徘徊江岸。

思绪澎湃，如缕不断。

浊浪排空，孤帆一片。

忧思于胸，流连忘返。

四年寒窗，毕业欣然。

开枝散叶，四海播延。

旧人凋零，人生暮年。

欣逢盛世，河海晏然。

光阴荏苒，古稀霜染。

人生如梦，歌以永年。

---

① 这是当时流传在同学中的一种说法，是说早晨起床从寝室到食堂，然后再到教室、图书馆，晚上回到寝室。周而复始，基本天天如此。同学们将这种刻苦又清苦，单调又快乐的学习生活戏称为"三点一线"。

感　恩

杨辅仓

说起我的1978年高考，不得不深深感恩我的长辈。

我的舅舅是20世纪60年代初的合肥三中高中毕业生。他的学识和儒雅，让我敬仰；他在村里的地位和受人敬重，让我羡慕。我读的很多书，都是从舅舅那里得到，他的高中课本是我高考复习的唯一资料。遗憾的是舅舅的儒雅，我没有学到，但我深刻认识到拥有知识的重要性。

我的王叔，是父亲在光机所（今合肥科学岛）的老同事，家住合肥郊区的一里井。高考前夕，我曾躲到一里井突击一周，那是一个不分昼夜的时刻。王叔夫人，我叫她姨娘，她对我准备高考十分支持，不仅一日三餐精心准备，而且每晚准备一篮子西红柿，供我夜里充饥解渴，特别是告诉她的几个孩子不许吵闹，为此我终生难忘，深深感谢。那七天七夜的不休不眠，确是我高考成功的关键，在撮镇这个文风兴盛的地方，当年我拿到文科总分第一的名头。

我的表叔，合肥师范学院（今安徽师范大学）中文系毕业，有私塾功底，才华横溢，从创办高考补习班起步，现有一所合肥知名的民办高级中学，成为知名的教育家。我在一里井苦斗的七天，每天去表叔家听课半天，分别听了语文、历史、地理、政治四科，受益匪浅，表叔经常骄傲地对外人说：杨辅仓是我带出老家的第一个本科生。表叔功底深厚，知识广博，尤其是干净利落、准确无误的口才，深刻影响着我的教书生涯，使我逐渐形成了干净准确、注重逻辑的教风。表叔讲课不用课本与资料，侃侃而谈数小时，也成为我的标杆，但凡备课，我必定背书，上了讲台绝不会再去翻教材。

我的父母亲大人，出身贫寒农户，几近文盲，可传统的教子方式，塑

造了我们兄弟姐妹五人刻苦勤奋、宽以待人的做人品格，今天思量起来，这就是家风。父亲年幼失去双亲，由祖母抚养，1949年去南京一家营造厂学艺，瓦工手艺十分了得，1958年在建合肥省委钢厂（后称合钢三厂）时，父亲担任基建科长。后来父亲告诉我，他的科长就干半年便主动辞职，原因仅是不识字，只能签字。这件事对我触动很大。

我的母亲，不少同学见过，是厚道能干的农村人。母亲养育两男三女，她是家中的靠山，勤劳能干是出了名的。村里老人教导儿媳时总说：你去看看蛮大嫂（我父亲出生于芜湖大荆山，在我祖父去世后回到家乡，操芜湖口音，村民叫他"小蛮子"，后来称我母亲"蛮大嫂"）。1972年秋，高二未读完我就去学瓦匠手艺。1976年9月，我成为月薪8元的民办教师。当年的乡村，教师一职使母亲大人引为骄傲，因为担心我高考不中而失去教师岗位，决意反对我准备高考，因此我的高考是秘密进行。考试的第一天早晨，我不小心说了一句：今天去镇上考试。刚从井上挑水回家的母亲，拿起扁担就打。这是我唯独一次不听话，考试三天住在老姑奶家，考试结束后，怀着忐忑不安的心情在家里干农活，去学校教书。母亲仍然担心地叨念："你小学留级，六年才读到四年级，撮镇中学混三年半，考大学行吗？"那时，我也没有把握，连知道分数，填报志愿都不敢吭声，害怕母亲大人的担忧，直到收到安徽师范大学录取通知书，才敢告诉父母，父母开心的笑容我至今难忘。1978年10月12日早晨，母亲挑着我上学的行李，送到撮镇火车站。上车后的瞬间，我又在母亲脸上看到不安的神情，等到我教书多年才懂得这种不安是什么，就是儿子上了大学，就放飞了，就指望不上了。确实，教学繁忙，加上我贪玩，关心父母少了。近年来，我回乡扫墓，只能深深内疚和自责，自己尽孝不如弟弟妹妹们。

艰苦玉成

翟厚良

　　我出生在安徽和县农村的一个小集镇，从小读书比较用功，成绩也不错。初中我是在一所远离县城的偏僻农村中学上的，有一次数学竞赛得了全县第一名。高中我是在省重点巢县一中（后改为巢湖一中）上的，学习更加自觉刻苦，立志将来要考上一所好大学。我暗中给自己制定学习计划，其中最特别的一点就是，每天晚自习后回宿舍就寝，躺在床上必须把当天上的每一堂课的内容，全部回忆一遍，称作"过电影"。"过电影"中如发现有搞不懂记不住的问题，第二天白天务必设法弥补。那时我年轻觉不够睡，瞌睡来了，就用手掐自己的脸和手臂，一定要把全部课程回忆完毕，才允许自己入睡。因此，我高中课程总体来说学得还是比较扎实的。后来"文革"来了，学校停课了，但我心里想，读书应该总是有用的，大好年华不可浪费。于是我在去北京等地"串联"返校后，又给自己定了自学计划，每天上午自学英语，背诵古诗词，下午看其他书籍。记得当时我搞到一本艾思奇主编的《辩证唯物主义历史唯物主义》和一本大学教材《政治经济学》，认真地进行了阅读理解和思考，感觉对许多问题的认识豁然开朗，认知能力似乎亦上了一个层次。如此坚持自学有一年多时间，直至1968年被安排去农村做插队知青。

　　1966年"文革"开始时，我还在巢县一中读高二，少不更事。因为对学校停课、高校不招生等"文革"中的非正常情况不理解，有怀疑，后又有所批评议论，这些批评议论后来在案件复查时被认定"都没错"，但在1970年的运动中却遭受到了冤屈，被逮捕入狱，成了一名囚犯。

　　从广阔天地突然身陷囹圄，思想之波动、精神之痛苦是肯定的，认为

自己断送了前程，未来无望；同时又深感对不起父母，连累了哥哥，心中不安。但我相信自己是冤枉的，相信终会重获公正，回归社会。随着时间的推移，波动的情绪慢慢有所平复。细细想来，感到实不必如此悲观消沉，于事无补，不如平静处之，正确面对。此后我开始在号房内注意锻炼身体，做些适当的体育运动，比如每天早晚各做一套保健按摩操，这是我从高中时买的一本书里学会的。我同时又想，与其这样无所事事，坐等大好时光流逝，不如设法找点书来读读，或可转移注意力，稳定情绪，又能学点理论，长点知识，不亦宜乎。

开始这里只有毛主席的著作，我就一本一本地拿来阅读。因为有的是时间，《毛泽东选集》一至四卷我先后极为认真地读了五六遍，对每篇文章的内容、观点、思想乃至历史背景、文字风格等等都仔细地研读思考，连文章后的注释都一一反复推敲揣摩过。经过一段时间的学习，我对"毛选"四卷虽不敢说是倒背如流，也确实是相当熟悉了。后来"六本马列著作"可以带进来了，我也找来认真阅读，其中恩格斯的《反杜林论》有点难懂，我就慢慢看，仔细想，最后也读懂了几分。后来上安徽师范大学以后，我曾跟不少同学半开玩笑地说：我的马克思主义世界观是在看守所里形成的。

看守所每天还给各号房送一份《人民日报》。那时的《人民日报》每日六版，因为有时间，我每天都是从第一版到第六版仔细阅读，一字不落。这样一天接着一天很投入地读报，就像看长篇小说一样，我一度对国家时政要闻相当熟悉，仿佛自己也置身其中，连晚上做梦也常是国家大事。我梦中还常和一些大人物在一起，其中就有过毛泽东、贺龙、陈毅等伟人。

实事求是地讲，这一段时间的学习，使我的政治理论素养明显提高，文史等方面的知识也有积累，这对我后来的高考乃至此后半辈子的工作学习都很有裨益。

因为每天看报，我发现"九一三"事件后，报纸上一度集中批判林彪的极"左"路线。此后只要有人来提审，我就向他们反映我的问题其实是反林彪极"左"路线的。有一次一位公检法干部说，已注意到这一点。但是，后来巢县公检法军管小组还是判处我5年有期徒刑。此时我在巢县看守所号房已待了整整两年了，真的很盼望能早点离开这里。为此我没有上诉，但是利用可以上诉的机会要来了纸和笔，向当时的巢县县委和公检法小组写了一封信，主要内容是："文化大革命"中出现的混乱主要是林彪极"左"路线造成的，我对"文革"中一些问题的批评议论，其实质是反对极"左"路线的。这封信后来成为案件复查的一份重要申诉材料。

此后不久，我被送到位于庐江县的一家劳改农场。因为是农场，日常主要从事农业劳动。劳动强度不算很小，尤其在农忙时。"双抢"是一年最忙的时候，早上4点起床，晚上8点左右收工，中午饭送到田头。"双抢"就是抢割早稻，抢栽晚稻，都是弯腰活，时间长，天气热，确实很累。中午在田边吃饭，因等候打饭，饭前或饭后可挤出一刻钟左右的休息时间，倒在田埂上就睡着了。当然农场是季节性活，农闲时就会轻松些，到了冬天还会半天劳动半天学习，有时甚至整天不出工只学习。

来农场以后家里人可以前来探望了。老母亲每年都来看我2次，每次来都会带很多东西，主要是吃的，有花生、月饼、麻油等等。这些吃的有些当年是计划供应，是老父亲想方设法买到的。父母亲此时都60多岁了，从老家来这里路途遥远，交通不便，很不容易，我心里更加觉得对不起父母。所以每次我都跟母亲说，下次别带这么多东西了，但是母亲再来还是带那么多。父母的拳拳爱子之心令我终身不忘，倍感惭愧。母亲告诉我，有几位小学和初中同学问候我。这也让我感到温暖。在安庆工作的哥哥，有一次到合肥出差，也绕道来看望过我。

因为每天劳动，来农场以后，看书的时间相对较少了，但是有空我还是比较愿意坐在那里读书。这时可以买到鲁迅的一些著作了，还偶尔买到了一本德国人海克尔的《宇宙之谜》，这些书我都认真读了。我还读过其他一些书，如恩格斯的《路德维希·费尔巴哈和德国古典哲学的终结》等，读后也有认真思考，感觉收获良多。

在读书学习中，我认识了一位比较谈得来的朋友。他是从上海插队到安徽的知青，比我还小2岁，因为在日记里写了点什么不合时宜的东西，被误判了刑。他很聪明，又很正直，虽身处逆境，却并不消沉，仍喜欢看书，思考问题，尤其喜爱马克思主义哲学，对许多问题都有较为深入的见解。我俩经常在一起谈天交流，谈人生，谈哲学，谈辩证法、不可知论等等，有时谈得相当深入。他对人生的理解，也是积极的，正面的，真实的。我从未见他有消极颓废、悲观厌世的情绪，也未见他有牢骚满腹、虚伪夸

张的言辞。所谓近朱者赤，近墨者黑，我发现，与他这样有素质有思想的朋友相处交流，不仅能增长知识，拓宽思路，提高素质，还可以相互勉励，相互促进，共同向上。

1976年粉碎"四人帮"之后，形势发生了很大变化，不久万里同志来到安徽，情况进一步好转。这时我已刑满回到老家和县务农，心里想，还我公道的时候或许已经来到了。大约在1977年9月底或10月初，我冒昧地给万里书记写了一封申诉信，陈述冤情，要求平反。这封信万里书记本人是否看到我不得而知，但肯定被批复到了巢县。很可能正是因为有此一批复，我的案子才能及时得到复查，并且较早得到平反。这比十一届三中全会前后全国大规模平反冤假错案还要早一年的时间，正因如此，才使我有幸赶上1978年高考这趟末班车。万里书记可能正是我命中的"贵人"。

有道是：艰难困苦，玉汝于成；又曰：功夫不负有心人。多年的艰苦努力，终于有了好的收获。此次高考我总分得了429.25分，其中数学为满分100分，历史为90.5分，据说在全省是比较靠前的，因而得以顺利地被安徽师范大学历史系录取，实现了我多年的梦想。进入安徽师范大学历史系之后，我和许多同学一样，发自内心地珍惜这来之不易的上大学的机会，学习一如既往地刻苦用功。在母校的培育和老师们的谆谆教诲下，毕业后我又考取了吉林大学历史系中国近代史专业硕士研究生，师从著名历史学家李时岳先生。

我的那位农场的书友没能赶上高考末班车，但他也很快得到平反，返城回到上海，顶职进了银行。后来我去上海出差几次和他相见。这时我已研究生毕业特招入伍，成为一名人民解放军大校，军队正师职干部。他也因为素质较高，能力较强，工作认真，为人正派，受到上下一致好评，很快入了党，当上了科长，事业做得风生水起。我想，我的这位朋友之所以在工作中能很快取得好成绩，应该是与他曲折的人生经历不无关系。天上不会掉馅饼，人生不大会轻轻松松、一帆风顺就有成就。艰难困苦，玉汝于成。只有经过艰苦的磨炼，历尽困难仍矢志不渝，刻苦努力，不懈奋斗，才有可能取得成功。

曾经的校园中那片植物园

张小平

"一入校门恩似海，此生处处皆关情。"我进了师大，学了专业，谋了饭碗，连平生业余爱好也受了影响。我的一些业余爱好除了带有家庭传承，同时也关联着在师大读书时校园荷塘边的那片植物园。

我出身一个破落地主家庭，曾祖父时候我们家在当地还是一个饶有田产的地主，到了祖父时期由于社会战乱、不善经营等原因到解放前夕已完全破产。虽然是家道中落，但父亲在儿童时期还是读了几年塾学，解放后一直从事乡村小学教育。父亲写得一手好字，也喜欢种些花草。耳濡目染，从小我就有意无意地受到一些影响，跟着父亲种草养花，在父亲的督促下习字临帖。由此，我逐渐养成了后来对园艺和书法的业余爱好。

从种草养花到盆栽艺术，有个重要的机缘巧合是我在师大读书的一段经历。当年，师大食堂前面有一个很大的荷花塘，塘边有一块不大的植物园。这块植物园是生物系的种植区还是学校后勤的花卉基地我就不知道了，反正里面种着很多种我当时不知道名称的花卉和观赏植物，还有一大片大小不等、品种不同的盆景。出于对花草的喜爱，偶尔碰到园艺师傅在里面工作时我都会进去观赏一下。一来二去，我和师傅混得面熟，并在师傅那里学到了许多原来我不认识的草本、木本植物名称分类，学到了盆景栽培的一些粗浅知识。我尤其高兴的是，一次早春，师傅对一株腊梅分盆时送我一棵小苗，我如获至宝地将腊梅小苗带回家，一直在老家种了很多年。

大学毕业后的前二十年，我一直在一线课堂教学并兼任班主任或学校中层管理工作，除了吃饭睡觉，几乎没有属于自己的时间。后来我担任校级管理工作，八小时以外自己能支配的时间就多了起来，从前的爱好也被

重新拾起来，种草养花写字逐渐成了业余时间的主要内容。

2004年，我被调到无为职业中学任校长，并受命筹建芜湖电缆工业学校。对于此项任命，我起初内心极不情愿，总认为工作在名望极高的普通中学，培养人才多、社会影响大。其实不然，我进入职业教育才体会到职教的重要性，职业教育是培养一专多能的社会实用人才的不可或缺的教育门类。平心而论，职业学校真是一个让人长知识的地方。在普通学校，我的主要工作除了备课教学就是复习考试，在当职教校长的几年里，除了正常的学校管理工作外，我学会了汽车驾驶、简单机修、电脑操作、软件使用、网络交流等现代应用技术，园林园艺知识也得到了很大提高。

出于对花卉种植的喜爱并掌握了简单的盆栽知识，再加上我工作期间居住的地方都有或大或小的庭院，从20世纪90年代起我就利用业余时间和假期进行花卉栽培和盆景制作。我经常参加省内外的各种盆景展览交流，并在各类媒体上发表论文、评论。统计起来，我制作的盆景在全国、省际、省内的入展、获奖作品有数十盆，金银铜奖皆有斩获；在各类传统媒体和新媒体上发表论文、作品近百篇，涉及盆景造型原理、盆景美学特征、东西方盆景风格比较、中国盆景史、中国盆景流派、盆景创作技法、盆景养护管理等等。我也算是中国盆景界的知名评论人和资深盆景作家。

弹指四十年过去了，现在我在参加一些芜湖市内的盆景展览交流活动时，还经常和业界朋友们说到师大往事。不知道当年荷塘边的植物园在不在了，教我盆栽的那位不知名的启蒙老师傅是否还健在。每每忆此，不禁唏嘘怅然。

张小平盆景及部分书法作品

盆景——黄山松（高 110 cm）

书法作品——（唐）温庭筠《咸阳值雨》

书法作品——（战国楚）屈原《渔父》

张跃进歌词选

张跃进

一、前面是江湖

前面没有桥，前面没有路，
前面是江湖。
一首离别歌，唱着深深祝福。

前面也有乐，前面也有苦，
前面是江湖。
一杯壮行酒，饮下义无反顾。

有志就有主心骨，
有胆艰难挡不住，
抒一腔豪情，展一身功夫，
炼一双慧眼看穿云和雾。

是风就去迎大旗，
是雨落到干旱处，
创一番事业，立一世英名，
捧一颗良心担起祸与福。

前面是江湖，

闯出桥与路，成为擎天柱。

前面是江湖，

参透苦与乐，心在天上住。

二、一壶清茶

朴实自然，平平常常，

不需要华丽包装；

落落大方，不卑不亢，

是因为胸怀坦荡。

谁能像你那样拿得起放得下，

泰然居陋室，谦和入厅堂，

一次次沉浮依旧静静绽放；

谁能像你那样坐得正看得宽，

寂寞不气馁，名盛不张狂，

一番番冷热总是淡淡清香。

是苦是甜，是深是浅，是柔还是刚？

有人引吭高歌，有人低吟浅唱：

一壶清茶，一壶清茶，

壶里乾坤大，壶外故事长。

三、老同学

那是风华正茂的时节，

哪知天有多高地有多远。

为了凌云飞翔的梦，

我们拼搏多少年，

感受的是艰难，了却的是心愿。

老同学呀，老同学，

纵然已经翱翔在蓝天，

今日相见也是万千感慨沉甸甸。

安徽师范大学历史系一九七八级回忆录

注定一生拥有的缘分，

不说山有多高路有多远。

一片纯洁无瑕的情，

我们珍藏在心间，

离去的是岁月，告别的是华年。

老同学呀，老同学，

多想回到我们的起点，

把悲喜交加的故事再演一千遍！

附　录：

安徽师范大学历史系
一九七八级部分同学简介

班玮，1959年生，原籍安徽芜湖。1982年7月安徽师范大学历史系毕业后，考入南开大学研究生院，攻读日本史专业研究生。1987年3月赴日本留学，后定居于日本冈山，现任山阳学园大学教授。

蔡绍宜，1950年生，安徽怀远人。自幼读书，1975年任民办教师。1982年毕业于安徽师范大学历史系，分配到马城中学任教，不久担任教导主任。1987年调往怀远一中任教，兼任政史地教研组组长。拥有中学高级教师职称，曾被评为"蚌埠市优秀教师"，先后受县政府嘉奖和市政府嘉奖各一次。曾任两届怀远县政协委员。

曹钟声，1960年生，安徽灵璧人。1978年10月至1982年7月就读于安徽师范大学历史系。1982年7月至1998年12月为淮南一中高中历史教师。1994年获得中学高级教师职称。1998年12月至2020年7月为深圳市福田区梅林中学教师，2020年8月退休。

常斌，1956年生，安徽芜湖人。1976年12月入职和县建筑公司，从事绘图、预算工作。1978年10月入安徽师范大学历史系学习，1982年7月毕业后在和县师范任教。1983年9月赴日本明治大学留学。毕业后回国至大连，现在大连经营工厂。

陈文誉，1947年生，安徽芜湖人。1963年毕业于芜湖六中，同年考入芜湖一中就读。1968年12月插队落户于泾县西阳公社溪头大队。1970年被招至泾县西阳中学任教。1978年10月，入读安徽师范大学历史系。1982年8月，分配至芜湖（宣城）地区教育局教研室工作，直至2007年5月退休。2000年至2004年任宣城市政协委员，2004年被评为省级优秀教师，2005年被评为特级教师。

程光华，1953 年生，安徽来安人。先后就读于上海市东安二村小学及徐州市一中。1970 年返乡插队于来安县武集公社，曾任生产队会计。1973—1975 年毕业于滁县师范学校，后执教于来安县双塘中学等。1978—1982 年求学于安徽师范大学历史系，毕业后先后任教于淮北市岱河矿中学和南京市二十九中。

方亚光，1959 年 8 月生，安徽歙县人，中共党员，史学硕士，研究员。先后就职于江苏省社会科学院、江苏省地方志编纂委员会办公室，曾任《江苏年鉴》主编、江苏省地方志办公室副主任。发表、出版论著百余篇（种），代表作有《唐代对外开放初探》《历史研究文论》《年鉴编纂文论》《方志指导文论》及《苍茫悠悠情》。指导各类志鉴编纂 200 多部，编审总量近亿字。2019 年，获"全国地方志先进工作者"通报表彰。

傅元根，1959 年生，安徽芜湖人，特级教师、正高级教师。1977 年 3 月插队于岳西县天堂乡，1978 年 10 月到安徽师范大学历史系学习。毕业后先后在岳西中学、汤池中学、海口市和三亚市教育局教研室工作。出版专著 2 部，主编及参编著作 20 多部，主持、参与国家及省级课题研究 10 多

项，发表论文 80 多篇。主研的《"226"有效教学实验的探索与实践》获 2018 年海南省基础教育教学成果特等奖。曾获全国优秀教研工作者、海南省优秀教研员等称号。

高岱，1978 年入读安徽师范大学历史系。1984 至 1987 年在南京大学历史系学习，获得硕士学位。1992 至 1995 年在南京大学历史系学习，获得博士学位。1997 年，作为中国第一位世界近现代史的博士后进入北京大学历史学系博士后流动站。出站后一直在北京大学历史学系从事英帝国史和殖民主义的教学与研究工作。曾任北京大学历史学系副主任、北京大学研究生院副院长和第七届国务院学位委员会学科评议组（世界史）成员。期间先后访问过西欧、北美、俄罗斯、日本、大洋洲和中国港澳台的三十多所世界著名大学。在荷兰莱顿大学和英国爱丁堡大学进行过较长时期的学术研究工作。并在美国、英国和日本等国的多所著名大学做过专题学术演讲。现为北京大学历史学系教授、中国英国史研究会（国家一级学会）会长、英国皇家历史学会外籍会员。学术代表著作有《英国政党政治的新起点》《殖民主义史（总论卷）》《英国通史纲要》《历届香港总督传略》等。

高道友，1954 年生，安徽泗县人。1982 年毕业于安徽师范大学历史系。曾任教于濉溪中学，任职于中共宿州市委讲师团，2014 年退休。

　　高岳仑，1954年12月出生于北京，祖籍安徽芜湖。中学以前在南京、北京求学。1972年12月在南陵中学高中毕业后去农村插队落户，1976年去铜陵当汽车修理工。1978年考入安徽师范大学历史系，四年后毕业留校工作至1996年。此后在广东仲恺农业工程学院工作至2015年1月退休，现任该校"关工委"主任、廖承志与池田大作研究中心主任。

　　管天文，1953年生，安徽芜湖人。1974年1月参加工作，在芜湖市第十六中学任政治教师。1978年至1982年在安徽师范大学历史系学习。1982年9月至1985年6月在铜陵市第三中学任历史教师。1985年7月至1996年5月在中共芜湖市委讲师团工作，任办公室主任。1996年6月至2013年2月在芜湖市委党校工作，先后任主任、教育长、副校长，2013年3月退休。

　　郭良美，1960年生，安徽淮南人。1978年10月自合肥十五中考入安徽师范大学历史系。1982—1998年相继在淮南二中、淮南联合大学任教，1997年获得副教授职称。1998—2015年先后在深圳市福田区上步中学、福田中学任教。2015年2月退休。

韩敬东，1950年生，安徽含山人。1982年毕业于安徽师范大学历史系，毕业后分配至含山中学任教，2010年11月退休。拥有中学高级教师职称。

何玉杰（原名何玉洁），1957年生，安徽全椒人。先后就读于安徽师范大学、上海交通大学和武汉大学，所学专业是先历史，继经济，再广告。厕身学界，为合肥工业大学广告学创系主任、硕士生导师。2006—2012年任教育部全国大学生广告艺术大赛安徽赛区副主任兼秘书长。发表论文多篇，翻译、主编、参编教材和著作多部，研究成果曾荣获安徽省社会科学和中国高等教育学会优秀成果奖等，先后两次荣获教育部全国优秀工作者奖。代表性专著有：《广告学专业导论》（中国人民大学出版社）、《中外广告史》（中国人民大学出版社）及《广告隐喻研究》（人民出版社）等。现任安徽省广告协会副秘书长、安徽新华学院广告学学科带头人、安徽现代传媒研究中心学术委员会主任。

贺宿芜，1957 年 9 月出生于安徽芜湖，
祖籍安徽宿松。1975 年芜湖市第十八中学
高中毕业，次年 4 月插队于芜湖市郊区西江
公社棠桥大队。1978 年 10 月入安徽师范大
学历史系学习，1982 年 7 月毕业后分配至芜
湖县第二中学任教。1985 年 6 月调入芜湖市
地方志办公室工作，历任编辑、科长、副总
编辑、副调研员，2017 年 10 月退休。

贺兆田，1949 年生，安徽蚌埠人。
1968 年怀远二中高中毕业。1973 年至 1978
年先后在安徽粮校高中部、蚌埠九中、蚌埠
一中任中学教师。1978 年 10 月入安徽师范
大学历史系学习，1982 年毕业后分配至蚌
埠二中任教。2009 年退休。

胡青，1947 年 8 月出生于山东莱阳。
儿时随父母生活于安徽、浙江、河南、北
京等地。1966 年毕业于北京钢院附中（今
北京科大附中）。1968 年回到故乡安徽绩溪
上庄插队，后在上庄中学任教。1978 年入
安徽师范大学历史系学习，1982 年毕业后
至 1991 年在绩溪中学任教。1991 年调回北
京，先后在广安门中学和北京四十三中学
任教，2002 年退休。

花小惠，1959年生，安徽芜湖人，中共党员、致公党党员，拥有高级教师职称。1982—2012年任合肥六中历史教研组组长、学科主任，2011—2019年任致公党合肥市委员会秘书长，曾任两届合肥市政协委员，2019年退休。1998年获合肥市"课堂教学评比一等奖"，2015年被评为致公党安徽省委"宣传工作先进个人"，2017年被评为"合肥市优秀政协委员"，2020年被评为致公党安徽省委"社情民意工作先进个人"。现为安徽省新四军历史研究会常务理事、合肥市司法局公议员。

黄卫三，1982—2007年先后在太平中学、黄山一中任教师、校工会副主席、教导处副主任、主任。1989年加入农工党，先后任农工党黄山区教育支部主委，农工党黄山区总支副主委、主委，农工党黄山市委常委。2007—2017年任黄山区人大常委会副主任。

黄忠超 （1956.4.21—2011.10.10），1975年1月起，在固镇县湖沟中学任教。1978年10月入安徽师范大学历史系学习，1982年7月毕业后进入宿县地委党史办公室工作。1985年1月加入中国共产党。1987年1月起，先后任宿县地委党史办公室秘书、宿州市郊区副区长、宿县地区行署办公室副主任、宿州市委副秘书长、市委办公室主任。2007年

1月，任宿州学院党委副书记、纪委书记。2011年10月10日逝世。

黄忠超喜爱写文章、练书法、对楹联、赏字画、习篆刻、炒股票，读书、玩石、把玉，一生流光溢彩。

嵇成中，1958年4月出生于安徽省天长市，祖籍江苏金湖。1974年入选安徽省围棋集训队。1976年下放至蚌埠市郊区大八集良种繁育场。1978-1982年就读于安徽师范大学历史系。曾任教于蚌埠市第三中学和蚌埠教育学院。1985-1992年任蚌埠市青年联合会副秘书长、1988-1992年任蚌埠市政协委员。1992年调入深圳市莲花中学，1994年调入深圳市福田区教育局，曾担任区教育国际交流中心主任、区教育科学研究院副院长。现为新学校研究会（国家一级学会）副会长、北京师范大学中国教育创新研究院副院长、教育部财政部国家级教师培训计划专家，深圳围棋协会副会长。

贾炳清，1954年生，安徽涡阳人。20世纪60年代毕业于涡阳城关第一小学，后入涡阳建筑公司当瓦工，涡阳五七办公室当司务长。1978年10月入安徽师范大学历史系学习，1982年7月毕业后分配至涡阳一中任教师。后调涡阳县肉类加工厂任人事干部，再调涡阳县委组织部工作，先后任工作员、科长、副部长，1997年兼任县人事局党组书记、局长、县机构编制办公室主任等职。2004年起任涡阳一中校党总支书记、校长，2014年退休。

金成龙，1957年5月出生于安徽合肥，祖籍安徽怀宁，中共党员，高级编辑。1978至1982年就读于安徽师范大学历史系，曾任中学教师，后调入安徽日报社，任编辑、记者，要闻版主编，首席编辑等。

李修松，1958年生，安徽含山人。1982年7月于安徽师范大学历史系本科毕业，1985年7月于安徽师范大学中国古代史专业硕士毕业。随后至安徽大学历史系任教，1996年11月破格升为教授，1998年3月任校图书馆馆长。2000—2017年任安徽省文化厅副厅长（曾挂任马鞍山市副市长）。2011年2月起任民建安徽省委主委（正厅级）。2013年起任安徽省政协副主席（曾兼安徽省社科联主席）。2003—2012年任全国人大代表，2013年起任全国政协委员。现为全国政协委员、民建中央常委、安徽省政协副主席、民建安徽省委主委、安徽省中华职教社主任（兼）。

李绪文，1954年生，1973年高中毕业后曾在几家企业做工约四年，其间烧过茶水炉，做过翻砂工，干过"三班倒"的繁重活。1978年下半年入安徽师范大学历史系学习，毕业后先后在马鞍山市第九中学、中共宣城市委党校（前身为宣城地委党校）工作，直至退休。现定居于芜湖市。

刘继红，1955年7月出生于黑龙江省齐齐哈尔市，祖籍吉林长春。华南理工大学新闻与传播学院教授，硕士生导师，中共党员。现任华南理工大学关心下一代工作委员会常务副主任。1982年7月毕业于安徽师范大学历史系。1998至2008年先后任华南理工大学党委宣传部副部长、部长，并长期担任华南理工大学新闻发言人。主要致力于新闻发言人及公共传播危机管理研究。主讲"媒体公关与新闻发布""新闻传播政策与法规"等课程。先后发表科研论文30多篇及300多篇新闻报道，并先后承担多项国家及省市科研项目。

刘咏红，1956年4月出生于安徽巢县（今巢湖市），籍贯浙江绍兴，中共党员，中学高级教师，政教处副主任。1973年含山中学高中毕业，1974年春插队于含山县关镇公社铜庙大队黄东生产队。1978年10月入安徽师范大学历史系就读，1982年毕业后分配至巢县一中（今巢湖一中）任教。期间，三次参加高考阅卷，四次担任职称评委。

刘哲，1961年生，编审职称，国家出版基金评委、安徽人民出版社原总编辑、2014年度"全国推动输出引进典型人物"。1982—1994年，在合肥十中工作，历经教师、团委书记、教导处副主任等岗位；1994—2014年在安徽文艺出版社工作，历

任编辑部主任、发行科长、教材部主任、项目开发部主任、副社长等岗位；2014年—2021年，在安徽人民出版社工作，历任副社长、副总编辑、总编辑等岗位。编著有《探索生命》（获新闻出版总署颁发第七届全国优秀青年读物三等奖）、《幼学琼林》（白话注解）、《中华美学大辞典》（合著）、《中国海外志愿者》（合著）、《中国生态建设者》（合著）、《红色金寨》等著述。2019年《在主题出版中磨炼"四力"》获第八届韬奋出版人才高端论坛论文三等奖。从事出版工作近30年，策划和编辑获全国"三大奖"和"走出去"图书20多种。现为安徽省炎黄文化研究会副会长、中国图书评论协会会员、中国比较文化研究会会员等。

吕爱民，1958年10月出生于安徽无为。1982年7月于安徽师范大学历史系毕业后，先后在铜陵市八中、铜陵市委宣传部、市委党校、市钢铁厂、市文明办、铜陵市郊区区委、铜陵市政协工作。2009年提前退休下海弄潮。目前蜗居上海当全职爷爷。

莫欣，1947年3月出生于安徽芜湖。1966年合肥一中高中毕业。1978年考入安徽师范大学历史系，毕业后先后担任安徽省教科院历史教研员、安徽省委宣传部干部处处长、安徽省新闻出版局副局长。2007年退休。

任书智，1954 年出生于安徽合肥，祖籍河北平山。1972 年肥西中学高中毕业，1973 年初插队肥西县馆驿公社，1976 年 10 月招工进入安徽维尼纶厂。1978 年 10 月入安徽师范大学历史系学习，1982 年 7 月毕业后入职合肥市第九中学，从事高中历史学科教学。拥有中学高级教师职称，2005 年被评为合肥市优秀教师。曾任校教务主任兼教研室主任，曾为合肥市教科所历史教研专家组成员。2014 年退休，热爱自行车骑游活动，热爱旅游。

任欣平，1954 年生，安徽滁州人。退休前系滁州实验中学高级教师，1995 年曾被授予"滁州市优秀教师"称号。一生主要从事教学工作，此外还负责过校三产办和总务处的工作。

沈国余，1956 年生，安徽合肥人。1976 年高中毕业回乡务农，1978 年 10 月入安徽师范大学历史系学习，1982 年 7 月毕业后先后任教于长丰一中、长丰县双墩中学、合肥五十一中、合肥二十九中。1998 年被评为中学高级教师，2016 年退休。

盛益武，1952年（身份证误为1953年）出生于安徽铜陵。1965年毕业于铜陵县实验小学，1968年铜陵县一中初中毕业。1972年9月进入铜陵县五七大学师范班（中师）学习，1974年7月分配至铜陵县胥坝中学任教。1978年10月入安徽师范大学历史系学习，1982年7月毕业后分配至铜陵县第二中学任教。1983年7月调入铜陵县党史地方志办公室工作，1985年9月调入铜陵市劳动局工作，1989年12月调入铜陵市地方志办公室工作。2004年6月提前退休。

宋刚刚，1949年生于上海浦东。1969年高中毕业后插队落户于安徽省利辛县马店公社王营大队前刘寨生产队。1978年考入安徽师范大学历史系，曾在芜湖铁路中学、师大附中代课。1982年留校，在党委宣传部工作。1984年起先后在安徽、江苏、上海等地高校任教，曾担任教研室主任、系副主任、学报编辑部主任。2009年退休。

孙国强，1955年10月出生于上海。1973年12月入伍，1974年12月入党，1977年6月提干。1978年7月以现役军人身份参加全国统考，成为安徽师范大学历史系学生。毕业后继续回部队工作，历任团政治处干事、连队政治指导员、南京军区空军政治部副营职干事、团司令部政治协理员，中校军衔。1992年8月转业，任中共上海市委办公厅主任科员、副处级调研员。2000年辞职经商，任上海国际企业合作公司副总经理、泰康人寿保险股份有限公司上海分公司副总经理、民生人寿保险股份有限公司上海分公司总经理。2015年退休。

汤晓华，安徽铜陵人。1978年10月至1982年7月在安徽师范大学历史系读书。毕业后曾在中学、党校、宣传部工作，曾任铜陵市委党校副校长、铜陵市委宣传部副部长。曾公开发表诗歌、史论、政论七十余篇。

汪幸福，1954年生，四川成都人，中学高级教师，民盟盟员。1976年至1978年在蚌埠车辆配件厂工作，1978年至1982年在安徽师范大学历史系学习，1982年至2014年先后在蚌埠田家炳中学、蚌埠第五中学、蚌埠第二中学任高中历史教师。现已退休。

汪一江，1955年出生于湖北武汉，1960年随父母定居安徽合肥。1978年入安徽师范大学历史系学习，毕业后分配到芜湖三中。1985年转至宣城地委党校，1991年又转至皖南医学院，2015年退休。单位返聘二年后，又先后在安徽文达信息工程学院、安徽信息工程学院任教并兼做管理工作。可谓：一生站讲堂，二三篇文章，四五个好友，六七千碎银，八九十奢望。

王彩法，1960年生，安徽宿州人。1982年7月毕业于安徽师范大学历史系，长期从事中学教学，兼职宿州民盟与政协工作。参与地方文献编纂，有述作数种行世。故此，一生学校人、政事人、文史人。布衣蔬食，草庵棘篱，足迹罕出乡里。所嗜者，茗茶而已。

王昶，1959年生。1976年3月到固镇县插队务农。1978年入安徽师范大学历史系学习，毕业后分配至冶金部第十七冶金建设公司党委宣传部。1991年辞去党校教研室主任职务赴深圳，先后在科技工业园一家股份制企业和台资企业打工。1993年深圳市原宝安县撤县设区，经调干考试调入龙岗区在中学任教，后任职区教育局二办主任。2005年以后转入中学从事教学工作。

王建岚，1957年生，安徽芜湖人。1975年2月插队至广德县杨滩公社，同时任民办教师。1978年考入安徽师范大学历史系，1982年毕业后分配至广德县广德中学任历史教师。1992年后先后在广德县委宣传部、县委政策研究室、审计局工作。2012年退休。

王俊祥，1956年生，安徽六安人。1975年12月六安市第三中学高中毕业。1982年7月自安徽师范大学历史系毕业后，分配到六安市第四中学工作，期间担任该校教导主任职务。1990年调到六安市教委工作，先后担任六安市教委秘书、办公室主任、大学生分配办公室主任，1999年初任六安市教委副主任。2000年1月5日病逝。

王圣宝，1948年生，安徽和县人，中共党员，教授。1982年毕业于安徽师范大学历史系。1988年被芜湖市委党校推荐为芜湖市第十届人大代表，2003年被芜湖联合大学师生直选为芜湖市鸠江区第四届人大代表。历任芜湖市委党校文史室、科社室副主任，芜湖联合大学马列室副主任，经济管理系主任、党总支书记。主要研究方向为人类文化学、历史生物学、政治学之政变学和芜湖地方文化史。出版著作《珍贵动物扬子鳄》《政变论》《文化源流论》等，发表论文80余篇。应邀在安徽卫视和央视（CCTV-4）做过节目。挂名芜湖诗词学会顾问。

王先吉，1948年出生于安徽潜山。1968年于潜山中学高中毕业后插队回乡务农，期间当过乡村小学、中学代课教师和民办教师。1978年入安徽师范大学历史系学习，毕业后分配到桐城天城中学任教。一年后调回家乡潜山野寨中学任教。1993年被评为中学高级教师。2009年退休。

王晓波，1949年11月生于重庆，1953年随父母由南京迁到芜湖。先后就读于芜湖市弋矶山小学、皖南大学附中（今安师大附中）。1968年插队当知青，1971年招工到建筑公司做木工。1978年考入安徽师范大学历史系，毕业后分配至芜湖十九中任教，1987年调入芜湖一中工作，直至退休。

王效光，1955年生，安徽砀山人。1978年考入安徽师范大学历史系，毕业后分配到砀山中学任教。1983年调入砀山县志编纂委员会办公室工作，任《砀山县志》编辑。1989年初《砀山县志》将成书时，调入宿州市拂晓报社工作，先任编辑，后任主任编辑。1997年到灵璧县尹集镇挂职任副镇长，1999年挂职结束，回到报社工作。有文论、编著少许。2017年11月退休。

王旭东，1956年1月出生于辽宁大连，祖籍山东文登（今威海市文登区）。1982年毕业于安徽师范大学历史系。中国社会科学院世界历史研究所研究员，中国社会科学院研究生院教授、硕士生导师。中国科学院期刊《数据与计算发展前沿》编委。中国社科院期刊《史学理论研究》编委。研究方向有

世界史、史学理论、信息史学和社会信息化史、新疾病史学和世界生态环境史等。代表论文有《信息史学建构的跨学科探索》(《中国社会科学》2019 年第 7 期) 等，代表著作有《世界瘟疫史》《周恩来的魅力》等。

王幼生，1948 年生，安徽全椒人。1973 年 8 月至 1978 年 10 月为滁州中学体育教师。1978 年 10 月至 1982 年 7 月在安徽师范大学历史系学习。期间被选入校篮球队，参加安徽省大学生运动会篮球项目比赛，校篮球队获安徽省第三名，任校学生会体育部部长，并于 1980 年 5 月加入中国共产党。期间在《安徽师大报》发表全校第一篇读史札记《去伪存真》(探讨尧舜禅让的真相)，在文学刊物《赭山》发表散文《追忆 C 城龙灯舞》，后被收入《大学生作文选》。1982 年 8 月至 2008 年 12 月在滁州中学任历史教师，先后担任教导处副主任、教研室主任等职。1993 年被评为中学高级教师，2003 年被评为安徽省特级教师，2008 年 12 月退休。

吴雷，1956 年 2 月生于安徽蚌埠，高级编辑。1982 年大学毕业后分配至蚌埠九中任历史教师。1986 年调入蚌埠日报社，长期从事新闻、副刊采编工作。发表各类作品逾两百万字，数十篇作品获全国、省市新闻奖、专项奖，在国家核心期刊上发表多篇专业论文。2005 年，调任中共蚌埠市委对外宣传办公室（蚌埠市人民政府新闻办公

吴正，1947年8月出生于安徽歙县。1966年歙县中学高中毕业。1968年到山村插队并担任民办教师。恢复高考后，1978年考入安徽师范大学历史系，1982年毕业后分配至歙县中学任教。2007年退休。

吴忠琪，1954年生，安徽枞阳人。1972年中学毕业后回乡务农、代课。1974年底应征入伍，服役于济南军区26军78师，1977年解甲归田。1978年考入安徽师范大学历史系，1982年7月毕业后分配到贵池中学（池州一中），1984年底调入中国科大附属中学工作，直至退休。曾获中国科大"杨亚基金爱岗敬业奖"。2005年因"苏丹红事件"中的维权，被评为"合肥市十大新闻人物"，后来还应中央电视台邀请做客CCTV-12演播室。教学之余撰文若干，散见于《安徽日报》、民革中央《团结报》、中山大学《历史大观园》等报纸杂志，还参与了《中国近代百年史话》《深宫怨女》等书的编写。

夏仕伦，1960年生，安徽庐江人，中共党员。先后在庐江盛桥中学、庐江二中、庐江三中、庐江县教育局工作。曾担任教学副校长、校长、原巢湖市历史教学研究会会长、合肥市历史教学研究会常务副会长、安徽省历史教学研究会常务理事等职务。获得省级德育先进工作者、省"教坛新星"、省"特级教师"称号。独著、合著的教辅用书、教研论文、论著三百多万字。

颜玉强，1982年自安徽师范大学历史系毕业，虽职业多变，至今专业未改。毕业后担任合工大附中老师，因天马行空式的讲课风格，颇受学生爱戴。1986年考入南京大学英国史专业就读并获硕士学位，后入职人民出版社任编辑。因爱自由，三年后与出版社前辈下海做起书商，谋食问题解决了，也做了一些好书。近几年来成为图书独立策划人，正奋蹄追梦。

杨辅仓，1955年7月出生于安徽肥东。先后就读于肥东赵光小学、撮镇中学。务农，瓦匠，民办教师，先后五年。1978年考入安徽师范大学历史系，1982年毕业后任肥东二中历史教师。1991年调入合肥七中，从事中学历史教学与教研，至2015年退休。

于志斌，出生于安徽合肥，祖籍江苏宿迁，现居深圳。先后就读于合肥市淮一小、合肥二中、安徽师范大学。1982年8月至1998年1月先后在安徽人民出版社、黄山书社工作，1998年2月至2020年8月，在深圳市海天出版社工作。历任编辑、副编审、编审，曾任黄山书社副社长、副总编辑及海天出版社副总编辑。已出版随笔集《山海文心》《山思海韵》《写花卅年》《寄意古董》《香蜜夜航》，诗文注译作品《亦复如是》《婉约诗》《千古杂记》。

俞凤鸣，安徽全椒人，高级讲师，安徽省优秀教师。1982至1996年在滁州师范工作，先后任教师、教导主任、副校长。1996年7月调任滁州卫校校长，后兼任党委书记。曾任安徽省中师历史教研组副组长、安徽省中专教育研究会理事、全国医学高职高专教育学会理事。被教育部有关部门聘为"中国西部教育顾问"。参加全国、安徽省共5部中师教材编写工作，分别担任主编、副主编、编委等。滁州市琅琊区第二、三届人大代表，滁州市第二、三届人大常委会教科文卫委员会委员。2009年10月调任滁州市教育体育局调研员，2014年12月退休。2017年3月起任滁州市教体局关工委主任。2019年入选为中共滁州市委宣传部理论研究专家库专家。

翟厚良，1948年出生，安徽和县人。1978年10月入读安徽师范大学历史系，1982年考入吉林大学历史系攻读中国近代史专业硕士。1985年特招入伍，自此在解放军通信指挥学院任政治理论教员，先后被聘为讲师、副教授、教授，2008年退休。期间主编参编教材专著10余部，发表学术论文20余篇。

张健，1957年生，安徽郎溪人。1975年3月郎溪县毕桥公社毕桥大队下坝生产队插队知青。1978年9月考入安徽师范大学历史系。毕业后先后任教于郎溪县梅渚中学、安徽省郎溪中学、华东师范大学附属东昌中学。2017年7月退休。

张皖生，曾用笔名张一弓、长弓、黄佗、文樵、翁白、精赤、心亘等，籍贯安徽桐城，出生于1948年7月16日，1982年7月毕业于安徽师范大学历史系。曾任教于安庆一中，并曾在安庆师范学院兼授世界古代史，后供职于安庆市委史志办、党史办、党史研究室，任编辑、副科长、科长、副总编及市委党史编辑部主任等职。历任安徽省历史学会、党史人物学会、陈独秀学术研究会理事和常务理事，安庆市历史学会副秘书长，安徽师范大学安庆校友会副会长兼秘书长。

兼任中国炎黄文化出版社编审。发表省级以上学术文章10篇，各类文章近200篇，三次获中央、省党史系统荣誉证书，二次获省社会科学优秀成果奖和省党史系统论文一等奖。参与撰写、编辑十多部文史著作。

张小平，1955年生，安徽无为人。高中毕业后在老家乡村小学当了六年"民办教师"，直至恢复高考后考入安徽师范大学历史系学习。毕业后，前二十年专事历史教学，虽欠"果硕实丰"，但亦处处"桃红李白"；后二十年多任教育行政管理，曾任过初中校长、完中校长、民办校长、职教校长、电大校长、工会主席、政府督学等职，退休后又任老年大学校长，几乎基层教育管理岗位轮做一遍。业余兴趣以文史、盆景、书法为主，数十年来乐此不疲。兼任中国盆景家协会理事、安徽省盆景艺术家协会常务理事、安徽省书法家协会会员。

张新华，1956年5月出生于安徽泗县。1974年高中毕业，1978年考入安徽师范大学历史系。1982年本科毕业后，辗转于泗县、宿州、蚌埠三地，在教坛耕耘近四十年，堪称"教四代"（曾祖父、祖父和父亲均以教书育人为业）。1986年加入中国共产党。2018年退休。崇尚中国传统的哲学理念"和为贵"，追求人与自然、人与社会和谐共生的境界。

张跃进，1958年生。1982年毕业于安徽师范大学历史系，毕业后至1990年在中学任教。1991年后在歙县人大常委会机关、政府机关及部门、县委部门、人民团体工作，2018年退休。业余从事歌词创作，现为中国音乐文学学会常务理事、安徽省音乐文学学会副主席、中国音乐家协会会员。著有歌词集《碎月滩的月亮》。

赵金辉，1954年生，安徽五河人。1972年3月插队于砀山果园场。1978年10月至1982年7月就读于安徽师范大学历史系，毕业后分配至安徽省农垦厅寿西湖农场中学。1983年9月调至安徽省直机关工委。自1989年起，先后就职于安徽饭店、合肥东怡酒店、安徽省旅游集团天堂寨安兴山庄、安徽省友谊外事旅游汽车有限公司。2014年退休。

赵晓明，1948年7月生，高级政工师，中共党员。1964年9月考进上海市南洋模范中学（高中）。1969年5月到四川省丰都县红星公社插队。1973年8月转入安徽省来安县新河公社猪场工作。1975年12月招工到来安县烟陈公社广播站。1978年7月参加全国高考，10月入安徽师范大学历史系学习。毕业后调任中共苏州市委党史资料征集研究委员会办公室秘书、编辑。1992年4月调入交通银行苏州分行，先后任职思政办、机关党总支部、风险资产管理处、党委办、宣传部。2008年8月退休。

周涛，1978年9月考入安徽师范大学历史系习史。1982年6月毕业分配至宿州师专（今为宿州学院）工作，先后任教于史地科、政史系、附中、管理工程学院、校思政教研部等部门。现已退休。

后　记

　　往事是难舍的过去，回忆是最美的珍藏。1978年，在恢复高考的春风下，一群跨越"三个年代"龄差甚大的青年走进同一间课堂；在肃清"读书无用论"遗风的困难中，一群高度自律的学子拥有了同一片"历史天空"。这个特殊的大学生群体，他们许多人错过了太阳，但绝没有错过星星，青春的主题中，奋斗是他们的底色。忆江南，最谙是校园；望赭山，最美是印记。于是一部凝结着同学们共同心血的《回望赭山——安徽师范大学历史系一九七八级回忆录》，在母校的大力支持下，终于赶在我们毕业四十周年聚会前夕面世了。

　　自1982年走出校门后，安徽师范大学历史系一九七八级同学无论身在何处，都定期相聚一堂，十年，十五年，二十年，二十五年，三十年，三十五年，乃至期待中的四十年。每每深情回望改革开放之初那四年难忘的赭麓岁月，有的还频频诉诸笔端，在同学群里抒发感怀母校的师生情、同窗情，形成一篇篇流淌岁月馨香的忆文。大家不觉唏嘘：春光早已过，回顾正当时。合肥何玉杰同学据此呼吁：同学们何不拿起笔来，记录"我的大学"，抒发人生感悟，编纂一本集体回忆录，记住并重现那特殊年代的历史一页？

　　四年时光，一世珍藏；留之晚生，不负流年。何乐而不为？2021年7月5日，莫欣、何玉杰、杨辅仓三位同学首先讨论这一议题，策划了初步推进方案，提出各个片区的联系人。其后，经与芜湖王圣宝等同学和其他地区同学商议，取得大致共识后，建立了"回忆录同学群"，成立编委会和联络组，每个地区产生一名编委和联络员，并发出《征稿启事》。根据大家

的提议，由莫欣同学任主编，刘哲、杨辅仓同学为副主编，何玉杰同学担任执行主编，统筹编务。

大家热情高涨，孙国强、任欣平、汤晓华等同学率先在群里发文，接着，一篇篇饱含深情的忆文相继涌现，"缀文者情动而辞发，观文者披文以入情"，几乎每篇忆文都引发共鸣，获得连连点赞。辅导员陈锡宝老师虽然远在沪上，依然关注群里激扬的文字，并为之击节赞赏，其眷眷之情，殷殷之意，由衷而生，铭感众心。为了征集正式出版时的书名，群中展开了热烈的争论，30多个提议方案在群里经过反复争执、论证，最终认可了《回望赭山》的主书名。

安徽师范大学原副校长，博士生导师、安徽省历史学会原会长王世华老师，对历史系一九七八级毕业生"当事人写当时事"，给予高度评价，誉此既是献给老师们的一瓣心香，也为后来的学子们作出榜样，丰富了历史学院的发展史。为此，他亲自为这本回忆录作序，并协调历史学院和安徽师范大学出版社给予了大力支持。

合肥的16位同学组成编辑小组，承担了回忆录初稿的编辑整理和校对工作，先后召开八次编辑会议，认真、细致地校勘和审核。不论是酷热难耐，还是大雪纷飞的日子都留下了他们忙碌的身影。莫欣同学那张灯下审稿的照片让人动容。

分散在各地的诸位编委和联络员，认真负责地为征集忆文承担了组织动员和收集文字稿件、照片的任务。北京的王旭东、广州的高岳仑、深圳的于志斌、滁州的俞凤鸣等同学整理和重新扫描了许多老照片，为大家留下了珍贵的历史瞬间；芜湖的汪一江同学为回忆录的正式出版做了富有实效的工作；王先吉同学除承担编务，还为召开编委会作出贴心的安排；在深圳的曹钟声、郭良美夫妇及吴忠琪回皖省亲也不忘与编辑小组联系，领受组稿任务。大家同心协力就是为了留下美好的回忆。

安徽师范大学历史学院刘道胜院长、安徽师范大学出版社张奇才社长对本书的出版给予了大力支持；第二编辑部孙新文主任帮助我们解决了诸多编辑上的具体问题，这里谨致以深深的谢意。

赭山几度春，岁月留心痕。今天，我们称颂1978年，不仅在于那一年我们自己的命运有了改变，也在于从那时开始中国社会迈向进步的步伐就再也没有停滞过。在即将迎来的庆祝改革开放四十五周年的日子里，作为同行者、见证者，也作为记录者，我们愿这次《回望赭山——安徽师范大学历史系一九七八级回忆录》的撰写、出版和发行活动，既是历史系一九七八级同学们情谊的延续和升华，也是我们毕业四十周年留给自己和献给母校最好的礼物！

《回望赭山——安徽师范大学历史系一九七八级回忆录》编委会

2022年4月

后记